독도 영유권 확립을 위한 연구 Ⅱ

영남대학교 독도연구소 엮음

景仁文化社

* 이 책은 2008년 교육과학기술부 지정 정책중점연구소 지원 사업에 의해서
연구되었음

책머리에

영남대학교 독도 연구소에서 같이 연구를 하고 있는 연구진의 논문을 취합하여 『독도 영유권 확립을 위한 연구』라는 이름으로 책을 낸 것이 꼭 1년 전의 일이었다. 지금 돌이켜보면, 독도만을 연구한다는 목적 아래, 연구소를 설립한다는 것이 참으로 무모하기만 했다. 그렇지만 연구자는 많아도 일본의 논리에 대응하지 않고, 자기만족에 도취된 듯한 논문으로써는 도저히 일본에 대응할 수 없다는 확고한 신념 아래, 독도 연구소를 개설한 지도 어느 덧 5년이라는 세월이 흘러갔다.

그 사이 연구소의 설립 취지에 긍정적인 평가를 내리고 정책중점 연구소로 지정해준 교육과학기술부 관계자들의 많은 도움이 있었다. 그리고 지금은 고인이 되셨지만 당시 경상북도의 이의근 지사님의 특별한 배려는 지금도 잊을 수 없는 은혜로 남아 있다. 그리고 밤을 지새우며 개소식 준비를 해주시던 동료 교수님들의 헌신적인 도움도 잊을 수 없는 추억으로 간직하고 있다.

그러나 좋은 일만 있었던 것도 아니었다. 영남대학교에 독도연구소를 만들자, 경상북도 소재의 대학들은 독도 관련 연구소를 만드는 것이 하나의 유행이 되었다. 하지만 유사한 연구소의 설립에 관심을 둘 것이 아니라, 연구 업적이 그 결과를 증명해준다고 하면서 격려를 해주시던 관계자의 조언에 용기를 얻었고, 그래서 꾸준히 연구한 성과를 이번에 다시 책으로 묶게 되었다.

적은 연구비에도 항상 독도에 대한 사명감 하나만으로 꿋꿋하게 연구에 매진해주신 연구진들의 도움이 없었던들 이 결실을 얻을 수가 없었다. 그래서 여기에 글을 실으신 교수님들께 먼저 사의를 표한다. 정말로 독도는 우리 민족 자존심의 보루이다. 지난 6월 24일에 일본의 대법원은 독도문제에 있어서 일본에게 불리한 자료는 공개하지 않아도 합헌이라는 해괴한 판결을 내렸다. 그러고도 역사적 진실을 다음 세대에게 물려줄 수 있다는 말인가?

일본의 연구자들에게 호소한다. 정말로 역사적으로 보아도 독도가 일본의 영토란 말인가? 이 말이 정말이라면 이 문제에 대한 공동 토론을 마다할 하등의 이유가 없지 않은가? 일본 근대화에 상당히 중요한 역할을 한 태정관의 우대신이었던 이와쿠라 도모미(岩倉具視)를 지도 한 장 제대로 보지 못하는 바보였다고 매도하면서까지 독도가 일본 땅으로 우길 일이 아니다. 적어도 학자적 양심에 입각해서 역사적 사실부터 공동으로 밝혀보자는 것이다. 그렇다고 역사하는 사람이 국제법 학자와 역사를 논하는 그런 웃지 않을 수 없는 촌극은 이제 그만 두어야 할 것이다.

또 시마네현의 당국자에게도 한 마디 하고 싶다. 당신들은 아무리 경제력과 국력을 기반으로 한 로비를 통해서, 독도를 한국 영토에서 제외시켰던 것을 가지고 당신네 소속이라고 주장하고 있지만, 당신들 조상이 울릉도 외 한 섬이 당신들 소유가 아니라고 했던 1877년의 태정관 지령이 참말로 존재하지 않았던 아르고노트 섬을 가리키는 것이었는가 하는 것을 명확하게 밝혀줄 수는 없을까? 거짓말을 일삼으면서 당신네 선배가 첨부했던 지도를 보지 않고, 엉뚱한 지도를 가져다

놓고 일본 땅이 아니라고 했다는 주장이 진실이란 말인가? 지금쯤은 한번 일본의 본심을 정확하게 밝혀줄 것을 요청하는 바이다.

이제 진실 게임과 같은 말장난은 그만 둘 것을 제의한다. 정말 두 나라의 모든 자료를 다 내어놓고 진실이 무엇인가를 따져 보자는 것이다. 당신들은 19세기 말에 제국주의적인 침략의 일환으로 독도를 강탈한 것이 정당했다고 강변하고 있지만, 부모 자식을 이별하고 이국의 고혼이 되었던 쓰라린 과거를 가진 한국 민족의 역사를 제대로 보아줄 수는 없는지 묻고 싶은 심정이다. 진실은 하나이다. 그런데도 그 진실을 왜곡한다면 또 다른 죄악을 저지른다는 사실을 명심하고, 먼저 역사에 대한 평가를 해주기 바란다.

어쨌든 이 책은 교육과학기술부 지정 정책중점연구소로서의 두 번째 성과이다. 그래서 이 책의 이름도 작년과 같이 하면서 그것을 표시했을 따름이다. 이렇게 한 권의 책으로 그 성과를 집대성하기까지 열과 성을 다해주신 김호동 교수님께 감사드린다. 그리고 그 성가신 일의 연락에 항상 웃으면서 최선을 다해준 김미영 연구원에게도 고마움을 전한다. 마지막으로 어려운 여건 속에서도 흔쾌히 출판을 승낙해주신 경인문화사 관계자들께도 심심한 사의를 표한다.

2010년 6월
영남대학교 독도연구소장
김 화 경

목 차

제2부　관습법과 국제법 관점에서 바라본 독도

제3부 역사, 지리적 관점에서 본 독도

울릉도의 역사로서 '우산국' 재조명 ┃ 김호동

제4부　　일본 교과서 독도 기술 분석 및 독도관련 용어 사용 검토

제1부
일본 외무성 '죽도' 홍보 팜플렛 비판

한일 양국에서 누가 먼저 '독도'를 인지하였는가
-일본 외무성의 竹島 홍보 팜플렛의 포인트 1, 2 비판-

김 호 동

1. 머리말

일본 외무성은 2008년 2월 「竹島- 다케시마 문제를 이해하기 위한 10가지 포인트」라는 14쪽 분량의 팜플렛을 만들어 3월 8일부터 홈페이지에 게시하였다. 이 팜플렛은 일어 외에도 영어, 한국어로 게시하였다. 그 10가지 포인트는 다음과 같다.

竹島 - 다케시마 문제를 이해하기 위한 10 포인트

1. 일본은 옛날부터 다케시마의 존재를 인식하고 있었습니다
2. 한국이 옛날부터 다케시마의 존재를 인식하고 있었다는 근거는 없습니다
3. 일본은 울릉도로 건너갈 때의 정박장으로 또한 어채지로 다케시마를 이용하여, 늦어도 17세기 중엽에는 다케시마의 영유권을 확립했습니다
4. 일본은 17세기말 울릉도로 건너갈 때의 울릉도 도항을 금지했습니다만, 다케시마 도항은 금지하지 않았습니다
5. 한국이 자국 주장의 근거로 인용하는 안용복의 진술내용에는 많은 의문점이 있습니다
6. 일본정부는 1905년 다케시마를 시마네현에 편입하여, 다케시마 영유 의사를 재확인했습니다
7. 샌프란시스코 평화조약 기초과정에서 한국은 일본이 포기해야 할 영토에 다케시마를 포함시키도록 요구했으나 미국은 다케시마가 일본의 관할하

에 있다고 해서 이 요구를 거부했습니다

8. 다케시마는 1952년 주일 미군의 폭격훈련구역으로 지정되었으며, 일본영
토로 취급되었음은 분명합니다

9. 한국은 다케시마를 불법점거하고 있으며, 일본은 엄중하게 항의를 하고
있습니다

10. 일본은 다케시마 영유권에 관한 문제를 국제사법재판소에 회부할 것을
제안하고 있습니다만, 한국이 이를 거부하고 있습니다.

이 죽도 홍보 팜플렛은 외무성 홈페이지를 통해 처음 일어 외에 한국
어, 영어 등으로 게시되었지만 현재 10개 국어로 확대 게시되고 있다.
일본 외무성은 이를 통해 독도가 역사적으로나 국제법상 '한국 땅'이
아니라 '일본 땅'이고, '한국이 불법 점거하고 있다'는 입장을 일본은
물론 한국과 국제사회에 대해 적극 홍보하겠다는 것을 천명한 셈이다.

일본 외무성의 독도 홍보자료에 대한 한국정부 차원의 비판은 제
기되지 않았고, 다만 한국해양수산개발원 독도연구센터와 동북아역
사재단 독도연구소에서 홈페이지를 통한 반박, 그리고 일본 학자 나
이토 세이추(內藤正中)에 의한 비판 정도가 있을 뿐이다.[1] 이것은 일
본 외무성에 상응하는 공식적 대응은 결코 될 수 없다. 한 때 일본 외
무성에 상응하는 외교통상부 홈페이지에 동북아역사재단 독도연구소
의 반박문이 게시된 적이 있지만 곧 지워져버렸고, 지금은 아무런 대
응도 보이지 않는다.

본고는 일본 외무성의 '竹島 홍보 팜플렛'의 비판 특집의 하나로 기
획된 것이기 때문에[2] '포인트 1. 일본은 옛날부터 다케시마의 존재를

---

1) 동북아역사재단(www.historyfoundation.or.kr), '일본 의무성의 독도 홍보 팜플
렛에 대한 반박문'.
한국해양수산개발원 독도연구센터. 2008, 『독도는 과연 일본 영토였는가? -
일본 외무성 <독도> 홍보 자료에 대한 비판』.
나이토 세이추(內藤正中), 2008, 「竹島問題의 問題點 -日本 外務省 『竹島』
批判-」, 『독도연구』 4, 영남대학교 독도연구소.
2) 본고는 영남대학교 독도연구소의 '2009 독도연구소 추계학술대회' 기획발

인식하고 있었습니다'와 '포인트 2. 한국이 옛날부터 다케시마의 존재를 인식하고 있었다는 근거는 없습니다'란 두 가지 포인트에 국한하여 비판을 하고자 한다. 영토분쟁의 국제법 판단의 한 근거는 '어느 쪽이 먼저 독도를 인지하였는가?'이다. 일본이 다케시마를 옛날부터 인식하고 있는데 반해 한국이 다케시마의 존재를 인식한 근거는 없다고 한 것을 '포인트 1', '포인트 2'에 배치한 것은 이 때문이다. 이를 염두에 두고 한, 일 양국에서 누가 먼저 독도를 인식하였는가를 짚어보고자 한다.

2. 일본이 옛날부터 독도의 존재를 인식하였다는 근거는 타당한가?

일본 외무성 홈페이지의 경우 옛날부터 다케시마의 존재를 인식하고 있었다는 것을 논증하기 위해 다음과 같이 한국어로 홍보하고 있으므로 그 전문을 인용하고, 이를 비판하고자 한다.

① 오늘날의 다케시마는 일본에서 일찍이 '마쓰시마'로, 반대로 울릉도가 '다케시마'나 '이소다케시마'로 불렸습니다. 다케시마와 울릉도의 명칭에 대해서는 유럽의 탐험가 등에 의한 울릉도 측위의 잘못으로 일시적인 혼란이 있었으나, 일본이 '다케시마'와 '마쓰시마'의 존재를 옛날부터 인지하고 있었던 것은 각종 지도와 문헌으로도 확인할 수 있습니다. 예를 들어, 경위선을 투영한 간행 일본지도로서 가장 대표적인 나가쿠보 세키스이(長久保赤水)의 '개정일본여지노정전도'(改正日本輿地路程全圖)(1779년초판) 외에도, 울릉도와 다케시마를 한반도와 오키제도 사이에 정확하게 기재하고 있는 지도는 다수 존재합니다.

표 【일본 외무성의 「죽도문제를 이해하기 위한 10의 포인트」에 대한 철저 해부】(2009.12.16., 포항시 문화예술회관 소공연장)의 일환으로 발표한 것이다. 따라서 필자에게 주어진 주제는 '포인트 1'과 '포인트 2'에 관한 비판이었다. 본 논문은 이때의 발표논문을 보완하여 집필한 것이다.

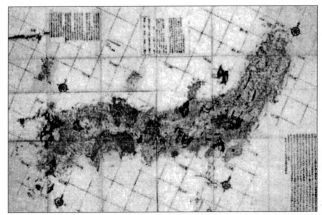

〈지도 1〉 죽도 홍보 팜플렛에 인용된 「개정일본여지노정전도」
(사진제공:메이지대학도서관)

위 인용문에 의하면 일본이 '다케시마'와 '마쓰시마'의 존재를 옛날부터 인지하고 있었던 것은 각종 지도와 문헌으로도 확인할 수 있다고 하면서 나가쿠보 세키스이(長久保赤水)의 「개정일본여지노정전도(改正日本輿地路程全圖)」(1779년초판)를 제시하고 있다. 그런데 막상 팜플렛에 게재된 사진의 경우 메이지대학 도서관에서 소장하고 있는 1846년판의 「개정일본여지노정전도」(〈지도 1〉)이다.

이 지도에는 울릉도와 독도가 각각 다케시마, 마쓰시마라는 이름으로 그려져 있다. 일본 외무성이 옛날부터 울릉도와 독도를 인지하고 있던 증거로 주장하고 있는 이 지도는 사료 ①의 외무성의 말대로 그 초판본이 1779년에 발간된 것이다. 그 초판본 〈지도 2〉를 살펴보면, 울릉도와 독도는 일본열도와 그 부속지도에 그려진 경위도선 바깥에 한반도 남단과 같이 무색으로 그려져 있다.

그런데 일본 외무성이 제시한 〈지도 1〉은 울릉도와 독도에 1779년의 초판본에 없던 경위도선이 그려져 있다. 사료 ①의 외무성 홈페

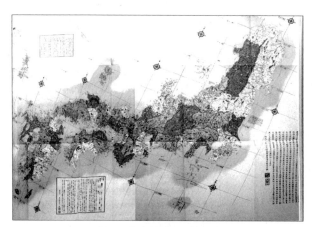

〈지도 2〉「개정일본여지노정전도」

이지의 팜플렛에서 '개정일본여지노정전도(改正日本輿地路程全圖)(1779
년 초판)'라고 명시해놓고 그 원본을 제시하지 않고, 독도에 경위선이
그려져 있는 1846년의 모사본을 제시한 일본 외무성은 국제사회의
눈을 속이려는 의도를 갖고 있다.

「개정일본여지노정전도」의 울릉도, 독도 부분을 확대한 것이 <지
도 3>이다.

<지도 3>의 울릉도, 독도 부분 확대도를 살펴보면, 울릉도, 독도
옆에 "見高麗猶雲州望隱州", 즉 "고려
(조선)을 보는 것은 마치 운주(이즈모)
에서 은주(오키섬)을 보는 것과 같다"
라고 적혀 있다. 이 구절은 오키섬을
일본의 북서쪽 경계로 인정한 『隱州
視聽合記』(1667)를 인용하여 적어 놓
은 것이다.

문헌상 다케시마와 마쓰시마가 일
본의 문헌에 등장한 것은 1667년에

〈지도 3〉「개정일본여지노정전도」의
울릉도, 독도 부분 확대도

마쓰에번(松江藩)의 사이토 호센(齊藤豊仙)이 쓴 『隱州視聽合紀』이다.

> ② 隱州는 北海 가운데 있다. 그러므로 隱岐島라고 말한다. … 戌亥間(서북방향) 2일 1夜를 가면 松島가 있다. 또 1일 거리에 竹島가 있다[俗言에 磯竹島라고 말하는데 대나무와 물고기와 물개가 많다. 神書에 말하는 50 猛일까]. 이 두 섬은 무인도인데 고려를 보는 것이 마치 雲州에서 隱岐를 보는 것과 같다. 그러한즉 일본의 서북[乾] 境地는 이 州로서 限한다.

松島(독도)와 竹島(울릉도)는 무인도인데, 고려를 보는 것이 마치 일본의 운주에서 은기를 보는 것과 같다고 하면서 일본의 서북방의 경계는 이 주로로써 한계를 삼는다고 밝힌 『은주시청합기』의 이 기록을 근거로 하여 일본은 그간 松島가 일본의 경계였다고 하면서 17세기 인지설을 주장하였다. 그러나 '州'는 사람이 살고 있는 곳을 전제로 한 행정편제 대상의 하나이다. 여기에 일본이 무인도라고 하는 울릉도와 독도가 포함될 수는 없다. 따라서 일본의 서북방 경계는 은주이다. 일본이 17세기 인지설로 내세웠던 『은주시청합기』의 이 자료는 독도가 한국 영토임을 입증시켜주는 자료이다. 그렇기 때문에 일본 외무성 홈페이지에서도 이 자료를 더 이상 제시하지 않는다. 그러나 포인트 3~4에서 일본은 17세기 영유권 확립설을 주장하고 있다. 일본은 17세기에 다케시마(독도)가 일본의 영토라고 하는 문헌 자료와 고지도를 제시하지 않으면 안된다. 외무성 홈페이지에 제시한 자료는 1846년판의 '개정일본여지노정전도'(改正日本輿地路程全圖)이다. 이것은 일본이 옛날부터 다케시마의 존재를 인식하고 있었다는 자료가 될 수 없다.

일본 외무성의 홈페이지 위 인용문(사료 ①)을 살펴보면 1779년의 「개정일본여지노정전도」 외에도 "울릉도와 다케시마를 한반도와 오키제도 사이에 정확하게 기재하고 있는 지도는 다수 존재한다"고 하였다. 울릉도와 독도는 한반도와 오키제도 사이에 분명히 존재한다.

외무성이 일본의 영토임을 입증하기 위해서는 그것이 일본의 영토로 인식한 것인가, 한국의 영토로 인식한 것인가를 밝혀내줄 수 있는 지도를 제시하고 "다케시마를 일본의 영토로 정확하게 기재하고 있는 지도는 다수 존재한다"고 하여야만 했다. "다케시마를 한반도와 오키제도 사이에 정확하게 기재하고 있는 지도는 다수 존재한다"고 한 외무성 기록은 일본 영토로 인식하였던 증거 제시로 볼 수 없다. 일본 외무성은 1846년판의 지도를 제시하여 1779년의 「개정일본여지노정전도」와 다른 지도에서 '다케시마'의 명칭이 있는 것들을 마치 일본 영토로 인식한 지도라는 것을 불러일으키게 하는 궁색하고도 의도적인 그릇된 방법을 택하고 있다.

위 '포인트 1'을 비판한 다른 여러 글들에서 이미 언급된 바와 같이 「개정일본여지노정전도」는 막부관허를 받은 교통도로서, 개인이 만든 사찬지도이다. 사찬지도는 국제법상 증거력을 가지 못한다. 하야시 시헤이(林子平)의 『三國通覽図説』(1785년) 부록인 「三國接壤図」(<지도 4>)에는 다케시마(울릉도)와 마쓰시마(독도)가 조선과 같은 황색으로 채색되어 있고, 다케시마와 마쓰시마 옆에 "조선의 땅이다"라고 주기되어 있다. '삼국접양도'는 사찬지도이지만 1854년 일본의 개국을 강요한 미국의 페리 제독이 막부와의 통상조약 체결을 교섭하는 과정에서 오가사와라 군도를 미국령으로 하고자 하였을 때 에도막부가 하야시의 『삼국통람도설』과 그 삽입지도 「삼국통람여지노정전도」, 즉 「삼국접양도」를 제시하여 미국의 영유권 주장을 물리친 적이 있다.[3] 따라서 '삼국접양도'는 일본과 한국과의 사이에 '독도=다케시마'의 귀속 여부를 결정하는데 그 판단의 근거를 갖고 있는 셈이다.
에도시대의 유일한 관찬지도는 이토 다다다카(伊藤忠敬)의 지도를

---

3) 호사카 유지(保坂祐二), 영남대독도연구소 엮음 2009, 「『三國通覽輿地路程全圖』와 『伊能圖』안의 독도」, 『독도영유권 확립을 위한 연구』, 경인문화사, 87~89쪽.

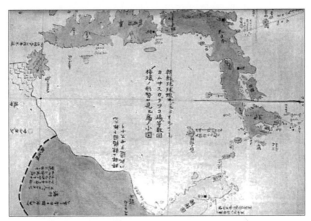

〈지도 4〉「삼국접양지도」

기반으로 하여 작성된 「官板實測地図」(1867년)이다. 여기에 다케시마나 마쓰시마가 기재되어 있지 않다. 그것은 두 섬이 일본의 영토가 아니었기 때문이다. 그리고 일본 해군성의 「조선동해안도」(1876년)와 같은 관찬지도들은 오히려 마쓰시마(독도)를 한국의 영토에 포함시키고 있다는 점에서 일본이 다케시마(독도)의 존재를 인식하였다 하더라도 그것을 '일본의 영토'로 인식한 것은 아니다. 일본은 다케시마(독도)를 자국의 영토로 인식한 사료와 지도를 제시하지 않으면 point.1은 아무런 설득력이 없다.

동북아역사재단 독도연구소의 일본 외무성 홈페이지 반박 팜플렛에는 외무성 포인트 1을 비판한 내용 가운데 "1696년 도쿠가와(德川) 막부정권이 일본 어민들의 울릉도 도해를 금지한 이후 두 섬에 대한 인식이 흐려져 독도를 마쓰시마(松島), 리양코도(リヤンコ島), 랑코도 (ランコ島), 다케시마(竹島) 등으로 혼란스럽게 불렀을 뿐만 아니라 지리적 위치도 완전히 망각하게 되었다"고 하였지만 그것은 일본 정부나 새로이 러시아 블리디보스토크와 일본과의 무역에 뛰어든 사람들의 경우에 그런 것이고, 시마네현 등에서는 여전히 '마쓰시마(松島)'

라고 불렀다. 1903년의 小泉憲貞이 지은 『隱岐誌』(후편) 제49綴에 의하면,

> ③ 竹島는 조선 강원도에 속한 하나의 작은 섬으로 松島 서쪽에 있고 주위 10리 정도이며 조선본토에서 약 40해리, 우리 隱岐國에서 약 100해리 정도에 있으며, 松島까지의 거리도 40해리로 보여진다. 竹島는 조선령이며 우리와는 무관한 땅이다.

울릉도를 竹島로, 독도를 松島로 비정하고 있다. 그런 점에서 다케시마(竹島=울릉도)를 '마쓰시마(松島)'라고 정할 무렵에 독도(송도)의 명칭은 해도나 수로지 등의 정부 간행물에서는 단순히 '리앙쿠르섬', '메네라이瀬', '오리우츠瀬', '호넷열도' 등 외국 이름 그대로 쓰였고, 일본명은 붙여지지 않았고, 또 당시 隱岐 어민들은 리앙쿠르를 줄여 '랑코섬' '량코섬' 등으로 불렀다고 하여[4] 마치 독도를 송도라고 한 지명이 전혀 사용되지 않은 것처럼 말하는 것도 사료 왜곡에 해당한다.

독도를 '무주지선점론'에 의해 隱岐島司의 소관으로 편입할 것을 논의할 때인 1904년 11월 5일, 섬 이름을 명확히 할 필요가 생겨, 島根縣 내무부장은 隱岐島司에게 섬 이름을 물었고, 隱岐島司는 다음과 같은 내용을 답신을 보내었다.

> ④ 乙 庶第 152號
> 본월 5일 庶 제1073호로서 도서 소속 등의 심의와 관련, 우리 영토로 편입시켜 隱岐島의 소관으로 하는데 아무런 차질이 없으며 그 명칭은 竹島가 적당하다고 생각한다. 원래 조선의 동쪽 해상에 松·竹 양 섬이 존재함은 구전되어 내려오는 바이며, 원래 당지에 왕래하는 사람들이 울릉도를 竹島로 통칭하였으나 사실은 松島이며 海圖에서 보더라도 일목요연하다. 이 새로운 섬을 제외하고는 달리 竹島에 해당하는 섬이 없으므로 종래의 잘못된 호칭을 바꾸어 竹島

---

4) 가와까미 겐조(川上健三), 1966, 『竹島の歴史地理學的研究』, 古今書院.

라는 명칭을 새로운 섬에 붙이는 것은 당연하다고 생각되니 회답을 바라는 바이다.

1904년 11월 15일자의 隱岐島司의 회답에 종래 울릉도를 죽도로 부른 것이 잘못되었다는 것은 島名의 역사적 경위를 충분히 이해하지 못했기 때문이라고 해석하기도 하지만[5] 隱岐島司의 경우 그것을 잘못 이해할 수 있는 문제가 아님을 1903년의 小泉憲貞이 지은『隱岐誌』(후편)에서 울릉도를 竹島로, 독도를 松島로 비정하고 있는 것을 통해 알 수 있다.

독도를 '松島'라는 지명으로 엄연히 불렀음에도 불구하고 隱岐 어민들은 리앙쿠르를 줄여 '랑코섬' '량코섬' 등으로 불렀다고 하고, 1904년 나까이 요사부루(中井養三郎)가 '리앙꼬도 領土編入幷貸下願'을 제출하였다고 하는 이면에는 당초 서양인들이 울릉도와 독도를 마치 자기들이 처음 무인도를 발견한 것이라 하여 울릉도를 '다쥴레'로, 독도를 '리앙쿠르섬'으로 명명하였다는 것에서 착안하여 독도가 '리앙쿠르록스'에서 미개척지로 남겨져 있음을 부각시키기 위한 것이다. 이것은 독도를 일본에서 원래의 이름이 존재하지 않고, 오직 서양인들이 발견한, 그 소속이 없는 새로운 섬임을 부각시켜 '無主地'였음을 인식시키기 위해 '竹島'란 지명을 갖다 부친 것이 아닌가 한다.[6] 이러한 의도 하에서 다케시마와 마쓰시마의 이름이 뒤바뀌었지만 일본 외무성은 위 인용문에서 보다시피 '다케시마와 울릉도의 명칭에 대해서는 유럽의 탐험가 등에 의한 울릉도 측위의 잘못으로 일시적인 혼란이 있었다'고 하여 서양인들의 잘못으로 전가하고 있을 뿐이다.

---

5) 가와까미 겐조(川上健三), 1966.
6) 김호동, 2009,「메이지시대 일본의 동해와 두 섬(독도, 울릉도) 명칭 변경의 도에 관한 검토」,『민족문화논총』43, 영남대학교 민족문화연구소, 551～552쪽.

일본 외무성은 "조선의 다른 고문헌중에 나오는 '우산도'의 기술을 보면 그 섬에는 다수의 사람들이 살고 큰 대나무를 생산한다는 등 다케시마의 실상과 맞지 않는 바가 있으며, 오히려 울릉도를 상기시키는 내용으로 되어 있습니다"라는 비판을 하지만 독도를 가리키는 일본의 '竹島'란 용어 자체가 독도의 자연생태와는 전혀 부합하지 않는 용어이다. 따라서 隱岐島司가 '울릉도를 竹島로 통칭하였으나 사실은 松島이며', '이 새로운 섬을 제외하고는 달리 竹島에 해당하는 섬이 없으므로 종래의 잘못된 호칭을 바꾸어 竹島라는 명칭을 새로운 섬에 붙이는 것은 당연하다'는 주장은 거의 억지에 가깝다.

3. 한국이 옛날부터 독도의 존재를 인식하였다는 근거는 없는가?

일본 외무성 竹島 홍보팜플렛은 포인트 2)에서 "한국이 옛날부터 다케시마를 인식하고 있었다는 근거는 없다"고 하면서 다음과 같이 한국측의 주장을 소개하고 있다.

> ⑤ 한국이 옛날부터 다케시마를 인식하고 있었다는 근거는 없습니다. 예를 들어, 한국측은 고문헌 '삼국사기'(1145년), '세종실록지리지'(1454년), '신증동국여지승람'(1531년), '동국문헌비고'(1770년), '만기요람'(1808년), '증보문헌비고'(1908년) 등의 기술을 근거로 '울릉도'와 '우산도'라는 2개의 섬을 예로부터 인지하고 있었으며, 그 '우산도'가 바로 오늘의 다케시마라고 주장하고 있습니다.

이러한 한국의 주장에 대해 위에서 인용된 저술들을 열거하면서 한국 측의 주장을 조목조목 비판하고 있다. 우선 『삼국사기』를 근거로 한국 측이 512년 이사부의 우산국 정벌로 인해 독도가 한국 땅이 되었다는 주장에 대해 다음과 같이 비판하고 있다.

> ⑥ 그러나 '삼국사기'에는 우산국이었던 울릉도가 512년에 신라에 귀속했다는 기술은 있습니다만, '우산도'에 관한 기술은 없습니다. 또한 조선의 다른 고문헌중에 나오는 '우산도'의 기술을 보면 그 섬에는 다수의 사람들이 살고 큰 대나무를 생산한다는 등 다케시마의 실상과 맞지 않는 바가 있으며, 오히려 울릉도를 상기시키는 내용으로 되어 있습니다.

위 지적에서처럼 『삼국사기』에는 우산국이 512년 신라에 귀속되었다는 기술은 있지만 우산도에 관한 기록은 없다. 『세종실록지리지』에서 "바람 부는 날, 날씨가 맑으면 서로 바라다 보인다"고 한 것처럼, 울릉도에서는 주로 가을 청명한 날, 특히 바람 부는 날에 독도를 보기가 쉽다. 그리고 그 외 다른 날에도 드물게 독도를 보았다는 증언과 사진을 많이 접할 수 있다. 그러므로 우산국의 영토 속에 가시거리에 있는 독도가 포함되었을 가능성이 많지만 그것을 입증할 자료는 없다. 대부분의 국내 관광객이나 일본 등의 외국인들이 울릉도와 독도에 가서 울릉도에서 독도를, 독도에서 울릉도를 거의 보지 못하는 실정이다. 그런 상황에서 512년 이사부의 우산국 정벌로 인해 독도가 우리 땅이 되었다고 주장할 때 국제사회와 일본이 쉽게 수긍을 할 것인가 하는 문제를 생각해 볼 필요가 있다.[7]

『삼국사기』의 "우산국이 귀부하여 해마다 토산물을 바치기로 하였다"는 기록을 우산국이 신라의 영토에 편입되었다고 보는 것은 문제가 있다. 만약 신라의 땅이 되었다면 『삼국사기』지리지에 신라의 땅

---

7) 나이토세이추처럼 "(『삼국사기』에 우산도가) 언급되어 있지 않은 것을 보면 우산도가 우산국에 포함되지 않았다고 단언할 수는 없는 것이다"(나이토 세이추, 2008, 「다케시마의 문제점-일본 외무성의 『다케시마』 비판」, 『독도연구』 4, 영남대학교 독도연구소)라고 하여 한국 측의 주장도 전혀 틀린 것이 아니라고 좋게 해석해주면 좋겠지만 그것은 양 쪽 어느 주장도 단언할 수 없는 것이므로 국제법상 증거력을 별반 갖지 못한다는 것은 분명하다.

으로 울릉도나 독도, 아니면 우산국의 기록이 나와야만 한다. 「지리지」에서 신라시대에 섬을 군현으로 설치한 경우는 남해군과 그 영현인 난포현, 평산현, 그리고 거제군 등을 예로 들 수 있는데 '바다 가운데 섬'이라고 밝혀두고 있다. 이것을 통해 섬이 신라시대 군현의 한 단위로 자리매김되어 있었음을 알 수 있다. 그러나 「지리지」에는 탐라국이나 우산국이 기록되어 있지 않다. 신라의 삼국통일로 인해 백제나 고구려의 영역으로서 신라의 영토가 된 지역 가운데 '鵠島(지금의 백령도)'란 섬이 기록되어 있고, 심지어 '삼국의 지명중 이름만 있고 그 위치가 미상인 곳' 가운데 '比只國', '骨火國'이나 '風島', '浮雲島' 등의 명칭 등이 보인다. 그렇지만 지금의 울릉도와 독도와 관련시킬 수 있는 섬이나 '우산국'의 명칭은 전혀 보이지 않는다. 512년 이후 신라의 영역 안에 울릉도와 독도를 포함하는 우산국이 편재되었다고 볼 수는 없는 증거라고 하겠다.[8]

이제 우산국이 신라에 항복하였다고 하여 512년부터 우리나라 땅이라고 주장하는 것은 설득력이 별로 없어 보인다. 도리어 울릉도가 역사적으로 우리나라 땅이 분명한 이상 우산국 성립부터 한국사의 영역 속에 포함시켜 설명하는 것이 훨씬 더 설득력을 갖고 있다. 그리고 서로 바라볼 수 있는 울릉도와 독도는 우산국 영토였다고 하는 것이 낫다. '삼국시대'라는 인식의 틀을 깰 필요가 있다. 탐라국·우산국·가야 등의 역사를 포괄하는 고대사를 그려내야 할 시점이다.[9]

다음으로 일본 외무성 홈페이지에서 "조선의 다른 고문헌 중에 나오는 '우산도'의 기술을 보면 그 섬에는 다수의 사람들이 살고 큰 대나무를 생산한다는 등 다케시마의 실상과 맞지 않는 바가 있으며, 오

---

8) 김호동, 2008, 「지방행정체계상에서 본 울릉도·독도 지위의 역사적 변화」, 『한국행정사학지』 23.
　　김호동, 2009, 『독도영유권 확립을 위한 연구』 경인문화사, 252~253쪽.
9) 김호동, 2009, 「울릉도의 역사로서 '우산국' 재조명」, 『독도연구』 7, 52~54쪽.

히려 울릉도를 상기시키는 내용으로 되어 있다"는 주장에 대하여 살펴보기로 한다. 아마 이 지적은 다음의 사료 ⑦을 두고 말한 것일 것이다.

⑦ 按撫使 金麟雨가 于山島에서 돌아와 토산물인 大竹·水牛皮·生苧·綿子·檢樸木 등을 바쳤다. 또 그곳의 거주민 3명을 거느리고 왔는데, 그 섬의 戶는 15 口요, 남녀를 합치면 86명이었다. 김인우가 갔다가 돌아올 때에, 두 번이나 태풍을 만나서 겨우 살아날 수 있었다고 했다.(『태종실록』 태종17년 2월 임술(5일))

일본의 지적처럼 15구 86명이 살고 대죽 등의 토산물이 나는 '우산도'는 독도가 될 수 없고, 울릉도를 가리키는 것이 분명하다. 그러나 이 사료의 해석은 전후 자료와 연결시켜 해석할 필요가 있다. 그것을 위해 다음의 사료를 살펴보고자 한다.

⑧ 金麟雨를 武陵等處安撫使로 삼았다. 호조참판 朴習이 아뢰기를, "신이 일찍이 江原道都觀察使로 있을 때에 들었는데, 武陵島의 周回가 7息이고, 곁에 작은 섬(小島)이 있고,10) 전지가 50여 結이 되는데, 들어가는 길이 겨우 한 사람이 통행하고 나란히 가지는 못한다고 합니다. 옛날에 方之用이란 자가 있어 15家를 거느리고 入居하여 혹은 때로는 假倭로서 도둑질을 하였다고 합니다. 그 섬을 아는 자가 三陟에 있으니, 청컨대, 그 사람을 시켜서 가서 보게 하소서."하니, 임금이 옳다고 여기어 삼척 사람 前 萬戶 김인우를 불러 무릉도의 일을 물었다. 김인우가 말하기를, "삼척 사람 李萬이 일찍이 무릉에 갔다가 돌아와서 그 섬의 일을 자세히 압니다."하니,

---

10) 강원감사를 역임한 박습이 말한 무릉도는 울릉도를 지칭하는 것이고, 무릉도 곁의 작은 섬(小島)은 구체적 언급이 없으나 독도를 가리키는 것이 아닌가 한다. 태종 16년 김인우를 '무릉등처안무사'로 파견하였고, 그가 돌아온 후 조정회의에서 '于山·武陵' 주민에 대한 쇄출의 문제를 논의하여 김인우를 다시 '우산무릉등처안무사'로 삼아 그곳 주민을 쇄환토록 하고, 또 세종 7년에도 김인우를 '우산무릉등처안무사'로 파견한 것에서 태종 16년 김인우가 돌아온 후에는 분명히 울릉도·독도 두 개의 섬을 정확히 인지하고 있었다고 보아야 할 것이다.

곧 이만을 불렀다. 김인우가 또 아뢰기를, "무릉도가 멀리 바다 가운데에 있어 사람이 서로 통하지 못하기 때문에 軍役을 피하는 자가 혹 도망하여 들어갑니다. 만일 이 섬에 住接하는 사람이 많으면 왜적이 끝내는 반드시 들어와 도둑질하여, 이로 인하여 강원도를 침노할 것입니다."하였다. 임금이 옳게 여기어 김인우를 무릉등처안무사로 삼고 이만을 伴人으로 삼아, 兵船 2척, 抄工 2명, 引海 2명, 火通·火藥과 양식을 주어 그 섬에 가서 그 頭目에게 일러서 오게 하였다. 김인우와 이만에게 옷과 갓·신발을 주었다.(『太宗實錄』 권 34, 태종16년 9월 경인〈2일〉)

⑨ 우의정 韓尙敬, 六曹·臺諫에 명하여, 于山·武陵島의 居民을 쇄출하는 것의 편의 여부를 의논케 하니, 모두가 말하기를, "무릉의 주민은 쇄출하지 말고, 五穀과 農器를 주어 그 생업을 안정케 하소서. 인하여 主帥를 보내어 그들을 위무하고 또 土貢을 정함이 좋을 것입니다."하였으나, 공조판서 黃喜만이 유독 불가하다 하며, 安置시키지 말고 빨리 쇄출하게 하소서."하니, 임금이, "쇄출하는 계책이 옳다. 저 사람들은 일찍이 徭役을 피하여 편안히 살아왔다. 만약 土貢을 정하고 주수를 둔다면 저들은 반드시 싫어할 것이니, 그들을 오래 머물러 있게 할 수 없다. 김인우를 그대로 안무사로 삼아 도로 우산·무릉 등지에 들어가 그곳 주민을 거느리고 육지로 나오게 함이 마땅하다."하고, 인하여 옷[衣]·갓[笠]과 木靴를 내려주고, 또 우산 사람 3명에게도 각기 옷 1 襲씩 내려 주었다. 강원도도관찰사에게 명하여 兵船 2 척을 주게 하고, 도내의 水軍 萬戶와 千戶 중 유능한 자를 선발 간택하여 김인우와 같이 가도록 하였다. (『태종실록』 권 34, 태종 17년 2월 을축〈8일〉)

⑩ 倭가 于山 武陵을 구략하였다.(『태종실록』 권34, 태종 17년 8월 기축〈6일〉)

사료 ⑧을 보면 태종 16년의 조정회의에서 호조참판 박습이 강원도관찰사로 있을 때 武陵島의 周回가 7息이고, 곁에 작은 섬(小島)이 있다는 것을 들었다고 보고하면서 삼척인 김인우가 그 섬에 대해 안다고 하였다. 김인우는 무릉도에 갔다 온 이만을 통해 무릉도에 관해 정확한 지식을 습득하였을 것이다. 조정에서 박습, 김인우와 이만 등을 통해 무릉도와 그 곁의 작은 섬의 존재를 알았기 때문에 김인우를

'무릉등처안무사'로 삼았다. 그렇지만 이때 작은 섬의 이름은 거론되지 않았다. 무릉등처안무사인 김인우가 돌아온 사실을 태종 17년 2월 5일에 "우산도에서 돌아왔다'(⑦)고 하였고, 사흘 뒤인 8일에 于山, 武陵島의 居民을 쇄출하는 것의 편의 여부를 의논케 하였다(⑨). 전후 문맥을 통해서 볼 때 김인우가 무릉도, 즉 울릉도에 다녀옴으로써 박습이 말한 작은 섬이 우산도임을 중앙에서도 정확히 알게 되었다고 볼 수 있다.[11] 그러나 김인우는 아마도 우산도에 가지는 않았고, 무릉도에 살고 있는 86명으로부터 우산도 등에 왕래하였다는 이야기를 들었을 것이다. 그래서 김인우는 우산도를 사람이 사는 곳으로 생각하였고, 중앙정부에서도 김인우의 보고대로 우산도에도 사람이 사는 것으로 보았다. 그래서 조정회의에서 우산, 무릉도의 거민을 쇄출하는 것의 편의 여부를 의논하기에 이르렀다고 볼 수 있다. 그렇기 때문에 왜가 우산, 무릉을 구략하였다는 기록이 나올 수 있는 것이다. 그런 관점에서 볼 때 김인우가 우산도와 무릉도에서 돌아왔다는 것을 당시의 사관이 기록하면서 그냥 뭉뚱그려 우산도에서 돌아왔다고 운운하는 사료 ⑦의 기록을 남기게 되었다고 볼 수 있다. 그렇지만 이 사료에 근거하여 태종대의 우산도가 울릉도이라는 주장은 사료의 전후 문맥을 무시한 것이다.

외무성 팸플렛은 또 '우산도는 일본이 말하는 마쓰시마(현재 다케시마)'라는 「여지지」의 기록을 인용한 한국 측의 문헌에 대해 다음과 같이 비판하고 있다.

⑪ 또한 한국측은 '동국문헌비고' '증보문헌비고' '만기요람'에 인용된 '여지지'(1656년)를 근거로 '우산도는 일본이 말하는 마쓰시마(현재 다케시마)'라고 주장하고 있습니다. 이에 대해 '여지지'의 원래 기술은 우산도와 울

---

11) 김호동, 2008, 「조선초기 울릉도·독도 관리정책」, 『동북아역사논총』 20, 동북아역사재단, 340쪽.

릉도는 동일의 섬이라고 하고 있으며 '동국문헌비고' 등의 기술은 '여지지'에서 직접 정확하게 인용된 것이 아니라고 비판하는 연구도 있습니다. 이 연구에서는 '동국문헌비고' 등의 기술은 안용복의 신빙성이 낮은 진술을 아무런 비판없이 인용한 다른 문헌('강계고'(疆界考) '강계지'(疆界地), 1756)을 원본으로 삼고 있다고 지적하고 있습니다.

일본 외무성은 『여지지』의 원래 기술은 우산도와 울릉도는 동일의 섬이라고 하였다고 하지만 申景濬이 쓴 『강계고』(1756, 영조 32)의 「울릉도」 부분에 의하면 "『여지지』[12]에 이르기를 '일설에는 우산과 울릉은 본래 한 섬이라고 하나 여러 도지(諸圖志)를 상고하면 두 섬이다. 하나는 왜가 이르는 바 松島인데 모두 다 우산국이다'라고 하였다(愚按 輿地志云 一說于山·鬱陵本一島 而考諸図志 二島也 一則倭所謂松島 而盖二島 俱是于山國也)"고 기록하였고, 또 『동국문헌비고』(1770)에서는 "『여지지』에 이르기를 '울릉과 우산은 다 우산국의 땅인데, 우산은 왜가 이르는 바 송도다'라고 하였다(輿地誌云 鬱陵·于山皆于山國地 于山則倭所謂松島也)"고 하였다. 두 문헌을 비교하면 『여지지』의 서술은 먼저 '울릉과 우산은 다 우산국의 땅인데, 우산은 왜가 이르는 바 송도다'라는 기록이 나오고, 그 다음에 '일설에는 우산과 울릉은 본래 한 섬이라고 하나 여러 도지(諸圖志)를 상고하면 두 섬이다. 하나는 왜가 이르는 바 松島인데 모두 다 우산국이다'라는 기록이 이어져 나온다고 볼 수 있다. 그것을 일본 외무성은 『여지지』의 원래 기술은 '우산도와 울릉도는 동일의 섬'이라고 하였다고 하여 '일설'의 구절을 빼고 말한 것이다. 그런 점에서 이 비판은 정당한 비판이라고 할 수 없다.

---

12) 『여지지』는 반계 유형원이 지은 지리서인 『동국여지지』(1656년; 효종 7)를 말한다. 『동국여지지』는 16세기 후반부터 활발하게 만들어진 사찬읍지를 바탕으로 하여 읍지가 지니는 지방적 한계를 극복한 전국지리지이다. 이로 인해 신경준을 비롯한 그 이후의 실학자들에게 많은 영향을 끼쳤다.

다만 『강계고』에서 "『여지지』에 이르기를 '일설에는 우산과 울릉은 본래 한 섬이라고 하나 여러 圖志를 상고하면 두 섬이다. 하나는 왜가 이르는 바 松島인데 모두 다 우산국이다'라고 하였다"고 기록한 것을 『동국문헌비고』에서는 "『여지지』에 이르기를 '울릉과 우산은 다 우산국의 땅인데, 우산은 왜가 이른바 송도다'라고 하였다"고 하여 전자에서 유형원이 두 섬 중의 '하나가 왜가 이른바 송도'라는 다소 애매한 내용을 우산이 곧 송도라고 하였다고 분명히 하였다.

사료 ⑪에서 '동국문헌비고' 등의 기술은 '여지지'에서 직접 정확하게 인용된 것이 아니라고 비판하는 연구도 있다고 한 것은 일본의 시모죠 마사오의 주장을 말함이다. 시모죠는 신경준의 『강계지』에 인용된 『여지지』를 원전인 유형원의 『동국여지』에서 확인해보면 거기에는 '일설에는 우산 울릉은 본래 한 섬'으로 되어 있다는 사실을 들어 『동국문헌비고』에서 '우산도는 왜의 소위 마쓰시마이다'라고 한 기록은 유형원의 『동국여지』에서 유래하는 것이 아니라 『동국문헌비고』의 편찬과정에서 날조된 것이고, 따라서 독도를 울릉도의 속도로서 6세기 이래 한국의 영토라는 한국 측의 근거는 무너졌다고 하였다.[13] 그러나 유형원은 『여지지』에서 울릉도와 우산도가 한 섬이라는

---

13) 시모죠 마사오는 『竹島問題에 관한 調査研究 最終報告書』(2007.3)의 머리말을 집필하였다. 시모죠 마사오는 숙종조, 즉 에도시대에 울릉도와 독도, 그리고 조선과 일본을 오가면서 울릉도와 독도가 한국의 영토임을 천명한 '안용복'을 모든 '악의 근원'으로 간주하면서, 안용복의 위증이 改竄된 한국의 논거'가 되어 그 후의 한일관계를 크게 어긋나게 하는 원인이 되었다고 하였다. 그는 '改竄된 한국의 논거'에서 다음과 같이 말하였다.
『동국문헌비고』는 신경준의 『강계지』를 저본으로 하고 있다. 저본 『강계지』의 해당부분을 보면 「여지지에서 말하길 일설에 우산 울릉은 본래 한 섬」이라고 인용되어 있고 『동국문헌비고』의 분주에 인용된 「여지지」와는 문장이 다르다. 더욱이 신경준의 『강계지』에 인용된 『여지지』를 원전인 유형원의 『동국여지지』에서 확인해 보면 거기에는 「일설에 우산울릉은 본래 한 섬」으로 되어 있다. 이 사실은 『동국문헌비고』에서 「우산도는 왜의 소위

마쓰시마이다」라는 분주는 류형원의 『동국여지지』에서 유래하는 것이 아니라 『동국문헌비고』의 편찬과정에서 날조되었던 것이다. 독도를 울릉도의 속도로서 6세기 이래 한국의 영토라는 한국 측의 근거는 무너졌다. 그럼 우산도는 「왜의 소위 마쓰시마」라는 설은 언제부터 시작된 것인가. 문헌상의 우산도에서 확인해보면 우산도라는 이름이 등장하는 것은 15세기에 성립된 『세종실록지리지』와 『동국여지승람』으로 이 우산도는 『태종실록』의 기사에서 유래한다. 그러나 『태종실록』의 우산도는 울릉도이며 『동국문헌비고』 이전에 성립한 『동국지리지』(한백겸), 『춘관지』(이맹휴) 등에서도 우산도는 울릉도로 되어있다. 그러나 신경준은 무엇을 근거로 「울릉 우산은 모두 우산국의 땅. 우산 즉 왜의 소위 마쓰시마이다」로 개찬된 것일까. 그 힌트는 신경준이 「왜의 소위 마쓰시마」라고 한 「소위」이다. 이것은 『동국문헌비고』가 편찬된 당시 「우산은 즉 왜의 소위 마쓰시마이다」고 하는 인식이 존재했음을 나타내고 있기 때문이다. 그 흔적은 수토사인 박석창이 1711년에 제출한 「울릉도도형」 안에도 있다. 『동국문헌비고』의 편찬이 이루어진 59년 전, 『울릉도도형』에서는 울릉도의 동측에 「소위 우산도」로 부기한 소도가 그려져 있기 때문이다. 그러면 이 소도는 지금의 다케시마인가. 주위의 상황으로 판단해 보면 현재의 죽도(竹嶼)를 가리키고 있으며 다케시마는 아니다. 그러나 「소위 우산도」라고 부기된 소도가 김정호의 『청구도』에서는 우산도로 되어 대한제국의 학부편집국이 1899년에 간행한 「대한전도」에도 우산도로 승계하였기 때문이다. 18세기 이후의 지도에는 우산도는 죽도를 가리킨다. 그러나 문헌상의 우산도는 다르다. 「우산은 즉 왜의 소위 마쓰시마이다」로 개찬된 분주에 의해 우산도는 일본의 마쓰시마로 되었기 때문이다. 그 계기가 된 것은 1696년 5월20일, 오키도에 밀항한 안용복의 공술이다. 안용복은 돗토리번에 의해 추방되었음에도 귀환 후 조선측의 조사에서 「마쓰시마는 우산도다. 조선의 땅이다」라며 돗토리 번주와 교섭하여 「울릉도와 우산도는 이미 조선령이 되었다」고 증언하고 있기 때문이다. 이 안용복의 공술은 『숙종실록』에도 기재되어 신경준은 안용복의 증언을 바탕으로 [우산은 즉 왜의 소위 마쓰시마이다]고 하였던 것이다. 신경준이 안용복의 증언을 중시한 것은 "강계지"에 [안용복전]을 실은 것에서도 알 수 있다. 그러나 유감스럽게도 신경준의 [안용복전]은 이맹휴의 『춘관지』([울릉도쟁계])에서 안용복의 전기부분을 표절한 것으로 분주의 [우산은 즉 왜의 소위 마쓰시마이다]와 같은 경우로 방증능력이 없다.

위 시모죠 마사오의 주장에 대한 비판은 김화경, 2008, 「한국의 고지도에 나타난 독도 인식에 관한 연구」, 『인문연구』 55, 영남대학교 인문과학연구소에 되어 있으므로 여기에서는 생략하였다.

것을 비판하고 두 개의 섬임을 분명히 하고 있음에도 불구하고 시모
죠 마사오는 사료를 왜곡하고 있는데, 외무성은 이런 잘못된 논문을
인용하여 한국 측 주장을 비판하고 있을 뿐이다.

울릉도와 독도를 직접 가본 안용복은 사료 ⑫에서 보다시피 울릉
도에서 우산도를 보았다고 한다.

> ⑫ 인질이 여기에 머물러 있을 당시 질문했을 때 대답한 것으로 "이번에 나
> 간 섬의 이름은 모릅니다. 이번에 나간 섬의 동북에 큰 섬이 있었습니다.
> 그 섬에 머물던 중에 두 번 보았습니다. 그 섬을 아는 자가 말하기를 우
> 산도라고 부른다고 들었습니다. 한 번도 가본 적은 없지만 대체로 하루
> 정도 걸리는 거리로 보였습니다."라고 말하고 있습니다. 울릉도란 섬에
> 대해서는 아직껏 모른다고 말하고 있습니다. 그러나 인질의 주장은 허실
> 을 가리기 어려우니 참고로 아룁니다. 그 쪽에서 잘 판단해 들으십시오.
> (『竹島紀事』 元祿 6年(1693) 11月 1日)

울릉도에서 안용복은 동북방에 있는 큰 섬을 두 번 보았고, 그 섬
을 아는 자로부터 우산도라고 부른다고 들었음을 진술하고 있다. 『세
종실록지리지』에서 울릉도와 독도가 '서로 거리가 멀지 않아 바람 부
는 날 청명하면 가히 바라볼 수 있다'는 기록을 안용복이 입증한 자
료인 셈이다. 그러나 시모죠 마사오는 '改竄된 한국의 논거' 가운데에
서 "안용복이 주장하는 우산도는 지금의 竹島가 아니다. 안용복이 본
것은 지도상에서 「소위 우산도」라고 여긴 죽도이다. 죽도는 안용복이
어로활동을 하던 울릉도의 저동에서 동북에 위치하며 다케시마는 울
릉도의 동남에 있기 때문이다"라고 하였다.[14] 그러나 위 사료 ⑫는
울릉도에서 독도가 동북쪽에 있다는 표현이 아니다. 부산에서 살던
사람들이 부산에서 바라다 본 좌표이다. 부산 동래에 살았던 안용복
은 동래에서 울릉도보다 더 먼 곳, 동북방에 있다는 말을 들었고, 울

---

14) 시모죠 마사오, 2007, 『竹島問題에 관한 調査研究 最終報告書』, 머리말 참조.

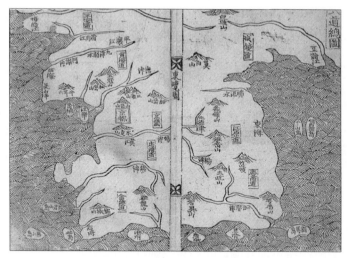

〈지도 5〉『신증동국여지승람』「팔도총도」

릉도에서 독도를 희미하게 보았을 때 '동북방'에 있다고 표현한 것이다.[15] 임진왜란 때 일본에 붙잡혀갔다가 일본 어부들을 따라 울릉도에 왔다가 탈출한 승려가 "대개 두 섬이 여기에서 그다지 멀지 않아 한번 큰 바람이 불면 이를 수 있는 정도이다. 우산도는 지세가 낮아 海氣가 매우 맑지 않거나 최고 정상에 오르지 않으면 보이지 않는다. 울릉이 조금 더 높다"[16]고 한 기록을 통해서 볼 때 우산도는 독도임이 분명하다.

일본 외무성 팜플렛은 『신증동국여지승람』의 지도(<지도 5>)를 다음과 같이 비판하고 있다.

⑬ 한편 '신증동국여지승람'에 첨부된 지도에는 울릉도와 '우산도'가 별개의

---

15) 이에 관한 구체적 설명은 김호동, 2008, 「『竹島問題에 관한 調査研究 最終 報告書』에 인용된 일본 에도(江戸)시대 독도문헌 연구」, 『인문연구』 55, 영 남대학교 인문과학연구소, 11~16쪽 참조.
16) 『西溪雜錄』「鬱陵島」.

2섬으로 기술되어 있습니다. 만약 한국측의 주장처럼 '우산도'가 다케시마를 가리키는 것이라면, 이 섬은 울릉도 동쪽의, 울릉도보다 훨씬 작은 섬으로 그려질 것입니다. 그러나 이 지도의 '우산도'는 울릉도와 거의 같은 크기로 그려졌으며 한반도와 울릉도 사이(울릉도의 서쪽)에 위치하는 등 전혀 실재하지 않는 섬이라는 것을 알 수 있습니다.

일본의 비판에 대해 태종 17년 2월 5일에 안무사 김인우가 우산도에서 돌아왔다는 기록(사료 ⑦), 그리고 『신증동국여지승람』의 「팔도총도」에서 우산도의 위치가 잘못된 것에 대해 "무릉도를 도연명의 무릉도원에서 따온 이상향을 일컫는 이름으로 육지에서 울릉도를 부르던 이름이었지만 정작 울릉도에 사는 사람들은 다시 울릉도에서 아스라이 보이는 독도를 무릉도라고 불렀던 것이다."라고 한 견해가 있는데[17] <지도 5>의 「팔도총도」를 보면 '무릉도'라고 하지 않고 '울릉도'라고 하였기 때문에 이런 주장은 설득력이 없다.

『신증동국여지승람』에 첨부된 지도에 관한 설명은 이미 가와까미 겐조(川上健三)가 우산·울릉 이도(二島)설은 실제를 본 적이 없는 자가 관념적으로 기록하였다고 논한 것에서 보다시피[18] 16세기에 작성된 고지도라는 점을 고려해서 섬의 위치나 크기가 부정확하게 그려진 것은 당연하다고 봐야 할 것이다.[19] 실제 아래의 『신증동국여지승람』에 실려 있는 「팔도총도」의 지도를 보면 제주도와 대마도 등의 위치도 어긋나 있고, 제주도의 크기가 남해와 거제도 등과 거의 같은 크기로 그려져 있을 뿐만 아니라 본토의 모습도 크게 다르게 그려져 있다. 그것을 감안하지 않고 오직 울릉도와 우산도의 크기와 위치가 어긋나 있는 것만 문제를 삼는 일본의 태도나, 거기에 대하여 무리한 주장을

---

17) 동북아의 평화를 위한 바른역사정립기획단, 2005, 『독도자료집 I』, 201쪽.
18) 가와까미 겐조(川上健三), 1996, 『竹島の歷史地理學的硏究』古今書院.
19) 나이토 세이추, 2008, 「다케시마의 문제점-일본 외무성의 『다케시마』비판」, 『독도연구』 4, 영남대학교 독도연구소.

하는 한국 측의 주장도 결코 바람직스럽지 못하다.

4. 맺음말

본고는 일본 외무성의 竹島 홍보 팜플렛의 포인트 '① 일본은 옛날부터 다케시마의 존재를 인식하고 있었습니다'와 '② 한국이 옛날부터 다케시마의 존재를 인식하고 있었다는 근거는 없습니다'란 두 가지 포인트에 대한 비판을 위해 집필되었다. 영토분쟁의 국제법 판단의 한 근거는 '어느 쪽이 먼저 인지하였는가?'와 '어느 쪽이 얼마만큼 계속적으로 이용해왔는가?'이다. 그런 점에서 이 글은 한 일 양국에서 누가 먼저 독도를 자국의 영토로 인식하였는가 하는 점에 초점을 두고 일본의 주장을 비판한 것이다.

일본 외무성의 竹島 홍보 팜플렛은 일본이 옛날부터 독도의 존재를 인식하고 있었다는 주장을 하면서 경위도선을 표시한 일본지도로서 가장 대표적인 나가구보 세키스이(長久保赤水)의 「개정 일본여지노정전도」(1779년)를 제시하고 있지만 실상은 1779년의 원본이 아니라 메이지대학 도서관에서 소장하고 있는 1846년판의 「개정 일본여지노정전도」를 갖고 논리를 전개하고 있다. 그렇지만 「개정 일본여지노정전도」는 국제법상 증거능력이 부족한 私撰지도이고, 또 1779년 원본에는 울릉도와 독도가 조선 본토와 함께 채색되지 않은 상태로 경위도선 밖에 그려져 있어서 일본 영역 밖의 섬으로 인식하고 있다는 점에서 일본의 주장은 근거가 없다. 일본 외무성 竹島 홍보 팜플렛은 이전의 무주지선점론 대신에 17세기 중반 영유권 확립을 주장하고 있는데, 이를 뒷받침하는 문헌이나 지도를 제시한 것이 아니라 1846년판의 '개정일본여지노정전도'를 제시하고 있으므로 전혀 설득력이 없다.

또 일본 외무성은 한국이 옛날부터 독도를 인식하고 있었다는 근거는 없다고 한다. 한국 측이 주장하는 우산도가 독도라는 것을 뒷받침하는 명확한 근거가 없으며, 우산도는 울릉도의 다른 이름이거나 가상의 섬이라고 한다. 그러나 문헌기록상 독도에 대해 중앙정부가 첫 인지를 한 시기는 태종 16년 9월, 김인우를 '무릉등처안무사'로 파견을 결정할 때였다. 이때 호조참판 박습은 1411년(태종 11) 강원감사로 파견되었을 때 무릉도 곁에 '작은 섬(小島)이 있다'고 한 이야기를 들었다고 하였다. 그로 인해 김인우를 '무릉등처안무사'로 파견하였고, 그가 돌아와 보고한 바에 의해 사흘 뒤의 조정회의에서 "우산·무릉 주민에 대한 쇄출의 문제를 논의하였다"[20]고 한 것에서 박습이 말한 '작은 섬'이 '우산도'임을 정확히 인지하고, 그것이 조선의 영토라는 인식을 하게 된 것이 아닌가 한다. 이로부터 6개월 후인 8월에 '왜적이 우산, 무릉을 구략하였다'[21]고 한 것은 그것을 단적으로 드러내 준다. 중앙정부에서 이처럼 우산도를 자국의 영토로 정확히 인식하였기 때문에 세종 7년에 김인우를 '우산무릉등처안무사'로 임명, 파견하게 되었다. 특히 태종 17년과 세종 18~19년 사이에 울릉도와 독도에 설읍 논의가 활발하게 이루어졌음을 간과해서는 안된다. 『세종실록지리지』에서 "于山과 武陵 2섬이 현의 정동 쪽 바다 가운데에 있다"고 하고, "2섬이 서로 거리가 멀지 않아 바람 부는 날, 청명하면 가히 바라볼 수 있다" 하여 강원도 삼척도호부 울진현의 속도로 기록하게 된 것은 설읍 논의의 과정에서 울릉도와 우산도(독도)를 정확히 인식하였기 때문에 가능한 것이다. 임진왜란 때 일본에 붙잡혀갔다가 일본 어부들을 따라 울릉도에 왔다가 탈출한 승려가 "대개 두 섬이 여기에서 그다지 멀지 않아 한번 큰 바람이 불면 이를 수 있는 정도

---

20) 『태종실록』 권21, 태종 17년 2월 8일.
21) 『태종실록』 권21, 태종 17년 8월 6일.

이다. 우산도는 지세가 낮아 海氣가 매우 맑지 않거나 최고 정상에 오르지 않으면 보이지 않는다. 울릉이 조금 더 높다"고 한 기록을 통해서 볼 때 우산도는 독도임이 분명하다. 울릉도와 독도를 직접 가본 안용복은 독도를 우산도, 혹은 자산도로 인식하였다.

우산도를 독도로 보는 것에 대해『다케시마문제에 관한 최종보고서』나 외무성 독도에 관한 팜플렛은 태종조의 우산도를 울릉도라고 하지만 전후 문맥에서 읽어볼 때 김인우가 우산도와 무릉도에서 돌아왔다는 것을 기록한 사관이 그냥 뭉뚱그려 우산도에서 돌아왔다고 운운한 것에 불과한 것이다. 그리고 당시 중앙정부는 김인우의 보고대로 무릉도 사람들이 우산도를 들락날락거리며 생활을 하고 있다는 말을 듣고 우산도도 사람이 살고 있는 섬이라고 인식하고 있었기 때문에 우산도에서 돌아왔다고 하면서 그 섬에 사는 사람 운운한 것에 불과한 것이다. 일본 외무성의 공신국장 田邊太一마저도 "松島(당시 독도를 송도라고 지칭; 필자 주)는 우리나라 사람이 붙인 이름이며 사실은 조선의 울릉도에 속하는 우산이라고 합니다"22)고 하여 우산도를 松島(독도)로 비정하고 있는 것을 무시한 채 오직 태종 17년 2월 5일자의 기록만을 부각시켜 우산도는 울릉도라고 하는 것은 문제가 있다.

또 일본 외무성은『여지지』의 원래 기술은 우산도와 울릉도는 동일의 섬이라고 하였다. 그렇지만『강계고』에서 "『여지지』에 이르기를 '일설에는 우산과 울릉은 본래 한 섬이라고 하나 여러 圖志를 상고하면 두 섬이다. 하나는 왜가 이르는 바 松島인데 모두 다 우산국이다' 라고 하였다"라고 하여 두 섬임을 분명히 하고 있다. 일본 외무성은 '일설'이라는 단어를 빼버리고 '一島 二名說'이『여지지』에서 언급한 것처럼 왜곡한 것에 불과하다.

---

22) 이 자료는 기타자와 세이세이(北澤正誠)의『竹島考證』(하)에 실린 공신국장 田邊太一이 1878년에 언급한 기록이다.

『신증동국여지승람』의 '팔도총도'에는 우산도와 울릉도의 위치와 크기가 잘못 그려진 것과 마찬가지로 제주도와 대마도 등의 위치와 크기도 잘못 그려져 있다. 그것을 도외시하고 우산도는 독도가 아니라는 주장을 내세우는 것은 올바른 태도가 아니다.

일본 외무성은 '10 포인트'를 통해 17세기 영유권 확립설을 내세우고 있지만 일본이 다케시마(독도)를 자국의 영토로 인지하였다는 증빙자료를 제시하지 못하고 있다. 반면 한국의 경우 태종 17년 이후의 자료에서 독도(우산도)를 자국의 영토로 간주한 사실이 문헌자료를 통해 확인되지만 그것을 비판한 일본 외무성의 주장은 설득력이 없다.

『민족문화논총』 44, 2010.4.

참고문헌

김호동, 2007, 『독도·울릉도의 역사』, 경인문화사.

김호동, 2008, 「조선초기 울릉도·독도 관리정책」, 『동북아역사논총』 20, 동북아역사재단.

김호동, 2008, 「지방행정체계상에서 본 울릉도·독도 지위의 역사적 변화」, 『한국행정사학지』 23.

김호동, 2009, 『독도영유권 확립을 위한 연구』, 경인문화사.

김호동, 2009, 「울릉도의 역사로서 '우산국' 재조명」, 『독도연구』 7, 영남대학교 독도연구소.

김호동, 2009, 「메이지시대 일본의 동해와 두 섬(독도, 울릉도) 명칭 변경의 도에 관한 검토」, 『민족문화논총』 43, 영남대학교 민족문화연구소.

김화경, 2008, 「한국의 고지도에 나타난 독도 인식에 관한 연구」, 『인문연구』 55, 영남대학교 인문과학연구소.

나이토 세이추(內藤正中), 2008, 「竹島問題의 問題點 -日本 外務省 『竹島』 批判-」, 『독도연구』 4, 영남대학교 독도연구소.

호사카 유지(保坂祐二), 2009, <『三國通覽輿地路程全圖』와 『伊能圖』 안의 독도> 『독도영유권 확립을 위한 연구』, 영남대독도연구소 엮음, 경인문화사.

川上健三, 1966, 『竹島の歷史地理學的硏究』, 古今書院.

竹島問題硏究會, 2007, 『竹島問題에 관한 調査硏究 最終報告書』.

北澤正誠, 『竹島考證』 明治4年.

齋藤勘介著, 『隱州視聽合記』 寬文7年.

松浦儀右衛門·越常右衛門編, 『竹島紀事』 享保11年.

일본의 독도에 대한
"17세기 영유권 확립설"의 허구성
-일본 외무성의 죽도 홍보 팜플렛의 포인트 3, 4 비판-

송 휘 영

1. 머리말

2008년 2월 일본외무성이 홈페이지에 「竹島-다케시마문제를 이해하기 위한 10가지 포인트」[1](이하 팜플렛이라 한다)를 게시하고 이를 홍·보용 팜플렛으로 배포를 하면서 최근 일본의 독도 침탈에 대한 의도적 왜곡의 수위가 더욱더 높아져 가는 듯한 느낌이다. 이로써 1905년 나카이 요사부로(中井養三郎)라는 어부가 「리양코섬[2] 대여원(リヤンコ島貸下願)」 제출한 것을 계기로 독도를 시마네현 부속섬으로 편입하면서 견지해왔던 소위 「무주지선점론」의 논조에서 17세기에 이미 독도를 일본의 고유의 영토로 했다는 「영유권 확립설」[3]을 본격적

---

1) 外務省(www.mafa.go.jp), '竹島問題'.
2) 프랑스의 포경선 리앙쿠르(Liancourt)호가 1849년 독도를 발견하면서 1905년 시마네현으로 편입하기까지 독도를 리앙코섬(Liancourt Island) 또는 리앙코 암초(Liancourt Rocks)라 부르게 된다. 독도를 다케시마(竹島)라고 부르게 된 것은 1905년 이후의 일이며, 그때까지 울릉도를 다케시마(竹島) 독도를 마쓰시마(松島)라고 불렀다. 그러나 시볼트(Siebold)의 일본지도의 영향으로 1840~1905년에는 해군성의 지도 등에서 울릉도를 마츠시마(松島)라고 혼용하여 사용하기도 하였다.
3) 한일 양국에서는 이를 두고 「고유영토설」(한국) 또는 「고유영토론」(일본)으

으로 내세우고 있다. 최근에는 정부의 공식의견을 외무성 홈페이지에 게재하고 10개국어로 번역된 팜플렛으로 해외 홍보를 벌이고 있다. 일본 외무성은 "다케시마(竹島) 영유권에 관한 일본국의 일관된 입장"이라며 "①다케시마는 역사적 사실에 입각해 봐도, 국제법상으로도 명백한 일본국 고유의 영토이다. ②한국에 의한 다케시마 점거는 국제법상 아무런 근거 없이 이루어지고 있는 불법 점거이며 한국이 이런 불법 점거에 의거해 다케시마에서 행하는 어떤 조치도 법적인 정당성이 있는 것은 아니다."라고 주장한다.

본고의 목적은 이러한 일본의 「영유권 확립설」에서 근거로 삼고 있는 17세기의 문헌자료들을 중심으로 그 시대적 배경과 더불어 실로 당시 일본정부에 의한 영유권이 확립되었는가 하는 점에 초점을 맞추어 분석하고 그 논리적 모순을 밝히고자 하는 것이다. 과연 역사적 사실과 사료에 비추어 보아 「영유권 확립설」이 성립하는가, 아니면 자기모순의 늪에 스스로 몸을 던진 것인가를 검토하고자 한다. 지금까지 독도에 관련된 많은 문헌들이 밝혀져 있음에도 한일 양측의 연구가 서로 자국의 자료를 중심으로 분석해왔으며 커다란 입장 차이를 보여 온 원인으로 지적되기도 하였다. 본고에서는 기본적으로 기존 공개되어온 일본 측 사료의 검토를 중심으로 하여 소위 「17세기

로 불러왔다. 그러나 '고유'란 원래부터 존재하였음을 일컫는 것으로, 고유라는 용어사용은 적절하지 못하다고 할 수 있다. 따라서 용어법의 정확성을 기하고자 「영유권 확립설」로 하였음을 밝혀둔다. '논'은 보다 객관적으로 검증된 주장이나 학설의 경우에 사용하는 경우가 많고, 그에 비해 '설'은 비교적 검증되지 않은 주관적 주장의 경우에 사용된다고 할 수 있다. 한편 이승진(2005)과 김호동(2008)의 연구에서는 「17세기 고유영토설」이란 용어법을 사용하고 있다.

이승진, 2005, 「소위 "독도문제"의 본질」, 『독도연구』 창간호, 영남대 독도연구소, 46~47쪽.

김호동, 2008, 「독도 영유권 공고화를 위한 조선시대 수토제도의 연구방향 모색」, 『독도연구』 제5호, 영남대 독도연구소, 144~146쪽.

영유권 확립설」에 대해 비판하고자 한다. 따라서 일본 외무성의 공식 홈페이지에서 천명하고 있는 팜플렛 중에서, "Point③: 일본은 울릉도로 건너갈 때 정박장 혹은 어채지로 다케시마(竹島)를 이용하여 적어도 17세기 중엽에는 다케시마의 영유권을 확립하였다. Point④: 일본은 17세기말 울릉도 도항을 금지하였으나 다케시마 도항은 금지하지 않았다."는 두 가지의 포인트에 초점을 맞추어 분석을 진행할 것이다. 아울러 본고는 일본 외무성의 '죽도 홍보 팜플렛'의 비판이라는 특집의 일환으로 기획된 것임을 밝혀둔다.[4]

2. 독도 침탈의 기조변화와 「17세기 영유권 확립설」

일본정부는 독도를 역사적으로나 국제법적으로 명백한 일본의 영토이며 한국에 대한 식민지 지배라는 과거사와는 전혀 무관하며 2차 세계대전 이후 한국이 불법으로 무력 점거한 상태라고 주장한다.[5] 그리고 일본이 독도를 실효적으로 지배하여 영유권을 확립하기 이전에 한국이 이 섬을 실효적으로 지배하였다고 하는 어떤 형적도 없었으며 이를 밝히는 명확한 근거가 제시되어 있지 않다고 한다. 이와 같은 주장의 한 측면을 보면 영유권 주장의 진위여부는 차치하고서라도 한국 측 제시자료가 충분하지 않고 일본이 부인하지 못할 만큼 충분한 연구와 사료적 고찰이 축적되어 있지 못하다는 것은 부정할 수 없다.[6]

---

4) 본고는 영남대학교 독도연구소의 2009년도 추계학술대회 기획발표 '【일본 외무성의 「죽도문제를 이해하기 위한 10의 포인트」에 대한 철저해부】' (2009.12.16., 포항시 문화예술회관 소공연장)의 소주제로 발표한 것을 정리한 것이다.
5) 外務省(www.mofa.go.jp), '竹島問題'.

일본이 영유권을 주장하는 논리는 크게 두 가지로 형성되어 있다고 볼 수 있다. 하나는 역사적으로 일본 고유의 영토라는 「영유권 확립설」과, 또 하나는 1905년 당시 주인 없는 무주지(無主地)였으므로 일본이 선점하여 국제법상의 영토편입 요건을 충족하는 합법적인 행위에 의해 편입시킨 일본의 영토라는 「무주지선점론」이 그것이다.

국제법적으로 볼 때, 영토취득 주장의 권원으로는 ①양도 ②첨부 ③시효 ④정복 ⑤선점 등이 있으며, 선점은 '무주지'를 '다른 나라보다 먼저' '실효적으로 지배'하는 것에 의해 영유권이 성립된다고 한다. 일본이 주장하는 것처럼 선점에 의한 영토취득이 정당성을 갖기 위해서는 ①무주지라는 것 ②영토를 취득하려는 국가의사의 명확한 공표 ③실효적으로 지배(점유)하여 실제적인 주권의 계속적 행사라고 하는 요건이 성립되어야 한다.[7] 일본이 「무주지선점론」의 근거로 삼았던 것이 1905년 2월 22일 독도의 시마네현 편입 조치이다. 시마네현 고시 제40호에서 "다케시마(竹島)는 1905년 당시 '타국이 이를 점유하였다고 인정할 어떠한 형적'도 없는 주인없는 땅(無主地)이었으므로 일본이 무주지를 선점(先占)할 경우 영토 획득으로 인정받을 수 있다는 국제법상 요건을 충족시켜 시마네현에 편입시킨 합법적인 일본의 영토"라고 밝히고 있으며, 각의에 의해 영토편입을 결정하여(점유의사) 이를 고시(점유의사의 공적 표출)하였으므로 국제법적으로 정당한 영토편입이라고 내세우고 있다. 또한 대여원을 수락 받은 나카이 요사부로가 독점적으로 강치어업을 경영하여 실제적 지배(실효

---

6) '독도문제'에 관한 한 수많은 연구기관 및 유관단체가 '독도관련 활동'을 하고 있으나, 특히 일본 측 사료의 철저한 분석은 제대로 이루어지지 않았다고 하지 않을 수 없다. '울릉도쟁계(竹島一件)'를 비롯하여 독도에 관한 많은 기록들이 존재하는 것으로 알려져 있으나 일본에 의해 의도적으로 공개하지 않은 사료도 많다고 한다. 우선 이미 일반에 공개하였거나 공개된 사료에 대한 철저한 점검이 우선되어야 함을 지적해 둔다.

7) 이승진, 2005, 17쪽.

적 점유)를 해왔다는 것이다.

그러나, 1877년 태정관의 결정에서 이미 울릉도·독도는 본방(일본)과 무관한 한국의 영토라고 결론을 내렸으며, 대여원 제출과정에서 나카이 본인은 물론 내무성조차도 독도를 한국의 영토로 인지하고 있었으므로 무주지란 것은 말이 되지 않는다. 그리고 새 영토 편입과 같은 중요한 사안을 일본의 중앙 정부가 공표하지도 않았고 1905년 관보에도 공시하지 않았다. 그리고 한국과 공유하는 해상의 새로운 '영토획득'을 한국 정부에 제 때 통보하지도 않았다는 사실8) 등에서 한계를 지닌다. 그리고 강치잡이 경영을 하였다는 나카이는 편입이전에도 독도에 거류한 불법이민자이자 자연산 수확에 대해 수출 관세를 지불하지 않은 탈세범이었다.9) 이러한 범법자 한사람의 행동에 독도 편입의 공식적 근거를 두고 있었던 것이다. 이러한 점뿐만 아니라 러일전쟁을 배경으로 제국주의의 팽창과정에서 한국의 국권 강압이라는 배경하에서 이루어진 것이므로 「무주지선점론」에 의한 영유권 주장은 많은 문제점을 내포한다.

1960년대 가와카미 겐죠(川上健三)의 연구10) 등을 계기로 「영유권 확립설」이 서서히 부각되기 시작하였다. 안용복 사건과 '울릉도쟁계(鬱陵島爭界)' 등을 비롯한 독도에 관한 사료가 일본 측에 많아 남아 있다는 점 때문일까 일본은 최근 들어 당초 주장해온 「무주지섬점론」과 더불어 '역사적 사실에 비추어 보아도 독도가 명백한 고유 영토'라고 하는 「영유권 확립설」을 함께 주장하면서도 조금씩 「영유권 확

---

8) 일본이 독도편입의 사실을 통보하는 것은 1905년 11월의 을사보호조약에 의해 외교권을 박탈하여 한국의 외무를 관장하고 나서인 1906년 3월에 형식적으로 하게 된다.

9) 당시에 그 관세는 한일수산업조약에 규정되어 있었으며 이 조약은 일본의 이익을 중점적으로 도모하기 위한 조약이었다.

10) 川上健三, 1966, 『竹島問題の歷史·地理學的研究』, 古今書院, 9~29쪽.

립설」으로 비중을 시프트 시켜가고 있다. 이는 최근 시마네현(島根縣)에서 발족한 「죽도문제연구회(竹島問題研究會)」의 『최종보고서』[11]와 「Web죽도문제연구회」[12]의 연구 경향, 일본 정부의 공식견해[13] 등에서도 확연히 드러난다. 특히 일본 외무성 주장의 '포인트3'과 '포인트4'는 이른바 「17세기 영유권 확립설」을 내세우는 주장과 관련되는 것들이라 할 수 있다.

이미 밝혀진 바와 같이 독도(우산도)가 처음으로 사료에 등장하는 것은 『고려사』(1451년)이며 여기서는 '무릉도(武陵島)=울릉도'와 '우산도(于山島)=독도'가 나타나는데, 한국에서 공식적으로 중앙정부가 독도를 인지하는 것은 조선 태종조의 일(태종16년, 1416년)이다.[14] 반면 일본의 사료에서는 『인슈시청합기(隱州視聽合記)』(1667년)에서 독도가 처음으로 등장하는데 일본의 중앙 정부(에도 막부)가 독도를 인지하는 것은 '울릉도쟁계'[15]가 한창 진행 중이던 1696년 1월의 일이다. 그리고 고유영토가 확립되었다는 근거로 보는 것이 17세기에 있었던 죽도도해(竹島渡海)의 일이다. 1618년(元和4年)[16] 돗토리번령 요

---

11) 竹島問題研究會, 2007, 『竹島問題に關する調査研究最終報告書』.
12) Web竹島問題研究所(http://www.pref.shimane.lg.jp/soumu/web-takeshima/), 2010.3.20 검색.
13) 外務省(www.mofa.go.jp), '竹島問題'.
14) 독도에 대해 역사학적 관점에서 정리된 것으로 김호동의 저서(2008, 『독도·울릉도의 역사』, 경인문화사), 김정숙(2005, 「독도에 대한 역사·지리적 인식」, 『독도연구』 창간호, 영남대 독도연구소, 1~44쪽)을 꼽을 수 있다. 「독도의 역사적 인지」에 대해서는 앞의 김호동 논문에서 언급하고 있으므로 여기서는 생략하기로 한다.
15) 이는 울릉도 영유권을 둘러싼 조선정부와 에도막부(쓰시마번) 간에 발생한 외교적 협상을 지칭하는 것으로 일본에서는 죽도일건(竹島一件)이라 부르고 있다.
16) 「죽도도해면허」를 받은 연도에 대해서는 1625년이라는 설(일본외무성 홈페이지)과 1622년경이라는 설(內藤正中)이 있다. 1622년경이라는 나이토 세이츄(2009)의 설에 의하면, 막부가 요나고 초닌(町人) 두 사람이 신청한 도해

나고정(米子町)의 마을사람 오야 진키치(大屋甚吉)·무라카와 이치베(村川市兵衛)는 막부에 청원하여 「죽도도해면허(竹島渡海免許)」를 받는다. 그 후 안용복 납치사건을 계기로 「죽도도해금지령(竹島渡海禁止令)」이 내려진 1696년까지 약 70여년간 양가(兩家)는 교대로 울릉도에 도해하여 목재, 전복, 미역 등을 채취하며 어로활동을 한 것이다. 이것이 일본의 「17세기 영유권 확립설」의 근거로 삼는 것이다. 참고로 이 시기 전후 관련되는 역사적 사실들(일본 측 사료에 근거)을 <표1>에 정리를 해두었다. 1635년 막부의 쇄국령에 의해 해외 도해금지령이 내려졌으며, 그 이후 울릉도쟁계의 결과로 「죽도도해금지령」이 발령되기까지 오야(大谷)·무라카(村川)와 양가는 독점적으로 울릉도 도해를 실시해 왔다고 한다.[17]

면허를 돗토리번주(鳥取藩主) 앞으로 교부한 문서에는 5월 16일 날짜만 있고 연도는 쓰어 있지 않다. 1618년이라고 하는 것은 오야가(大屋家)의 문서에 기초한 통설이어서 공식적 기록이 아니다. 면허장에 서명을 하고 있는 4명이 로쥬(老中)가 된 것은 1622년이기 때문에 1618년의 시점에서는 4명 중 2명만이 로쥬에 취임하고 있으므로 로쥬가 함께 서명한 발급문서를 1618년으로 하는 것은 불가능하다고 본다. 따라서 도해면허가 내려진 것은 1622년 이후로 보아야 한다고 하고 있다.

나이토 세이츄, 2009, 『한일간 독도·죽도 논쟁의 실체-죽도 독도문제 입문 일본 외무성 『죽도(竹島)』 비판』, 도서출판 책사랑, 26~27(참고로 원저는 2008년에 출판되었음).

17) 『竹島紀事』등에서는 양가(兩家)가 거의 매년 격년 교대로 울릉도 도해를 하였다고 하나, 겐로쿠(元祿) 6년 마츠다이라(松平) 미노노카미(美濃守)에게 제출한 문서를 보면 4~15년에 한번 막부에 알현한다고 한다. 각종 기록에서 도해기록을 종합해보면 도해시기가 일정하지 않고 1618~1696년 동안 13번 정도 알현한 것으로 나타나고 있는데, 전복 등 울릉도에서 잡은 진상품의 헌상을 겸해서 알현한 것으로 보면 거의 매년 도해한 것은 아닌 듯하다.(『大谷九右衛門竹島渡海由來記拔書控』(島根縣立圖書館所藏, 4-311-42, 昭和二十四年) 및 http:// matsu.rcks.kyushu -u.ac.jp/past/2008/p/study/ 08takeshima /siryo-list/takeshima-tokai.html를 참조.)

〈표 1〉 17C~19C 독도관련 주요 연보

시 기	주 요 내 용	비 고
1614	쓰시마번(對馬藩) 죽도개척 책략	
1618	오야(大谷)·무라카(村川)와 양가 도해면허	1622, 1625년이라는 설도 있음
1635	에도막부 「쇄국령」 발령(해외도해금지)	1차 쇄국령은 1633년
1667	인슈시청합기(隱州視聽合記) 간행	최초로 독도(松島)가 등장
1692	무라카와가 울릉도도해 조선인 조우	
1693	제1차 안용복 사건(납치)	오야가(大屋家) 어선에 연행
1693~1696	울릉도쟁계(=竹島一件) 결착	
1695.12.24	막부 조회에 돗토리번이 "죽도·송도 그 외에 인백(因伯)양주에 포함되는 섬이 없다"고 회답	막부가 최초로 독도 인지
1696.1.28	죽도도해금지령 발포(제1차 도해금지령)	톳토리 주변의 부분 발령
1696.5~8.	제2차 안용복 사건(도일)	
1696.8	도해금지령 요나고의 양가에 전달	
1696.10	죽도도해금지령 조선측에 통보	
1697.2	도쿠카와 쇼군에게 보내는 안용복의 소장 전달 확인	
1751~1763	『竹島圖說』 간행	
1836	하마다번의 상인 하치에몽(八右衛門)사건 발생	전국령
1838	이국도해금지령 발령(제2차 도해금지령)	
1870.4	『朝鮮國交際始末內探書』	
1872~73	『일본지지제요』(일본최초의 관찬지)	
1877.3.29	태정관 지령서 "죽도·송도는 일본의 판도외이다"	
1878.8.15	시모무라 린하로치(下村輪八郎)가 「松島開拓願」 제출	송도=울릉도
1881.6.	조선정부가 일본에 울릉도 도향금지를 요구	
1881.11.29	일본 내무성이 외무성에 울릉도 조회	
1882.12	조선정부 울릉도 개척령 발령	
1883.4	내무성, 사법성「울릉도도항금지」내달(3차 도해금지령)	사법성에 내달함
1903	나카이 요사부로(中井養三郎) 라는 어부가 독도에서 강치잡이 시작	
1904.2.8	러일전쟁 개시	
1905.2.22	일본정부 독도를 시마네현 영토로 편입	

아울러 쇄국령[18) 이후 에도시대에서 메이지시대에 이르기까지 울릉도·독도와 관련하여 3차례에 걸친 도해금지 발령을 내리게 되는데 울릉도쟁계를 계기로 한 죽도도해금지를 제1차 도해금지라 할 수 있다. 그렇지만 일본어부 등에 의한 울릉도 독도 해역에의 밀어업(密漁業)은 완전히 근절되지는 않았으며[19) 1736년에 하마다번(浜田藩)의 도움으로 울릉도 해역에서 어렵 및 무역을 하고 있었던 아이즈야 하치에몽(會津屋八右衛門)의 밀항 사건이 발생하였다. 이를 계기로 막부는 울릉도를 포함한 「이국도해금지령」을 발령하게 되는데, 이것은 전국의 번(藩)에 대해 내려진 전국령(全國令)이었다고 할 수 있다(제2차 도해금지령). 또한 조선 정부가 고종대에 이르러 1882년(고종19년) 검찰사 이규원으로 하여금 울릉도와 독도를 검찰하게 하였고 그 결과 울릉도 개척령을 내리게 되는데 당시 상당수의 일본인이 들어와 있는 것을 확인하고 일본 정부에 항의하게 된다. 이에 메이지 정부는 사실관계를 확인한 다음 1883년 「울릉도도항금지」를 사법성(司法省)에 내달하게 되는데 이것이 제3차 도해금지령이다.

3. 17세기 중엽에 일본의 독도영유권이 확립되었는가?

그러면 독도에 대한 일본의 영유권이 17세기 중엽에 과연 확립 되

---

18) 에도시대의 쇄국령(鎖國令)은 4차례에 걸쳐 내리는데, 쇄국령 I (1633): 봉서선(奉書船) 이외의 해외 도항 금지, 쇄국령 II (1634): 해외 왕래·통상 제한, 쇄국령 III (1635): 일본선의 해외 도항 금지, 귀국의 전면 금지, 쇄국령 IV (1636): 포르투갈인과의 혼혈아를 추방이 그것이다.
19) 1차 도해금지 및 3차 도해금지 이후에는 일본인들의 울릉도 도항이 계속되고 있다는 것이 각종 문헌에서도 확인된다.

었는가에 대해 검토해 보기로 하자. 일본 외무성 홈페이지의 전문을
보면 다음과 같다.

〈자료 1〉

    point 3. 일본은 울릉도로 건너갈 때 정박장 혹은 어채지로 다케시마를 이용
하여 적어도 17세기 중엽에는 다케시마의 영유권을 확립하였다.
    ① 1618년 돗토리번 호키국 요나고의 주민인 오야 진키치(大谷甚吉), 무라카
       와 이치베에(村川市兵衛)는 돗토리번주를 통해 막부로부터 울릉도(당시의
       '다케시마') 도해(渡海) 면허를 받았습니다. 그 이후 양가는 교대로 매년
       1회 울릉도에 도항해 전복 채취, 강치 포획, 대나무 등 수목의 벌채 등에
       종사했다.
    ② 양가는 막부의 접시꽃 문양을 새긴 선인(船印) 내세워 울릉도에서 어업에
       종사하고, 채취한 전복은 장군가에 헌상하는 것을 일상화 하는 등 이른바
       이 섬의 독점적 경영을 막부 공인 하에 행하였다.
    ③ 그 동안 오키에서 울릉도로 가는 길목에 해당하는 다케시마(竹島)는 항해
       의 목표나 도중의 정박장으로서, 또 강치나 전복 포획의 좋은 어장으로
       자연스럽게 이용되기에 이르렀다.
    ④ 이렇게 하여 일본은 늦어도 에도시대 초기인 해당하는 17세기 중엽에는
       다케시마의 영유권을 확립했었다고 생각된다.
    ⑤ 가령 당시 막부가 울릉도나 다케시마를 외국영토로 인식하고 있었다면,
       쇄국령을 발령해 일본인의 해외 도항을 금지한 1635년에는 이들 섬에 대
       한 도항을 금지했을 것이지만, 그러한 조치는 취해지지 않았다.

   이와 같이 외무성의 웹싸이트에서는 「다케시마(독도)의 영유권 확
립」이라는 말을 한다. 원래 다케시마(竹島)라는 명칭은 울릉도를 말하
는 것으로 당시 독도는 마쓰시마(松島)라고 부르고 있었다. 우선 '포
인트3-①'에서, 도해면허는 먼 바다로의 항해에 대한 것이었고 쇄국
령 하에서 특별히 도항이 허가되는 해외를 의미하는 측면이 있다. 즉
당시의 독도가 일본의 영토라면 굳이 도해면허를 필요로 하지 않기
때문에 울릉도 도해는 해외도항이 된다. 그 도중에 들렀던 독도(다케
시마)도 외국의 영역으로 인식한 것이다. 그리고 '포인트3-②'에서는,

막부는 허가를 낸 당시의 다케시마(울릉도)가 조선의 울릉도임을 몰 랐으며, 막부가 조선의 허락 없이 내린 도해면허와 그러한 조선땅에 서 오야·무라카와 양가의 어렵, 벌목행위는 불법이었다. 따라서 '포인 트3-①'과 '포인트3-②'는 정당화 될 수 없다. 그리고 '포인트3-⑤'에 서 보면 '쇄국령을 발령해 일본인의 해외 도항을 금지한 1635년에는 이들 섬(울릉도와 독도)에 대한 도항을 금지하는 조치가 취해지지 않 았으므로' 울릉도와 독도를 외국영토가 아닌 내국영토로 간주하였다 고 기술하고 있으나 이후 두 섬을 조선의 부속섬으로 인정하여 「죽도 도해금지(1696.1.28)」을 내린 사실과 논리적으로 모순되는 주장일 뿐 이다. 따라서 '포인트3-⑤'의 주장 또한 설득력을 갖지 못한다.

또한 다케시마(독도)에 영유권을 확립했다는 말을 여기서 사용하고 있으나 구체적으로 독도에만 어떻게 영유권이 확보되었는지 전혀 언 급이 없다. 다만 도해면허를 받아 울릉도(다케시마) 도해 도중 중간 정박지, 표식 정도로 통과하거나 한 것으로 영유권이 확립되었다고 할 수 있는가? 그렇다면 울릉도 영유권은 왜 주장하지 않는가? 이 점 은 당초 쇄국령 하에서 울릉도 점유를 기도하던 쓰시마번에 의한 몇 차례의 계략(<표1> 참조)에도 나타나는 것과 같이 울릉도란 지명을 알고 있었음에도 불구하고 당시 일본에서 울릉도의 통칭인 이소타케 시마(磯竹島)라는 명칭을 두고 전혀 다른 섬에 도해하는 것으로 위장 하기 위해 새로운 다케시마(竹島)란 명칭을 사용한 것을 보더라도 다 분히 의도적이고 조선의 영토로 인식하고 있었음을 충분히 이해하고 도 남는다. 당시 쇄환정책을 사용하여 섬을 비워두었을지언정 그 땅 (타국의 영토)에 잠시 들어가 어로활동을 하였던 것만으로 영유권이 확립되었다고 할 수가 없다. 그러므로 '포인트3-③'과 '포인트3-④'는 성립하지 않는다. 또한, 안용복 납치사건에 촉발되어 이루어진 외교 교섭 울릉도쟁계의 과정에서 막부가 돗토리번에 문의한 질의서에서 돗토리번은 "죽도 송도는 인백(因伯) 양주에 소속된 섬이 아니다"고 공식적으로 대답한다. 즉, 영유권이 없다고 답변하였다. 여기서 양가에 내려진 「죽도도해면허(竹島渡海免許)」는 울릉도에의 도해면허이지 「송도(마쓰시마)도해면허」가 아니다. 마쓰시마(독도)는 울릉도 도항의 중간 정박지로 잠시 들렀다 오는 곳으로 이것이 독자적인 어장으로 이용되었던 것은 아니며 이것으로 영유권을 확립했다는 주장은 무리가 가는 주장이다. 당시의 죽도(울릉도)도해면허를 보면 다음과 같다.[20)]

〈자료 2〉

　　호키국(伯耆國) 요나고(米子)에서 다케시마로 작년에 배로 도항한 사실에 대한 것입니다. 이들이 작년과 같이 이번에도 도항을 하고자 하여 요나고 쵸닌(町人) 무라카와 이치베에(村川市兵衛), 오야 진키치(大谷甚吉)가 신청한 건에 대해 들어본 결과, 이의는 없다라는 명령이 있었으므로 그 뜻을 얻어 도해의 건은 허가하도록 바랍니다. 삼가 아뢰옵니다.
　　(1618) 5월 16일

나가이 시나노카미
이노우에 가즈에노카미
도이 오오이노카미
사카이 우타노카미

---

20) 「죽도도해면허」의 원문을 제시하면 다음과 같다. 원문은 일본 외무성 홈페이지 「竹島問題」에 게재된 것을 사용하였다.
(http://www.mofa.go.jp/mofaj/area/takeshima/pdfs/g_ryoyu01.pdf를 참조)
從伯耆國米子竹島江先年船相之由に候　然者如其今度致渡海度之段米子町人村川市兵衛大谷甚吉申上付而達上聞候之處不可有異儀之旨被仰出候間被得其意渡海之儀可被仰付候　恐々謹言
(1618年) 五月一六日

永井信濃守
井上主計守
土井大炊頭
酒井邪樂頭

松平新太郎殿

또한 일본의 사료에서 처음으로 독도(마쓰시마)가 등장하는 것은 마즈에번사(松江藩士) 사이토 호센(齊藤豊仙)이 쓴 『인슈시청합기(隱州視聽合記)』이다.[21] 이 인슈시청합기에서 오키의 서북에 송도(마쓰시마=독도)와 죽도(다케시마=울릉도)가 위치함을 명시하고 있다.

〈자료 3〉

오키섬(隱岐嶋)에서 북쪽에서 동쪽으로 가서 왕래할 수 있는 땅은 없다. 북서방향(戌亥間)으로 가기를 2일 하룻밤을 가면 마쓰시마(松嶋)가 있다. 이곳(마쓰시마)에서 다시 1일 정도 가면 다케시마(竹嶋)가 있는데 세간에서는 이소다케시마(磯竹嶋)라고 부른다. 대나무, 물고기, 강치(海鹿)가 많다. 아마도 신서(神書)에서 말하는 소위 이소타케(五十猛)[22]인 듯하다. 이 두 개의 섬은 무인의 땅으로 고려를 보면 운슈(雲州=出雲國)에서 오키(隱岐)를 바라보는 것과 같다. 그러한즉슨, 일본의 서북(乾)의 땅은 이 주(此州)로써 경계(限)를 이룬다.

이 기록의 마지막 부분에서 일본의 서북 한계를 오키섬이라고 명시하고 있다. 나고야대학의 이케우치 사토시(池內敏)와 『인슈시청합기』를 철저하게 번역한 오니시 도시테루(大西俊輝)도 여기서의 일본의 서북한계는 죽도·송도가 아닌 오키섬(隱岐島)이라고 논증하고 있다.[23] 이 논점에 대해서는 한일 양국의 학자들 사이에서 논쟁이 되어 왔으나 최근 외무성의 홈페이지에서 명확한 근거로 제시하지 않는 것을 보면 일본 정부도 당시의 서북 한계를 오키섬인 것으로 추인하고

---

21) 원문은 『隱州視聽合記』 一, 「國代記」편을 인용하였으며, 다음과 같다. 「自子至妙卯無可往地。戌亥間行二日一夜有松嶋、又一日程有竹嶋。俗言磯竹嶋多竹魚海鹿。二嶋無人地見高麗如自雲州望隱州然則日本之乾以此州爲限矣」

22) 신서(神書)에서 나오는 오십맹(五十猛)의 일본식 발음이 '이소타케(イソタケ)'로 이소타케시마(磯竹島)의 '이소타케'와 같다. 「隱州視聽合記」卷一(市道謙吉編, 明治三十九年), 四百五十頁을 참조.

23) 池內敏, 2006, 「「隱州視聽合記(紀)」の解釋をめぐって」, 『大君外交と「武威」』, ジュンク堂書店, 350~351쪽.
大西俊輝, 2007, 『續日本海と竹島』, 東洋出版, 19~21쪽.

있음을 보여주는 것으로 이해할 수 있다.

그러한 울릉도(다케시마)와 독도(마쓰시마)에 오야(大谷)·무라카와(村川) 양가가 어렵활동을 한 것은 밀어업인 동시에 막부의 허가를 받은 약탈행위에 지나지 않는다. 잠시 주민을 본토로 쇄출한 울릉도에의 도해를 막부가 당시 통칭이었던 이소타케시마(磯竹島)가 아닌 새로운 명칭을 사용한 것을 보면 조선 영토임을 분명히 인식하고 있었다는 것이 된다.

이러한 점은 일본 정부가 공식적으로 확인한 사료에도 명확히 기록되어 있다(<표2>와 <표3>을 참조). 그러나 일본의 「17세기 영유권 확립설」에서는 이들 사료들은 빼어두고 자국에 유리한 것만을 제시하여 무리한 논리 구성을 한다. 일국 정부가 문서를 통해서 공식적으로 자국의 영토가 아님을 밝힌다고 할 경우 이 영토가 과연 자국의 고유영토일 수 있는가 하는 문제이다. 바꾸어 말하면 고유영토인 섬을 자국의 영토가 아니라고 명기할 수 있는 개재의 것이 아니라는 것이다.

〈표 2〉 일본 정부의 판도(版圖) 결정관련 연표

	시기	명칭 및 근거	내 용
①	1695.12.25	막부가 돗토리번(鳥取藩)에 죽도·송도의 판도 문의	돗토리번이 죽도 송도는 인백(因伯) 부속이 아니다 라고 답변(竹島·松島は因伯付屬ではない)
②	1870.4.	일본 외무성보고서 『朝鮮國交際始末內探書』	죽도, 송도가 조선부속이 된 경위 (竹島松島朝鮮付屬に相成候始末)
③	1877.3.29	태정관결정(지적편찬사업중)『太政官指令書』	일본해 내 죽도외일도는 본방과 관계없는 건이므로 명심할 것(日本海內竹島外一島之儀本邦關係無之儀ト可相心得事)
④	1881.11.29	내무성이 외무성에 「竹島外一島」 자료첨부	울릉도의 판도를 조회함. 죽도송도의 건은 이미 겐로쿠 12년(1669)에 일본판도와 관계가 없다고 확인함

우선 안용복 사건으로 인하여 일본 쓰시마번(對馬藩)과 조선 동래

부 사이에 일어났던 외교분쟁으로 교섭의 결과를 보고받은 에도막부
(江戶幕府)가 죽도·송도의 판도를 확인하기 위해 돗토리번에 대해 톳
토리번의 부속하는 섬이 있는가? 라고 문의서를 보낸다(①). 그에 대
한 돗토리번의 답변에서 "다케시마(죽도)·마쓰시마(송도)는 인백(因伯)
부속의 섬이 아니다" 라고 답변을 하게 되는데, 영유권을 확보하였거
나 영유의 인식이 있었다면 돗토리번(鳥取藩) 요나고정(米子町)의 사
람이 도해한 죽도가 돗토리번령의 부속섬이라고 주장하였을 것이다.
이 점을 보더라도 당시의 돗토리번은 다케시마(송도=독도)를 자신의
판도(영토)로 인식하고 있지 않았음은 자명한 사실이다. 판도가 아닌
곳에 영유권을 확보했다는 주장 또한 전혀 성립할 수 없는 것이다.
그 후 ②『朝鮮國交際始末內探書』(1870년) ③『太政官指令書』(1877년)
④일본 내무성이 울릉도의 판도를 조회한 자료(1881년)에서도 명확히
일본의 판도가 아님을 밝히고 있다. 메이지 정부의 최고행정집행기관
이었던 태정관이 내무성에 보낸 『太政官指令書』(公文錄)와 『太政類典
第二編』의 기록을 보면 다음과 같다.[24]

---

24) 【太政官指令「竹島外一島」】明治十年三月廿九日
　　(원문은 『公文錄太外務省之部』(明治十年三月),第十六號의 기록을 인용함.)
　　別紙內務省伺日本海內竹嶋外一嶋地籍編纂之件右ハ元祿五年朝鮮人入嶋以來
　　旧政府該國ト往復之末遂二本邦關係無之相聞候段申立候上ハ伺之趣御聞置左
　　之通御指令相成可然哉此段相伺候也
　　御指令按
　　伺之趣竹島外一嶋之義本邦關係無之義ト可相心得事
　　【太政類典第二編】明治十年三月 (원문은『太政類典第二編』(自明治四年八月
　　至同十年十二月)第九十六卷,十九頁를 인용함.)
　　「日本海內竹島外一島ヲ版圖外ト定ム」
　　(略)「磯竹島一二竹島ト称ス隱岐國ノ乾往一百二十里許二在リ周回凡十里許山峻
　　嶮ニシテ平地少シ川三條アリ又瀑布アリ…次二一島アリ松島ト呼フ周回三十町許竹
　　島ト同一線路ニアリ隱岐ヲ距ル八十里許樹竹稀ナリ亦魚獸ヲ産ス…」

〈자료 4〉

【太政官指令書】메이지(明治) 10년(1877년) 3월 20일

별지에서 내무성이 문의한 일본해(日本海) 내 다케시마 외 일도(竹嶋外一嶋) 지적편찬의 건, 우(右)는 겐로쿠(元祿) 5년(1692년), 조선인 입도 이래로 구정부 의 해당국과 (서신) 왕래를 한 결과, 최종적으로 본방(本邦)과 관계없다는 보고 가 있었던 건을 제기해온 바, 문의 취지를 검토하여 좌(左)와 같은 지령으로 되 었음을 이번에 들었습니다.

지령안: 문의한 건, 다케시마외일도(竹島外一島)의 건은 본방(本邦)과 관계가 없다는 것을 명심할 것.

〈자료 5〉

【太政類典第二編】明治10年(1877年)

「일본해(日本海)의 다케시마 외 일도(竹島外一島)를 판도 외(版図外)로 정한다」 (중략)

이소타케시마(磯竹島)를 다케시마(竹島)라고 부른다. 오키국(隱岐国)의 북서 120리에 있으며 둘레 약 10리, 산은 험준하고 평지는 적다. 강은 3개가 있으며 또한 폭포가 있다. … 뒤이어서 섬 하나(一島)가 있는데 이를 마쓰시마(松島)라 고 부른다. 둘레 30 정(町)으로 다케시마와 동일 선상에 있어 오키(隱岐)로부터 80리나 된다. 나무와 대나무(竹木)는 별로 없고 또한 물고기와 짐승(魚獸)이 잡 힌다.…

여기서 다케시마외일도(竹島外一島)에서 '다케시마(竹島)'는 울릉도 이고 '일도(一島)'는 마쓰시마(松島) 즉 독도를 지칭하는 것이다. 이미 겐로쿠(元祿)년간에 '울릉도쟁계'의 결착으로 울릉도(다케시마)와 독 도(마쓰시마)를 일본의 판도 외라고 판단하고 있는 것으로『太政類典 第二編』에서는 「일본해(日本海)의 다케시마외일도(竹島外一島)를 판도 외(版図外)로 정한다」고 언급하고 있다. 이로써 1877년 일본 정부 최 고기관인 태정관은 17세기말 조일간(朝日間) 교섭결과를 토대로 "품 의한 취지의 다케시마(竹島, 울릉도)와 일도(一島, 마쓰시마=독도)의 건에 대해 일본은 관계가 없다는 것을 명심할 것"이라고 하면서 독도 가 일본의 영토가 아님을 공식적으로 인정하고 있다.[25] 그럼에도 불

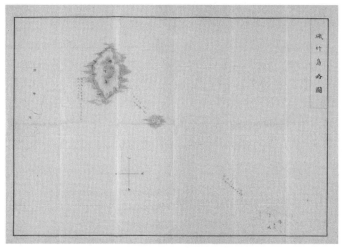

〈자료 6〉태정관지령 첨부지도 (磯竹島略圖)
자료: 「磯竹島略圖」, 『公文錄』, 1877年(태정관지령 부속문서)

구하고 일본 측은 이 마쓰시마(松島)가 독도가 아닌 울릉도라는 주장을 하고 있다. 『공문록(公文錄)』에는 태정관지령 부속문건으로 기죽도약도(磯竹島略圖)가 첨부되어 있다. 한반도와 오키섬 사이에 이소타케시마(磯竹島＝울릉도)와 마쓰시마(松島＝독도)가 크기 및 위치관계가 비교적 정확하게 그려져 있다.

---

25) 태정관 지령이 내려지기까지의 경위은 다음과 같다. 1876년 내무성이 지적 편찬의 건으로 각부현으로 조사를 하달한다. 1876년 10월 16일 시마네현이 '다케시마(竹島)외일도(울릉도, 독도)'를 시마네현 지적에 포함시킬 것인가 어떤가를 내무성에 문의를 하자, 내무성은 내부에서 조사한 결과를 바탕으로 제외할 것을 결정한다. 그 후 내무성은 1877년 3월 17일 "국가 판도의 취사는 중대한 일"이라 하여 다시 태정관에 자문을 구하였고, 그해 3월 29일 울릉도와 독도는 "본방(일본)과는 관계가 없으므로 일본해내 '다케시마(竹島)외일도'는 판도 외로 정한다"는 공문서를 내리는데 이것이 '태정관지령서(太政官指令書)'이다.

【지도 안의 문장】 26)

　　[조선국]

　　이소타케시마(磯竹島)로부터 조선국을 멀리 바라다보는 서쪽(酉戌=8~10
　　시 방향)으로

　　해상 약 50(92.6km)리 정도

　　[이소타케시마(磯竹島)]

　　마츠시마(松島)에서 이소타케시마(磯竹島)까지의 거리

　　북서쪽 40(74.1km)리 정도

　　[마츠시마]

　　오키섬(隱岐島) 도고(島後) 후쿠우라(福浦)로부터 마츠시마(松島)까지의
　　거리

　　북서쪽(乾位) 84리(156km)27) 정도

　　[오키(隱岐島) 도고(島後) 후쿠우라(福浦)]

　그리고 방향과 거리를 보더라도 이를 실제 거리 오키섬-독도
(157km), 독도-울릉도(92km), 울릉도-한반도(132km)와 거의 근접하고
있음을 알 수 있다. 이처럼 명확한 거리임에도 옛 축척단위인 1리
(里)=4km를 적용하여 이 마츠시마(松島)가 독도가 아니라 울릉도라고
억지 주장을 피력하고 있으며 심지어 해군성에서 1867~1905년 울릉
도를 마쓰시마라 혼동하여 쓴 것을 근거로 마치 메이지 정부까지 명
칭을 전도하여 사용하였으므로 이 마쓰시마(松島)는 울릉도라고 주장

---

26) [朝鮮國]

　　磯竹島ヨリ朝鮮國ヲ遠望スル酉戌ニ当リ

　　海上凡五十里許

　　[磯竹島]

　　松島ヨリ磯竹島ヲ距ル

　　乾位 四十里許

　　[松島]

　　隱岐島島後福浦ヨリ松島ヲ距ル

　　乾位 八十四里許

　　[隱岐 島後 福浦]

27) 1리(里＝浬)=1.852km를 적용하였음.

하고 있다.[28] 그러나 적어도 메이지(明治)시대 일본의 내무성, 외무성, 태정관에서는 일관되게 울릉도=다케시마, 독도=마츠시마라고 불러 왔으며, 일본이 새로운 축척법인 해리(浬) 개념을 도입한 것도 1872년의 일로 다분히 궁색한 궤변을 일삼고 있지만 이는 명백한 역사왜곡이다. 그리고 일본 외무성 자료를 보더라도 『朝鮮國交際始末內探書』(1870년)에서 '다케시마(울릉도)와 마쓰시마(독도)가 조선부속으로 되어 있는 시말'이라는 보고서를 작성하면서 울릉도·독도가 한국땅임을 스스로 시인하고 있는 것이다. 또한 막부가 마쓰시마(송도=독도)를 처음으로 아는 것은 '울릉도쟁계(竹島一件)'의 과정에서 돗토리번과 왕복한 질의서를 통해서이다. 17세기 후반인 1695년에서야 막부가 송도가 있음을 인지하였고 이를 일본의 판도 외(版圖外)라고 판단했다. 만일 막부가 송도를 일본의 판도라고 인식하였다 하더라도 17세기 중엽에 영유권을 확립했다는 것은 성립될 수가 없는 것이다. 하물며 중앙정부가 인지도 하지 않은데다가 일본의 판도 외로 결정한 독도(松島)에 '적어도 17세기 중엽에는 영유권이 확립하였다'('포인트3')는 논리가 성립되지 않는다는 것은 더 말할 필요도 없다.[29]

---

28) 「죽도문제연구회」의 멤버가 대체로 이 논리를 적용하고 있다. 스기하라 다카시(2008, 「杉原通信第8回 明治9年の太政官文書－竹島外一島の儀本邦關係無之について－」 'Web竹島問題研究所'(2008.6.17 更新)는 명칭혼용 탓으로 돌려 마쓰시마(松島)는 당시의 울릉도라 주장한다. 또한, 시모죠 마사오(2008, 「實事求是 第5回 韓國側による「竹島外一島、本邦關係無之」の解釋の誤り」(2008.2.26 揭載)도 같은 논리이다. 그러나 『최종보고서』에서는 18세기 후반의 일본지도의 거리 개념에서도 해리(浬)에 의한 축적단위를 적용하고 있다. 이 점에 관해서는 별도의 논고에서 다룰 것이다.

29) 해양수산개발원의 일본외무성 10포인트 비판 홈페이지에서는 『朝鮮交通大記』卷8의 기록을 인용하고 있다. "1696년 1월에 붕고노카미(豊後守)가 훈시하기를 '죽도가 이나바주(因幡州)에 속해 있었다고 하더라도 아직 우리나라 사람들이 거주한 적이 없고 히데타다(秀忠) 시기에 요나고정(米子町)의 어민이 그 섬에서 출어했기 때문에 그것을 허락했던 것이다. 그 땅의 지리적 거리를 헤아려 보건데 이나바주(因幡州)와의 거리는 160리쯤이고, 조선

4. 17세기말 도항금지의 실체와 허구성

다음으로 외무성의 팜플렛에서 '포인트4'를 보면 17세기말 즉 1696년의 죽도도해금지에서 울릉도에의 도항은 금지하고 있으나 독도에의 도항은 금지하지 않았다고 한다. 그러므로 당시부터 일본이 다케시마(독도)를 자국의 영토라고 생각했음이 분명하다는 표현을 서슴치 않는다. 그 전문은 다음과 같다.

〔자료 7〕

point 4. 일본은 17세기말 울릉도 도항을 금지하였으나 다케시마 도항은 금지하지 않았다.

① 막부로부터 울릉도 도항을 공인받은 요나고의 오야(大谷)·무라카와(村川) 양가는 약 70년에 걸쳐 아무런 방해 없이 독점적으로 사업을 행했었다.

② 1692년 울릉도에 간 무라카미가는 다수의 조선인들이 울릉도에서 어류채취에 종사하고 있는 광경에 조우하였다. 또 이듬해에는 이번은 오야가가 마찬가지로 다수의 조선인과 조우하여, 안용복, 박어둔의 2명을 일본에 데리고 돌아왔다. 이 때 조선왕조는 국민들의 울릉도 도항을 금지하고 있었다.

③ 상황을 알게 된 막부의 명을 받은 쓰시마번(에도시대에 대조선 외교·무역의 창구역할을 했음)은 안용복, 박어둔의 두 사람을 조선에 송환함과 동시에, 조선에 대해 어민들의 울릉도 도항 금지를 요구하는 교섭을 시작하였다. 그러나 이 교섭은 울릉도의 귀속을 둘러싸고 의견이 대립해 합의를 보지 못하였다.

④ 쓰시마번으로부터 교섭 결렬의 보고를 받은 막부는 1696년 1월 조선과의 우호관계를 존중하여 일본인의 울릉도 도항 금지를 결정하고, 이를 조선 측에 전하도록 쓰시마번에 명하였다. 울릉도의 귀속을 둘러싼 교섭 경위는 일반적으로 「다케시마 일건(竹島一件)」이라 불리고 있다.

⑤ 한편, 다케시마 도항은 금지되지 않았다. 이것으로도 당시부터 일본이 다

과의 거리는 40리쯤이어서 일찍이 그 나라 땅이라는 것이 의심이 없을 것 같다.'고 하였다." 해양수산개발원 독도연구센터 홈페이지 참조(http://www.ilovedokdo.re.kr/).

케시마를 자국의 영토라고 생각했음은 분명하다.

우선 이 팜플렛의 논조는 쇄환정책을 실시하여 주민들은 쇄출하고 섬을 비워두었던 당시의 울릉도에 도해하여 당연하다는 듯이 아무런 방해가 없이 조업을 하였으며 이 때 울릉도로 건너간 안용복, 박어둔을 납치한 것을 계기로 조선정부가 국민의 울릉도 도항을 금지했다는 식으로 읽혀질 수 있게 작성이 되어있다. 어쨋든 그것을 계기로 울릉도쟁계(竹島一件)가 발생하였다는 것을 인정하면서도, 교섭결렬의 결과, 1696년 1월 조선과의 우호관계를 존중해서 일본인의 울릉도 도해를 금지하고 이를 조선 측에 전달하였으며 울릉도 도항은 금지했으나 다케시마 도항은 금지하지 않았다. 이 사실로 보아도 일본이 다케시마(독도)를 자국의 영토라 생각하였다는 것이다.

막부의 공인에 의해 울릉도 도해의 허가를 받은 요나고 사람 오야(大谷)·무라카와(村川) 양가는 약 70여년간 울릉도도해를 독점적으로 실시하고 있었다. 그러나 1692년 울릉도에 간 무라카와가의 배는 다수의 조선인이 이 섬에 와서 조업을 하고 있는 것을 목격하게 된다. 당연히 어렵활동이 경합을 이루어 예상과는 달리 수확을 얻지 못하고 요나고로 돌아가게 된다. 이듬해의 순번은 오야가의 어선이었는데 1693년에 울릉도에서 또 다시 조선인 어부 안용복과 박어둔을 조우하게 된다. 두 사람을 연행하여 호키국으로 돌아와 돗토리번의 조사를 받게 되고 마침내 쓰시마번(對馬藩)을 통해 조선에 송환하게 되는데 막부에 이 사실이 알려지고, 에도막부는 울릉도에의 조선인 도항을 금지하라는 교섭을 쓰시마번에게 명령하였다. 쓰시마번의 요구를 들은 조선정부는 울릉도가 관찬서인 『東國輿地勝覽』 등의 자료에 기재된 사실로부터 조선령이라고 확신하고 있었고 일본이 주장하는 다케시마(竹島)가 울릉도임을 인식하게 된다. 조선정부는 울릉도와 다케시마(竹島)가 「一島二名」임을 알면서도 마치 별개의 섬인 것처럼 교섭에 임하면서도 조선인의 다케시마에의 도항금지를 받아들이지 않았고 교섭은 평행선을 긋게 되었다. 그러면서도 "폐경울릉도"라는 명칭을 견지하면서 쓰시마번과의 교섭을 계속하게 되었다. 다케시마가 조선의 울릉도임을 알고 있으면서도 막부의 지시를 빙자하여 울릉도 탈취에 대한 계략을 갖고 있었던 쓰시마번은 조선의 서간에서 "폐경울릉도" 조항을 삭제할 것을 강하게 요구한다. 어려움에 봉착한 조선 정부는 다시 안용복을 조사하였고 그의 진술에서 쓰시마의 계략을 인식하게 되어 강경자세로 교섭에 임하였다. 결국 다케시마와 울릉도는 같은 섬으로 조선령이라는 강경한 서신을 쓰시마번에 전달하였고 결국 교섭은 암초에 걸리게 되었다.[30] 일본의 주장이 터무니없는 주장이었음에도 불구하고 이 외무성 팜플렛에서는 어디까지나 '조선과의 우호관계를 존중하여 전면 양보한 것'으로 기술하고 있는데 이는 사실과는 다른 자명한 허위이다.

사실 막부는 죽도에 대한 조사를 실시하여 일본의 요구가 무리한 것이라는 것을 인식하게 되어 「죽도도해금지」를 결정하게 된다. 막부는 죽도도해의 당사자인 돗토리번에 대해서 의견을 듣기 위해 질문을 하게 된다. 1695년 12월(<표1>을 참조) 로쥬(老中)[31] 아베 붕고노카미(阿部豊後守)가 다케시마(竹島＝울릉도)에 대한 조사를 위해 7개의 질의를 던지게 되는데 "이나바주·호키국에 부속하는 다케시마(울릉도)는 언제부터 양국에 부속한 것인가"라고 질문을 한다.[32] 당시 로

---

30) 일본 쓰시마번과 조선 동래부 사이에 일어난 일련의 외교교섭의 경과는 쓰시마번(對馬藩)이 편찬한 『竹島紀事』(1726年)에 상세하게 기술되어 있는데 안용복 사건의 전말을 알 수 있는 중요한 기록이기도 하다.
31) 에도시대에 정무를 담당하던 집정관을 일컬어 로쥬(老中)라 하였다.
32) 겐로쿠(元祿) 8년(1695) 12월 24일 막부로부터 내려진 아베(阿部) 붕고노카미(豊後守)의 질의는 다음과 같다. (원문은, 鳥取縣編, 『鳥取藩史』第六卷 「事變志」, 471-472쪽의 것을 참조하였음.)
① 인슈(因州)·하쿠슈(伯州)에 부속된 다케시마(竹島)는 언제부터 양국(兩國)

쥬는 다케시마가 이나바(因藩)·호키(伯耆) 양국이 지배하는 돗토리번
의 소속이라고 착각한 듯하다. 그런데 돗토리번의 회답은 "다케시마
(울릉도)는 이나바·호키의 부속이 아니다"라고 명확하게 밝혔다.[33] 그

에 부속된 것인가? 선조가 양국을 영지로 하기 이전부터 그랬었는가? 아니
면, 그 후에 그렇게 되었는가?

② 다케시마는 대략 어느 정도 크기의 섬인가? 사람은 살고 있지 않은가?

③ 다케시마에 어채를 하러 가게 된 것은 언제부터인가? 매년 가고 있는
가? 혹은 가끔씩 가는건가? 어떠한 어업을 하고 있는가? 다수의 배로 가고
있는가?

④ 3~4년 이전에 조선인이 와서 고기잡이를 하고 있었을 때, 인질로서 2명
을 잡아왔다. 그 이전부터도 온 것인가? 그렇지 않고 그 때 2년에 계속해서
온 것인가?

⑤ 최근 1~2년은 오지 않았는가?

⑥ 지난번(先年)에 왔을 때의 배의 수, 인원은 얼마였는가?

⑦ 다케시마 외에도 인백(因伯) 양주에 부속한 섬은 있는가? 또한 양국의
사람이 고기잡이를 간 것인가?

33) 막부의 심문서(御尋書)에 대한 돗토리번의 답변서는 같은 해 12월 25일에
올리게 되는데, 미리 문의하여 어느 정도 조사를 하고 준비했던 것 같다.
돗토리번의 답변서는 다음과 같다. (원문은, 鳥取縣編, 「事變志」, 『鳥取藩史』
第六卷 472쪽의 것을 참조하였음.)

① 다케시마는 이나바(因幡)·호키(伯耆)에 부속하지 않습니다. 호키국(伯耆
國) 요나고(米子) 쵸닌(町人)인 오야 규에몽(大屋九衛門), 무라카와 이치베
에(村川市兵衛)라는 자가 도해하고 있던 것은 마쓰다이라 신타로(松平新太
郞)님이 인백(因伯) 양국(兩國)에 봉(封)하여졌을 때 봉서(奉書)로써 허가되
었다고 합니다. 그 이전에도 도해하는 일이 있었다고 하나 그 일은 잘 모
릅니다.

② 다케시마는 둘레가 8~9리 정도이며, 사람은 살지 않습니다.

③ 다케시마에 고기잡이를 나가는 시기(時節)는 2~3월 무렵으로 요나고를
출항(出船)하여 매년 나갔습니다. 섬에서는 전복, 강치 잡이를 하고 있으며
선박 수는 대소 2 척이 와 있었습니다.

④ 4년 전의 신년(申年, 1692)에 조선인이 섬에 와 있었을 때, 뱃사공들이
만났던 일에 관하여는 당시에 보고하였습니다. 다음해 유년(酉年, 1693)에
도 조선인이 와 있으며, 뱃사공들이 그 중 2명을 데려고 요나고(米子)로 돌
아왔습니다. 그것도 보고 드리고 나가사키(長崎)로 보냈습니다. 술년(戌年,
1694)에는 바람 때문에 섬에 착안(着岸)할 수 없었다는 것은 보고하였습니

런 후에 막부(幕府)는 마쓰시마(독도)에 대해 별도의 조회를 하였으며, 겐로쿠 9년(1696) 1월 25일에는 오직 마쓰시마(松島)에 관한 답서(答書)가 있다.[34]

〈자료 8〉 별지(別紙)

1. 마쓰시마(松島)는 호키국(伯耆國)으로부터 바닷길(海路) 120리 정도 됩니다.
1. 마쓰시마(松島)에서 조선까지는 80~90리 정도 된다고 들었습니다.
1. 마쓰시마(松島)는 어느 쪽 나라(國)[35]에도 속하는 섬이 아닙니다.
1. 마쓰시마(松島)에 어렵을 하러 가는 건은 다케시마(竹島)로 도해할 때 지나가는 곳이므로 잠시 들러 어렵을 합니다. 다른 영지(他領)로부터 (들어가) 어렵을 하는 일은 없었습니다. 그렇지만 이즈모국(出雲國), 오키국(隱岐國)의 사람들은 요나고(米子) 사람과 같은 배를 타고 들어갑니다.

이상. (1696년) 1월 25일

다. 올해(當年, 1695)도 도해하여 보니 이국인이 많이 보였기 때문에 착안(着岸)하지 못하고 돌아오는 길(歸途)에 마쓰시마(松島)에서 전복을 조금 잡았다고 합니다. 이러한 일도 보고하여 말씀 드렸습니다.

⑤ 신년(申年, 1692) 조선인이 왔을 때, 11척 중에서 6척이 강풍을 만나 나머지 5척이 섬에 왔는데 인원 53명이 있었습니다. 유년(酉年, 1693)에는 선박 3척, 인원 42명이 와 있었다고 합니다. 올해는 배의 수도 많았고 사람도 보였지만, 착안(着岸)하지 않았으므로 그 자세한 내용은 잘 모릅니다.

⑥ 다케시마, 마쓰시마 그 외에 양국의 부속 섬은 없습니다. 이상.

34) 원문의 출처는 전게, 『鳥取藩史』第六卷 「事變志」와 같음.

別紙

一、松島江伯耆國より海路百貳十里程御座候事。

一、松島より朝鮮江は八九十里程も初産座候樣及承候事。

一、松島は何れの國江附候島にても無御座由承候事。

一、松島江獵參候儀、竹島江渡海の節道筋にて御座候故、立寄獵仕候。他領より獵參候儀は不承候事。尤出雲國、隱岐國の者は米子のものと同船にて參候事。

以上 正月廿五日

35) 일본의 영주국＝지방의 단위로 여기서는 호키국(伯耆國)과 이나바국(因幡國)을 지칭함.

마쓰시마(독도)는 이나바, 호키의 어느 쪽에도 속하는 섬이 아니며 다케시마로 도해를 하기 위해 지나가는 곳이므로 잠시 들러 고기잡이를 하기도 한다는 것이다. 또한, 요나고의 두 상인이 다케시마로 들어갈 때 이즈모(시마네)나 오키섬 지역의 사람들을 고용하여 같은 배로 가며, 그 외에 다른 지역 사람들이 출어를 하러가는 일이 없음을 알 수 있다. 여기서 주목할 것은 호키국 즉 돗토리번에서의 마쓰시마(독도)까지의 거리가 120리(약 222km)로 거의 실측의 거리와 가깝게 인식하고 있는 반면, 조선으로부터의 거리는 80~90리(약 160km)로 실재보다 훨씬 조선에 가깝다고 인식하고 있었다는 점이다. 즉 울릉도(다케시마)로 가는 길목의 섬으로 잠시 들르기도 하나 돗토리번의 부속섬이 아니며 더구나 호키국보다 더 가까운 오키국의 주민들조차 오야·무라카와 양가의 배에 고용되어 들어가는 외에는 독자적으로 어렵을 하지 않은 곳이었다. 울릉도는 물론이거니와 독도(마쓰시마)까지도 돗토리번의 영역이 아니라고 인식하고 있었다. 따라서 막부의 죽도에 대한 방침은 굳어졌으며, 다케시마(竹島=울릉도)에는 돗토리번의 신청에 의해 도항을 허가했을 뿐 조선의 영토를 일본의 영토로 한 것은 아니었던 것이다. 섬에는 일본인이 살지도 않으며 게다가 섬까지의 거리도 호키보다 조선에서 훨씬 가깝고 울릉도는 조선령으로 합당하다고 판단하게 된 것이다. 그리하여 막부는 일본인의 울릉도 도항을 금지하기로 하고 그 취지를 쓰시마번에 전하게 되는데 그것이 1696년 1월 28일의 일이다.

아울러 막부는 1633년 쇄국령을 발령한 이후 허가선 이외의 어선에 대해 도항을 금지하였으며 1635년(寬永12)부터는 일본인의 해외도항 및 귀국을 금지하게 된다. 그리고 울릉도 쟁계 이후 세 차례에 걸쳐 도해금지령을 시달하는데 ①겐로쿠 죽도도해금지(1696), ②덴포 죽도도해금지(1837), ③메이지 울릉도도해금지(1883)가 그것이다. ②

의 덴포 도항금지는 하치에몽 사건을 계기로 전국적으로 방을 게시한 전국령이었다(<표3>을 참조). 물론 일본 정부가 사전에 다케시마(죽도)·마쓰시마(송도)의 판도를 면밀히 조사를 한 다음에 발령을 내린 것이었고, 독도를 포함한 울릉도에의 도항을 금지한 것이었다.

〈표 3〉 에도막부의 쇄국령과 죽도도항금지의 건 (연표)

	연 도	도항금지의 명칭	비 고
①	1633(寬永 10)	에도막부 「1차쇄국령」 발령	주인선(朱印船), 봉서(奉書) 이외의 어선 도항금지
②	1635(寬永 12)	에도막부 「3차쇄국령」 발령	일본인의 도항과 귀국을 금지
③	1696(元祿 9)	겐로쿠 죽도도해금지령(1차)	「울릉도쟁계=죽도일건(竹島一件)」의 결과로 금지령을 내림
④	1837(天保 8)	덴포 죽도도해금지령(2차)	울릉도에 도항한 「하치에몽(會津屋八右衛門) 처형사건(1836)」을 계기로 전국적 명령으로 하달됨
⑤	1883(明治 16)	메이지 울릉도도해금지(3차)	내무성, 사법성이 「울릉도도항금지」를 내달함

이러한 사실은 『朝鮮國交際始末內探書』에도 명확히 나타나 있다.[36] 이는 1870년 4월 조선에 파견된 일본 외무성 관원이 작성한 것으로 겐로쿠 시기에 울릉도쟁계의 결과 마쓰시마(松島=독도)가 조선부속이 되어있다는 것을 '다케시마(竹島)와 마쓰시마(松島)가 조선 부속이 된 사정(始末)'으로 기록하고 있다.

---

36) 【朝鮮國交際始末內探書】 1870年(明治3年)4月 外務省
    一 竹島松島朝鮮附屬二相成候始末
    此儀ハ松島ハ竹島ノ隣島ニシテ松島ノ儀二付是迄揭載セシ書留モ無之竹島ノ儀二付テハ元祿度後ハ暫クノ間朝鮮ヨリ居留ノ爲差遣シ置候處当時ハ以前ノ如ク無人ト相成竹木又ハ竹ヨリ太キ葭ヲ產シ人參等自然ニ生シ其餘漁產モ相應二有之趣相聞ヘ候事
    (원문은 일본외무성자료, 「朝鮮國トノ通交ニ關スル件」(明治3年), pp.134-135를 참조함)

〈자료 9〉

【朝鮮國交際始末內探書】(1870년(明治3年)4月, 일본 외무성)
 1. 다케시마(竹島)와 마쓰시마(松島)가 조선 부속이 된 사정(始末)
 이 건에 대해, 마쓰시마(松島)는 다케시마의 근접한 섬으로 마쓰시마의 건은
지금까지 기록으로 남긴 문서도 없다. 다케시마(竹島)의 건에 대해서는, 겐로
쿠(元祿)의 일을 겪은 후 당분간 조선으로부터 거류를 위한 사람을 보내고 있
었지만 그 당시는 이전과 같이 무인이 되어 대나무 또는 대나무보다 굵은 갈
대를 산출하고 인삼 등도 자연스레 자라며 그 때문에 물고기도 상당히 잡히므
로 건너간다고 듣고 있다는 것.

 일본 외무성이 작성한 『조선국교제시말내탐서』는 다케시마(울릉
도)뿐만 아니라 마쓰시마(독도)가 겐로쿠(元祿) 시기의 울릉도쟁계 이
후에 조선부속이 되었다고 인식하고 있고, 그 이후의 사정(始末)에 대
해 조사한 기록이다. 즉 이 기록은 겐로쿠 시기 이후 울릉도와 독도
의 정황을 나타내고 있으며 조선의 부속섬이 된 마쓰시마(독도)에 대
해서는 1870년까지 기록으로 남긴 문서가 없어서 파악하지 못하고
있다. 이것을 보더라도 "일본은 17세기말 울릉도 도항을 금지하였으
나 다케시마 도항은 금지하지 않았다"는 '포인트4'의 주장은 성립되
지 않는다. 더구나 울릉도와 독도는 한일 양국에서 모두 하나의 세트
로 다루어졌으며, 일본의 명칭 죽도·송도는 '松竹梅'라는 전통적 일본
명칭[37]으로 보아 결합된 것으로 인식하였고 모도(母島)인 죽도(울릉
도)의 부속 섬으로 송도(독도)를 인식하고 있었으며 송도만을 별도의
섬으로 도항을 금지하지 않았다는 말은 자연스럽지 못하다. 그러므로
1696년 1월 울릉도 도해금지 조치에는 송도 도해금지도 당연히 포함
되어 있었다고 보아야 한다. 일본 외무성이 부분적으로 공개한 정보
로부터도 "다케시마는 일본의 고유의 영토"라고 주장하면서도 『태정

---

37) 이와 같은 견해는 독도전문가로서는 호소카와 유지(保坂祐二), 나이토 세이
  츄(內藤正中)의 언론 인터뷰에서도 확인된다.
   KBS역사추적 제11회, 「금단의 땅 독도-하치에몬은 왜 처형당했나?」(2009.2.14).

관 지령』과 같은 중요한 사료에 대해서는 전혀 언급을 하고 있지 않다. 이는 역사적으로 보아도 무리가 따르는 '일본 고유의 영토'라는 논리를 전개함으로써 스스로의 목을 조이는 그런 결과가 되었고, 따라서 이미 공개된 중대한 사료조차도 의도적으로 무시하지 않으면 안되는 모순에 빠져있는 것이다.

그리하여 등장한 것이 「죽도송도명칭전도론」이라 할 수 있다. 19세기로 접어들면서 외국선박의 동해 출몰이 빈번해졌고 울릉도-다케시마(죽도)-마쓰시마(송도)-다쥴래-호르네트, 마쓰시마(송도)-리앙쿠르-다케시마(죽도) 라는 식으로 명칭의 혼동이 있었던 것은 사실이다. 도해금지조치 이후 있었던 일본의 독도 명칭 혼용은 일부 의도적인 부분이 있기는 하나 독도에 대해 제대로 인지조차 못했다는 것을 반증하고 있는 것이 되기도 한다. 일부 어민들 사이에조차 프랑스의 함선 리앙쿠르호(Liancourt)에서 이름을 딴 리양코 또는 량코라는 명칭으로 불리어졌으며 해군수로부는 『水路誌』 등에서 다케시마를 마쓰시마로 마쓰시마를 다케시마로 혼동하여 쓰기도 하였다. 그러나 일본 정부의 공식문서에서는 일관되게 다케시마는 울릉도를 마쓰시마는 독도를 지칭하는 것으로 사용되고 있다. 자기논리의 함정에 빠져 더 이상의 주장을 위한 논리적 궁색함에서 나온 것이 바로 「죽도명칭전도론」이다.[38] 적어도 일본 정부의 공식 기록에서는 거의 혼용하지 않고 있음

---

38) 울릉도(다케시마)-독도(마쓰시마)의 명칭전도론은 가와카미 겐죠(1966, 川上健三,『竹島問題の歴史·地理學的研究』, 古今書院, 9~29쪽)에 의해서 거론되기 시작하여, 최근에는 메이지기 이후 일본정부의 '죽도 외 일도'의 판도외 결정을 번복하는 논리로 쓰이기도 한다. 예를 들어, 杉原隆(2008,「「杉原通信」第8回 明治9年の太政官文書-竹島外一島之儀本邦關係無之について-」(2008.6.17 揭載), 島根縣Web竹島研究所.)는 '죽도 외 일도'는 명칭혼용으로 보아 다케시마(죽도)도 지금의 울릉도이고 마쓰시마(송도)도 지금의 울릉도라고 주장한다. 가와카미는 시볼트의 착각에 의해 명칭혼용 및 명칭전도를 초래하였다고 하나, 메이지 이후의 정부 결정을 번복하기 위한 의도적 왜곡의 단초

에도 일부러 명칭혼용이라는 논리로 사실을 왜곡해서는 안 된다.

울릉도에의 도항은 금지하였으나 마쓰시마(독도)에의 도항은 금지되지 않았다는 주장은 가와카미 겐죠(川上健三), 다무라 세이자부로(田村淸三郎), 다가와 고죠(田川孝三) 등이 현 다케시마(독도)의 일본영토설을 주장하기 위해 사용한 논리의 재탕이기도 하다. 또한 제2차 도해금지령은 아이즈야 하치에몽(會津屋八右衛門)이 하마다번(濱田藩)령인 마츠하라(松原) 포구에서 적발이 됨으로서 전국령으로 발령되는데 하치에몽은 죽도 도항이 금지되었으므로 인근에 있는 마쓰시마(송도)로 도항을 한다는 명목으로 울릉도까지 가서 밀무역을 하고 있었다고 전해진다. 이 경우도 영유권 확립설을 조작해내기 위해 죽도도해로 처형을 당한 것이지 마쓰시마에만 도해하였다면 처형이 되지 않았을 것으로 해석되기도 하였다.

5. 맺음말

본고에서는 일본 외무성의 공식홈페이지와 배포한 팜플렛 「죽도문제를 이해하기 위한 10의 포인트」에서 이른바 '17세기 영유권 확립설'을 제기한 '포인트3'과 '포인트4'에 초점을 맞추어 분석해 보았다. 이에 접근하기 위해 일본 측 1차 사료의 원문을 면밀히 점검함으로써 일본 사료를 통해본 독도의 일본영유권 주장이 성립하는지 어떤지를 살펴보고자 하였다.

우선 결론부터 말하면 일본 정부의 주장은 사료적 근거가 명확하게 제시되어 있음에도 불구하고 독도에 대한 역사적 사실을 의도적으로 왜곡하고 있음이 명확히 밝혀졌다고 하겠다. 본 연구에서 밝혀진

를 제공하였다.

결과를 정리하는 것으로 이 글의 마무리에 대신하고자 한다.

첫째, 일본은 1635년 이후 쇄국령을 내렸고 해외에의 도항은 엄금되어 있었다. 그런 와중에 부분적으로 울릉도에의 도항이 오야, 무라카와 양가에 한하여 허락이 되기는 하였으나 1696년에 이어 세 차례에 걸쳐 울릉도(독도를 포함)에의 도해를 금지한다는 조치를 내렸다. 쇄국령과 도해금지령의 발포는 울릉도, 독도에의 도해금지였고 이는 곧 두 섬이 일본의 영역이 아니라는 반증이다. 일본이 영유권을 확립하였고 일본의 영토로 인지하였다면 굳이 도해금지를 할 필요가 없기 때문이다.

둘째, 1696년부터 메이지 초기에 이르기까지 일본정부의 공식문서로 울릉도와 독도 즉 죽도와 송도가 일본의 판도(영토)가 아니라는 사실을 명확히 밝히고 있음에도 불구하고 외무성의 공식입방에서 독도가 역사적으로나 국제법적으로나 고유한 일본의 영토다 라는 주장은 일본스스로 역사를 왜곡하고 있다는 사실을 밝히는 것에 지나지 않는다. 다시 말해 이미 대외적으로 조선의 영토로 인정한 다케시마(죽도)와 미쓰시마(송도)에 대해서 유독 마쓰시마(독도)만을 자신의 고유한 영토라고 주장하는 것은 자기모순에 불과한 것이다.

셋째, 17세기 중엽에 독도를 이용하였다고는 하나 울릉도에 가기 위한 중간기착지로써 이용했을 뿐 독도만을 별도로 이용했다는 명확한 근거가 없을 뿐만 아니라 조선령임을 알면서도 막부로부터 도해면허를 얻어 도해한 사실로써 영유권을 확립했다는 논리는 언어도단이라 아니할 수 없다. 다시 말해 독도는 죽도(울릉도) 도해를 전제로 하여 존재하였고 울릉도쟁계에 의해 외교문제가 결착이 되었음에도 독도에만은 영유권이 확립이 되었다는 것은 말이 되지 않는다.

넷째, 1877년 「태정관지령(太政官指令)」에 명확히 울릉도(죽도)와 독도(송도)는 일본의 판도(영토)가 아니라는 것을 밝히고 있는데 이는 일본 태정관이 수차례에 걸친 조사 끝에 내린 판도 인식인 것이다. 이에 대해서 「죽도문제연구회」나 일본 정부의 누구도 이 부분에 대한 언급을 의도적으로 회피하고 있다. 메이지 정부의 최고행정기관이었던 태정관(太政官)이 내무성에 전달한 이 「태정관지령」을 보더라도 "17시기 중엽까지 다케시마(독도) 영유권을 확립했다"고 하는 일본정부의 주장은 의도된 허구이며 거짓이라는 것이 밝혀진다. 이러한 공식 견해는 1905년 다케시마의 시마네현 편입 시에도 마찬가지로 의도적으로 무시하게 되는데, 이 사건조차 역사적 근거가 없는 제국주의에 의한 독도강탈이었음을 알 수 있다.

사람이 살 지 않는 땅이라 하여 「무주지선점론」이라는 논리를 앞세워 러일전쟁이라는 전시적 상황에서 일본은 독도편입을 강행하였고[39] 마침내는 「17세기 영유권 확립설」로 그 논리를 시프트시키고 있지만 겐나(元和)년간에서 겐로쿠(元祿)에 걸쳐 70여년간 타국(조선) 영토에 타국(조선) 정부로부터 허가도 없이 울릉도 도해를 한 것은 누가 보아도 국경침범이었음은 분명한 사실이다. 이러한 역사적 사실을 근거로 17세기 중엽에 울릉도 혹은 독도에 영유권이 확립되었다는 식의 주장은 일본 정부 스스로가 역사를 의도적으로 왜곡하겠다는 의

---

39) 1905년 독도편입과정의 경과에 대해 분석하고 있는 연구로는, 다음과 같은 것들이 있다.

김화경, 2009, 「독도 강탈을 둘러싼 궤변의 허구성」, 『독도 영유권 확립을 위한 연구』, 경인문화사, 123~150쪽.

최장근, 2008, 「竹島經營者中井養三郎立志傳」의 해석오류에 대한 고찰」, 『日語日文學』, 제40집, 275~294쪽.

吉岡吉典, 1962, 「竹島問題とはなにか」, 『朝鮮研究月報』, 創刊号, 日本朝鮮研究所, 38~49쪽.

吉岡吉典, 1963, 「再び〈竹島問題〉について」, 『朝鮮研究月報』, 第14號, 日本朝鮮研究所, 22~29쪽(『독도연구』 제5호에 재수록).

또한, 관련자료로 奧原碧雲, 1906, 「竹島經營者中井養三郎立志傳」 등이 있다.

사로 밖에 간주될 수 없다. 1877년에 정부의 공식문서인 「태정관지령」에 의해 일본이 독도를 확실히 조선 영토라고 인정하였으며 독도영유권을 포기하였다고 하는 역사적 사실이 엄연히 존재하는 한, 일본 외무성의 홈페이지에서 "적어도 17세기 중반에는 일본이 다케시마를 실효지배 하여 영유권을 확립하였으며, 1905년 각의 결정을 통하여 영유권을 재확인하였다"고 하는 일본의 주장은 의도적 허구라고 아니할 수 없는 것이다.

『민족문화논총』 44, 2010.4.

참고문헌

김정숙, 2005, 「독도에 대한 역사·지리적 인식」, 『독도연구』 창간호, 영남대 독도연구소.

김호동, 2007, 『독도·울릉도의 역사』, 경인문화사.

김화경, 영남대학교 독도연구소 편, 2009, 「독도 강탈을 둘러싼 궤변의 허구성」, 『독도 영유권 확립을 위한 연구』, 경인문화사.

나이토 세이츄, 2009, 『한일간 독도죽도 논쟁의 실체-죽도 독도문제 입문 일본 외무성 『죽도(竹島)』 비판』, 도서출판 책사랑.

나홍주, 2008, 「일본외무성의 다케시마 문제를 이해하기 위한 10개의 포인트에 대한 반박」, 『독도연구』 제5호, 영남대학교 독도연구소.

이승진, 2005, 「소위 "독도문제"의 본질」, 『독도연구』 창간호, 영남대 독도연구소.

최장근, 2008, 「竹島經營者中井養三郎立志傳」의 해석오류에 대한 고찰」, 『日語日文學』 제40집, 한국일어일문학회.

池內敏, 2006, 「「隱州視聽合記(紀)」の解釋をめぐって」, 『大君外交と「武威」』, ジュンク堂書店.

大西俊輝, 2007, 『續日本海と竹島』, 東洋出版.

吉岡吉典, 1962, 「竹島問題とはなにか」, 『朝鮮研究月報』, 創刊号, 日本朝鮮研究所.

吉岡吉典, 1963, 「再び〈竹島問題〉について」, 『朝鮮研究月報』, 第14號, 日本朝鮮研究所.

奧原碧雲, 1906, 『竹島經營者中井養三郎立志傳』.

川上健三, 1966, 『竹島問題の歷史·地理學的研究』, 古今書院.

竹島問題研究會, 2007, 『竹島問題に 관한 調查研究 最終報告書』.

北澤正誠, 『竹島考證』, 明治4年.

齋藤勘介著, 『隱州視聽合記』, 寬文7年.

松浦儀右衛門·越常右衛門編, 『竹島紀事』 享保11年.

岡島正義, 『竹島考』, 1837年.

松尾壽·中田義昭他編, 2005, 『島根縣の歷史』, 山川出版社.

鳥取縣,『鳥取藩史第六卷』, 鳥取縣立鳥取図書館, 昭和46年.

Web竹島問題硏究所 (http://www.pref.shimane.lg.jp/soumu/web-takeshima/).

안용복 진술의 진위와 독도 강탈 과정의 위증

김 화 경

1. 머리말

독도를 둘러싼 한·일 간의 논쟁은 마치 진실 게임을 보는 것 같은 인상을 받는다. 왜냐하면 독도를 둘러싼, 어떤 역사적 진실을 밝히려고 한다기보다는 상대방의 논리적인 모순을 찾아내어 그 부당성을 입증하면서, 자기들 논리의 타당성을 강조하는 형태를 취하고 있기 때문이다. 그러다 보니 외국인들 가운데에는 이런 기류에 편승하여 한국에 와서는 한국 측에 유리한 것 같은 견해를 밝히다가도, 일본에 가면 일본 측에 유리한 논리를 피력하는 연구자들도 생겨나게 되었다. 게다가 변변한 논문 한 편 발표하지도 않으면서 연구소란 것을 만들어 공무원들의 비위나 맞추어 연구비를 타내는 이상한 연구자들까지 등장하게 되었다.

그런 와중에 일본의 외무성은 자기들의 홈페이지에 "죽도(竹島)의 영유권에 관한 우리나라의 일관된 입장"이라는 글을 게재하여, 다음과 같은 두 가지 항목을 홍보하고 있다.

1. 죽도는, 역사적 사실에 비추어 보더라도, 또 국제법상으로도 명백하게 우리나라 고유의 영토입니다.
2. 한국에 의한 죽도의 점령은, 국제법상 아무런 근거도 없이 행해지고 있는 불법 점거이며, 한국이 이러한 불법 점거에 의거하여 죽도에 대해 행하는 어떠한 조치도 법적인 정당성을 가지는 것은 아닙니다.

그리고 이에 이어, "한국 측으로부터는, 우리나라가 죽도를 실효적으로 지배하고, 영유권을 확립하기 이전에, 한국이 동 섬을 실효적으로 지배하고 있었다고 하는 것을 나타내는 명확한 근거를 제시하지 못하고 있습니다."[1]라는 것을 덧붙이고 있다. 그러면서 그들은 『죽도 문제를 이해하기 위한 10의 포인트』[2]라는 것을, 일본어를 비롯한 9개의 외국어로 번역하여 게재함과 동시에, 그것을 팜플렛으로 만들어 배포함으로써 자기네 주장의 정당성을 세계 도처에 선전하고 있다.

이와 같은 일련의 조치는 한국이 불법적으로 독도를 점령하고 있다는 데 그 초점이 맞추어져 있다. 하지만 일본 외무성의 이런 주장에 대해서는 이미 나이토 세이츄(內藤正中)로부터 그 부당성이 지적된 바 있다.[3] 또 한국의 동북아역사재단에서도 홈페이지에 「일본 외무성의 독도 홍보 팜플렛에 대한 반박문」1과 2를 실어 그 허구성을 하나하나 지적하고 있고,[4] 외교통상부 홈페이지에도 『일본 외무성의

---

1) 日本外務省ホ-ムペ-ジ アジア竹島問題.
2) 원래 일본어의 제목은 『竹島問題を理解するため10のポイント』로, 한국어판에서는 『다케시마 문제를 이해하기 위한 10의 포인트』라고 하였으나, 본고에서는 조선시대부터 각종 문헌에 '죽도'란 말이 사용되었으므로 '죽도'로 표기하기로 한다는 것을 미리 밝혀둔다.
3) 內藤正中, 2008, 「竹島問題の問題點 -日本外務省の<竹島>批判」, 『독도연구(4)』, 영남대 독도연구소, 7~34(원문)·35~66(번역문)쪽.
   나이토는 위의 논문을 보다 자세하게 논술하여, 『竹島=獨島問題入門―日本外務省「竹島」批判』(2008, 新幹社)란 소책자로 만든 바 있다.
4) 동북아역사재단의 자료마당 현안자료라는 곳에 이들 반박문이 실려 있다. 동북아역사재단, 2008, 『일본 외무성의 독도 홍보 팸플렛에 대한 반박문1, 2』, 동북아역사재단.

독도 홍보 팜플렛」이란 것을 게재하여, 일본 측의 주장을 반박하는 간단한 자료들을 실었었다.5) 그렇지만 현재는 이것을 찾아볼 수가 없는 것으로 보아 삭제를 하지 않았는가 한다. 그리고 한국 해양수산개발원의 독도연구센터에서는 「독도는 과연 일본 영토였는가? ― 일본 외무성 '독도' 홍보 자료에 대한 비판」6)이란 해양수산 현안분석을 홈페이지에 올려놓고 있다.

그러나 일본 외무성은 한국 측의 이들 반론에 대한 재반론을 게시하지 않고 있다. 이것은 한국의 반론을 반박할 필요성을 느끼지 못하고 있을 가능성도 있다. 아니면 처음부터 시시비비를 가리기보다는 자기들의 일방적인 주장을 홍보하는 데 그 목적이 있는 것일지도 모른다. 어느 경우이든 국가를 대표하는 외무성의 주장인 경우에는 객관성을 가진 사실에 바탕을 둔 것이어야 한다는 데는 변함이 없다.

그렇지만 이들 10개의 포인트 내용을 자세히 검토해보면, 일본 외무성의 견해는 역사적 사실을 왜곡한 일방적인 주장에 지나지 않는다는 것을 쉽게 알 수 있다. 특히 포인트 5로 들고 있는 안용복의 진술에 대한 것은 전후의 사정을 전혀 고려하지 않은 것이고, 포인트 6으로 들고 있는 그들의 독도 강탈 과정에 대한 부분은 막부(幕府)나 메이지(明治) 정부가 작성했던 문서들까지 그 사실을 부정하고 있어, 그 주장에 객관성이 결여되어 있다는 것을 스스로 증명해주는 꼴이 되고 말았다. 그래서 본고에서는 이들 두 가지 문제에 대한 집중적인 검토를 통하여 그 실상을 해명하고자 한다.

---

5) 외교통상부(2008;www.mofat.go.kr), '일본 외무성의 독도 홍보 팜플렛 반박문'.
6) 한국해양수산개발원 독도·해양영토연구센터(2008;www.ilovedokdo.re.kr), '독도는 과연 일본의 영토였는가? - 일본 외무성 '독도' 홍보료에 대한 비판'.

2. 안용복 진술의 진실성 문제

일본 외무성은 포인트 5에서 "한국이 자국 주장의 근거로 인용하는 안용복의 진술 내용에는 많은 의문점이 있습니다."라고 하면서, 아래와 같은 근거들을 들고 있다.

(1) 막부(幕府)가 울릉도 도항 금지를 결정한 후, 안용복은 다시 일본으로 건너왔습니다. 그 후, 다시 조선에 송환된 안용복은 울릉도 도항 금지를 어긴 자로서 조선 관리의 취조를 받는데, 이때의 안용복의 진술이 현재 한국의 죽도 영유권 주장의 한 근거로 인용되고 있습니다.

(2) 한국측 문헌에 따르면, 안용복은 일본에 왔을 때 울릉도 및 죽도를 조선령으로 한다는 서계(書契) 즉 문서를 에도막부로부터 받았으나, 대마도(對馬島)의 번주(藩主)가 그 문서를 빼앗았다고 진술한 것으로 되어 있습니다. 그러나 일본측 문헌에 의하면, 안용복이 1693년과 1696년에 일본에 왔다 등의 기록은 있으나, 한국측이 주장하는 것과 같은 서계를 안용복에게 주었다는 기록은 없습니다.

(3) 더욱이 한국측 문헌에 의하면, 안용복은 1696년 일본에 왔을 때 울릉도에 다수 일본인이 있었다고 말한 것으로 되어 있습니다. 그러나 안용복이 일본에 온 것은 막부가 울릉도 도항 금지를 결정한 후의 일로서, 당시 오야(大谷), 무라가와(村川) 양가는 모두 이 섬에 도항하지 않았습니다.

(4) 안용복에 관한 한국 측 문헌의 기술은 안용복이 국금(國禁)을 어기고 국외에 도항하여, 그 귀국 후 취조를 받았을 때의 진술에 의거한 것입니다. 그의 진술은 상기 내용뿐만 아니라 사실에 맞지 않는 바가 많으나, 그런 것들이 한국 측에 의해 죽도 영유권의 한 근거로 인용되어 왔습니다.[7]

이러한 일본 외무성의 주장은 『숙종실록(肅宗實錄)』 22년(1696년) 9월 25일(무인)조에 실려 있는 안용복의 진술이 위증(僞證)이라는 일본 학자들의 연구를 근거로 한 것이다. 그래서 우선 이 실록의 기록부터

---

7) 外務省, 2008, 『竹島問題を理解するため10のポイント』, 外務省 アジア大洋州局 北東 アジア課, 7쪽.

살펴보기로 한다.

〈자료 1〉

㉑ 비변사에서 안용복 등을 추문하였는데, 안용복이 말하기를, "저는 본디 동래에 사는데, 어머니를 보러 울산에 갔다가 마침 승려 뇌헌 등을 만나서 근년에 울릉도에 왕래한 일을 자세히 말하고, 또 그 섬에 해물(海物)이 많다는 것을 말하였더니, 뇌헌 등이 이롭게 여겼습니다. 드디어 같이 배를 타고 영해 사는 뱃사공 유일부 등과 함께 떠나 그 섬에 이르렀는데, 주산(主山)인 삼봉(三峯)은 삼각산보다 높았고, 남에서 북까지는 이틀길이고 동에서 서까지도 그러하였습니다. 산에는 잡목과 매[鷹]·까마귀·고양이가 많았습니다.

㉯ (또) ⓐ 왜선도 많이 와서 정박하고 있어 뱃사람들이 다 두려워하였으므로, 제가 앞장서서 말하기를, '울릉도는 본디 우리 지경(地境)인데, 왜인이 어찌하여 감히 지경을 넘어 침범하였는가? 너희들을 모두 포박하여야 하겠다.'라고 하고, 이어서 뱃머리에 나아가 큰소리로 꾸짖었습니다. 그랬더니 왜인이 말하기를, '우리들은 본디 송도(松島)에 사는데 우연히 고기를 잡으러 나왔으나 이제 본소(本所)로 돌아갈 것입니다.'라고 하므로, ⓑ '송도는 자산도로서 그것도 우리나라의 땅인데 너희들이 감히 거기에 사는가?'라고 하였습니다.

㉰ 드디어 이튿날 새벽에 배를 몰아 자산도에 갔는데, 왜인들이 막 가마솥을 벌여 놓고 고기 기름을 다리고 있었습니다. 제가 막대기로 쳐서 깨뜨리고 큰 소리로 꾸짖었더니, 왜인들이 거두어 배에 싣고서 돛을 올리고 돌아가므로, 제가 곧 배를 타고 뒤쫓았습니다.

㉱ 그런데 ⓒ 갑자기 광풍을 만나 표류하여 옥기도(玉岐島: 오키도(隱岐島))에 이르렀는데, 도주가 들어온 까닭을 물으므로, 제가 말하기를, ⓓ '근년에 내가 이곳에 들어와서 울릉 자산 등의 섬을 조선의 지경으로 정하고, 관백의 서계를 받았는데, 이 나라에서는 정식(定式)이 없어서 이제 또 우리 지경을 침범하였으니, 이것이 무슨 도리인가?'라고 하자, 마땅히 호키주에 전보하겠다고 하였으나, 오랫동안 소식이 없었습니다.

㉲ 제가 분완(憤)을 금하지 못하여 배를 타고 곧장 호키주로 가서 ⓔ '울릉 자산 양도 감세장'이라 가칭하고 사람을 시켜 본도에 통고하려 하는데, 그 섬에서 사람과 말을 보내어 맞이하므로 ⓕ 저는 푸른 철릭[帖裏]를 입고 검은 포립(布笠)을 쓰고 가죽신을 신고 교자를 타고 다른 사람들도 모두 말을 타고서 그 고을로 갔습니다. ⓖ 저는 도주와 청 위에 마주 앉고, 다른 사람들은 모두 중계에 앉았습니다. 도주가 묻기를 '어찌하여 들

어왔는가?' 하므로, 답하기를, '전일 두 섬의 일로 서계를 받아낸 것이 명백할 뿐만이 아닌데, 쓰시마 도주가 서계를 빼앗고는 중간에서 위조하여 두세 번 차왜를 보내 법을 어겨 함부로 침범하였으니, 내가 장차 관백에게 상소하여 죄상을 두루 말하려 한다.'고 하였더니, 도주가 허락하였습니다.

(ㅂ) 드디어 이인성으로 하여금 소를 지어 바치게 하자, ⓗ 도주의 아비가 호키주에 간청하여 오기를, '이 소를 올리면 내 아들이 반드시 중한 죄를 얻어 죽게 될 것이니 바치지 말기 바란다.'고 하였으므로, 관백에게 품정(定)하지는 못하였으나, 전일 지경을 침범한 왜인 15인을 적발하여 처벌하였습니다. 이어서 저에게 말하기를, ⓘ '두 섬은 이미 너희 나라에 속하였으니, 뒤에 혹 다시 침범하여 넘어가는 자가 있거나 도주가 혹 함부로 침범하거든, 모두 국서를 만들어 역관을 정하여 들여보내면 엄중히 처벌할 것이다.' 하고, 이어서 양식을 주고 차왜를 정하여 호송하려 하였으나, 제가 데려가는 것은 폐단이 있다고 사양하였습니다."하였고, 뇌헌 등 여러 사람의 공사도 대략 같았다. 비변사에서 아뢰기를, "우선 뒷날 등대할 때를 기다려 품처하겠습니다."하니, 윤허하였다.[8]

---

8) '備邊司推問安龍福等 龍福以爲 渠本居東萊 爲省母至蔚山. 適逢僧雷憲等 備說境年往來鬱陵島事. 且言本島海物之豊富. 雷憲等心利之 遂同乘船. 與寧海篙工劉日夫等 俱發到本島. 主山三峰 高於三角 自南至北 爲二日程. 自東至西歷然. 産多雜木鷹鳥猫 倭船亦多來泊. 船人皆恐渠倡言 鬱陵本我境. 倭人何敢越境侵犯. 汝等可共泊之 仍進船頭大喝 倭言吾等 本住松島. 又因漁採出來. 今當還往本所. 松島卽子山島. 且亦我國地. 汝敢住此耶. 遂於翌曉 拖舟入子山島 倭等方列釜鬻煮魚膏. 渠以杖撞破 大言叱之. 倭等收聚載船 擧帆回去. 渠仍乘船追趁. 粹遇狂飆 漂到玉岐島. 島主問入來之故. 渠言頃年吾入來此處. 以鬱陵子山等島 定以朝鮮之界. 至有關伯書契 而本國不有定式. 今又侵帆我境 是何道理云爾. 則謂當轉報伯耆州. 而久不聞消息. 渠不勝憤惋 乘船直向伯耆州. 假稱鬱陵子山兩島監稅將 使人通告本島. 送人馬迎至. 渠服靑帖裏 着黑布笠. 穿皮鞋乘轎. 諸人並乘馬 進往本州. 渠與島主 對坐廳上. 諸人並下坐中階. 島主問何以入來. 答曰 前日以兩島事 受出書契. 不啻明白. 對馬島主 奪取書契 中間僞造. 數遣差倭 非法橫侵. 吾將上疏關伯 歷陳罪狀. 島主許之. 遂使李仁成 構疏呈納. 島主之父 來懇伯耆州曰 若登此疏 吾子必重得罪死. 請勿捧入 故不得稟定於關伯. 而前日犯境倭十五人 摘發行罰. 仍謂渠曰 兩島旣屬爾國之後. 或有更爲犯越者. 島主如或橫侵 並作國書 定譯官入送 則當爲重處. 仍給糧定差倭護送 渠而帶去有弊. 辭之云 雷憲登諸人 供辭略同. 備邊司啓請姑待後日登對稟處允之'.

이상과 같은 『숙종실록』의 기록에서 한국 연구자들의 관심을 끈 것은 밑줄 그은 ⓓ와 ⓘ의 내용이었다. ⓓ와 ⓘ에서와 같은 안용복의 진술이 사실이라고 한다면 독도의 영유권이 한국에 있었다는 것이 명백해지기 때문이다.

그리하여 신용하(愼鏞廈)는 "안용복의 담판에 의하여 울릉도(일본 명: 竹島)와 우산도(독도, 일본 명 松島)의 '양도(兩島)'를 조선지계로 정한 서계를 1693년에 관백이 호키주(伯耆州) 태수를 시켜 써주었으며, 1696년에 호키주 태수도 '양도(울릉도와 우산도 = 일본 명 竹島와 松島)가 이미 당신네 나라에 속했다(兩島旣屬爾國之後).'고 인정하고 울릉도에 침범한 일본인들을 처벌했다는 사실이다."[9]라는 주장을 하고 있다. 또 송병기(宋炳基)가 "그(안용복: 인용자 주)는 다시 옥기도(玉岐島: 隱岐島)를 거쳐 호키주로 가 주수(州守)에게 울릉도와 자산도는 관백이 서계까지 발급하여 인정한 조선의 영토임을 주장하였고, 마침내 주수로부터 전날 범경(犯境)한 15명의 적발 처벌과 앞으로의 일본인의 울릉도·자산도로의 범월(犯越)을 금지시키겠다는 등의 다짐을 받고 8월에 강원도 양양현으로 돌아왔다."[10]고 한 것도, 이와 같은 관점에서 나온 견해라고 할 수 있다.

그러나 한국측의 이러한 태도와는 달리, 일본의 연구자들은 『숙종실록』의 이 기록이 사실이 아니라 거짓에 지나지 않는다는 것을 강조하고 있다. 먼저 외교관에서 독도 연구자로 변신한 가와카미 겐죠(川上健三)는 이에 대해, "비변사에서의 조사에 대한 안용복의 진술을 검토하면, 대단한 허구와 과장으로 가득 차 있다. 그 가운데에서도 가장 결정적이고 또 명확한 거짓말은 그가 뇌헌 등을 꾀어서 울릉도에 갔을 때, 동 섬에는 '왜선도 많이 와서 정박하고 있었다.'고 진술하고

『肅宗實錄』, 肅宗 22년 9월 25일 戊寅.

9) 신용하, 1996, 『독도의 민족영토사 연구』, 지식산업사, 109쪽.

10) 송병기, 1999, 『울릉도와 독도: 그 역사적 접근』, 단국대출판부, 61쪽.

있는 점이다. 하지만 이 해, 즉 겐로쿠(元祿) 9년(1696년)에는 오야·무라카와 두 집안은 어느 쪽도 울릉도에는 도항하지 않았던 것이다.(ⓐ부분의 부정)"11)라고 하여, 안용복 진술의 진실성을 강하게 부정하였다. 그리고 그는 일본에 남아있는 자료들과 위의 자료 1의 내용을 대조한 다음, "그가 울릉도로부터 오키를 경유하여 이나바와 호키에 도항한 것 및 가로에서 돗토리로 가는 사이에 가마에 타고, 다른 사람들은 말을 탔다는 것(ⓕ부분의 인정)만은 일본측의 기록과 일치하고 있으나, 그 외는 어느 것도 그의 조작과 관련되는 완전히 허구에 지나지 않는다."12)라고 하여, 안용복에 대한 기술 자체를 믿으려고 하지 않았음을 보여주고 있다.

또 다가와 고죠(田川孝三)는 실록에 기록된 안용복의 진술 전문이 과대한 허구에 충만한 것이라고 하면서, "범죄자의 진술서에 나오는 것을 가지고 무비판적으로 마음대로 적어(適宜適錄) 전재한 것에 지나지 않는다."13)라는 극언까지 서슴지 않았다. 그러면서 그는 앞에서 소개한 가와카미의 지적에 공감을 표시한 다음, 안용복이 호키번주와 대좌를 했다는 것도 말이 되지 않는다(ⓖ부분의 부정)고 하였다.14)

이처럼 한국의 사료를 부정하는 태도는 시모죠 마사오(下條正男)에 이르러 한층 더 구체화되었다. 그는 시마네현의 '죽도 반환'을 위한 시민운동에 사용할 목적으로 집필한 『죽도, 그 역사와 영토 문제』라는 저서에서, "이 증언 가운데에서 역사적 사실이라고 말할 수 있는 것은, 안용복이 '울릉 우산 두 섬의 감세장을 잠칭'한 것(ⓔ부분의 인정)과 '안용복이 가마를 타고 다른 사람은 말로 돗토리의 성내(城內)

---

11) 川上健三, 1966, 『竹島の歷史地理學的硏究』, 古今書院, 167쪽.
12) 川上健三, 1966, 173쪽.
13) 田川孝三, 1989, 「竹島領有に關する歷史的考察」, 『東洋文庫書報(20)』, 東洋文庫, 24쪽.
14) 田川孝三, 1989, 앞의 논문, 36쪽.

로 들어갔다는 것(ⓕ부분의 인정)뿐으로, 그 이외는 전부 위증이다. 안용복이 돗토리번에 밀항하기 5개월 정도 전인 겐로쿠(元祿) 9년 (1696년) 1월 18일, 이미 막부는 울릉도에의 도해를 금지하고 있으며, 울릉도에서 돗토리번의 어민들과 조우하는 것도, 어민들이 처벌된 사실이 없었기 때문이다."[15]라고 하여, 실록의 기록이 진실이 아니라 허위라는 것을 부각시킨 바 있다.

이렇게 볼 때, 한국의 연구자들은 ⓓ에서 1693년에 오야 집안의 선원들에게 붙잡혀 갔을 때에 에도의 관백으로부터 울릉도와 자산도가 조선의 땅이라는 글을 받았다는 것과 ⓘ에서 호키 지방의 태수에게 이들 두 섬이 조선에 속한다는 사실을 확인받았다는 두 기술을 사실이라고 보면서, 독도의 영유권이 한국에 있었음을 강조하고 있다. 이에 반해 일본의 학자들은 ⓐ에서 울릉도에 왜선들이 많이 와서 정박하고 있었다는 것은 도해 금지령이 내려진 다음이므로 거짓이라고 보았고(川上, 下條), ⓖ에서 안용복과 도주가 마주 앉았다는 것도 허위로 간주하였다(田川). 한편 ⓔ에서 안용복이 울릉 자산 양도 감세장을 잠칭한 것은 사실이라고 인정하였으며(下條), ⓕ에서 안용복이 가마를 타고 다른 사람들은 말을 타고 갔다는 것도 사실로 보았다(川上, 下條). 일본의 학자들이 이처럼 일부를 인정하기도 하면서 일부를 부정하는 것은 안용복의 ⓓ와 ⓘ의 진술이 위증이라는 사실을 증명하기 위한 방편이라는 것은 두 말할 나위도 없다.

그러나 ⓐ에 대한 부정은 사건의 전후 사정을 고려하지 않은 채, 단순한 날짜의 나열에 바탕을 둔 것이라는 사실을 지적하지 않을 수 없다. 왜냐하면 1월 28일에 에도 막부에서 내려진 울릉도에의 도해 금지령이 오야·무라카와 집안에 전달된 것은 그해 8월이었기 때문이

---

15) 下條正男, 2005, 『竹島, その歴史と領土問題』, 竹島, 北方領土返還要求運動島根縣民會議, 51쪽.

다.16) 그럼에도 불구하고 일본의 학자들은 이런 사실을 도외시하고 안용복의 진술을 거짓이라고 주장하고 있다. 그런데 나이토 세이츄 (內藤正中)도 이 문제에 대해 처음에는 부정적인 견해를 제시하였다 가17), 2007년에 발표한 「죽도문제 보유 — 시마네현 죽도문제연구회 최종보고서 비판」이란 논문에서는 아래와 같이 그 견해를 수정하고 있어 관심을 불러일으킨다.

> "요나고의 오야·무라카와 두 집안이 돗토리번으로부터 도해 금지의 일을 통고받고, 청원서를 제출한 것이 8월 1일이다. …중략… 1월 28일에 막부가 죽도 도해를 금지한 것을 오야·무라카와 두 집안은 알지 못하고 있었기 때문에 혹은 예년과 같이 3월에 죽도에 출범하고 있었을지도 모른다. 시모죠 씨뿐만 아니라, 대부분의 논자들이 막부의 금지령이 내려지면 곧 바로 그것이 실시되었을 것이라고 생각하고 있기 때문에, 1696(元祿 9)년에는 일본인은 죽도에 도해하지 않았을 것이라고 말하고 있다.
> 죽도 도해 금지령은, 죽도 도해를 하고 있는 것은 돗토리번의 관계자에게만 한정되어 있었으므로 돗토리번에게만 통지하면 된다고 생각하고 있었으며, 그것은 번주가 귀향했을 때에 관계되는 오야·무라카와 양 집안에게 전달하면 된다고 보았던 것이다. 그 때문에 안용복이 번에 항의 방문한 것에 대처하기 위해서, 번주가 돗토리번에 돌아온 8월 1일이 되어 전달된 것이라고 생각한다."18)

---

16) 三田淸人, 2007, 「鳥取縣立博物館所藏竹島(鬱陵島)·松島(竹島)關係資料」, 『竹島問題に關する調査硏究, 最終報告書』, 竹島問題硏究會, 42쪽.

17) 나이토는 2000년에 출판된 『죽도(울릉도)를 둘러싼 일조 관계사』라는 저서에서는 울릉도에서 일본 어부들을 만났다는 진술은 안용복이 지어낸 것이라고 하여, 다음과 같은 기술을 한 바 있다는 것을 밝혀둔다.
"조선정부의 비변사에 있어서 안용복이 행한 진술이, 사실과 크게 다른 것이라는 것은, 이미 선학이 지적하고 있는 대로이다. 결정적인 것은, 1696년 그 해에는, 막부의 도해금지령이 내려졌기 때문에, 일본으로부터는 누구도 도해하지 않고 있었으므로, 죽도에서의 이야기는 안용복이 창작한 지어낸 이야기라고 것이다. 그러나 그것을 가지고 황당무계하며 과장된 허구라고 비판하는 것만으로는, 안용복 사건의 본질을 오인하게 하는 것이 된다."
內藤正中, 2000, 『竹島(鬱陵島)をめぐる日朝關係史』, 多賀出版, 96쪽.

18) 內藤正中, 2007, 「竹島問題補遺-島根縣竹島問題硏究會最終報告書批判」, 『北

이러한 나이토의 연구 성과를 받아들이는 경우에는 일본측의 연구자들이 안용복의 진술을 의도적으로 허위로 몰아가고 있다는 것을 확인할 수 있다. 다시 말해 시모죠를 비롯한 일본의 학자들은 독도와 안용복은 전혀 관계가 없다는 것을 입증하겠다는, 불순한 저의에서 연구를 수행하고 있다고 볼 수밖에 없다는 것이다.

그렇다고 해서, 안용복의 행동과 진술에 얼마간의 과장이 있었다는 것을 부정하지는 않는다. 하지만 부분적인 과장을 가지고 사건의 본질까지 왜곡되게 해석하려고 하는 것도 문제가 된다는 점에 유의할 필요가 있다. 나이토가 지적한 것처럼, 안용복 문제에서 논의의 대상이 되어야 하는 것은, "관명 잠칭의 허세를 간파하는 것도 할 수가 없어, 조선국으로부터의 공식적인 외교 사절로만 믿어 여기에 대응한 돗토리번 당국자"[19]가 아닐까 한다.

여기에서 또 한 가지 짚고 넘어가야 하는 것이, 막부의 도해 금지령이 엄격하게 지켜졌는가 하는 문제이다. 실제로 막부에 의해 울릉도 도해 금지령이 내려진 다음, 조선 정부에서 수토 정책을 실시하고 있던 숙종 36년(1710년) 10월 3일 이광적(李光迪)의 상소문에도 "동해에는 물마루(水宗)가 있어 선박이 통행하지 않았으므로 여러 진을 혁파하였는데, 수십 년 이래로 물마루가 크게 변하여 왜선이 자주 울릉도에 들어가 어물(漁物)을 채취하니 참으로 한심하게 여길 만합니다."[20]라는 기록이 있는 것으로 보아, 일본의 어민들이 부단히 울

東アジア文化研究(26)』, 鳥取短期大學北東アジア文化總合研究所, 11~12쪽.

이 논문은 영남대학교 독도연구소에서 발간하는 『독도연구(3)』에 번역문과 함께 원문을 실은 바 있다는 것을 밝혀둔다.

內藤正中, 2007, 「죽도문제 보유」, 『독도연구(3)』, 영남대 독도연구소, 37~80(번역문)·81~112쪽.

19) 內藤正中, 2000, 102~103쪽.

20) '且東海, 古有水宗, 而船舶不通, 故革罷諸鎭矣, 數十年來, 水宗大變, 而倭船比比漁採於鬱陵島, 誠可寒心.'

릉도에 드나들었다는 사실을 확인할 수 있다. 또 일본측의 기록인 『통항일람(通航一覽)』을 보더라도, 막부의 도해 금지령을 무시하고 교호(亨保) 연간(1716년부터 35년 간까지는 오키(隱岐)와 나가토(長門) 등으로부터 울릉도에 건너가서 대나무를 베어서 돌아오기도 하였고, 또 섬에는 조선 사람이 있어 배가 가까이 가면 대포를 쏘아 상륙하지 못하도록 하고 있었음을 확인할 수 있다.21) 따라서 막부의 금지령으로 인해서 일본인들의 울릉도 출입이 완전히 차단되었다고 단정하는 것도 문제가 아닐 수 없다.

이런 문제점들을 지적하면서, 일본의 독도 전문가라고 하는 사람들이 주장하고 있는 것처럼 자료 1에서 안용복이 진술한 ⓓ와 ⓘ의 내용이 정말로 위증이었을까 하는 문제를 심도 깊게 검토하지 않을 수 없다. 그래서 이에 대한 나이토 세이츄의 견해를 소개하기로 한다.

"문제가 되는 바는 제1로, 오키에서 도주에게 울릉도가 조선의 영토라고 주장하고, 자기를 납치 연행한 것은 부당하다고 항의했는지 어떤지에 대해서이다. 그 취조 내용은 알 수 없지만, 선장의 구상서에서는 '번소22)로부터 외국인에게 술 두 통을 보냈다.'고 기록하고 있는 것을, 어떻게 생각하는가가 문제로 남는다. 본인의 의향에 반하여 연행하여 온 것에 대한 진사의 의미가 들어있었던 것은 아닐까.

제2는, 오키 지방은 막부 직할의 영지이며, 오야의 배가 속하는 호키 지방과는 관계가 없다. 따라서 오키의 관리가 안용복을 돗토리 번에 인도한 것은 아니란 것이다. 오키에서 요나고(米子)로 연행해 간 것은, 오야 배의 선장이 죽도 도해 사업이 조선인에 의해 방해되고 있는 실정을 호소하기 위해서, 안용복 등은 그 때문의 증인이었다.

제3으로, 요나고에서의 구류는 오야 집안이며, 돗토리번은 무사 두 사람을 경비 역으로 하였다. 취조는 돗토리번 가로(家老) 아라오 오카즈(荒尾大和)와 그 백부 아라오 슈리(荒尾修理)가 담당했다. 안용복이 울릉도가 조선의 영토라

『肅宗實錄』, 肅宗 36년 10월 3일 甲子 條.

21) 大西俊輝, 2003, 『日本海と竹島-日韓領土問題』, 東洋出版, 218쪽.

22) 에도시대(江戶時代)에 설치되었던 정(町)의 봉행소(奉行所)를 가리킨다.

고 주장했는지 어떤지는 확인할 수 없으나, 언급했을 가능성에 대해서까지 부정할 수는 없을 것이다. 조서로서 돗토리의 번청, 나아가서는 에도에 보낸 '외국인의 구서(口書)', 즉 안용복의 진술이 있다. 그 내용은 알 수 없지만 '외국인의 구서'가 막부로 보내진 것으로부터 막부의 죽도 영유권에 대해서의 인식이 명확하게 되고, 조선 정부에 대한 조선인의 죽도 도해 금지를 요청하게 된 것이기 때문에, 무엇인가의 주장이 행해졌다고 보지 않으면 안 될 것이다.

물론 안용복이 진술하고 있는 것처럼, 돗토리로부터 에도로 보내져, 막부에서 심문한 뒤에, 돗토리 번주가 울릉도는 조선 령이라고 하는 글을 안용복에게 준 것 등이라고 하는 것은, 전부 안용복이 지어낸 이야기이다.

제4는, 나가사키로부터 쓰시마 번에게 인도된 이후는, 안용복에 대한 처우가 일변하여 죄인 취급을 했다는 것에 대해서이다. 『조선왕조실록』은 '호키주에서 준 은화와 문서를 쓰시마 사람이 빼앗았다.'고 기록하고, 돗토리 번주로부터 받은 은화와 서계도 쓰시마 번에서 몰수당했다고 하지만, 이것은 사실이 아니다.

오키 그리고 요나고와 돗토리에서 받은 대응은, 확실히 후한 대접이었다고 해야만 할 것이다. 이에 대해 쓰시마번의 경우는, 막부의 의향에 따라 죽도에의 조선인의 도해 금지를 요청하게 되어 있는 이상, 안용복 등은 경계를 넘어서(越境) 침범한 죄인으로 처우를 받도록 된 것이었다."[23]

이상과 같은 나이토의 연구로부터 우리는 중요한 시사를 받을 수 있다. 곧 안용복이 울릉도와 독도가 조선의 땅이라고 주장했을 가능성을 전혀 부정할 수만은 없다는 사실이다. 그 이유는 안용복과 박어둔을 연행해 간 이유가 조선 사람들에 의해 울릉도에서의 독점적인 어로가 불가능하다는 것을 호소하기 위한 것이었고, 또 그들의 연행을 계기로 에도 막부에서 울릉도의 영유권을 둘러싼 문제를 제기했기 때문이다.

그리고 이러한 문제의 제기는 2005년 3월에 시마네현 오키도 오치군(隱地郡) 아마정(海士町)에 거주하는 무라카미 죠쿠로(村上助九郎)[24]

---

23) 內藤正中, 2005, 「隱岐の安龍福」, 『北東アジア文化研究(22)』, 鳥取短期大學 北東アジア文化總合研究所, 8~9쪽.

24) 무라카미(村上) 집안은 오키의 도젠(島前)에서 막부의 정령(政令)을 담당하던 관리였고, 돗토리번의 담당자가 된 1721년부터 실시된 오죠야제(大庄屋

의 집에서 발견된 「겐로쿠 9 병자년 조선 배 착안 한 권의 각서」[25]에
실린 안용복의 진술을 보면, 이와 같은 상정이 사실이었을 가능성을
배제할 수 없게 된다. 우선 그의 진술들 가운데에서 울릉도·독도와
관련을 가지는 부분을 인용한다면 아래와 같다.

〈자료 2〉

「안용복이 말하기를 대나무 섬(竹嶋)을 죽도라고 합니다. 조선국 강원도 동
래부(東萊府) 안에 울릉도라는 섬이 있는데, 이것을 대나무의 섬이라고 합니다.
곧 8도의 지도(八道之圖)에 적혀 있는 것을 가지고 있습니다.
　송도(松嶋)는 오른쪽 같은 도(右同道)[26] 안에 자산(子山: 소우산)이라는 섬이
있어, 이것을 송도라고 하는데, 이것도 팔도의 지도에 적혀 있습니다.」[27]

　여기에서는 강원도의 동래부라고 하여 동래부가 강원도에 속한 것
처럼 되어 있으므로, 이 기록의 신빙성에 의문을 가지게 될지도 모른
다. 그렇지만 그가 동래 사람이었음을 상기하면, 그의 말을 기록하는
과정에서 발생한 오류가 아닐까 한다.
　그런데 이 진술에서 특이한 것은 그가 당시에 일본이 송도라고 부
르고 있던 독도를 '자산'이라고 하여, 그 전에 사용된 적이 없는 이름
을 붙였다는 사실이다. 일본 사람들이 읽은 자산의 음이 소우산(ソウ
サン)으로 되어 있어, 이것이 '작은 우산도'라는 의미로 쓰였을 가능
성도 있다. 그렇지 않으면 울릉도를 모도(母島), 곧 어머니 섬이라고

　　制)에서는 도젠 2군(郡)을 대표하는 오쿄야가 되었다고 한다.
　　內藤正中, 2005, 위의 논문, 2쪽.
25) 다음부터는 「겐로쿠 각서」로 약칭하기로 한다는 것을 밝혀둔다.
26) 세로로 쓴 문장이기 때문에 이런 표현을 했음을 밝혀둔다.
27) 「安龍福申候ハ竹島ヲ竹ノ島と申候. 朝鮮國江原道東萊府ノ內ニ鬱陵島卜申島御
　　座候. 是ヲ竹ノ島と申由申候. 則八道ノ圖ニ記之所持仕候. 松島ハ右同道之內子
　　山(ソウサン)と申島御座候. 是ヲ松島と申由. 是も八道之圖ニ記申候.」
　　樋野俊晴, 2005, 「元祿九(丙子)年朝鮮舟着岸一卷之覺書」 탈초문, 『독도연구
　　(1)』, 영남대 독도연구소, 254~255쪽.

보고, 이에 딸린 아들 섬이란 뜻으로 자산이란 명칭을 사용하였을 수도 있다.

어느 경우이든, 이 자산이란 명칭에 대해서 송병기는 "울릉도와 독도는 모자관계에 있는 섬들이다. 가령 독도의 옛 이름은 우산도이지만 혹은 자산도라고도 하였는데, 이는 모도인 울릉도의 자도(子島)라는 뜻도 함축되어 있는 것이다. 뿐만 아니라 독도는 오랫동안 무인도로 있었다. 그러므로 독도의 역사는 울릉도와 관련지어 가면서 살피지 않으면 안 된다."[28]는 지적을 한 바 있다.

이처럼 당시의 조선에서는 이미 울릉도와 독도를 모자관계의 섬으로 파악하고 있었다. 따라서 일본이 독도와 울릉도가 전연 관계가 없다고 하는 주장은 설득력을 잃게 된다. 즉 에도 막부는 울릉도가 한국의 영토란 사실을 인정하여, 오야 집안과 무라카와 집안에게 울릉도 도해 금지령을 내렸다. 따라서 이들 두 섬이 안용복의 주장과 같이 모자관계로 인식되던 섬이었다고 한다면, 이미 에도 막부가 울릉도는 말할 것도 없이 독도도 조선의 영토임을 인정했다는 해석이 가능하게 된다는 것이다.

그런데 자료 2에서 안용복이 지참하고 있다고 하는 지도는 무라카미 집안의 문서에는 존재하지 않는다. 하지만 현재 전해지고 있는 '천하도(天下圖)'에 조선 팔도의 지도가 실려 있고, 또 강원도 지도에는 울릉도와 자산도가 그려져 있어, 그가 이와 비슷한 지도를 가지고 일본에 갔던 것이 아닌가 한다. 그리하여 참고로 대구광역시 수성구 파동에서 고서관(古書館)을 운영하는 김정원(金正元)이 소장하고 있는, 강원도 지도를 제시하기로 한다.

---

28) 송병기, 1991, 『한국민족문화대백과사전(7)』, 한국정신문화연구원, 49쪽.

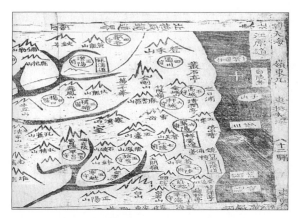

〈천하도에 실린 강원도 지도〉

이 지도에는 안용복이 지칭한 자산도가 울릉도 하단의 왼쪽으로 조금 치우쳐 그려져 있다. 그렇지만 이것은 강원도에 속하는 지역을 전부 한 면에 넣기 위해서는 육지를 중시하였으므로 바다를 좁게 그리게 되었고, 그러다 보니 울릉도의 동남쪽에 자리한 자산도가 아래쪽으로 옮겨질 수밖에 없었던 것으로 추정된다.[29]

그리고 이러한 지도가 방각되어 목판본으로 인쇄되었다는 사실은, 안용복이 일본에 가서 독도에 자산도라는 이름을 붙였던 것이 널리 알려지게 되었다는 것을 말해준다고 보아도 좋을 것이다. 왜냐하면 그렇지 않고 그가 단순히 일본에 가서 울릉도와 독도가 조선의 땅이란 사실만 주장하는 데 그쳤다고 보는 경우에는, 이와 같은 지도가 방각될 수 없었을 것으로 생각되기 때문이다.

이 문제는 어찌 되었든, 「겐로쿠 각서」에는 지도가 남아 있지 않는 대신에, 아래에서 제시하는 것과 같은 강원도 밑에 "이 도 가운데에 죽도와 송도가 있음"[30]이라고 적힌 문서가 남아 있다.

---

29) 김화경, 2008, 「한국의 고지도에 나타난 독도 인식에 관한 연구」, 『인문연구(55)』, 영남대 인문과학연구소, 45~46쪽.

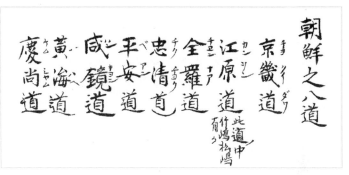

〈조선 팔도의 명칭〉

여기에서 다른 도에도 섬들이 많이 있는데도 불구하고 유독 강원 도에 죽도와 송도가 있다는 것을 표기한 것으로 보아, 안용복이 이 두 섬의 영유권을 주장하기 위해 특별히 만든 것일 가능성이 높다.[31]

그런데 이처럼 지도에 그리고 문서에 표기한 죽도와 송도의 위치 에 대해, 「겐로쿠 각서」에는 안용복이 다음과 같이 말했다고 적혀 있다.

〈자료 3〉

5월 15일 죽도에서 출선하여 같은 날 송도에 도착하였고, 16일 송도를 출발 하여 18일 아침에 오키섬의 서쪽 마을 물가에 이르렀다. …중략… 죽도와 조선 사이는 30리이고, 죽도와 송도 사이는 50리라고 말했다.[32]

이 기록에서, 나이토 세이츄가 지적하고 있는 것처럼 조선 본토와

---

30) 김정원 번역, 2006, 「겐로쿠 9(병자)년 조선 배 착안 한 권의 각서」, 『독도연 구(창간호)』, 영남대 독도연구소, 299쪽.

31) 內藤正中, 2005, 11쪽.

32) 「五月十五日竹嶋出船 同日松嶋江着 同十六日松嶋ヲ出 十八日之朝隱伎嶋之 內西村之磯へ着. …中略… 竹嶋と朝鮮之間三十里 竹嶋と松嶋之間五十里在之 由申候.」
樋野俊晴, 2005, 256쪽.

죽도 사이가 30리이고, 죽도와 송도가 50리라고 하는 것은 정확하지 않다. 그렇지만 5월 15일에 죽도를 출발하여 같은 날 송도에 도착하였고, 16일에 송도를 출발하여 18일 아침에 오키에 닿았다는 것은 사실과 합치하고 있다. 1667년 사이토 후센(齊藤風仙)이 쓴『온슈시청합기(隱州視聽合記)』에서도 오키의 서북 방향으로 1박 2일을 가면 송도에, 더 하루를 가면 죽도에 도착한다고 되어 있다는 것과 같기 때문이라고 보았다.[33)]

이제까지 살펴본 안용복의 진술을 통해서 얻은 나이토 세이츄의 견해를 인용하여 당시에 그가 어떤 일을 했는가 하는 문제를 정리함으로써, 일본 학자들이 안용복을 거짓말쟁이로 몰고 있는 것이 얼마나 잘못되었는가 하는 것을 증명하려고 한다.

> 오키에 온 안용복이 울릉도인 죽도, 자산도인 송도가 다 같이 조선의 영토인 것을 명시하고, 일본측의 관리에게 기록하게 한 것은, 영유권 문제를 둘러싼 안용복의 역할을 결정하는 의미를 가진다. 일본측의 기록 가운데에는, 무라카미 집안 문서인 「(겐로쿠) 각서」만이 그것을 기록하고 있으며, 돗토리번의 관계 문서에서는 볼 수가 없는 것이다. 따라서 안용복에게 자산도(독도)가 조선의 영토라고 일본측에 주장한 사실을 확인할 수 있는 것은,『조선왕조실록』등의 한국측 사료가 아니라, 오키에서의 언동을 기록한 이 「(겐로쿠) 각서」라고 해야만 할 것이다.[34)]

그리고 안용복과 박어둔을 비롯한 동해안 어부들의 울릉도 출어로 야기된 '울릉도 쟁계'를 거쳐서 일본의 에도 막부로부터 울릉도가 조선의 땅으로 인정된 다음, 울릉도와 모자 관계에 있는 독도까지도 조선의 영토로 인식되었다는 것은『숙종실록』보궐 정오(補闕正誤) 숙종 40년(1714년) 7월 22일(신유) 조에 전해지는 조석명(趙錫命)의 상소

---

33) 內藤正中, 2005, 12쪽.
34) 內藤正中, 2005, 12쪽.

문을 통해서도 확인할 수 있다. 그는 영동 지방의 해방(海防)이 허술한 상황을 논하면서, 아래와 같은 상소를 하였다.

〈자료 4〉

　포구 사람들의 말을 상세히 듣건대, '평해·울진은 울릉도와 거리가 가장 가까워서 뱃길에 조금도 장애(障礙)가 없고, 울릉도 동쪽에는 섬이 서로 바라보이는데 왜의 경계(倭境)에 접해 있다.'고 하였습니다. 무자년1049) 과 임진년1050) 에 모양이 다른 배가 고성과 간성 지경에 표류해왔으니 왜선의 왕래가 빈번함을 알 수 있는데, 조가에서는 비록 영해(嶺海)를 사이에 두고 있어 걱정할 것이 없다고 하지만, 후일의 변란이 반드시 영남에서 말미암지 않고 영동으로 말미암을지 어떻게 알겠습니까? 방어의 대책을 조금도 늦출 수 없습니다.35)

　이러한 실록의 기록은 매우 중요한 의미를 지니고 있다. 곧 여기에서 말하는 울릉도 동쪽으로 바라보이는 섬은 일본 사람들이 주장하는 죽도가 아니라, 독도가 분명하다. 그리고 이 섬이 왜와 경계를 이룬다는 것을 포구의 사람들이 인지하고 있었을 뿐만 아니라, 이것이 실록에 기록되었다는 사실은 조선 조정에서도 그렇게 인식하고 있었다는 것을 말해준다. 그러므로 독도가 일본과 국경을 이루는 섬이었다는 것은 움직일 수 없는 사실이라고 하겠다.

　이런 의미에서 일본 외무성이 안용복에 대한 기록의 부정은 일본이 주장하는 독도 영유권이 사리에 맞지 않는 억지라는 사실을 스스로 인정하는 우둔한 처사이기 때문에 삭제되어야 마땅하다. 또 위에서의 고찰로 안용복의 활동을 과대평가하는 것도 문제이지만, 그렇다고 하여 거짓으로 보는 것도 문제라는 사실을 증명했다고 보아도 좋을 것이다.

---

35) '詳聞浦人言 平海, 蔚珍 距鬱陵島最近, 船路無少礙. 鬱陵之東 島嶼相望 接于
　　倭境. 戊子, 壬辰, 異樣帆檣 漂到高, 杆境 倭船往來之頻數 可知. 朝家雖以嶺
　　海之限隔 謂無可憂 而安知異日生釁之必由嶺南. 而不由嶺東乎?'
　　『肅宗實錄』, 肅宗 40년 7월 22일 辛酉 條.

3. 독도 강탈 과정의 위증 문제

일본 외무성은 포인트 6에서 "일본 정부는 1905년 죽도를 시마네 현에 편입하여, 죽도 영유 의사를 재확인했습니다."라고 하면서, 다음 과 같은 사실들을 들고 있다.

    (1) 오늘날의 죽도에서 강치 포획이 본격적으로 행해지게 된 것은 1900년대 초기였습니다. 그러나 곧 강치 어업이 과열 경쟁 상태가 되자 시마네현 오키도민(隱岐島民) 나카이 요사부로(中井養三郞)는 사업의 안정을 도모 하기 위해 1904(메이지(明治) 37)년 9월 내무, 외무, 농상무의 3대신에게 '리양코 섬36)의 영토 편입 및 10년간의 임대를 청원했습니다.

    (2) 나카이의 청원을 접수한 정부는 시마네현의 의견을 청취한 후 죽도를 오 키도청(隱岐島廳)의 소관으로 해도 지장이 없고, 죽도의 명칭이 적당하다 는 것을 확인했습니다. 이에 따라 1905(메이지 38)년 1월 각의 결정에 의 해 이 섬을 '오카도사(隱岐島司)의 소관'으로 정하는 동시에 '죽도'로 명명 하고, 그 취지를 내무대신으로부터 시마네현 지사에게 전달했습니다. 이 각의 결정으로 일본은 죽도의 영유 의사를 재확인했습니다.

    (3) 시마네현 지사는 이 각의 결정 및 내무대신 훈령에 의거해 1905(메이지 38)년 2월 다케시마가 '죽도'로 오키도사의 소관이 되었음을 고시함과 동 시에, 오키도청에도 전달했습니다. 이는 당시 신문에도 게재되어 널리 일반에게 전해졌습니다.37)

우선 위와 같은 외무성의 견해 가운데에서 가장 눈길을 끄는 것이 "1905년 독도에 죽도란 이름을 붙여 시마네현에 편입한 것이 죽도 영

---

36) 일본 외무성에서 발행한 위의 팜플렛에서는 이 '리양코섬'에 대해, "'리양 코섬'은 죽도의 서양 이름 '리앙쿠르섬'의 속칭. 당시 유럽 탐험가에 의한 측량의 잘못 등으로 울릉도가 종래 불리던 '죽도'와 아울러 '송도(松島)'라 고도 불리게 되며, 현재 죽도는 종래 불리던 '송도'와 아울러 '리앙코섬'이 라고 불리게 되었습니다."라는 주를 붙이고 있다.
外務省, 2008, 앞의 팜플렛, 8쪽.
37) 外務省, 2008, 앞의 팜플렛, 8쪽.

유의 재확인"이라고 했다는 점이다. 이것은 일본의 땅을 다시 자기네 땅이라는 사실을 확인했다는 것이어서, 상식적으로도 인정이 되지 않는 새빨간 거짓말임을 스스로 인정한 것이라고 할 수 있다.

그들이 여기에서 "영유권의 재확인"이라고 한 것은, 『죽도 문제를 이해하기 위한 10의 포인트』 3번에서 "일본은 울릉도로 건너갈 때 정박장 또는 어채지(魚採地)로 죽도를 이용하여 적어도 17세기 중엽에는 죽도의 영유권을 확립하였다."고 한 것과 4번에서 "일본은 17세기 말 울릉도 도항을 금지하였으나 죽도 도항은 금지하지 않았다."고 한 것과 맞물려 있다. 그러므로 이러한 그들의 독도에 대한 영유권 주장은 사실에 근거를 둔 것이 아니란 것을 정부 당국 스스로 인정했다는 논리적 모순을 안고 있다.

그리하여 일본 외무성은 (3)에서 독도의 강탈 사실을 "당시 신문에도 게재하여 널리 일반에게 전해졌습니다."라고 적고 있다. 여기에서 그들이 게재했다고 하는 신문은 마쓰에(松江)에서 발간되고 있던 '산인 신문(山陰新聞)'이었다. 이 신문의 1905년 2월 24일자 2면 '잡보(雜報)'란에 위에서 제시한 기사와 같이, "오키의 신도(新島)"라는 제목 아래, "북위 37도 9분 30초 동경 131도 55분 오키섬에서 떨어져 서북으로 85해리에 있는 도서를 죽도라고 칭하고 지금부터 오키도사의 관할로 정했다고 현 지사로부터 고시되었다."라는 것이 실려 있다.

이렇게 잡보에 실은 것이 영토 취득과 같이 중차대한 일의 공시에 해당되는지조차 의문이 아닐 수 없다. 그런데 이 기사에서는 '새로운 섬'을 오키도사가 관할하게 되었다는 의미로

● 隠岐の新島
北緯卅七度九分卅東經百帶一
度五十五分隠岐島を距る西北八十五
浬に在る島嶼
を竹島と稱し自今隠岐島司の所管と定められる
知事より告示せり右島嶼は周圍十五町位の二島
より成る周圍には無数の群島散在し海峡は船の碇泊
に便利あり草は生へ居たるも樹木は無しと云ふ

산인신문기사

'신도'라고 하였다. 따라서 이미 그 이전에 독도를 영유하고 있었다는 것은 일본 외무성이 자기들의 논리에 모순이 있음을 만천하에 드러낸 처사라고 하지 않을 수 없다.

그리고 정말로 일본의 외무성이 (1)에서 지적하고 있는 것처럼, 나카이 요사부로란 자가 처음부터 "내무, 외무, 농상무의 3대신에게 '리양코 섬'의 영토 편입 및 10년간의 임대를 청원"했는가 하는 것도 문제이다. 이 문제의 객관성 내지는 진실성 여부를 알아보기 위해서는 아무래도 그 자신이 1910년 오키도청에 제출한 자신의 「사업경영개요」를 고찰하는 것이 바람직할 것으로 생각된다.

〈자료 5〉

① 본섬이 울릉도에 부속하여 한국이 영유하고 있다는 생각을 가지고, 장차 통감부에 가서 할 바가 있지 않을까 하여 상경해서 여러 가지를 획책하던 중에, 당시에 ② 수산국장인 마키 나오마사(牧朴眞)의 주의로 말미암아 반드시 한국 령에 속하지 않는다는 의심이 생겨서, 그 조정을 위해 가지가지로 분주히 한 끝에, 당시에 ③ 수로국장인 기모쯔키(肝付) 장군의 단정에 의거해서 본도가 완전히 무소속인 것을 확인하게 되었다. (그에) 따라 경영상 필요한 이유를 자세히 진술(具陳)하여 본도를 우리나라 영토에 편입하고 또 대여해 줄 것을 내무·외무·농상무의 3대신에게 출원하는 원서를 내무성에 제출하였다. 그랬더니 내무 당국자는 ④ 이 시국(러·일 개전 중)에 즈음하여 한국령의 의심이 있는 작은 일개 불모의 암초를 손에 넣어 환시(環視)의 제 외국에게 우리나라가 한국 병탄(倂呑)의 야심이 있다는 것의 의심을 크게 하는 것은 이익이 지극히 작은 데 반하여 사태가 결코 용이하지 않다고 하여, 어떻게 사정을 말하고 변명[陳辯]을 해도 출원은 각하되려고 하였으나, 이래서 좌절해서는 안 되는 것으로 곧 외무성에 달려가 당시에 정무국장인 야마자 엔지로(山座圓二郎)에게 가서 논하여 진술[論陳]한 바 있었다. ⑤ 씨는 시국이야말로 그 영토 편입을 급하게 요청한다고 하면서, 망루를 세우고 무선 혹은 해저전신을 설치하면 적함 감시 상 대단히 그 형편이 좋아지지 않겠느냐, 특히 외교상 내무성과 같은 고려를 요하지는 않는다. 모름지기 급히 원서를 본 성(本省)에 회부해야 한다고 의기 헌앙하였다. 이와 같이 하여 본도는 우리나라의 영토로 편입되었다.[38]

---

38) '本島ノ鬱陵島ヲ附屬シテ韓國ノ所領ナリト思ハルルヲ以テ將ニ統監府ニ就テ爲ス所

이것은 나카이 요사부로가 직접 작성한 것이다. 그러므로 밑줄을 친 ①에서 보는 것처럼, 당시에 나카이 자신은 독도가 울릉도에 속하는 한국의 영토라는 인식을 가지고 있었음이 명백하다.[39] 그리고 이런 인식은 메이지 정부에서 태정관 문서에도 그대로 반영되어 있다는 점을 고려하면, 당시의 일반 일본 사람들은 거의 대부분이 독도가 한국의 영토라고 믿었다는 것을 말해준다.[40]

アラントシ上京シテ種種劃策中時ノ水産局長牧朴眞ノ注意ニ由リテ必ラズシモ韓國領ニ屬セザルノ疑ヲ生ジ其調整ノ爲メ種種奔走ノ末時ノ水路部長肝付將軍斷定ニ賴リテ本島ノ全ク無所屬ナルコトヲ確カメタリ依テ經營上必要ナル理由ヲ具陳シテ本島ヲ本邦領土ニ編入シ且ツ貸付セラレンコトヲ內務外務農商務ノ三大臣に願出テ願書ヲ內務省ニ提出シタルニ內務當局者ハ此時局ニ際シ(日露開戰中)韓國領地ノ疑アル蕞爾タル一箇不毛ノ暗礁ヲ收メテ環視ノ諸外國ニ我國ガ韓國倂呑ノ野心アルコトノ疑ヲ大ナラシムルハ利益ノ極メテ小ナルニ反シテ事體決シテ容易ナラズトテ如何ニ陳辯スルモ願出ハ將ニ却下セラレントシタリ斯クテ挫折スベキニアラザルヲ以テ直ニ外務省ニ走リ時ノ政務局長山座圓二郎氏ニ就キ大ニ論陳スル所アリタリ氏ハ時局ナレバコソ其領土編入ヲ急要トスルナリ望樓ヲ建築シ無線若クハ海底電信ヲ設置セバ敵艦監視上極メテ屆竟ナラズヤ特ニ外交上內務ノ如キ顧慮ヲ要スルコトナシ須ラク速カニ願書ヲ本省ニ回附セシムベシト意氣軒昂タリ此ノ如クニシテ本島ハ本邦領土ニ編入セラレタリ'.

신용하 편저, 1999, 『독도영유권자료의 탐구』, 독도연구보전협회, 262~263쪽.

39) 실제로 나카이는 1892년 한국의 전라도와 충청도 연해(沿海)를 탐험하면서 잠수기(潛水器)를 가지고 돌아다녔던 것으로 보아, 독도가 한국의 영토라고 믿었던 것은 당연할지도 모른다.
奧原碧雲, 2007, 「竹島經營者中井養三郎立志傳」, 『竹島問題に關する調査硏究-最終報告書』, 竹島問題硏究會, 72쪽.

40) 그러나 사사키 시게루는, 나카이 요사부로가 독도를 조선의 판도로 생각하게 된 것은 죽도 문제 연구회에서 찾아낸 오쿠하라 헤키운(奧原碧雲)의 『죽도 경영자 나카이 요사부로 씨 입지전(竹島經營者中井養三郎氏立志傳)』에 "해도(海圖)에 의하면"이라는 기록이 있는 것으로 보아, 그 해도 때문에 그렇게 생각하게 되었으나, 조선의 해도는 조선의 범위를 나타내는 것이 아니라, 항행의 안전 확보를 위해 그려진 것이므로 그 인식이 잘못되었다고 주장한 바 있다.
佐佐木茂, 2007, 「領土編入に關わる諸問題と資·史料」, 『竹島問題に關わる調査

바로 이런 사실을 입증하는 것이 밑줄을 그은 ④에서와 같은 내무성 당국자의 인식이었다. 당시에 내무성의 당국자가 이와 같은 인식을 표방한 것은 이미 그 전에 이 섬에 대한 정확한 지식을 가지고 있었기 때문이었다. 곧 내무성은 시마네현으로부터 「일본해 내의 죽도 외 한 섬의 지적 편찬에 관한 질의」를 받아서, 1877년 3월 17일에 이것을 태정관의 우대신이었던 이와쿠라 도모미(岩倉具視)에게 문의한 바 있고,[41] 이 문의에 대한 회답으로 "문의한 죽도 외 한 섬 건에 대하여 우리나라와는 관계가 없다는 것을 주지할 것"[42]이라는 지령문을 받아서 시마네현에 통보한 적이 있었다는 것을 상기한다면, 내무성의 당국자가 이런 인식을 가졌던 것은 당연하다고 하겠다.

그 때에 일본 사람들이 이처럼 독도를 한국의 영토로 인식하고 있었음에도 불구하고, 그것을 강탈하기 위해서 동원된 인물들이 ②에서 나카이에게 한국 령에 속하지 않을 것이라는 의심을 심어준 농상무성 수산국장인 마키 나오마사와 ③에서 이 섬이 어느 나라에도 속하지 않는다고 단정을 한 해군 수로국장인 기모쯔키 가네유키, 그리고 '영토 편입과 대여원'을 제출하라고 사주하면서 ⑤와 같이 말한 외무성의 정무국장인 야마자 엔지로였다.

이들은 일본의 제국주의적인 영토 팽창 정책과 밀접한 관련을 가진 인물이라는 사실에 주목해야 한다. 곧 마키는 나가사키현에서 출사(出仕)하여 1896년 타이완 총독부의 설치에 관여하였고, 그 이듬해는 타이츄 지사(台中知事)가 되었다. 그 후에 아오모리현(青森縣), 에

研究-最終報告書』, 竹島問題研究會, 59쪽.

이에 대한 자세한 비판은 김화경, 2008, 「독도 강탈을 둘러싼 궤변의 허구성」, 『독도연구(4)』, 영남대 독도연구소, 136~143쪽이 실려 있다는 것을 밝혀둔다.

41) 송병기 편, 2004, 『독도영유권자료선』, 한림대출판부, 136~144쪽.
42) '伺之趣竹島外一嶋之義本邦關係無之義ト可相心得事'.
    송병기 편, 2004, 155쪽.

히메현(愛媛縣)의 지사를 역임한 다음, 1898년에 농상무성 수산국장이 되어, 1905년 11월까지 그 직에 있었다. 그는 수산국장으로서 '원양어업 장려법', '어업법', '외국 영해 수산조합법' 등을 공포하기도 했는데, 1906년에는 한국을 시찰하고, 그 귀국 길에 후쿠오카(福岡)에서 한국 바다에 출어(出漁)하는 13부현(府縣) 수산주임관 회의를 개최함과 동시에, 각 현의 한해통어조합(韓海通漁組合)을 설립하도록 하고 그 연합회를 설립하여 한국 바다에의 출어를 적극적으로 지원했다. 또 기모쯔키에게는, 러일 전쟁 중에 블라디보스토크 함대의 동향과 회항(廻航)해 오는 발틱 함대를 맞이하여 싸울 일본해(동해: 인용자 주)에서의 해전에 대처해 나가는 것이 요구되고 있었다. 그리고 외무성의 정무국장인 야마자는 후쿠오카 출신으로, 1892년 도쿄제국대학(東京帝國大學) 법학부를 졸업함과 동시에 부산 영사관 서기생(書記生)[43]으로 취임하였다가, 이어서 인천 영사가 되었다. 그 뒤에 부산 영사, 상해 영사를 거쳐, 1901년부터 외무성 총무국장으로 근무하던 인물이었다.[44]

특히 이들 가운데에서 야마자가 밑줄 친 ⑤와 같은 말을 한 것은 일본의 속내(本音)를 그대로 드러내고 있어 주목을 받을 만하다. 다시 말해 그의 말은 러일전쟁을 수행하는 과정에서 독도의 전략상의 가치를 인정하고 그것을 강탈했다는 사실을 증명한다는 것이다. 독도가 전략적으로 중요한 가치를 가지고 있는 섬이라는 사실은 러일 전쟁의 결말을 보면 잘 알 수가 있다. 러시아의 제2 태평양 함대 사령관 로제스트벤스키(Rozhdestvensky) 중장이 의식을 잃은 채 포로로 잡힌 곳이 울릉도 부근이고, 그를 대신해서 함대의 지휘권을 장악한 네보가토프(Nebogatov) 소장이 모든 주력 잔함(殘艦)을 이끌고 일본에 투항한 곳

---

43) 메이지(明治) 초기에 해외공관에서 서무를 담당하던 공무원을 가리킨다.
44) 內藤正中, 2007, 「竹島の領土編入は無主地先占といえるのか」, 『鄕土石見(74)』, 石見鄕土硏究懇談會, 8~9쪽.

이 바로 독도 동남방 18마일 지점이었다는 사실[45]은 독도가 러일 전쟁의 수행 과정에서 얼마나 중요한 가치를 지닌 전략상의 요충지였던가를 말해주는 증거가 아닐 수 없다.

그러나 만약에 이러한 사실을 그대로 인정하는 경우에는, 일본의 외무성이 『죽도 문제를 이해하기 위한 10의 포인트』에서 포인트 6의 ⑵에서 설명하고 있는 1905년 1월에 행해진 각의에서의 아래와 같은 결정은 독도의 강탈을 내각이 용인한 처사가 되고 만다.

〈자료 6〉

별지로 내무대신이 논의하기를 청한 무인도 소속에 관한 건을 논의함에, 우(右)[46]는 북위 37도 9분 30초 동경 131도 55분 오키섬에서 떨어져 85해리에 있는 ㉠ 무인도는 타국에서 이를 점령했다고 인정할 만한 형적이 없고, 저 지난(메이지: 明治) 36년 우리나라 사람 나카이 요사부로란 자가 있어 고기잡이를 위한 집[漁舍]를 짓고 인부를 옮겨 고기 잡는 기구를 갖추어 강치(海驢) 잡이에 착수하며, 이번에 영토 편입과 병행하여 대여를 출원하는 바, 차제에 소속 및 섬의 이름을 확정할 필요가 있음으로써, ㉡ 당해 섬을 죽도라는 이름을 붙여 지금부터 시마네현 소속 오키도사의 소관으로 하려고 한다고 말하고 있어, 이에 심사를 하건대 ㉢ 메이지 36년(1903년) 이래 나카이 요사부란 자가 당해 섬에 이주하여 어업에 종사한 일은 관계 서류에 의하여 명백한 바이기에, 국제법상 점령의 사실이 있는 것으로 인정하여 이를 우리나라 소속으로 하고, 시마네현 소속 오키도사(隱岐島司)의 소관으로 삼아도 지장이 없는 것으로 생각하여, 따라서 논의하기를 청한 대로 결정함이 옳다는 것을 인정한다.[47]

---

45) 최문형, 2005, 「로일전쟁과 일본의 독도 점취」, 『역사학보(188)』, 역사학회, 251쪽.
46) 가로로 된 문장이므로 이렇게 표현한 것이다.
47) '別紙內務大臣請議無人島所屬ニ關スル件ヲ審査スルニ, 右ハ北緯三十七度九分三十秒東經百三十一度五十五分隱岐島ヲ踞ル西北八十五浬ニ在ル無人島ハ他國ニ於テ之ヲ占領シタリト認ムヘキ形跡ナク, 一昨三十六年本邦人中井養三郎ナル者ニ於テ漁舍ヲ搆ヘ人夫ヲ移シ獵具ヲ備ヘテ海驢獵ニ着手シ今回領土編入並ニ貸下ヲ出願セシ所, 此際所屬及島名ヲ確定スルノ必要アルヲ以テ, 該島ヲ竹島ト名ケ自今島根縣所屬隱岐島司ノ所管ト爲サントスト謂フニ在リ, 依テ審査スルニ明治三十六年以來中井養三郎ナル者カ該島ニ移住シ漁業ニ從事セルコトハ關係書類

이와 같은 각의의 결정문에서 핵심적인 내용은 밑줄을 그은 ㉠에서 말하고 있는 것과 같이 그들이 독도를 자국의 영토로 편입한 것은 다른 나라에서 이를 점령했다고 인정할만한 형적이 없다는 것이었다. 이것은 일본 외무성 스스로가 말한 "17세기 중엽에는 죽도의 영유권을 확립했다."고 하면서, 그들의 독도 강탈을 "죽도 영유를 재확인했다"고 한 것과도 상반되는 표현이다. 그들의 말대로라면, 자기들이 영유하지 않고 있는 주인이 없는 땅이었다는 논리적인 모순에 빠지게 된다.

이처럼 타국이 이 섬을 점령한 형적이 없다고 한 것은, 일본 외무성이 독도의 강탈을 국제법상의 '무주지 선점론(無主地先占論)'으로 호도하기 위한 방편의 하나에 지나지 않는다. 하지만 이러한 주장이야말로 명백한 거짓이었다고 할 수 있다. 왜냐하면 이 섬은 이미 1900년 10월 25일 대한제국은 칙령 제41호로 울도 군수가 관할한다는 사실을 관보에 실어 내외에 널리 공포했기 때문이다.

> 「울릉도를 울도로 개칭하고 도감(島監)을 군수로 개정한 건
> 제1조 울릉도를 울도(鬱島)라 개칭하여 강원도에 부속하고, 도감을 군수로 개정하여 관제중에 편입하고, 군등(郡等)은 5등으로 할 사.
> 제2조 군청 위치는 태하동(台霞洞)으로 정하고, 구역은 울릉 전도와 죽도, 석도(石島)를 관할할 사.」[48]

당시의 대한제국 정부는 이 칙령을 통해서 울도 군수가 관할하는 지역이 울릉도와 죽도, 그리고 오늘날의 독도인 석도임을 명확하게 했던 것이다. 그렇지만 일본 사람들은 이 석도는 독도가 아니라, 울릉

二依リ明ナル所ナレハ國際法上占領ノ事實アルモノト認メ之ヲ本邦所屬トシ島根縣所屬隱岐島司ノ所管ト爲シ差支無之儀ト思考ス依テ請議ノ決定相成可然ト認ム'.
『公文類聚』第29編 卷1 1906年 竹島編入の閣議決定文.
48) 「大韓帝國官報」 第1726號(1900年 10月 27日).

도와 죽도 사이에 있는 관음도(觀音島)를 가리킨다고 억지를 부리고 있다. 이런 주장은 2005년 시마네현이 '다게시마의 날'을 제정하면서 발족시켰던 '죽도 문제 연구회'의 연구위원의 한 사람인 사사키 시게루(佐佐木茂)가 시마네대학(島根大學)에서 역사지리학을 가르치고 있는 후나스기 리키노부(船杉力修)의 시사를 받아 제시하였다. 그는 「영토 편입에 관계되는 제 문제와 자·사료」라는 논문에서, 울릉도에는 죽도와 석도라는 부속 섬이 있었다고 하는 한국측의 주장에 대해, 울릉도의 현지 조사에 참가한 후나스기 위원의 견해[49]를 제시한 다음, "이처럼 '칙령 제41호'의 '죽도(竹島)'는 '죽서(竹嶼)'이고, '석도'는 '관음도'를 가리킨다고 생각하는 것이 타당할 것이다."[50]라는 견해를 피력하였다.

이에 대해서는 이미 필자의 「독도 강탈을 둘러싼 궤변의 허구성 ― 죽도 문제 연구회의 메이지 시대 자료에 대한 연구를 중심으로」[51]라는 논고를 통해서, 그 부당성을 지적한 바 있다. 그러나 이와 같은

---

49) 역사지리학을 전공한다는 후나스기 리키노부의 견해는 1909년에 간행되었다고 하는 『한국수산지』 제3책에 수록된 울릉도 지도에 울릉 전도와 죽서, 서정도(鼠頂島)만 실려 있고, 1917년에 육지 측량부에서 발행한 5만분의 1 울릉도 지도에도 섬으로 기재된 것은 죽서, 관음도, 위도(북정암), 일본입도(一本立島: 죽암(竹岩)밖에 없으며, 현지조사의 결과 울릉도에서 섬이라고 부르는 것은 죽서, 관음도 밖에 확인되지 않았다고 했다는 것이다.
佐佐木茂, 2007, 58~59쪽.
그러나 이러한 주장은 역사지리학을 전공하는 교수로서의 자질을 의심할 수밖에 없다고 할 수 있다. 왜냐하면 울릉도가 실려 있는 『한국수산지』는 제3책이 아니라, 2집 제3장 경상도(남도) 제15절 울도군조이고 이 2집이 간행된 것은 일제가 강원도에 속했던 울도를 경상남도로 소속을 변경한 뒤일 뿐만 아니라, 한국을 완전히 점령한 다음이고, 육지측량부의 지도 역시 일제 강점기에 그려졌다는 점을 전혀 고려하지 않은 무책임한 설명이기 때문이다.
50) 佐佐木茂, 2007, 59쪽.
51) 김화경, 2008, 129~134쪽.

주장을 하기 위해서는 1882년 이규원(李奎遠)이 그린 「울릉 외도(鬱陵
外圖)」에서 '도항(島項)'이라고 했던 것을 왜 칙령 제41호에서는 '석
도'라고 불렀으며, 또 1910년에 간행된 『한국수산지』에서는 '서정도'
로 그 이름이 바꾸었는가 하는 것을 해명해야 마땅하다. 그렇지 않고
아무 근거도 없이, 역사지리적인 인식조차 제대로 갖추지 못한 후나
스기 리키노부의 말만 믿고 이런 주장을 하는 것은 언어도단이라고
하지 않을 수 없다.

석도가 독도를 가리킨다는 것은 여러 선학들에 의해 논의된 바 있
다. 특히 신용하는 "당시 울릉도 주민 구성은 전라도 출신 어민들을
대종으로 하고 있었는데, 전라도 방언으로는 '돌'[石]을 '독'이라고
하므로, '돌섬'을 '독섬'이라고 했다. 당시 울릉도 주민들이 우산도를
'독도'(돌섬)이라고 부르고 있음을 보고받고 대한제국 정부는 이를 의
역하여 '석도(石島)'로 표기한 것이다. 그리고 이를 음역한 표기가 바
로 독도(獨島)다."[52]라는 견해를 밝혔다.

이에 비해 서종학(徐鍾學)은 「'獨島'·'石島'의 지명 표기에 관한 연
구」란 논문을 통해서, 국어학적인 처지에서 이들 두 지명의 관계를
해명하였다.

> '石'과 '獨'은 오래 전부터 사용되어 온 전통적인 차자(借字)로서, '石'은 '돌,
> 독'((돓〈돍)을 표기하는 데 사용된 훈(訓)차자이고, '獨'은 '독'을 표기하는 데
> 이용된 음차자이다. … 중략 … '石島'가 표기된 칙령은 고문서의 교서(敎書)에
> 해당되는 문서인데, 교서는 한문으로 기록하는 것이 하나의 전통이었다. 따라
> 서 '돌섬', '독섬'을 표기하려면 이를 훈차(訓借)한 '石島'를 이용하는 것이 자연
> 스러운 관례였다. '獨島'가 기록된 심흥택의 보고서는 고문서의 첩정(牒呈)에 해
> 당되는 문서인데, 첩정은 이두(吏讀)로 기록하는 것이 하나의 전통이었다. 따
> 라서 '돌섬, 독섬'을 표기하려면 이를 음차(音借)하여 '獨島'라고 기록하는 것이
> 자연스러운 관례였던 것이다. 따라서 '獨島'와 '石島'는 동일한 지물(地物)을 가

---

52) 신용하, 1996, 43쪽.

리키는 이표기(異表記)인 것이다.[53]

이러한 서종학의 연구 성과를 수용한다면, '石'은 '돌, 독'의 훈차자이고 '獨'은 그것의 음차자이며, '獨島'라는 표기는 '石島'의 이두 식 표기인데, 이런 이두 식 표기는 조선 후기까지 사용된 첩정의 전통이었다는 것이다. 이와 같은 한국어 표기의 관례를 무시하려고 하다 보니, 일본의 학자들은 석도가 관음도라는 무리한 주장을 하게 되어 스스로 자기 모순에 빠지는 우를 범하고 있다. 또 그러한 잘못된 연구를 바탕으로 한 선전 문구를 만들다 보니, 일본 외무성은 독도의 강탈에 대한 거짓말을 할 수밖에 없었던 것이다.

그리고 ⓛ에서와 같이 독도에 죽도란 이름을 붙인 것도 일본의 학자들은 서양 사람들의 잘못된 지도 때문이라고 변명을 하고 있다.[54] 하지만 나이토 세이츄의 연구에 의하면 오키도사의 그릇된 역사 인식에서 비롯된 것이 분명하다. 그래서 시마네현 내무국장이 1904년 11월 15일부로 문의한 새로운 섬(新島)의 소관 문제와 명명 문제에 대해, 같은 해 11월 30일부로 오키도사가 보낸 회신의 내용을 살펴보기로 한다.

> 본월(11월) 15일 서무 제1073호로써 도서 소속 등의 건에 대해 조회한 뜻을 이해했습니다. 우(右)는 우리 영토로 편입한 위에 오키도의 소관에 속하게 하는 것이 아무 지장이 없으며, 그 명칭은 죽도가 적당하다고 생각합니다. 원래 조선의 동쪽 해상에 송도 죽도 두 섬이 존재하는 것은 일반의 구비로 전해오는 바, 그리하여 종래 당 지방으로부터 나무 장사꾼들이 왕래하는 울릉도를 죽도라고 통칭하는 것도 그 실은 송도로, 해도에 의해서도 명확한 대로입니다. 좌(左)로 본다면 이 새로운 섬을 제쳐두고 달리 죽도에 해당되는 것은 없습니다. 따라서 종래 오칭하던 명칭을 전용하여, 죽도라는 통칭을 새로운 섬에 붙

53) 서종학, 2008, 「'獨島'·'石島'의 지명 표기에 관한 연구」, 『어문연구(139)』, 한국어문교육연구회, 57쪽.
54) 川上健三, 1966, 9~31쪽.

이는 것이 옳다고 생각하여, 이에 회신합니다.[55]

이 회신을 보면, 당시에 오키도사가 역사적 사실을 알지 못하고 있었는가 하는 것을 확인할 수 있다. 그는 우선 "울릉도를 죽도라고 통칭하는 것도 그 실을 송도"라고 하면서, 그 근거로 해도를 들고 있다. 이것은 에도시대에 울릉도를 죽도라고 불렀고, 그것을 둘러싸고 조선과 영유 논쟁을 벌였던 '울릉도 쟁계', 곧 일본에서 말하는 '죽도 일건'이 있었다는 사실조차 모르고 있었음을 말해준다.

나이토 세이츄는 이에 대해, "(오키도사가) 죽도를 둘러싼 역사를 알고 있었다면, 새로운 섬에는 송도라고 명명해야만 했다. 이 새로운 섬의 명명에 관해서는, 시마네현청 내에서도 이론(異論)이 없이, 도사의 회답대로 죽도라고 하는 것으로 내무성에 보고되어, 그대로 각의에서 결정되었던 것이다. 새로운 섬 죽도에 관해서의 인식이 본거지에서도 희박했던가를 알 수 있는 것으로, 그런 것을 고유 영토라고 말할 수 없는 것은 명백하다."[56]고 잘라 말하고 있다.

이러한 나이토의 연구는, 일본이 독도를 강탈하면서 그 간의 역사적인 배경을 고려하지 않았다는 것과, 이해 당사자였던 오키도사마저도 울릉도와 독도에 대한 제대로 된 지식, 곧 '울릉도 쟁계' 및 태정관 문서에 대해 전혀 조사하거나 아는 바가 없었음을 입증하였다고 할 수 있다. 특히 후자의 경우는 시마네현에서 이들 두 섬을 지적편

---

55) '本月十五日庶第1073号ヲ以テ島嶼所屬等ノ儀ニ付御照會之趣了承. 右ハ我領土ニ編入ノ上隱岐島ノ所管ニ屬セラルル何等差支無之. 其名稱ハ竹島ヲ適當ト存候. 元來朝鮮ノ東方海上ニ松竹兩島ノ存在スルハ一般口碑ノ伝フル所シ, 而シテ從來当地方ヨリ樵耕業者ノ往來スル鬱陵島ト竹島ト通稱スルモ, 其實ハ松島ニシテ, 海圖ニ依ルモ瞭然タル次第ニ有之候. 左スレバ此新島ヲ措テ他ニ竹島ニ該當スベキモノ無之. 依テ從來誤稱シタル名稱ヲ轉用シ, 竹島ノ通稱ヲ新島ニ冠セシメ候方可然ト存候, 此段回答候也.'
內藤正中, 2007, 13쪽에서 재인용.
56) 內藤正中, 2007, 13~14쪽.

찬에 넣어야 하는지 어떤지를 물은 것에 대한 회답이라는 점에서 더욱 중요한 의미를 가진다고 하겠다. 또 ⓒ에서 "메이지 36년(1903년) 이래 나카이 요사부로란 자가 당해 섬에 이주하여 어업에 종사한 일은 관계서류에 의하여 명백한 바이기에, 국제법상 점령의 사실이 있는 것으로 인정"한 것도 내각의 결정 그 자체가 위증을 했다는 사실을 증명하는 것이다. 이렇게 말하는 까닭은 '죽도문제 연구회'에서 입수하여 공개한 오쿠하라 히데오가 소장하고 있던 오쿠하라 헤키운의 『죽도 경영자 나카이 요사부로씨 입지전(竹島經營者中井養三郞氏立志傳)』[57]에 드러난 나카이의 행적을 도저히 점령으로 볼 수 없기 때문이다. 그래서 그 부분만을 소개하기로 한다.

메이지 36년 서로 의기 투합한 오하라(小原), 시마다니 곤죠(島谷權藏) 두 사람을 리양코 섬에 도항시켰는데, 두 사람은 굴강(崛强)의 건아(健兒) 8명과 함께, 폭 8장(丈) 4간(間)의 어선에 타고, 북해의 큰 파도를 격파하며 동 섬에 도착하여, 처음으로 일장기를 바위 위에 펄럭이게 하고, 시마다니씨는 유망하다는 보고를 가지고 한 발 먼저 귀항하였다.

그러나 총기와 화약, 그 밖의 잡는 도구(獵具)의 준비 불완전했기 때문에, 동년에는 충분한 성공을 보지 못하고 귀국하여, 다음해의 고기 잡는 시기(漁期)를 기다렸다가 일대 웅비할 계획을 세웠다. 실로 리양코 섬은, 일본해(동해를 가리킴: 인용자 주) 가운데 있어서 강치(海驢)의 군집지로, 매년 5월경부터 7·8월경에 이르는 사이, 수천만의 강치들이 분만과 교미를 위해, 동 섬에 군집하여, 바위 위에 전부 강치 무리로써 뒤덮이는 장관을 보였다.

씨는, 몰래 다음해의 성공을 기약하면서, 비밀리에 준비에 착수했으나, 신뢰하는 건아 오하라는 예비소집에 응해 출정(出征)의 길에 오르고, 시마다니씨는 병으로 죽어, 사실상 크게 좌절하였으면서도, 씨는 굴하지 않고 스스로 얼마의 어부를 이끌고 도항했다. 그런데 동 업이 유망하다는 것을 알게 되자, 이시하시 마쓰다로(石橋松太郞), 이구찌 류다(井口龍太), 가토 쥬죠(加藤重藏) 제씨의 유력한 경쟁자가 나타나서, 경쟁 남획의 폐단이 발생하여, 강치 어업은 몇 년이 지나지 않아 절멸할 것을 우려해서, 어로 구역(獵口)을 빌려, 제한된 포획을 할 필요를 느끼고, 그 위에 해도에 의하면 동 섬은 조선의 판도에 속함으로,

---

57) 이하 『입지전』으로 약칭하기로 한다는 것을 밝혀둔다.

일단 외인의 내습에 만나면, 이것이 보호를 받은 길이 없음으로, 이러한 사업
을 위해 자본을 투자하는 것이 대단한 위험이라는 것을 헤아리어, 동 섬의 대
여를 조선 정부에 청원하여, 독점적으로 어업권을 점유하려고 결심하고, 동년
의 어기(漁期)58)가 끝나자, 일약 만금의 꿈을 안고 상경의 길에 올랐다.59)

이 『입지전』에 대해서, 쯔카모도 다카시는 "종래 나카이 씨의 사
적, 특히 죽도 영토 편입에 이르는 경과는, 판본인 상기 오쿠하라 헤
키운 저 『죽도 및 울릉도』(1907). 5), 그것을 전재한 『오키도지(隱岐
島誌)』(시마네현 오키지청, 1943, 2), 죽도 어렵합자회사 문서철 『행
정 제 관청 왕복 잡 서류 종 메이지 38년』에 실린 「이력서」「사업경
영개요」(1910~1911년) (나카이 씨의 아들 나카이 진지로(中井甚二

<hr/>

58) 어기(漁期)는 '어떤 특정 구역에서 어떤 특정의 고기가 가장 많이 잡히는
시기'를 말한다.
이희승 편저, 1982, 『국어대사전』, 민중서림, 2418쪽.
59) '明治三十六年五月意氣相投合せる小原，島谷權藏の兩氏をリャンコ島に渡航せし
めたり，兩氏は崛强の健兒八名ともに，巾八丈四間の漁舟に搭じ，北海の洪波を蹴
破りて，同島に着し，はじめて日章旗を岩頭に飜し，島谷氏は有望なる報告を齎らして，
一先歸港せり．されど，銃器火藥その他獵具の準備不完全なりしため，同年は十分
の成功を見ずして歸國し，翌年の漁期を待ちて，一大雄飛を試みんと計劃せり，實に
リャンコは，日本海中における海驢の群集地にして，毎年五月頃より七八月頃に至る
の間，幾千万の海驢分娩交尾のため，同島に群集し，岩頭全く海驢群を以ておほは
るるの壯觀を呈せり．氏は，心ひそかに翌年の成功を期しつつ，秘密に準備に着手せ
しが，股肱の健兒小原氏は豫備召集に応じて出征の途に上り，島谷氏は病魔に斃
れ，事業上大に頓挫を生ぜしも，氏は屈することなく自ら幾多の漁夫を率いて渡島せ
り，しかるに，企業の有望なるを探知するや，石橋松太郎，井口龍太，加藤重藏諸氏
の有力なる競爭者あらわれ，競爭濫獲の弊を生じ，海驢漁業は數年ならずして絶滅
せんことを憂ひ，獵區貸下，制限捕獲の必要を感じ，加ふるに，海圖によれば，全島
は朝鮮の叛(版)圖に屬するを以て，一旦外人の來襲に遭ふも，これが保護をうくるの
道なきを以て，かかる事業に向って資本を投するの頗る危險なるを察し，同島貸下を
朝鮮政府に請願して，一手に漁獵權を占有せんと決心し，全年の漁期終るや，一攫
萬金の夢を懷にして上京の途に上れり．'
奧原碧雲, 2007,「竹島經營者中井養三郎氏立志傳」,『竹島問題に關わる調査研
究- 最終報告書』, 竹島問題研究會, 73쪽.

郎) 씨 소장의 자료를 다쿠라 세이사부로(田村淸三郎) 씨가 1953년경 등사(謄寫)한 것 = 시마네 현립 도서관 소장)의 기술에 의해 알려져 있지만,『입지전』에는, 이들 자료에 없는 정보가 포함되어 있어, 중요하다."[60]라고 하여, 그 가치를 인정하고 있다.

이러한 이 자료를 통해서 보는 한, 나카이 요사부로란 자가 각의 결정문인 자료 6의 ㉢에서 지적하고 있는 것처럼, 국제법상의 점령에 해당될 정도로 독도에서 생활했다는 흔적을 발견할 수가 없다. 곧 위의『입지전』에서는 1903년에는 도항하였다가 예상했던 정도의 강치를 잡지 못했고, 1904년에는 이시하시 등의 경쟁자가 나타났던 것으로 보아 그렇게 많은 성과를 거둔 것 같지는 않다는 것이다. 그러므로 나카이가 독도에 도항을 했다손 치더라도 잠깐 동안 머물렀을 뿐이지 점령을 했었다고 볼 수는 없다는 것을 확인할 수 있다.

이에 대해 나이토 세이츄는 "나카이가 메이지 36년(1903년) 이래 그 섬에 '이주'하여 어업에 종사하고 있었다고 하는 것은, 분명하게 사실이 아니다. 나카이와 리양코 섬과의 관계는, 4월부터 8월에 걸쳐서의 강치의 어기(漁期)에만 출어하여, 줄기 풀(菰茸)로 임시 건물(小屋)을 가설하고, '매년 10일 정도 가거(假居)'하고 있었던 것뿐이며, 거기에 '이주'하여 생활했던 것은 아니다."[61]라고 하여, 그 정주(定住)를 부정하고 있다.

이렇게 본다면, 각의의 독도 편입에 대한 결정은 전부가 허구로 이루어진 것이라고 하지 않을 수 없다. 바꾸어 말하면 독도는 무주지가 아니라 명백하게 한국의 땅이었고, 또 독도에 죽도란 이름을 붙인 것 자체가 역사적인 배경을 도외시한 처사였고, 또 며칠 동안만 머물렀던 사실을 가지고 국제법상의 점령이라고 한 것 등은 한국의 영토인

---

60) 塚本孝, 2007,「奧原碧雲竹島關係資料(奧原秀夫所藏)をめぐって」,『竹島問題に 關する調査硏究-最終報告書』, 竹島問題硏究會, 62.
61) 內藤正中, 2007, 앞의 논문, 4~5.

독도를 강탈하기 위한 핑계 마련에 불과했다는 것이다. 따라서 일본 외무성의 『죽도 문제를 이해하기 위한 10의 포인트』에서 포인트 6으로 주장하고 있는 죽도 편입에 대한 정당성 부여는 사실이 아닌, 위증의 인정이라는 모순을 스스로 드러낸 처사라고 보는 것이 마땅할 것이다.

4. 맺음말

지금까지 일본 외무성에서 선전용으로 만든 『죽도 문제를 이해하기 위한 10의 포인트』에서 포인트 5로 들고 있는 안용복 진술의 허구성 문제와 포인트 6으로 들고 있는 죽도의 영토 편입에 대한 정당성 문제를 집중적으로 검토하였다. 이 과정에서 얻은 결과를 요약하면 다음과 같다.

우선 안용복의 활동에 의문이 있다고 한 것에 대해서, 그의 행동과 진술에 얼마간의 과장이 있다는 사실은 인정하였다. 그렇지만 그를 거짓말쟁이로 몰면서, 그의 진술 전부를 부정하려는 것도 정당하지 않다는 것을 지적하였다. 그러면서 그의 말과 활동에 다음과 같은 것은 사실이라고 보았다.

첫째 막부의 도해 금지령이 1696년 1월에 내려졌다는 사실을 근거로 하여, 안용복이 울릉도에 갔을 때에 왜선들이 많이 와서 정박하고 있었다고 한 진술을 거짓으로 보는 것은 단순한 날짜의 나열에 지나지 않는다는 것을 밝혔다. 이것은 그 도해 금지령이 오야·무라카와 두 집안에 전달된 것이 그 해 8월이었고, 그 금지령에도 불구하고 울릉도에 왜인들이 출입했다는 조선측의 『숙종실록』과 일본측의 『통항일람』에 남아 있는 기록을 바탕으로 이루어진 것이다.

둘째 그가 1693년에 납치되었을 때나 1696년에 도일하였을 때에 울릉도와 독도에 대해 일본에 항의를 한 것은 사실로 간주하였다. 그 까닭은 1693년에 막부가 울릉도에 조선 어민들의 도해 금지를 요청한 '울릉도 쟁계'가 일으킨 것은, 그의 울릉도에 대한 영유권 주장이 상당한 역할을 했다고 볼 수 있고, 또 1696년에는 「겐로쿠 각서」에서 보는 것처럼 울릉도와 독도가 조선의 영토라는 사실을 뒷받침하는 자료들을 준비하여 도일한 것이 명백해졌기 때문이다.

셋째 안용복 사건이 있고 난 다음, 독도가 조선과 일본의 경계였다는 사실은 『숙종실록』 보궐 정오 숙종 40년(1714년) 7월 22일 조석명의 상소문을 통해서 확인하였다. 곧 조석명이 "울릉도 동쪽에 도서가 서로 보이는데 왜의 경계와 접해 있다"고 한 상소문의 기록은, 당시 평해와 울진의 사람들이 이렇게 인식하고 있었을 뿐만 아니라, 조선 조정에서도 이런 인식을 공식적으로 인정한 것으로 보았기 때문이었다.

다음으로 일본 외무성이 죽도를 시마네현에 편입한 것이 영유 의사의 재확인이라고 한 것에 대한 고찰을 하였다. 이 과정에서는 영유 의사의 재확인이라는 표현 자체가 그들의 고유 영토론과 정면으로 충돌되는 모순을 안고 있다는 것을 해명하였다. 그러면서 고찰한 문제점들을 정리하면 아래와 같다.

첫째 일본의 독도에 대해 고유 영토설을 주장하고 있다. 그러면서 17세기에 이미 독도의 영유권을 확립했다고 주장하고 있으나, 이것은 그들이 이른 바 공시를 했다고 주장하는 '산인신문' 잡보 란에 '오키의 신도(新島)'라는 표현을 쓴 것으로 보아도 앞뒤가 맞지 않는 주장이라는 사실을 구명하였다. 그리고 독도의 영토 편입이 영유권의 재확인이라고 하는 것을 근대적인 의미에서의 국제법적인 조치였다고 한다면, 그 당시 일본은 주변의 섬들을 전부 자기 나라 영토로 편입하는 절차를 거쳤어야 마땅하다.

둘째 일본은 독도에 대해 무주지 선점론을 주장하고 있다. 하지만 이것은 대한제국 칙령 제41호로 석도, 곧 독도가 울도 군수의 관할임을 공포했으므로, 독도를 강탈하기 위한 억지에 불과한 것으로 보았다. 이런 주장을 펴면서, 일본의 학자들이 최근에 석도를 관음도라고 주장하고 있으나, 이를 뒷받침하기 위해서는 이규원이 1882년에 그린 「울릉 외도」에서 '도항'이라고 했던 것을 왜 석도로 고쳤으며, 1910년에 간행된 『한국수산지』에서는 '서정도'로 그 이름을 바꾸게 되었는가 하는 논증이 뒤따라야 한다는 것을 언급하였다. 그러면서, 서종학의 연구 성과를 수용하여, '石'은 '돌, 독'의 훈차자이고, '獨'은 그것의 음차자이며, '독도'란 표기는 '石島'의 이두 식 표기로 이런 이두 식 표기는 조선 후기까지 사용된 첩정의 한 형식이었음을 제시하였다.

셋째 독도를 죽도라고 명명을 한 것은 시마네현 내무국장의 질의에 대한 오키도사의 회신에 근거를 둔 것인데, 이것은 후자의 역사적 지식이 희박했다는 것을 반영하는 것으로 판단하였다. 그리고 이처럼 담당 관청의 미약한 지식에도 불구하고 독도를 자기들의 고유 영토라고 주장할 수는 없다는 나이토 세이츄의 견해를 참고로 소개하였다.

넷째 1905년 1월에 행해진 내각의 독도 편입에 대한 결정문에서는 나카이 요사부로가 독도에 이주하여 어업을 한 것이 국제법상 점령이라고 하였다. 그렇지만 죽도문제연구회에서 입수하여 공개한 오쿠하라 헤키운의 『입지전』을 통해서 보더라도 이주를 한 것이 아니라, 며칠 간 머물렀을 뿐이라는 사실을 밝혔다.

이상과 같은 고찰을 통해서, 본고는 일본의 내각의 죽도의 편입을 위한 결정문은 독도를 강탈하기 위한 이유의 축적으로 사실에 바탕을 둔 것이 아니라 허구에 지나지 않는다는 것을 해명하였다. 그리고 『숙종실록』 숙종 22년(1696년) 9월 25일자에 기록된 안용복의 진술은 전혀 근거가 없다고 하는 일본 외무성의 주장은 잘못되었다는 것을 지적하면서, 진술의 진실성을 밝힐 수 있는 자료로 「겐로쿠 각서」를 제시했다. 이 심문서는 분명하게 안용복이 울릉도와 독도가 조선의 영토라는 것을 밝혔다는 것이 남아 있다고 보았기 때문이다. 이런 의미에서 일본의 외무성은 『죽도 문제를 이해하기 위한 10의 포인트』는 허구의 나열에 지나지 않는다는 것을 밝혔다고 보아도 좋을 것이다.

『민족문화논총』 44, 2010.4.

참고문헌

『肅宗實錄』

『大韓帝國官報』

김정원 번역, 2005, 「겐로쿠 9(병자)년 조선 배 착안 한 권의 각서」, 『독도연구(창간호)』, 영남대 독도연구소.

김화경, 2007, 「끝없는 위증의 연속」, 『독도연구(3)』, 영남대 독도연구소.

김화경, 2008, 「한국의 고지도에 나타난 독도 인식에 관한 연구」, 『인문연구(55)』, 영남대 인문과학연구소.

서종학, 2008, 「'獨島'·'石島'의 지명 표기에 관한 연구」, 『어문연구(139)』, 한국어문교육연구회.

송병기, 1991, 『민족문화대백과사전(7)』 독도 조, 한국정신문화연구원.

송병기, 1999, 『울릉도와 독도: 그 역사적 접근』, 단국대출판부.

송병기, 2004, 『독도영유권자료선』, 所收 「竹島渡航禁止令」, 『朝鮮通交大紀(8)』, 한림대출판부.

신용하, 1996, 『독도의 민족영토사 연구』, 지식산업사 1996.

신용하 편저, 1999, 『독도영유권자료의 탐구』, 독도연구보전협회.

『公文類聚』第29編 卷1 1906年 竹島編入の閣議決定文.

內藤正中, 2000, 『竹島(鬱陵島)をめぐる日朝關係史』, 多賀出版.

內藤正中, 2005, 「隱岐の安龍福」, 『東北アジア文化研究』, 鳥取短期大學東北アジア文化總合研究所.

內藤正中, 2007, 「竹島問題補遺-島根縣竹島問題研究會最終報告書批判」, 『北東アジア文化研究(26)』 鳥取短期大學北東アジア文化總合研究所.

內藤正中, 2007, 「죽도문제 보유」, 『독도연구(3)』, 영남대 독도연구소.

內藤正中, 2008, 「竹島問題の問題點-日本外務省の＜竹島＞批判」, 『독도연구(4)』, 영남대 독도연구소.

內藤正中, 2008, 『竹島＝獨島問題入門—日本外務省「竹島」批判』, 新幹社.

大西俊輝, 2003, 『日本海と竹島-日韓領土問題』, 東洋出版.

三田淸人, 2007, 「鳥取縣立博物館所藏竹島(鬱陵島)·松島(竹島)關係資料」, 『竹島問題に關する調査研究, 最終報告書』, 竹島問題研究會.

新村出, 1983, 『廣辭苑』, 岩波書店.

奧原碧雲, 2007, 「竹島經營者中井養三郎氏立志傳」, 『竹島問題に關わる調査研究, 最終報告書』, 竹島問題研究會.

外務省, 2008, 『竹島問題を理解するため10のポイント』, 外務省 アジア大洋州局北東 アジア課.

田川孝三, 1989, 「竹島領有に關する歷史的考察」, 『東洋文庫書報(20)』, 東洋文庫.

佐佐木茂, 2007, 「領土編入に關わる諸問題と資·史料」, 『竹島問題に關わる調査研究, 最終報告書』, 竹島問題研究會.

竹島問題研究會, 2007, 『磯竹島事略』, 竹島問題研究會.

川上健三, 1966, 『竹島の歷史地理的研究』, 古今書院.

樋野俊晴, 2005, 「元祿九(丙子)年朝鮮舟着岸一卷之覺書」탈초문, 『독도연구(1)』, 영남대독도연구소.

塚本孝, 2007, 「奧原碧雲竹島關係資料(奧原秀夫所藏)をめぐって」, 『竹島問題に關する調査研究-最終報告書』, 竹島問題研究會.

下條正男, 2004, 『竹島はど日韓ちらのものか』, 文藝春秋.

下條正男, 2005, 『竹島, その歷史と領土問題』, 竹島,北方領土返還要求運動島根縣民會議.

下條正男, 2006, 「論点整理 - 安龍福の登場」, 『フォトしまね(161)』, 島根縣.

下條正男, 2007, 「竹島の日條例から二 年」, 『竹島問題に關する調査研究, 最終報告書』, 竹島問題研究會.

內藤正中, 2005, 권오엽 공역: 『독도와 다케시마』, 제이엔씨.

외교통상부(www.mofat.go.kr)

한국해양수산개발원 독도·해양영토연구센터(www.ilovedokdo.re.kr)

독도문제의 ICJ에 의한 해결주장과 그 대응방안

이 용 호

1. 들어가는 말

2009년 6월 7일부터 9일까지 경상북도가 주최한 '2009 경북지역 원어민교사 독도탐방'이라는 '독도알리기' 행사가 있었다. 경상북도 지역 내의 초·중·고등학교에 근무하는 원어민교사 45명을 대상으로 독도현황의 설명, 독도전문가의 특강 및 울릉도·독도의 탐방 등의 순서로 진행된 동 행사는 우선 국내에 거주하는 제3국인(우리나라와 일본을 제외한 외국인)부터라도 독도문제를 올바르게 이해시키고자 준비된 자리였다. 필자는 상기 행사에서 '독도영유권 문제'를 주제로 특강을 했었는데, 독도문제에 관해 비교적 중립적이고 객관적인 위치에 있다고 판단되었던 원어민교사들이 쏟아낸 질문을 받으면서, 독도문제를 다시 한 번 깊이 생각하는 계기가 되었다.[1)]

---

1) 원어민들은 중립적이고 객관적 시각을 가졌다고 평가할 수도 있는데, 그 곳에서 나온 질문의 요지를 간단히 소개하면 아래와 같다. ①한국은 왜 독도문제를 국제사법재판소(ICJ)를 통해 해결하려고 하지 않는가? ②한국인들이 보이고 있는 독도에 대한 집착(항의시위 등)은 과도한 민족주의의 분출이며, 그러한 것은 결국 독도문제의 해결에 장애물이 될 것이다. ③개인적으로 일본학자들과 공동으로 상호 협력하면서 독도문제의 해결을 위한

원어민교사들의 질문의 초점 가운데 하나는 "독도영유권에 대한 충분한 논거를 가지고 있는 한국이 왜 국제사법재판소(International Court of Justice)에 의한 해결을 거부하는가?" 하는데 있었다. 그 질문에 대해 나름대로의 답변을 하면서도, 뭔가 좀 더 명확한 논리적 근거가 필요하겠다고 생각했었다. 그 후부터 몇 개월 동안의 고민을 통해, 독도문제에 있어서 가장 시급하고 우선적인 작업은 제3국인이 우리나라의 입장에 고개를 끄덕일 수 있는 객관적이고 설득력 있는 논거를 마련하는 일이라고 판단하였다.

동시에 2008년 2월부터 일본 외무성이 주장하는 소위 '다케시마(竹島, 독도의 일본식 명칭)문제를 이해하기 위한 10가지 이-슈' 가운데 열 번째 이-슈("일본은 다케시마 영유권에 관한 문제를 국제사법재판소에 회부할 것을 제안하고 있으나, 한국이 이를 거부하고 있다.")에 대한 반론을 체계화 및 논리화의 필요성도 시급하다고 생각하게 되었다.

이상과 같은 2가지의 사안은 "독도문제의 국제사법재판소에 의한 해결을 어떻게 볼 것인가?"라는 주제와 연계점을 가지는 바, 상기한 2가지 요구에 대한 노력 중의 하나로서 본 논문을 쓰게 되었다.

주지하는 바와 같이 한·일 양국은 독도문제를 둘러싸고 지난 60여 년간 지루한 논쟁을 벌려왔다. 양측 모두 독도(일본명 다케시마)는 역사적으로나 또는 국제법적으로 자국 영토라는 것이다.[2) 이처럼 독도

―――――――――

방안을 도출하려고 노력한 적이 있는가? ④한국의 정서를 배제한 채 순수하게 국제법학자로서 독도문제에 대한 입장은 어떠한가? ⑤한국정부는 개방화되고 다원화된 한국의 이미지를 적극 홍보하고 있지만, 한국인의 인식 및 문화 개방에 있어서는 뒤쳐져 있다는 인상을 지울 수 없다. 미국산 쇠고기수입 반대시위를 통해서도 한국의 폐쇄성을 엿볼 수 있었다. 어떻게 하면 한국이 진정한 개방의 길로 들어 설 수 있겠는가? ⑥한국은 미국과의 교역에서 수입보다 수출이 훨씬 많은 나라이다. 이점에 비추어 한국이 공평한 자유무역을 추구하는 국가라고 할 수 있는가?

문제의 핵심이 그 귀속여부를 둘러싼 실질적 논쟁이면서도, 동시에 다른 한편으로 독도문제의 해결과 관련한 절차적 논쟁이 또 다른 한 부분을 차지해 온 것이다.

1954년 이래 한·일 양국은 독도문제의 해결방법과 관련해서도 첨예한 대립을 보여 왔는데, 일본이 국제사법재판소에 의한 해결을 줄곧 주장해 온 반면, 우리 정부는 그에 반대하는 입장을 분명히 해 왔던 것이다.[3]

현실적으로 국제사법재판소에 강제관할권을 인정하지 않는 현재의 국제법 구조에서 볼 때, 우리 정부가 동의하지 않는 한 독도문제가 국제사법재판소에 맡겨지지는 않을 것이다. 그러나 영토분쟁의 해결이란 상호 객관적이고 설득력 있는 논거를 바탕으로 점진적으로 해결해야 할 성격을 갖는다는 점과 미래 국제법구조의 가변성이라는 예방적 측면을 고려할 때, 국제사법재판소에 의한 해결을 요구하는 일본의 주장을 마냥 무시할 수만은 없다고 판단된다. 다시 말해 일본의 주장을 검토해서 논리적으로 설득해 나가는 것이 훨씬 국가이익에 부합되며, 동시에 일본에게도 그러한 접근방법을 요청할 근거를 마련하

---

2) 우리 정부의 공식적 입장은 "독도는 역사적으로나 지리적으로 국제법상 우리 고유의 영토이며, 우리가 실효적으로 점유하면서 독도와 그 영해에 대한 완전한 주권을 행사하고 있는 상황인 만큼, 한·일간 외교교섭의 대상이 될 수 없다."로 요약할 수 있다. 반면 일본의 입장을 2008년판 '외교청서'(외무성 백서)를 통해 읽을 수 있는데, "다케시마(독도의 일본명칭)는 역사적 사실에서나 국제법상으로도 명백히 일본 고유의 영토라는 게 일본 정부의 일관된 입장이다. 한국이 이 섬을 실효적으로 지배하고 있었다는 명확한 근거는 한국 측으로부터 제시되지 않았다. 독도문제는 평화적으로 해결해야 하며 (일본)정부는 외교상의 경로를 통해 분쟁을 해결하도록 노력하고 효과적인 방도를 찾아나갈 것"이라고 기술하고 있다.

3) 신각수 외교부 제1차관에 의하면, 우리나라는 그 동안 국제재판에 적용되는 규범이 서구 중심의 전통국제법이어서 비서구권 국가에 불리하게 운영된다는 이유로 국제재판에 대해 소극적이었다고 주장한 바 있다(『조선일보』 2009.11.28).

는 셈이 되기도 하는 것이다.

나아가 앞에서도 지적한 것처럼 독도문제와 관련해서 제3국인이 갖는 일반적인 의문이 "왜 한국은 국제사법재판소에 의한 해결을 거부하는가?" 라는 점에 모아지고 있음을 판단할 때, 독도문제의 국제사법재판소에 의한 해결주장에 대해 어떤 형태로든 대응할 필요가 있는 시점인 것이다.

따라서 본 논문에서는 국제사법재판소에 의한 독도문제의 해결과 관련하여 야기되는 다양한 측면을 살펴보고자 하는바, 구체적으로 아래의 몇 가지 측면을 고찰하고자 한다. 첫째 일반적인 국제분쟁의 해결방법을 소개하고, 독도문제의 해결방법과 관련한 그 동안의 양측의 입장을 정리해 보고자 한다. 둘째 국제사법재판소에 의한 해결의 불공정성을 지적하고자 한다. 셋째 국제사법재판소에 의한 해결을 요구하는 일본의 주장에 대한 대응방안을 강구해 보고자 한다.

2. 국제분쟁의 해결방법과 독도문제의 해결에 관한 한·일 양국의 입장

일반적으로 분쟁이란 어떤 사실이나 법 또는 정책에 관해 의견의 불일치가 있고, 한 쪽의 요구나 주장이 다른 쪽에 의해 거부당하거나 혹은 상대방의 맞대응 요구에 직면하는 때에 발생한다.[4] 따라서 독도문제의 분쟁성 여부에 관해서는 논란이 있을 수 있으나, 미국과 일본 등 대부분의 국가들은 독도문제에 한·일 양국이 분쟁을 벌이고 있다고 인식하고 있다.[5]

---

4) 김재원 역, 1998, 『국제분쟁의 해결방법』, 교육과학사, 15쪽.
5) 구민교, 2008, 「독도, 무엇이 문제인가」, 『KNSI 현안진단 제125호』, 1~4·6쪽.

또한 국내적으로도 그 문제에 관해 논란이 존재하는데, 우리나라의 일부 보수적 시민단체 및 관련 학자들은 분쟁성을 부인하고 있는데 반해, 대부분의 국제법학자들을 포함한 다른 일부는 독도문제의 분쟁성을 인정하는 입장을 취하고 있다. 결국 독도문제가 국제분쟁으로서의 성질을 갖는가의 여부가 또 하나의 논점이 될 수 있겠으나, 본 논문에서는 일단 국제분쟁으로서의 성질을 갖는다는 전제하에서 논의를 전개하고자 한다.

1) 국제분쟁의 일반적 해결방법

국제분쟁의 해결은 평화적 해결방안(외교적 방법, 국제재판)과 무력에 의한 방안으로 대별할 수 있으나, 유엔시대에 들어와서는 평화적 해결방안만을 허용하고 있다(유엔헌장 제2조).[6] 이러한 평화적 해결방법으로서는 직접교섭, 중개, 사실조사, 조정, 지역적 기구에 의한 해결 등(유엔헌장 제33조) 외교적 해결과 국제재판(유엔헌장 제33조: 중재재판, 사법적 해결)에 의한 해결 및 유엔기관에 의한 해결로 대별할 수 있다.

(1) 외교적 해결

전술한 바와 같이 외교적 해결에는 직접교섭, 중개, 사실조사, 조정 및 지역적 기구에 의한 해결 등을 들 수 있다.

---

6) 20세기에 들어오면서 전쟁은 서서히 위법화되는데, 1907년의 Porter조약(채무이행을 위한 무력사용의 금지), 1919년의 국제연맹규약(특정 범위의 전쟁 금지), 1925년의 로카르노조약(특정 국가간의 전쟁금지), 1928년의 부전조약(일반적 전쟁포기에 관한 조약)을 거쳐, 1945년의 유엔헌장에서는 모든 무력사용과 그 위협까지 금지하고 있다(이용호, 2001,『전쟁과 평화의 법』, 영남대학교 출판부, 11~18쪽).

먼저 직접교섭(negotiation)이란 분쟁당사국이 직접 외교수단에 의해 쌍방의 주장을 조정함으로써, 분쟁을 해결하려는 외교교섭을 의미한다. 이 방법은 외부로부터의 일체의 부당한 압력이나 간섭 없이 당사국에게 완전히 맡겨진다는 점에서 장점을 가지며, 대체로 절충적 결론을 이끌어 내기 때문에 비교적 빈번히 이용되는 방법이다.[7]

둘째 중개(mediation)란 제3자가 분쟁당사국의 동의를 얻어 그들 상호간의 교섭과정에 적극 참여하여 적절한 해결책을 제시하는 것으로서, 권고적 성질을 갖는다. 이것은 주선(good offices, 제3자가 분쟁당사국의 동의를 얻어 그들로 하여금 직접 접촉하게 하거나 또는 교섭에 임하도록 알선하는 것)과는 그 개입정도의 강약에 따라 구분될 수 있는데, 주선이 절차적 개입에 제한되고 있다고 한다면 중개는 그 해결책까지 제시하는 내용적 개입까지를 망라한다는 점에서 상호 구분된다.[8]

셋째 사실조사(inquiry)란 제3자가 분쟁당사국의 동의를 얻어 분쟁의 원인이 된 사실을 밝히는 작업을 의미하는데, 이것은 19세기까지의 분쟁이 사실관계의 오해에서 비롯된 경우가 많았다는 점에서 출발하고 있다. 통상적으로 사실조사위원회를 구성하여 관련문제의 사실을 조사하는데, 그 결과는 법적 구속력은 없고 사실을 확인하는데 지나지 않는다.[9]

넷째 조정(conciliation)이란 분쟁당사국의 동의를 얻어 분쟁의 기초가 된 사실을 조사하고 당사자의 의견을 청취한 다음, 해결책을 제시하는 방법으로서 법적 구속력은 없다.[10]

---

7) Malcolm N. Shaw, 1997, International Law, 4th edition, Cambridge Univ. Press, pp.720~723 ; 김재원 역, 1998, 17쪽.
8) Malcolm N. Shaw, 1997, 55~56·723~724쪽.
9) Malcolm N. Shaw, 1997, 724~726쪽 ; 김재원 역, 1998, 79~99쪽.
10) 김재원 역, 1998, 103쪽.

다섯째 지역적 기구에 의한 해결이란 유럽연합, 북대서양조약기구, 미주기구, 아프리카단결기구, 아랍연맹 등 지역적 기구에 의한 분쟁의 해결을 의미하는 것으로서, 역내의 분쟁을 스스로 해결한다는 점에서 지역적 기구에 의한 해결의 유용성이 존재함은 분명한 것 같다. 그러나 이 방법은 유엔 안전보장이사회의 사전 승인을 전제로 강제행동이 가능하다는 점에서 한계를 갖는다고 할 수 있다.[11]

(2) 국제재판에 의한 해결

국제재판에 의한 해결이란 국제법에 의해 설치된 재판기관으로서 원칙적으로 국제법을 적용함으로써 행하는 재판에 의한 해결을 의미한다. 이에는 중재재판에 의한 해결과 사법재판에 의한 해결이 존재하는데, 전자는 재판소 구성·재판준칙 및 그 해석을 그때그때 합의하여 행하는 재판을 의미하며, 후자는 국제사법재판소·해양법재판소·국제형사재판소 등과 같이 상설의 재판소에서 미리 정해진 재판준칙을 통해 재판하는 것을 말한다.[12]

이러한 국제재판의 물적 관할(부탁되는 분쟁)은 원칙적으로 당사국이 합의하는 모든 분쟁에 미친다.[13] 따라서 당사국간의 합의가 없는 경우에는 관할권이 미치지 않는다는 것이다.

이러한 국제재판소가 판결을 내리게 되면, 그 효력은 법적 구속력이 있다. 따라서 분쟁당사국은 판결을 성실히 이행하여야 할 의무를 지는 것이다. 다만 판결은 분쟁당사국과 당해사건에만 구속력 있으며, 일심으로 종결(상소는 부인)된다. 특별히 새로운 사실의 발견으로 인한 재심은 인정되는데, 결정적 요소가 되는 성질을 갖는 사실로서, 판결 시에 재판소 및 재심청구 당사국이 알지 못하였던 것이 사후에

---

11) 김재원 역, 1998, 315~342쪽 ; Malcolm N. Shaw, op.cit., pp.726~728.
12) 김재원 역, 1998, 133~134쪽.
13) 김재원 역, 1998, 176~177쪽.

발견되고, 그 사실의 부지가 재심청구 당사국의 과실에 의하지 않을
것(재심청구의 기한은 사실발견 6개월 이내 또는 판결일로 10년 이
내)을 요건으로 하고 있다.14)

(3) 유엔기관에 의한 해결

유엔기관에 의한 해결이란 유엔 안전보장이사회, 총회 및 사무총장
에 의한 분쟁해결을 의미한다.

먼저 유엔헌장 제6장(분쟁의 평화적 해결, 유엔헌장 제33조~제38
조)에서는 안전보장이사회에 분쟁해결에 관한 권한을 부여하고 있다.
안전보장이사회는 국제분쟁의 해결에 제1차적으로 책임을 지는 기관
으로서, 모든 분쟁당사국의 요청이 있는 경우에는 어떠한 분쟁에 대
해서도 그 해결방안에 관해 권고의견을 내놓을 수 있는 반면(유엔헌
장 제38조), 분쟁당사국의 요청이 있지 않은 일반적인 경우에 안전보
장이사회가 개입할 수 있는 분쟁은 그 종류가 제한된다. 즉 분쟁이
지속되면 국제평화와 안전이 위태롭게 될 수 있는 분쟁에 한하여 안
전보장이사회는 권한을 가진다(유엔헌장 제37조 2항).15)

결국 유엔헌장 제7장(평화에 대한 위협, 평화의 파괴 및 침략행위,
유엔헌장 제39조~제51조)과 연계하여 안전보장이사회의 분쟁해결권
한을 판단해 보면, 적어도 헌장 상으로는 필요한 경우에 강제력을 바
탕으로 한 분쟁해결권한이 부여되어 있다고 할 것이다.16)

다음으로 유엔헌장 제10조에서부터 제14조에서는 총회의 분쟁해결

14) 최재훈외 5인, 2004, 『국제법신강』, 신영사, p.491 ; Martin Dixon, 2000, *International Law, 4th edition*, Blackstone Press Limited, London, pp.268~289.
15) 이러한 경우로는 유엔총회나 사무총장 또는 회원국의 요청이 있으면 비록 당사국이 동의하지 않는 경우에도 그 분쟁을 안전보장이사회가 다룰 수 있다(유엔헌장 제11조 3항, 제35조 1항, 제99조).
16) 김재원 역, 1998, 279쪽.

에 관한 권한을 부여하고 있다. 총회는 헌장의 범위 내에 속하는 모든 문제 또는 사태에 관하여 토의하고 권고할 일반적 권한을 갖는바, 다음의 경우에는 제한을 받는다. 즉 안전보장이사회가 어떤 분쟁이나 사태에 대해 본 헌장에서 부여한 권한을 행사하고 있는 동안, 총회는 안전보장이사회가 요청하지 않는 한 그 분쟁이나 사태에 관한 어떠한 권고도 하여서는 안 된다(유엔헌장 제12조 1항).

끝으로 사무총장은 안전보장이사회와 총회의 위임에 따라 행동할 수 있고(헌장 제98조) 또한 스스로 권한행사를 하거나 또는 이해당사자의 요청에 따라 행동한다(헌장 제99조).[17]

2) 독도문제의 해결에 관한 양국의 입장

전술한 바와 같이 한·일 양국은 독도귀속을 둘러싼 대립(고유영토의 여부, 실효적이고 평화적 지배의 여부, 전후의 각종 문서의 해석 여부)뿐만 아니라 그 해결방법과 관련해서도 첨예한 대립을 보이고 있다. 즉 일본은 독도문제를 법적 분쟁으로 인식하여 국제사법재판소에 의한 해결을 주장하는 반면, 우리나라는 최소한 법적 분쟁으로는 인식하지 않음으로써 최소한 국제사법재판소에 의한 해결만은 반대하고 있는 것으로 판단된다.[18]

(1) 국제사법재판소에 의한 해결의 여부

독도문제가 법적 분쟁으로서의 성격을 가지는가에 관해 한·일 양국은 상반된 견해를 취하고 있다.

---

17) Martin Dixon, 2000, *op.cit.*, pp.264~267.
18) 제2차 세계대전 이후 동아시아의 영토분쟁의 원죄를 안고 있는 미국은 지금까지 일관되게 중립적 입장으로, 분쟁이 있다면 당사국들이 알아서 해결하라는 태도를 취해 왔다(구민교, 2008, 4쪽).

먼저 우리 정부는, 독도가 우리의 영유에 속한다는 것이 명확하고 다툴 여지가 없는 사실이기 때문에, 독도문제에 관해서는 분쟁이 존재하지 않는다는 일관된 태도를 취하고 있다. 그런데 여기서 "분쟁이 존재하지 않는다"라는 말의 의미가 무엇인가 하는 점에서는 논란이 있다. 즉 독도와 관련한 어떠한 분쟁도 전혀 존재하지 않는다는 의미인지, 아니면 정치적 분쟁은 존재하나 법적 분쟁만은 존재하지 않는다는 의미인지가 명확하지 않다는 것이다.

다만 1954년 9월 25일 일본이 독도문제를 국제사법재판소에 제소하자는 주장에 대해, 우리 정부가 "…독도문제를 국제사법재판소에 제소하자는 일본정부의 제의는 사법절차를 가장한 또 다른 허위의 시도에 불과하다. 우리나라는 독도에 대한 영유권을 갖고 있으며, 또한 국제재판에 의하여 자신의 권리를 증명하여야 할 이유가 없다…일본은 소위 독도의 영유권분쟁에 대해 한국과의 관계에서 동등한 위치에 놓으려고 시도하는 것이다…"라고 항의를 하고 있음에 비추어, 우리 정부의 입장이 독도와 관련하여 적어도 법적 분쟁만은 존재하지 않는다고 인식하고 있은 것 같다.[19]

반면에 일본 정부는, 1954년 9월 25일의 외교공한에서 "…독도문제는 영유권에 관한 분쟁이니 만큼…일본정부는 한국정부와의 상호합의에 의하여 이 분쟁을 국제사법재판소에 부탁할 것을 제의한다…"라고 표명하고 있음에 비추어, 독도문제를 법적 분쟁이라고 보고 국제사법재판소에 의한 해결을 원하고 있는 것으로 보인다.[20]

이처럼 한·일 양국 간의 입장차를 전제로 할 때, 독도문제에 관한 분쟁의 존재 여부를 떠나, 적어도 우리 정부가 동의하지 않는 한 독도문제를 국제사법재판에 맡길 가능성은 없다고 볼 것이다. 왜냐하면

---

19) 국회사무처 법제예산실, 1996, 『독도문제 예산정책참고자료 96-03』, 27~28쪽.
20) 국회사무처 법제예산실, 1996, 28쪽.

국제재판에는 강제관할권이 인정되지 않고 있기 때문이다.

  (2) '분쟁의 평화적 처리에 관한 교환 공문'의 해석 및 적용문제

 '분쟁의 평화적 처리에 관한 교환공문(교환공문)'은 1965년 한·일 기본 관계 조약과 함께 체결된 것으로서, 교환 공문 제2단에서는 "… 양국 정부는 별도의 합의가 있는 경우를 제외하고 양국 간의 분쟁은 우선 외교상의 경로를 통하여 해결하는 것으로 하고 이에 의하여 해결할 수 없을 경우에는 양국 정부가 합의하는 절차에 따라 조정에 의하여 해결을 도모한다…"라고 규정하고 있다. 따라서 독도문제에 관하여 동 교환공문이 적용될 수 있을 것인가의 여부에 관해, 한·일 양국은 의견의 대립을 보이고 있다.

 먼저 일본의 1965년 6월 22일자 신문기사 - "양국 외상의 밀실회담에서 독도문제의 처리방식도 합의를 보았다" - 에서[21] 잘 나타나는 바와 같이, 일본은 동 교환공문이 독도문제를 염두에 두고 체결된 것이며 독도문제가 동 교환공문의 적용대상이 되는 분쟁의 범위에 포함된다라는 견해를 밝히고 있다.[22]

 반면 우리나라는, 이동원 외무장관이 "독도문제는 분쟁문제가 아니어서 교환공문의 적용대상이 아니다"라는 국회답변에서 잘 나타나는 것처럼, 동 교환공문의 적용대상에서 독도문제를 제외하고 있다.[23]

 이처럼 동 교환공문을 독도문제에 적용할 수 있는가의 여부에 관해서 한·일 양국 간에 대립이 존재하나, 다음과 같은 이유에서 독도문제에 관해서는 동 교환공문의 적용이 없다고 보는 것이 타당할 것이다.

---

21) 국회사무처 법제예산실, 1996, 28쪽.
22) 谷田正躬/辰巳信夫/武智敏夫 編集, 日韓條約と國際法の解說, 大藏省印刷局, 昭和 41年, 101쪽 이하.
23) 국회사무처 법제예산실, 1996, 『독도문제 예산정책참고자료 96-03』, 28쪽.

첫째 교환공문에 서명한 일본 측 대표인 시이나외상의 발언을 들수 있다. 그는 상기 적용문제와 관련하여, 직접 합의하였다는 답변을 피하면서 "주관적 해석 내지 기대를 답한 것 뿐"이라고 말한 바 있다는 점이다.[24)

둘째 독도문제는 한·일회담의 과정에서 토의된 바 없으며, 또한 동교환공문 속에도 독도문제에 대한 동 공문의 적용에 관한 규정이 없다는 점이다.

셋째 교환공문을 한·일기본관계조약과 일체의 것으로 볼 경우, 동교환공문은 한·일기본관계조약과 관련된 분쟁에만 적용된다고 보는 것이 합리적일 것이라는 점이다.[25)

3. 국제사법재판소에 의한 해결의 불공정성

2009년 5월 13일에서 14일 양일간에 걸쳐 영남대학교에서 개최된 국제학술대회('독도영유권과 국경문제에 관한 학제적 접근')에서, 캐나다의 Waterloo대학교에 재직하는 캐나다 국적의 일본인 Kimie Hara 교수는 '독도문제의 다자적 틀 속에서의 해결'을 제안하면서 아래와 같은 논지의 견해를 발표하였다. 즉 "어떤 형태의 다자적 해결책이 가능할까? 현존하는 제도가 사용될 수 있거나, 또는 새로운 제도가 만들어질 수도 있다. 오늘날 국제분쟁을 다루는데 있어서, 국제사법 재판소가 가장 합리적인 제도로 보여 지며, 그 재판소의 결정은 국제적으로 존중되어야 한다고 본다. 그러나 결론부터 말하자면 독도(다케시마)문제를 이러한 제도에 의해 해결한다는 것은 극히 어려울 것

---

24) 국회사무처 법제예산실, 1996, 28쪽.
25) 박배근, 1997, 「독도의 영유권에 관한 한국과 일본의 법적 주장의 비교」, 『사회과학연구논총』 제5호, 한국해양대학교 사회과학연구소, 126~127쪽.

이다."26)

결국 상기의 문장으로부터 추론하건데, Hara교수가 진정으로 하고 싶었던 말은 바로 아래의 2가지라고 판단된다. 하나는 독도문제를 국제사법재판소에 맡겨서 해결하자는 것이고, 다른 하나는 한국이 거부하니 현재의 국제법 구조 하에서 국제사법재판소에 의한 해결이 어렵다는 것이다.

이러한 Hara교수의 견해는 일본 정부의 견해(앞서 언급한 일본 외무성의 홈페이지에서 게시하고 있는 '다케시마(竹島, 독도의 일본식 명칭)문제를 이해하기 위한 10가지 이-슈' 가운데 열 번째 이-슈에서 잘 나타남)와 대체로 일치하는데, Hara교수의 국적이 캐나다라는 점을 내세움으로써 적어도 외관상으로는 국제사법재판소에 의한 해결 주장이 논리적 객관성을 가짐을 강조하려한 잔꾀를 엿볼 수 있는 대목이라고 하겠다.

아무튼 우리나라가 반대할 것을 알면서도 일본은 왜 국제사법재판소에 의한 해결을 원하는 것일까? 아니 역으로 국제사법재판소에 의한 해결이 우리나라에 얼마나 불리한 해결방법이기에 우리나라는 그 제안을 거부하는 것일까?

상술한 바와 같이 국제분쟁의 해결방법이 매우 다양하기 때문에, 분쟁당사국 모두가 동의하는 방법을 찾을 가능성은 얼마든지 존재한

---

26) "…what kind of multilateral settlement is possible? Existing frameworks may be used, or new ones created. For dealing with international disputes, the International Court of Justice(ICJ) may appear the most reasonable venue today, and its decisions are supposed to be internationally respected. However, to say the conclusion first, it would be extremely difficult to bring the Dokdo/Takeshima issue into this kind of framework…"(Kimie Hara, "Rethinking the Dokdo/Takeshima Dispute in a Multilateral Framework", Interdisciplinary Approaches to Dokdo's Sovereignty and Border Questions, Dokdo Institute Yeungnam Univ., 2009.5, p.41).

다. 동시에 어떠한 분쟁의 해결도 공정한 방법에 의해 공정하게 해결
될 때 설득력이 있고, 그 결정은 존중 받게 될 것이다.

그럼에도 불구하고 일본은 1954년 이래 국제사법재판소에 의한 해
결을 주장해 왔고, 우리 정부는 그것을 거부하는 입장을 취해 왔던
바, 양국이 처한 정황을 전제로 국제사법재판소에 의한 독도문제해결
의 공정성 여부를 분석해 보면 아래와 같다.

1) 국제사법재판소의 보수적이고 유럽 중심적 성격

국제사법재판소의 지난 65년에 대한 평가는 긍정적 입장과 부정적
입장이 동시에 존재하는데, 국제사회에 '법의 지배'의 확립이라는 소
정의 임무를 제대로 수행하려고 나름대로의 노력을 기울려 왔다는 긍
정적 입장과 아울러 국제정치적 역학관계와 국제재판소가 가지는 내
재적 한계로 인하여 재판소 본연의 기능을 잘 수행하지 못하였다는
부정적 입장이 바로 그것이다.[27]

사실 국제사법재판소에 의한 분쟁의 해결을 회피하여 온 국가들은
국제사법재판소의 보수성을 그 이유로 지적하곤 했는데, 결국 그러한
보수성으로 인해 '많은 국가들의 기존법의 변화를 통한 현실화 열망'
을 흡수 내지 통합할 능력을 동 재판소는 갖지 못하고 있다는 것이
다.[28] 이처럼 국제사법재판소는 보수적 성격이 강한 현상유지적 재판
기관으로 인식되어져 왔는데, 이러한 보수성은 동 재판소의 판결에
정치적 영향력이 미친다는 점, 재판관의 국적이 재판에 영향을 미친
다는 점 등과 함께 국제사법재판소의 공정성을 문제 삼는 원인이 되

---

27) 최태현, 1995, 「국제사법재판소의 운영원리에 대한 재고와 새로운 방향모색」,
   『국제법학회논총』 제40권 제2호, 대한국제법학회, 255쪽.
28) 김정건·이재곤, 1987, 「국제사법재판소의 역할제고를 위한 소고」, 『국제법
   학회논총』 제32권 제1호, 대한국제법학회, 50쪽.

기도 하였다.29)

이러한 맥락에서 국제사법재판소는 '구시대의 악법'이라고 할지라도 명백히 무효화되지 않는 이상 그대로 유효한 법으로 수용할 수 있다는 점에서, 즉 국제사법재판소가 '일본의 독도편입조치가 제국주의 내지 식민주의의 일환으로서 이는 당초부터 무효'라는 우리나라의 주장을 수용하기 보다는 1905년 일본의 독도편입 당시의 식민주의에 의한 조치도 합법이라는 판단을 할 가능성이 있다는 점에서,30) 독도문제의 해결기관으로서 불공정하다는 것이다.

2) 일본의 국가홍보에 따른 편견

세계적으로 통용되는 지도의 약 97%가 우리의 동해를 일본해로 표기하고 있고 세계의 주요 지도집(Atlas)에서도 '독도'라는 단독표기 보다 '독도/다케시마'로 병기하는 경우가 많음은 매우 안타까운 일이 아닐 수 없다.31)

이러한 사실은 독도문제의 해결을 국제사법재판소에 맡기게 될 경우, 의외의 결과를 낳을 수도 있는 매우 중요한 사안이라고 판단된다. 예컨대 국제사법재판소의 재판관이 유년시절부터 '독도를 다케시마로 그리고 일본의 영토로' 홍보된 문헌을 통해 지식을 쌓아 왔다면,

---

29) 김정건·이재곤, 1987, 53·58쪽.
30) 홍승목, 2003, 「독도영유권 관련 대담 자료」, 『국제법학회논총』 제48권 제2호, 대한국제법학회, 222쪽.
31) 2004년 정부가 미, 영, 불, 독 등 세계 14개국의 주요 지도집 50개를 대상으로 독도 지명 실태를 조사한 자료에 따르면, 독도 단독 표기는 5개국 8점, 다케시마 단독 표기는 3점, 독도/다케시마 병기 형태는 6개국 28점 및 14점은 지명표기가 없었다(이기석, 2009, 「독도와 동해 명칭의 국제표준화 문제」, 『독도의 국제법적 지위 제고와 경상북도의 역할』, 독도수호 법률자문위원회 및 법률세미나, 4쪽).

그러한 선입견을 바꿀 수 있을 것인가 하는 의문에 직면하게 된다. 그 동안 일본이 벌여 온 체계적인 국가홍보전략이 빛을 발하는 순간 인 것이다.

이처럼 우리나라의 국가홍보가 초보적 수준이라면, 일본은 이미 체 계적인 전략에 따라 자국을 홍보해 왔다. 상술한 예에서 알 수 있는 것처럼, 독도를 다케시마로 홍보한 상태에서 독도문제를 국제사법재 판소에 맡긴다는 것은 불공정하다는 것이다.

3) 일본 주장의 양면성

현재 일본은 4곳에서 영토분쟁을 벌이고 있다.32) 이 가운데 독도문 제와는 정반대의 입장에서 벌이고 있는 영토분쟁이 바로 중국과의 '釣魚島(Tiaoyutai) 분쟁', 즉 일본인이 말하는 'Senkaku Islands(尖閣列 島) 분쟁'이다. 이 분쟁은 현재 Senkaku Islands를 일본이 점하고 있으 면서 중국이 반환을 요구하는 형국이다. 일본의 영토정책은 이중성을 가질 수밖에 없는 구조인 것이다.

나아가 일본은 독도문제에 관해서는 국제사법재판소에 의한 분쟁 의 평화적 해결을 주장하면서, 중국과의 상기 분쟁에서는 국제사법재 판소에 의한 해결을 원하지 않고 있다. 즉 국제사법재판소에 의한 해 결이 자국에게 승산이 있다고 판단한 독도문제는 국제사법재판소에, 그렇지 않은 Senkaku Islands 분쟁에서는 그 반대의 입장을 취하고 있

---

32) 제2차 세계대전 이후 동아시아의 국제질서를 수립한 샌프란시스코 강화조 약은 불행하게도 독도뿐 아니라 기타의 여러 도서분쟁의 원인을 제공하였 는데, 첨각열도/조어도가 중국에 반환되는 것인지 아니면 일본이 계속해서 보유하는 것인지를 명확하게 하지 않았고, 북방도서/남쿠릴열도와 남중국 해상의 남사군도, 서사군도를 일본이 포기하되 어느 국가에 귀속하는지를 명확히 밝히지 않고 있다(구민교, 2008, 4쪽).

는 것이다.[33]

일국의 영토정책이란 일관성을 가질 때 설득력이 있고 권위가 있는 것인데, 일본은 완전히 이중적 입장을 취하고 있는 것이다.

4) 재판소장의 보유

일본은 상설국제사법재판소(PCIJ)시절부터 국제사법재판소에 이르기까지 여러 명의 재판관을 배출해 왔으며, 나아가 현재 국제사법재판소의 재판소장(Owada재판관)을 두고 있다. 반면 우리나라는 아직까지 동 재판소에 재판관을 한 번도 배출하지 못하여 왔다는 사실에 비추어, 독도문제를 국제사법재판소에 맡긴다고 가정할 경우 매우 불리한 요소라고 할 수 있다.

결국 이상과 같은 상황 하에서, 독도문제를 국제사법재판소에 의해 해결할 경우 구조적으로 일본이 유리하기 때문에, 이러한 해결방법은 불공정하다는 것이다.[34]

5) 재정적 지원

일본은 유엔의 운영과 관련하여 두 번째로 많은 분담금을 부담하고 있는 바,[35] 이것은 결국 유엔의 주요 기관 중의 하나인 국제사법

---

33) 물론 일본의 입장에서 상대방이 점유 중인 독도문제는 국제사법재판소에 가져가지 못하면서, 자신이 점유하고 있는 Senkaku Islands 분쟁만 국제사법재판소에 가져갈 수 없지 않는가 하는 반론이 제기될 수 있다. 그러나 러시아와 벌이고 있는 북방도서문제(러시아가 점유하고 있음)에 있어서는 오히려 러시아가 국제사법재판소에 의한 해결을 적극적으로 주장하고 있는 반면, 일본은 그러한 제의를 거부하고 있다는 점에서, 일관성이 없다. 결국 일본은 자국에게 유리한 주장만을 하고 있는 것이다(홍승목, 2003, 221쪽).
34) 홍승목, 2003, 221쪽.

재판소의 운영에도 재정적으로 크게 기여하고 있다는 의미이다. 이처럼 재정적 기여가 큰 국제사법재판소라는 재판기관에 의한 분쟁의 해결은 자칫 일본의 입김이 작용할 수 있는 여지를 갖는다고 하겠다.

일반적으로 재정적으로 기여도가 큰 국가와의 분쟁해결을 유관 기관에 맡긴다는 것은 구조적으로 불공정하다고 할 것인 바, 국제사법재판소에 의한 독도문제의 해결도 같은 맥락에서 불공정하다고 판단된다.

4. 우리나라의 대응방안

백진현 국제해양법재판소 재판관은 국제분쟁의 해결에 있어서 재판의 순기능을 강조하면서도,[36] "재판에 의한 해결이 승자와 패자를

---

35) 2005년 자료에 의하면, 각국은 다음과 같은 액수의 유엔분담금을 부담하고 있다. 미국(22%), 일본(19.5%), 독일(8.7%), 영국(6.1%), 프랑스(6.0%), 이탈리아(4.9%), 캐나다(2.8%), 스페인(2.5%), 중국(2.1%), 멕시코(1.9%), 우리나라(1.8%) 등의 순이다. 2010년의 분담금(총 51억 5,600만 달러)은 상기 자료와 약간 상이한 부분이 있는데, 예컨대 일본(12.5%)과 독일(8.0%)의 분담금이 줄고 대신 우리나라(2.2%)와 중국(3.2%)의 분담금이 증가한 형태로 나타나고 있다(http://atypical.egloos.com/2742957 : 검색일 2010.2.25).

36) 1990년대 들어서면서부터 국제분쟁을 다루는 재판소가 확대(유고전범재판소, 르완다전범재판소, 세계무역기구상소기구, 국제해양법재판소, 국제형사재판소)되었을 뿐 아니라 기존의 재판소에도 과거와 비교할 수 없을 정도로 사건이 늘었다(예컨대 국제사법재판소의 경우 지난 65년간 다룬 100여 건의 사건 중 거의 절반 정도가 지난 20년간 회부된 사건임)고 한다. 이러한 큰 변화의 이유는, 국제관계에서 전략적 고려가 상대적으로 감소하고 각국이 국익을 보다 공세적으로 추구하는 경향 속에서, 국제재판이 오늘의 복잡다단한 국제관계를 관리하는 중요한 부분으로 자리 잡았다는 점에서 찾을 수 있다. 또한 국제재판은 '법을 통한 지배의 원칙'(rule of law)을 뿌리내리고, 보다 공정하고 정의로운 국제질서 확립을 촉진하는 장점을 가진다는 것이다. 반면 다음과 같은 단점이 지적되기도 한다. 즉 재판소의 증가는

확실하게 가르기 때문에 단 1%의 패배위험 가능성도 부담할 수 없는 '사활적 국가이익'이 걸린 사안(독도문제 포함)의 경우에는 재판회부를 피해야 한다"라고 제언하고 있다.[37]

사실 독도문제를 국제사법재판소에 의해 해결하고자 하는 일본의 주장에 대해 응하지 않을 이유도 없거니와, 응한다고 할 경우에도 앞서 살펴 본 바와 같은 불공정성이 존재함은 명백한 것 같다. 따라서 현실적으로 우리 정부로서는 이러한 불공정성을 인식하면서 특히 국가의 사활적 이익이 걸린 독도문제의 해결을 일본의 주장처럼 국제사법재판소에 맡길 수만은 없는 것이다.

그러나 앞서 지적한 바와 같이 국제사회의 일반적인 반응이 "많은 논거를 가지고 있다고 확신하는 한국이 왜 국제사법재판소에 의한 해결에 주저하는가?"라는 점에 맞춰져 있다면, 최소한 우리 정부는 왜 국제사법재판소에 의한 해결을 거부해 왔는지에 관한 논리를 계발하여, 국제사회에 홍보하고 대응해야 할 필요가 있다고 판단된다.

이러한 관점에서, 그 대응방안을 모색해 보면 아래와 같다.

1) 독도문제에 흥분할 수밖에 없는 한국인

독도문제에 대한 한·일 양국 국민의 태도를 제3국인들은 과연 어떻게 평가하고 있을까? "한국인들이 독도문제에 너무 흥분한다."라는 평가가 있는 것은 사실이다. 그렇다면 왜 한국인은 독도문제에 그렇게 흥분하는 것일까?[38] 한국인에게 있어서 독도의 의미를 이해할 때,

---

동일한 주제에 대해 각 재판소의 판결이 상이함으로써 국제법의 분열과 혼란을 초래할 수 있고, 때로는 국제분쟁을 부추기는 결과를 낳기도 한다는 점이다(백진현, 2009, 「국제분쟁 해결에 있어서 재판의 역할」, 『독도연구저널』 vol.7, 한국해양수산개발원, 6~7쪽).

37) 백진현, 2009, 9~10쪽.

38) 일본인의 눈에 비친 흥분하는 한국인의 모습이란 어떤 것일까? 일본주재

그 흥분하는 진정한 이유를 알 수 있을 것이다.

먼저 한국인에게 있어서 독도는 단순한 섬이 아니라 독립과 주권을 상징하는 한반도와 불가분의 일체를 형성하는 섬으로 와 닿는 것이다. 일본은 지난 1905년 시마네현 고시를 통해 독도를 침탈하고 그로부터 약 5년 후인 1910년 한반도 전체를 침탈하여 식민지화를 완성하였다.[39] 이러한 역사가 독도를 한국인의 가슴 속에 독립과 주권의 상징으로 각인시킨 것이다. 이러한 관점에서 일본이 보이고 있는 독도에 대한 야욕은 바로 한반도에 대한 재침탈의 시도로 인식되고 있다는 점이다. 어느 민족이 자국 영토에 대한 침탈을 보고만 있을 것인가?

다음으로 일본이 벌이고 있는 독도영유권 주장은 말 그대로 한번 찔러보는 게임을 하고 있는데 지나지 않는다는 것이다. 즉 손해 볼 것 없는 게임에 나선데 지나지 않는 것이다. 그러나 우리에게 있어 독도영유권문제는 자칫 독립과 주권을 잃을 수도 있는, 모든 것을 다 건 승부를 하고 있다는 점이다.[40]

이러한 관점에서, 한국인은 적어도 불공정한 국제사법재판소에 의한 독도문제의 해결에 주저하는 것이다.

2) 다양한 분쟁해결 방법 중의 하나

앞서 기술한 것처럼, 국제분쟁을 해결하는 방법은 매우 다양하다. 이렇게 다양한 방법이 존재함에도 불구하고, 상술한 것처럼 불공정한

한국대사를 소환하고, 한국국민들이 서울에 있는 일본 대사관 앞에서 일장기와 일본 상품을 불태우고 혈서를 쓰고 하는 등의 행위를 지적받곤 한다. 이러한 흥분과 관련하여, 그러한 흥분은 더 이상 국제사회의 공감을 받아내기 어렵다고 지적하는 사람이 있다(구민교, 2008, 2·5쪽).

39) 홍승목, 2003, 223쪽.
40) 홍승목, 2003, 223쪽.

측면을 가지는 국제사법재판소에 의한 해결을 선택해야 할 이유는 없는 것이다. 특히 국제재판에 의한 방법 중에서도 중재재판이라는 방법도 있다. 따라서 다양한 분쟁해결 방법 가운데 굳이 일방이 반대하는 국제사법재판소에 의해서만 해결이 가능하다고 보는 입장은 경직된 사고일 것이다.

3) 한국인에게 독도의 의미

독도가 아름다운 우리의 금수강산임을 입증하는 많은 논거가 있을 수 있겠는데, 특히 한국인이 보이고 있는 독도에 대한 사랑과 관심은 독도가 한국의 영토임을 주장하는데 큰 바탕이 될 것으로 믿는다.

(1) 독도에 이르는 여정의 어려움

독도는 울릉도 동남쪽 약 89km 지점에 위치한 2개의 큰 섬(동도와 서도)과 78개의 돌섬 내지 암초로 이루어진 우리의 영토이다.[41] 현재 독도에 이르는 일반적 방법은 여객선을 이용하는 것인데, 먼저 경상북도의 포항 또는 후포(또는 강원도의 묵호)로부터 울릉도에 도착한 후, 다시 울릉도에서 독도까지 들어가는 방법이 일반적이다. 이 때 소요되는 시간과 경비를 대략적으로 추산해 보면 약 6시간에 약 150,000원이 소요된다. 만약 일기가 고르지 못한 경우라면 그 소요시간은 훨씬 늘어날 것이며, 이 경우 배멀미 등으로 인한 어려움은 이만저만이 아니다.

그럼에도 불구하고 연간 약 20만 명의 관광객이 울릉도를 찾고 있으며,[42] 그 중 상당수(예컨대 2006년에 약 46,000명, 2007년에 약

---

41) 경주대학교 울릉학연구소, 2002,『독도』, 울릉군, 4쪽.
42) 울릉도의 관광객의 추이를 보면, 1997년 219,000명을 기점으로 점차 감소하다가 2004년 212,000명으로 약간 증가세를 보이다가 다시 감소하는 경향을

66,000명, 2008년까지 약 68,000명 등)는 독도를 찾고 있다. 특별히 울릉도와 독도에 여객선의 접근성이 좋다면 그 수는 엄청 더 늘어날 것이다.

이처럼 많은 한국인이 남녀노소 구분 없이 많은 시간과 비용을 들여 그리고 때로는 모진 파도와 맞서서, 왜 독도를 찾는데 주저하지 않는 것일까? 그것은 아마 독도를 우리의 주권과 독립의 상징으로 생각하는 우리의 민족혼이 스며들어져 있는데서 찾을 수 있을 것 같다. 분명 독도는 아름다운 금수강산으로, 한국인이면 누구나가 다 독도를 찾아 우리의 영토임을 확인하고 싶은 것이 아닐까?

(2) 독도관리선의 명칭 공모결과

독도 방문객의 안전관리와 행정관리라는 기능수행을 위하여 약 160톤급의 독도관리선이 건조됨에 따라, 그 명칭을 정하기 위한 절차가 진행되었다. 약 15일(2009년 3월 2일~16일)의 공모기간에 전국 각지로부터 1,158명의 응모자가 참여하였다. 동일 명칭을 제외하면 525개의 명칭이 제안되어졌던 것인데, 그 가운데 132명이 '안용복'이라는 명칭으로 응모하였다. 물론 최종적인 명칭은 '독도평화선'으로 결정되었다.

이러한 공모과정을 한마디로 정리해 보면, 응모자들이 경상도와 대구/울산/부산 등 비교적 가까운 지역 뿐 아니라 서울, 경기도, 강원도, 충청도, 전라도, 대전 등 전국 각지에서 참가하였다는 점이다. 그렇게 많은 국민들이 그리고 어느 지역에 편중됨이 없이 전국에서 관심과 사랑을 보였다는 점은 우리 국민의 독도에 대한 열렬한 사랑을 보여주는 단적인 예인 것이다.

보이고 있다(유영준·이경호, 2006, 「독도와 연계한 울릉도 교육관광의 활성화 방안」, 『울릉도/독도의 가치제고 방안 연구』, 대구경북연구원, 101쪽).

4) 적극적 국가홍보

우리 정부는 독도문제에 관한 일본의 주장을 대꾸할 가치도 없는 일로 과소평가해 왔다. 그러나 일본의 국가홍보 전략은 위력을 발휘하여, 전술한 바와 같이 세계적으로 통용되는 지도의 약 97%가 우리의 동해를 일본해라고 기술하고 있는 지경에 이르렀다. 앞으로 독도문제에 관한 우리나라의 논거를 적극적으로 홍보할 시점에 서 있는 것이다.

비록 36년간의 일제의 침략 등으로 인해 독도를 연구하고 홍보하는데 뒤쳐져 있는 것은 사실이지만, 1950년대 이후부터 우리나라의 많은 학자들이 독도에 대한 활발한 연구를 시작하였고, 그 결과 여러 형태의 연구 성과물을 남겼음은 물론 많은 자료를 발굴하여 왔다. 특히 오늘날 많은 독도 관련 연구소가 설립되었고, 독도를 연구하는 학자의 수도 증가하였으며, 특히 정부기관과 지방자치단체에 의한 독도 연구에 대한 관심도 매우 크다.

앞으로 정부와 지방자치단체 그리고 학자들 간의 유기적 협조를 통해 독도가 우리나라의 영토임을 입증하는 논리의 연구와 계발, 그리고 우리 영토임을 알리는 보다 체계적이고 실질적인 국가홍보에 더욱 매진해야 할 것이다.

5) 양심적인 일본인과의 연계

우리나라의 학자들 가운데 독도를 일본 영토라고 주장하는 학자는 거의 전무한 반면, 일본의 학자 가운데 일부는 독도가 한국의 영토라는데 동의(적어도 일본의 영토는 아니라는데 동의)한다는 점이다. 예컨대 일본 교토대학의 호리 가즈오(堀 和生)교수와 가나카와 대학의 가지무라 히데키(梶村 秀樹)교수 등 일부 경제 사학자는 독도가 한국의 영토임을 입증한 바 있다.[43] 그러나 아직까지 일본의 국제법 학자 가운데는 한국의 주장에 호의적인 입장을 취하는 학자는 있지만, 독도를 한국의 영토로 인정한 학자는 없다. 이는 일본의 국제법 학자들이 국제법을 국제정치와 밀착시켜서 정부 측을 옹호하고 있기 때문인 것으로 보인다.[44]

따라서 상기와 같은 양심적인 일본 학자를 비롯한 시민단체와 연계하여, 일명 '한·일 간 역사 바로 세우기'등과 같은 민간의 친선우호 관계 프로그램을 폭넓게 개최하는 운동을 벌려야 할 것이다.

5. 결론

일반적으로 영토분쟁의 합리적 해결을 위해서는 객관적이고 설득력 있는 논리의 전개와 함께 해당 국가의 일관된 정책이 뒷받침되어야 할 것이다. 그럼에도 불구하고 주변국가의 영역권에 대한 부당한 주장과 정책은 관계국간의 우호관계를 해치는 행위로서 삼가 되어야 할 것이다.

그럼에도 불구하고 현실적으로 일본은 독도를 자국 영토라고 주장하고 있고, 나아가 그러한 문제의 해결을 국제사법재판소에 맡기자고 주장하고 있다. 이러한 국제사법재판소에 의한 해결을 주장하는 일본

---

43) 예컨대 호리 가오즈 교수는 1905년 일본이 독도를 자국 영토로 편입 조치한 것이 타당하지 않음을 한국과 일본의 문헌을 일일이 들어가며 증명하였고, 가지무라 히데키 교수도 제국주의자들이 독도가 조선 령이라는 한국인들의 통념을 의도적으로 말살한 것이라고 통박한 바 있다(이상면, 1996, 「독도 영유권을 둘러싼 한·일간의 해양관할권 문제」, 『국제법학회논총』 제41권 제2호, 대한국제법학회, 117쪽).

44) 이상면, 1996, 117쪽.

의 속셈이 국제사법재판소의 해결이 그나마 승산이 있다고 판단한 때문인 것으로 보인다.

결론적으로 강제관할권이 인정되지 않는 현재의 국제법 구조 하에서 (우리나라가 동의하지 않는 한) 독도문제를 국제사법재판소에서 해결하려는 일본의 주장은 수용될 수 없을 것으로 보인다. 그러나 미래의 가변적인 국제질서를 고려할 경우, 마냥 일본의 주장을 애써 무시할 필요는 없다고 판단된다. 따라서 장래 독도문제를 둘러싸고 발생할 수 있는 모든 상황을 가정하여, 그 사례별로 대비책을 강구해야 할 것이다. 다시 말해 어떠한 분쟁해결방안이 국익에 부합할 것인지, 그리고 각 방법에 따른 대응책이 무엇인지 등을 철저히 분석하는 노력이 선행되어야 할 것이다.

동시에 제3국인이 말하는 오해("많은 논거를 가지고 있다고 확신하는 한국이 왜 국제사법재판소에 의한 해결에 주저하는가?")에 대해서 보다 명확하며 적극적으로 설명하고 설득하는데 최선의 노력을 기울여야 할 것이다. 적어도 왜 국제사법재판소에 의한 해결을 거부해 왔는지에 관한 논리를 계발하여, 국제사회에 홍보하고 대응해야 할 필요가 있다고 판단된다.

『민족문화논총』 44, 2010.4.

참고문헌

구민교, 2008, 「독도, 무엇이 문제인가」, 『KNSI 현안진단 제125호』.

경주대학교 울릉학연구소, 2002, 『독도』, 울릉군.

국회사무처 법제예산실, 1996, 『독도문제 예산정책참고자료 96-03』.

김재원 역, 1998, 『국제분쟁의 해결방법』, 교육과학사.

김정건·이재곤, 1987, 「국제사법재판소의 역할제고를 위한 소고」, 『국제법 학회논총』 제32권 제1호, 대한국제법학회.

박배근, 1997, 「독도의 영유권에 관한 한국과 일본의 법적 주장의 비교」, 『사회과학연구논총』 제5호, 한국해양대학교 사회과학연구소.

백진현, 2009, 「국제분쟁 해결에 있어서 재판의 역할」, 『독도연구저널』 vol.7, 한국해양수산개발원.

유영준·이경호, 2006, 「독도와 연계한 울릉도 교육관광의 활성화 방안」, 『울 릉도/독도의 가치제고 방안 연구』, 대구경북연구원.

이기석, 2009, 「독도와 동해 명칭의 국제표준화 문제」, 『독도의 국제법적 지위 제고와 경상북도의 역할』, 독도수호 법률자문위원회 및 법률 세미나.

이상면, 1996, 「독도 영유권을 둘러싼 한일간의 해양관할권 문제」, 『국제법 학회논총』 제41권 제2호, 대한국제법학회.

이용호, 2001, 『전쟁과 평화의 법』, 영남대학교 출판부.

최재훈외 5인, 2004, 『국제법신강』, 신영사.

최태현, 1995, 「국제사법재판소의 운영원리에 대한 재고와 새로운 방향모 색」, 『국제법학회논총』 제40권 제2호, 대한국제법학회.

홍승목, 2003, 「독도영유권 관련 대담 자료」, 『국제법학회논총』 제48권 제2 호, 대한국제법학회.

谷田正躬/辰巳信夫/武智敏夫 編集(昭和 41年), 日韓條約と國際法の解說, 大藏省印刷局.

Hara, Kimie, 2009, "Rethinking the Dokdo/Takeshima Dispute in a Multilateral

Framework", Interdisciplinary Approaches to Dokdo's Sovereignty and Border Questions, Dokdo Institute Yeungnam Univ.

Malcolm N. Shaw, 1997, International Law, 4th edition, Cambridge Univ. Press.

Martin Dixon, 2000, International Law, 4th edition, Blackstone Press Limited, London.

http://atypical.egloos.com

제2부

관습법과 국제법 관점에서 바라본 독도

섬의 소유를 둘러싼 한·일 관습에 관한 연구

- 울릉도 쟁계의 결말에 작용된 관습을 중심으로 -

김 화 경

1. 머리말

독도는 명백하게 대한민국의 영토이다. 그럼에도 불구하고 일본 측은 끊임없이 독도에 대한 도발을 계속하고 있다. 2008년 7월에 개정된 중학교 사회 교과목 지리 교과서 학습지도요령 해설서에, "북방영토는 우리나라 고유의 영토이지만, 현재 러시아 연방에 의해 불법으로 점거되어 있기 때문에, 그 반환을 요구하고 있는 것 등에 대해서, 적확하게 다룰 필요가 있다. 또 우리나라와 한국과의 사이에 죽도(竹島)를 둘러싸고 주장에 서로 다름이 있다는 등에도 언급하여, 북방영토와 마찬가지로 우리나라 영토·영역에 관해서 이해를 심화시키는 것도 필요하다."[1]라는 문구를 넣음으로써, 한국과의 외교적인 마찰을 빚은 바 있었다.

그러더니 자민당 정권에서 민주당 정권으로 바뀐 다음인 2009년 12월에 고등학교 사회 교과목 지리 교과서 학습지도요령 해설서를 개정하여, "북방영토 등 우리나라가 당면하고 있는 영토문제에 대해서는, 중학교에 있어서 학습을 근거로 하여, 우리나라가 정당하게 주

---

1) 文部科學省, 2007, 『中學校學習指導要領解說(社會編)』, 文部科學省, 49쪽.

장하고 있는 입장에 의거하여 적확하게 다루고, 영토문제에 대해서 이해를 심화하는 것이 필요하다."[2]라는 문구를 삽입하였다. 이것은 직접적으로 독도를 언급하지 않으면서도 그들이 지향하는 목표, 곧 독도가 일본의 영토라고 하는 것을 고등학생들에게 가르치겠다는 저의를 드러냈다는 의미에서 대단히 경계하지 않을 수 없는 조치라고 하겠다.

이렇게 되자, 한국의 외교 통상부에서는 의례적인 대변인 논평을 발표하였다.[3] 여기에서 의례적이라고 하는 것은 일본 측의 독도에 대한 도발에 항상 소극적으로 대처하는 것이 하나의 의례와 같이 되어 있기 때문이다. 그리고 그것도 유감을 표명하는 수준에 머물렀다. 물론 2008년 8월 중학교 사회교과목 지리 교과서 학습지도요령 해설서 개정 시에 주일 한국 대사를 소환하는 강수를 두었다가, 아무런 성과도 거두지 못하고 끝난 전례를 고려하면, 이 정도로 미봉하는 것이 무난한 방법일지도 모른다.

그러나 언제까지 이런 식으로 독도 문제를 덮어둘 수만은 없을 것이다. 그래서 본 연구에서는 그 해결책의 하나로 조선 숙종(肅宗) 때에 울릉도의 소유권을 두고 벌였던 한·일 간의 다툼, 곧 "울릉도 쟁계(鬱陵島爭界)"[4]가 해결될 대에 준용되었던 관습을 적용하여, 이 문제를 해결하는 방안을 모색하려고 한다. 이런 방안을 모색하는 이유는,

---

2) 文部科學省, 2008, 『高等學校學習指導要領解說(社會編)』, 文部科學省, 107쪽.
3) 제목: 일본 고교 교과서 해설서 개정 대변인 논평
   1. 우리 정부는 일본 정부가 어떠한 주장을 하든지 관계없이 한·일 간에 어떠한 영토문제도 존재하지 않는다는 입장을 다시한번 강조한다.
   1. 금번 일본 고교 교과서 학습지도요령 해설서 개정은 일본의 미래 세대에게 그릇된 영토관념을 주입하여 한· 일 양국의 미래 지향적 관계 발전에 부정적 영향을 초래할 수 있다는데 대하여 우려하지 않을 수 없는 바, 이에 대해 유감으로 생각한다.
   외교통상부 일본과 2005년 12월 25일자 보도자료.
4) 일본에서는 이 사건을 "죽도 일건(竹島一件)"이라고 지칭하고 있다.

일본의 외무성이 "죽도는, 역사적 사실에 비추어 보더라도, 또 국제법 상으로도 우리나라 고유의 영토입니다."[5]라는 주장을 그들의 홈페이지에 게재하고 있기 때문이다.

실제로 이러한 그들의 주장이 사실이라고 한다면, 한국은 독도에 대한 영유권을 주장할 아무런 이유가 없다. 하지만 이와 같은 주장이 사실이 아니라고 한다면, 일본은 지금까지도 국가적인 차원에서 남의 나라 영토를 탈취하려는 노력을 계속하고 있다는 비난을 감내하지 않으면 안 될 것이다.

원래 사회생활을 현실적으로 지배하는 규범으로서의 법은, 어떤 사실을 근원(根源)으로 하여 성립되는 것인데, 우리는 이것을 법원(法源)이라고 한다. 법원이 되는 사실은 2대별된다. 하나는 법적인 규범을 의식적으로 정립하는 입법의 작용이고, 다른 하나는 법적인 규범의 성립을 무의식적으로 유치하는 관행의 사실이다. 전자의 법원에 의해 발생하는 법은 곧 제정법(制定法) 또는 성문법(成文法)이라 하고, 후자의 법원에 의해 발생하는 법을 관습법(慣習法) 또는 불문법(不文法)이라고 한다. 이렇게 법원으로서의 관습의 문제 또는 관습법의 문제는, 법에 관한 근본문제의 일부분을 구성하는 것이다.[6]

따라서 근대적인 국제법 문제를 운운하기 이전에 한국과 일본 사이에 섬의 소유에 관한 관습이 존재했다고 한다면, 당연히 그 관습을 먼저 고찰하지 않으면 안 된다. 이런 의미에서 울릉도 쟁계 때에 일본의 막부가 그들의 관습에 따라, 울릉도를 조선의 영토로 인정했던 것은 현재 문제가 되고 있는 독도 문제를 해결하는 하나의 실마리가 될 수 있다고 보아도 좋을 것이다.

---

5) http://www.mofa.go.jp/mofaj/area/takeshima/index.html
6) 恒藤恭, 1924, 『羅馬法に於ける慣習法の歷史及理論』, 弘文堂書房, 序1쪽.

2. '울릉도 쟁계'의 발단과 그 경과

한국에서는 울릉도 쟁계가 시작된 것을 1693년으로 보고 있다. 곧 박어둔(朴於屯)과 안용복(安龍福)이 1693년 3월 28일 울릉도에서 일본 호키국(伯耆國) 요나고(米子)의 오야(大谷) 집안 어부들에게 피랍된 것을 계기로 하여, 동 섬의 어업권을 두고 벌어졌던 영유권의 분쟁이 이때부터 시작되었다는 인식에 바탕을 두고 있다.[7]

그러나 일본 측의 기록을 보면, 오야 집안의 어부들이 이들을 연행한 것은 그 전해인 1692년에도 울릉도에서 조선의 어부들을 조우했었기 때문이었다. 이러한 사정은 돗토리번(鳥取藩)의 『비망록(控帳)』에 기록되어 있어, 저간의 사정을 상정할 수 있게 한다.

〈자 료 1〉

겐로쿠(元祿) 5년(1692년) 2월, 무라카와(村川)·오야(大谷)의 도해선(渡海船)이 요나고(米子)를 출발하여, 3월 28일에 죽도에 닿았다. 이때 처음으로 동 섬에 조선의 출어자(出漁者)를 발견하였다. 섬 안의 둘레에 쳐둔 어구(漁具)와 어선은 그들 때문에 빼앗기고, 전복도 대부분 거둬들인 뒤였으므로, 4월 상순에 요나고에 돌아와, 곧 아라오(荒尾) 씨에게 호소하였고, 돗토리에 있어서도 선장 두 사람을 동내의 공무 담당자의 집회소[會所]에 불러서 사태를 검토하여, 그 것을 막부에 보고했다.[8]

이것을 보면 그들이 막부로부터 도해면허(渡海免許)를 받아 고기를 잡고 있던 울릉도에 조선의 어부들이 들어가 어로 활동을 함으로써,

---

7) 오야 쿠우에몽(大谷九右衛門) 배의 선장이었던 구로베에(黑兵衛)와 히라베에(平兵衛)의 「구상서(口上書)」에 의하면, 1693년 3월 18일 이들 조선인이 울릉도에서 피랍된 것으로 되어 있다.
　　內藤正中, 2000, 『竹島(鬱陵島)をめぐる日朝關係史』, 多賀出版, 68쪽.
8) 內藤正中, 위의 책, 62쪽.

독점적인 어로 활동이 불가능하게 되었다는 것을 알 수 있다. 그래서 이 문제를 공론화하기 위해, 1693년에는 의도적으로 박어둔과 안용복을 연행했던 것이다. 이 당시의 상황을 비교적 자세하게 기술하고 있는 것이, 1693년 3월 27일자로 당사자였던 오야 쿠우에몽(大谷九右衛門) 배의 선장 히라베에(平兵衛)와 구로베에(黑兵衛) 두 사람의 연명으로 제출했던 「겐로쿠 6년 죽도로부터 하쿠슈에 조선인 연행 귀환의 취지 오야 쿠우에몽 선장 구상서[元禄六年竹島より伯州に朝鮮人連歸趣大谷九右衛門船頭口上覺]」이란 제목의 보고서이다.

〈자 료 2〉

　하쿠슈의 요나고를 2월 5일 출선하여, 동 17일의 아침에 이즈모出雲(시마네현의 동부)의 쿠모쯔雲津(시마네현의 미호세키정(美保關町))에 도착하였고, 3월 2일에 쿠모쯔를 출항하여, 오키국(隱岐國)9)의 도젠(島前)의 끝 마을에 도착하여, 3월 9일까지 동 지방(國)에 머물다가, 다음 10일에 도고(島後)의 후쿠우라(福浦)에 도착했습니다. 4월 16일에 후쿠우라를 출발해서, 동 17일 오후 2시 무렵에 죽도 내의 도센가사키에 도착해서 섬에 올라가 본즉, 해조류(海藻類)들을 상당히 말리고 있었으므로, 이상하게 생각하여 주변을 보았더니, 외국인(唐人)의 짚신이 있기에, 더욱 이상하게 생각했습니다만, 해가 저물었기 때문에, 그날 밤은 그대로 버려두었다가, 다음 18일에는 소선(小船)에 수부(水夫) 5인과 우리 둘, 이상 7인이 타고, 서쪽 포구에 가보았으나, 외국인이 보이지 않았으므로, 그로부터 북쪽 포구에 가본즉, 외국배 한 척이 있었으며, 가건물이 지어져 있고, 외국인 한 사람이 있었습니다. 가건물의 안을 보았더니, 전복과 해조류가 상당히 거둬들여져 있었으므로, 그 외국인에게 사정을 문의하였지만, 통역이 없었기에 사정을 들을 수가 없어, 위10)의 외국인을 소선에 태워, 오탠구라고 하는 곳으로 찾아간즉, 외국인 10인 정도가 어렵(漁獵)을 하고 있었습니다.

---

9) '쿠니(國)'는 나라를 의미하기도 하지만, 옛날부터 근대까지 일본의 행정 구획을 의미하기도 하였기 때문에, 본고에서는 구체적으로 어떤 곳을 지칭할 때는 '국'이라고 하였고, 그 이외에는 '지방'으로 번역하였다는 것을 밝혀둔다.
　新村出 編, 앞의 책, 691쪽.
10) 이 글이 세로로 쓰인 문장이어서 '우(右)'로 기록되어 있으나, 본 논고는 가로로 쓰기 때문에 '위'라고 하였음을 밝혀둔다.

그 가운데에 통역 한 사람이 있어, 이쪽의 소선에 태우고, 북쪽 포구에서 태웠던 외국인을 배로부터 실어, 그 외 한 사람, 이상 두 사람을 태우고 사정을 물었더니 (뜻이) 통했습니다. 죽도의 일은 거친 해변이기 때문에, 이쪽의 배는 흔들린다고 생각하여, 두 사람의 외국인을 태우고, 이쪽 원래의 배(큰 배)로 돌아왔습니다. (그런 다음) 위의 외국인을 데리고 귀환했습니다. 그 연유는 작년에도 이 섬에 외국인이 있었으므로, 거듭 이 섬에 건너와서 어렵을 하는 것은 절대로 안 된다고, 위협하고 나무라면서 여러 번 말했는데도, 또 금년에도 외국인이 어렵을 하고 있었기 때문에, 그렇게 한다면 이후에 섬에서 어렵을 할 수가 없습니다. 아주 성가신 일이라고 생각하여, 황송하지만 무엇인가 양해를 구해야 한다고 생각하고, 위의 외국인 두 명을 연행하여, 4월 18일에 죽도를 출항해서, 오키국 후쿠우라에 동 20일에 도착했습니다. 그런데 오키의 번소(番所)[11]에서 우리들을 불러, 외국인의 구상서를 받으라는 명령이 있었기 때문에 우리들이 말씀드린 것은, 즉 외국인들이 있으므로 직접 물어보실 것을 말씀드리자, 다음과 같은 뜻으로 외국인들을 불러내어 사정을 들었으며, 그 위에 여러 곳의 촌장[庄屋]들이 입회하여, 외국인의 구상서를 쓰고, 우리들에게도 위 외국인의 구상서에 날인을 하게 하려고 했지만, 강하게 거절하여 날인하지 않았습니다. 그 후에 번소에서 외국인에게 술 한 통을 보냈습니다. 동 23일에 후쿠우라를 출항하여 도젠에 도착하였고, 동 26일 도젠으로부터 출항해서, 동 26일 낮에 운슈雲州(이즈모)의 나가하마(長濱)에 도착하였으며, 동 27일에 요나고에 들어왔습니다.

당 4월 27일
선장 쿠로베에
동 히라베에[12]

그러나 이와 같은 진술이 사실을 그대로 말하고 있는 것일까 하는데는 의문의 여지가 있다. 왜냐하면 위의 기록에서는 당시 조선의 어부들과 오야 집안에서 보낸 어부들 사이에 어떠한 충돌도 없었던 것 같이 기술되어 있기 때문이다. 당시 조선의 어부들 40여 인이 울릉도

---

11) '번소'는 에도시대에 교통의 요충지에 설치하여, 통행인과 선박 등을 지키며 징세 등을 행한 곳을 말한다.
   新村出 編, 1983, 『廣辭苑』, 岩波書店, 1986쪽.
12) 內藤正中, 위의 책, 67~68쪽에서 재인용
   번역은 권오엽 공역, 2005, 『독도와 죽도』, 제이앤씨, 93~94쪽을 참조했다.

에 들어간 것으로 되어 있다. 이렇게 많은 인원들이 있었음에도 불구하고, 위에서 이야기하고 있는 것처럼 아무런 충돌도 없이 박어둔과 안용복이 순순히 그들에게 연행되었다고 생각하기는 어렵다. 이러한 의문에 얼마간의 해답을 주는 것이 『변례집요(邊禮集要)』에 전해지는 경상감영의 장계(狀啓)이다.

여기에는 박어둔과 같이 갔던 6인을 붙잡아 와서 문초를 받았는데, "무릉도에 닿아서 김득생 등 여섯 사람은 뭍에 내려 숨었는데, 박어둔 등 두 사람은 미처 배에서 내리기 전에 왜인 여덟 명이 배를 타고 갑자기 이르러 칼과 조총으로 두 사람을 위협하여 잡아갔다."[13]는 것이다. 이와 같은 그들의 진술을 액면 그대로 믿기는 어렵다. 그 이유는 그들이 조정에서 울릉도에 가지 못하게 하는 해금 정책(海禁政策)을 펴고 있다는 것을 잘 알고 있었으므로 표류하였다고 하였으나, 『죽도기사(竹島紀事)』에서는 분명하게 전복과 미역을 따려고 건너갔던 것으로 기록되어 있기 때문이다.

어쨌든 이들의 연행을 계기로 하여, 일본의 막부는 조선 조정에 대해 자기들의 죽도에 어부들의 출어를 막아달라는 요청을 하는, 이른바 울릉도 쟁계가 발생하게 된다. 당시에 그들이 무엇을 노렸는가 하는 문제를, 일본 측의 자료인 『조선통교대기(朝鮮通交大紀)』에 잘 나타나 있다.

〈자 료 3〉

귀국의 바닷가 어민들이 근년에 ㉮ 본국의 죽도에 배를 타고 와서 몰래 고기잡이를 하고 있는데, 이곳은 절대로 와서는 안 되는 곳입니다. 그래서 ㉯ 토관이 나라에서 금한다는 것을 상세하게 말하기를, 다시는 오지 못하게 하고 이

---

13) "漂到武陵島, 金得生等六人, 下陸隱匿, 朴於屯二人, 未及下船之前, 倭人八名, 乘船忽到, 以刀釰·鳥銃, 威脅兩人, 執捉以去事."
　　禮曹 典客司, 『邊禮集要』 肅宗 20年 8月條.

어 저들을 모두 돌려보냈습니다. 그런데 올 봄에 나라에서 금하는 것을 돌아보지 아니하고, 어민 40여 명이 죽도에 들어와서 뒤섞여 고기잡이를 했습니다. 이런 이유로 토관이 그 어민들 중에서 두 사람을 억류하여 주사(州司(주의 관리)에게 일질로 삼아 일시적인 증거로 삼기로 하였기 때문에, 우리나라 이나 바주(因幡州)의 주목(州牧)이 즉시 전후의 사상(事狀)을 동도東都(막부가 있던 에도를 가리킴)에 치계(馳啓)하였던 바, (동도에서) 저들 어민을 폐읍에 맡겨 본토로 돌려보내고, 이 뒤로는 그 섬에 어민들이 절대로 접근하지 못하도록 하여, 금제를 더욱 엄하게 하라는 명을 받았습니다. 이에 불녕(不佞)은 동도의 명을 받들어 귀국에 알리는 바입니다. 운운.[14]

이것은 쓰시마의 태수(太守)[15]였던 타이라 요시쓰네(平義倫)가 박어둔과 안용복을 귀국시키면서 예조에 보낸 서신을 요약한 것이다. 이러한 이 서신에서 밑줄을 그은 ㉮에서 "본국의 죽도"라고 표현한 것으로 보아, 당시에 막부가 '울릉도'에 자기들이 부르는 '죽도(竹島)'라는 이름을 붙여, 일본의 땅으로 만들려고 했다는 사실을 확인할 수 있다. 이것은 한국이 우산도 또는 자산도(子山島), 석도(石島) 등으로 불러오던 독도에 '죽도'라는 이름을 붙여서 탈취를 강행했던 것을 정당화시키고 있는 현재의 상황과 너무도 흡사한 발상이었음을 드러내고 있어, 역사가 반복되고 있다는 것을 절감하지 않을 수 없다.

여하간 그들은 죽도가 자기네 영토이기 때문에 조선의 어부들이 고기잡이를 위해 이곳에 들어와서는 안 된다고 하면서, 도해금지를

---

14) "貴域瀕海漁民 比年行舟於本國竹島 竊爲漁採 極是不可到之地也. 以故土官 詳諭國禁 固告不可再 乃使渠輩盡退還矣. 然今春亦復不顧國禁 漁氓四十餘口 往入竹島 雜然漁採. 由是土官拘留其漁氓二人 而爲質於州司 以爲一時之證 故我國因幡州牧 速以前後事狀 馳啓東都 蒙令彼漁氓附與弊邑以還本土 自今 而後結莫容漁船出於彼島 弥可存禁制 不佞今奉東都之命 以報知貴國云云." 內藤正中, 위의 책, 75쪽에서 재인용.
번역은 송병기 편, 2004, 『독도영유권자료선』, 한림대 출판부, 69쪽을 참고 하였음.
15) '카미'라고 읽는 '守'는 지방의 장(長)을 의미하지만, 조선과 일본 측의 문헌에 '태수(太守)'로 쓰고 있으므로, 여기에서도 이 용어를 그대로 습용한다.

요청하기에 이르렀다. 그러면서 무라카와(村川)·오야(大谷) 집안에 고용되었던 어부들을 ㉴에서 보는 것처럼 토관(土官), 곧 지방의 관리라고 사칭을 하였다. 그들은 실제로 아무런 관직도 가지지 않은, 일개 어부에 불과한 존재들이었다. 그런데도 여기에서 토관이란 용어를 사용한 것은 박어둔과 안용복의 강제 연행을 정당화시키기 위한 방편의 하나가 아니었는가 한다. 이런 추정을 하는 까닭은 이들의 연행을 계기로 울릉도에서의 어업권을 확보하고, 나아가서는 울릉도를 점유하기 위해서는 같은 어부 출신이라고 하기보다는 지방의 관리를 사칭하는 것이 바람직하였을 것으로 생각되기 때문이다.

이처럼 일본의 막부와 쓰시마주는 치밀한 계획 아래, 울릉도에서 납치해갔던 박어둔과 안용복을 귀국시키면서, 조선 측 어부들의 도해 금지를 요청했던 것이다. 이에 비해 조선 조정의 대응은 1도 2명설을 취하는 어정쩡한 것이었다.

〈자 료 4〉

예조에서 회답하는 서신에 이르기를, "폐방에서 어민을 금지 단속하여 바깥 바다[外洋]에 나가지 못하도록 했으니 비록 우리나라의 울릉도일지라도 또한 아득히 멀리 있는 이유로 마음대로 왕래하지 못하게 했는데, 하물며 그 밖의 섬이겠습니까? 지금 이 어선이 감히 귀국의 경역[貴境]의 죽도에 들어가서 번거롭게 거느려 보내도록 하고, 멀리서 서신으로 알리게 되었으니, 이웃 나라와 교제하는 정의는 실로 기쁘게 느끼는 바입니다. 바닷가 백성이 고기를 잡아서 생계(生計)로 삼게 되니 물에 떠내려가는 근심이 없을 수 없지마는, 국경을 넘어 깊이 들어가서 난잡하게 고기를 잡는 것은 법으로서도 마땅히 엄하게 징계하여야 할 것이므로, 지금 범인들을 형률에 의거하여 죄를 과하게 하고, 이후에는 연해 등지에 과조(科條)를 엄하게 제정하여 이를 신칙하도록 할 것이오." 라고 하였다.[16]

---

16) "自禮曹覆書曰 弊邦禁束漁氓 使不得出於外洋 雖弊境之鬱陵島 亦以遼遠之故 不許任意往來 況其外乎. 今此漁船 敢入貴境竹島 致煩領送 遠勤書諭 隣好之 誼 實所欣感. 海氓獵漁 以爲生理, 不無漂轉之患 而至於越境深入 雜然漁採 法當痛懲. 今將犯人等 依律科罪 此後沿海等處 嚴立科條而申勅之."

이와 같은 예조의 회신은 앞의 자료 3에서 쓰시마의 태수가 말한 "본국의 죽도"란 표현을 인정해주는 것 같은 태도를 취하고 있다. 그렇지만 단순히 그것만을 인정한 것이 아니라, "우리나라의 울릉도"라는 표현도 아울러 사용하고 있어, 한 섬의 두 이름을 채택하고 있다는 것이 특이하다고 하겠다. 하지만 숙종은 그들이 말하는 죽도가 울릉도인 것 같다는 동래부사의 장계를 그대로 받아들이고 있었다는 것이 『승정원일기(承政院日記)』 숙종 20년 1월 15일 계축 조에 드러나 있다.

〈자 료 5〉

상께서 말씀하시기를, "어제 동래부사의 장계를 보니, 이른바 죽도라고 하는 곳은 울릉도인 것 같다고 하였다."라고 하니, 내선(來善, 당시 좌의정이었던 목내선을 말함)이 말하기를, "각각 사람들의 초사(招辭, 죄인의 진술 내용)를 살펴보건대, 그 중 한 사람이 도착한 섬은 또한 다른 섬이라고 하니, 이 섬이 과연 왜인이 말하는 죽도인지 알지 못하겠습니다."라고 하였으며, 암(黯, 당시 우의정이던 민암을 말함)이 말하기를, "그들에게 속한 섬이 죽도인 듯합니다."라고 하였다.[17]

이러한 『승정원일기』의 기록을 통해서, 당시의 집권층이 울릉도에 대해 가지고 있던 지식의 일단을 엿볼 수 있다. 곧 왜관(倭館)이 있어 쓰시마의 왜인들과 접촉을 하고 있던 동래부사가 죽도가 울릉도인 것 같다는 장계를 올렸고, 또 숙종 자신도 그것을 사실로 믿었던 것으로 보인다. 그럼에도 좌의정이었던 목내선(睦來善)은 박어둔과 안용복이 도착했다고 하는 섬이 왜인들이 말하는 죽도일 가능성을 인정하였고,

---

『肅宗實錄』 肅宗 20年 2月 23日 辛卯 條.

17) "上曰, 昨見東萊府使狀啓, 則所謂竹島, 似是蔚陵島矣。來善曰, 考見各人招辭, 其中一人所到之島, 又是別島矣。未知此島, 果是倭人所謂竹島乎? 黯曰, 渠之所屬之島, 似是竹島矣。"
『承政院日記』 肅宗 20年 1月 15日 癸丑條.

우의정이었던 민암(閔黯)은 죽도가 일본에게 속한 것 같다고까지 말
했다는 것이다. 이와 같은 사실은 당시의 위정자들이 영토에 대해 명
확한 지식과 인식을 가지고 있지 않았음을 반영하는 것이어서 많은
시사를 던져주고 있다.

이 문제는 어찌 되었든, 이렇게 하여 조선 조정과 일본 막부 사이
에 시작된 울릉도에 대한 어업권과 영유권의 문제는 지루한 논란을
계속하게 되었다. 다시 말해 예조에서 보낸 회신에서 1도 2명설을 취
한 것이 발단이 되어, 쓰시마 측에서는 '울릉도'란 어구의 삭제를 요
구하였고, 조선 측에서는 그것을 거절하는, 밀고 당기는 식의 공방이
몇 번인가 되풀이되었다. 이 당시 상황에 대한 조선 측의 대응 자세
를 엿볼 수 있는 자료가 예조의 전객사(典客司)에서 정리한『변례집요』
숙종 20년 2월조에 남아 있다.

〈자 료 6〉

　같은 달(1694년 2월) 서울의 접위관[京接慰官]의 별단(別單;정식이 아닌 별
도의 예단(禮單))은 대략 이번에 차왜(差倭)가 찾아온 일입니다. 진실로 하나의
섬에 두 가지 이름의 의심이 있으니 옳고 그름을 밝힐[辨覈] 뜻이 없지 않으
나, 파도가 아득한 가운데 섬의 하나둘을 분명하게 알기는 어렵고, 분명히 알
기 어려운 일로 화친을 맺어 사이가 좋은 이웃나라와 틈이 생기는 실마리를
내는 것은 두루 살펴 깊이 삼가는 도리가 아닙니다. 그러므로 우선 둘로 나누
는 논의를 해서 울릉도임을 보이면 우리 땅의 모양이 될 것입니다. 그래서 바
야흐로 조정에 돌아가자마자 아뢰어야 할 말들을 별도로 아래에 기록합니
다.[18]

여기에서 말하는 서울의 접위관은 당시에 조정에서 파견하였던 홍

---

18) "同月, 京接慰官別單, 大略今此差倭出來之事, 固有一島二名之疑, 非無卞覈之
　　意, 而海濤微茫之中, 島之一與二, 難可以明知, 以難明之事, 至發釁端於和好
　　之隣邦, 有非周愼之道, 故姑爲分而二之之論, 以示蔚島則爲吾土之狀, 而方當
　　還朝所聞說話, 別爲開錄于左."
　　禮曹 典客司,『邊禮集要』蕭宗 20年 2月條.

중하(洪重夏)를 가리킨다. 그러니 홍중하의 위에서와 같은 보고는 쓰시마에서 파견된 다치바나 마사카네(橘眞重)가 찾아와서 '울릉도'란 어구의 삭제를 요구한 것에 대해 자신의 견해를 밝힌 것이라고 볼 수 있다. 그런데 여기에서 우리의 관심을 끄는 것은 1도 2명의 사실을 해명하려는 의지가 미약했다는 점이다. 즉 울릉도와 죽도가 한 섬의 두 이름이란 사실을 밝히는 것이 일본과의 화친을 저해할 수 있으므로, 울릉도임만을 강조하자는 것이다. 그러면서 그는 아래와 같은 별도의 기록을 덧붙였다.

〈자 료 7〉

제1조, 차왜가 혹시 우리나라가 다투어 시비를 가릴 일이 있을까 염려하여 따로 문자를 효해하는 왜인을 데려와서 이로써 규명하려 하니, 차왜가 또한 그 하나의 섬이 두 가지 이름을 가짐을 아는 듯합니다.

제2조, 통사왜通事倭(일본어를 통역하던 왜인)가 역관에게 물어 말하기를 "죄인들을 어찌 다시 문초하지 않습니까?"라고 하기에, "당신 나라에서 이미 죽도에 들어갔다고 말했으니, 어찌 믿지 못하고 다시 문초할 수 있겠습니까?"라고 대답하니, 통사 왜가 말하기를 "참으로 그렇습니다. 어둡고 못난 죄인들이 그들이 들어간 섬이 죽도와 울릉도가 됨을 어찌 기억할 수 있겠습니까?"라고 했습니다. 이로써 규명하니 죄인들이 울릉도에 들어간 것을 저들에게 말한 듯합니다.

제3조, 차왜가 갑자기 말하기를 "울릉도가 진실로 귀국의 땅임을 압니다만, 임진년(1592년, 선조 25년) 뒤로 일본이 차지하게 된 것은 지봉芝峯(이수광(李晬光)의 호)의 말 중에 있지 않습니까?"라고 하여, 역관이 대답하기를 "임진년에 약탈된 것이 다만 울릉도뿐이겠습니까? 결국은 일본이 차지한 것은 비록 하나의 풀과 나무라 하더라도 우리나라로 다시 되돌아오지 않은 것이 없으니, 울릉도는 저절로 다시 되돌아온 것 중에 있습니다. 지봉 만필(芝峯謾筆)이 어찌 참으로 근거할 만한 글이 된다고 감히 이것을 원용하여 말하십니까?"라고 하니, 차왜가 머리를 숙이고 대답을 하지 못했습니다. 차왜가 지봉이 기록한 것으로 일찍이 시험해 보려는 계획을 삼았는데, 역관의 대답이 그 속마음을 꿰뚫어 보았습니다. 그래서 차왜가 곧 울릉도와 죽도는 각각 자기의 섬이 된다는 말로써 그의 말끝을 맺고, 끝내 '1도 2명'을 감히 말하지 못한 것은 대개 스

스로 돌이켜보아 위축되지 않아서인 것 같습니다.

제4조, 차왜가 데려온 사람인 소베에(摠兵衛)가 말하기를, "울릉도와 죽도를 따지지 말고 바다 섬 가운데에 두 국민들이 서로 왕래하며 몰래 장사를 하는 폐단이 없지 않으니, 울릉도는 귀국에서 들어가는 것을 금지하고, 죽도는 일본에서 그 왕래하는 것을 금지한다면, 뒷걱정이 없을 것입니다."라고 하니, 역관이 대답하여 말하기를, "당신들은 마땅히 죽도도 금지시킨다는 뜻으로 에도(江戸)에 말해야 할 것입니다."라고 하였습니다. 소베에가 말하기를, "죽도엔 큰 대나무가 많아서 그것을 베어서 필요한 곳에 쓰기 때문에 비록 모두 금하여 못하게 하기는 어려우나, 자주 왕래하는 것을 허락하지 않는다면, 근심거리는 되지 않을 듯합니다."라고 했습니다.

제5조, 소베에가 말하기를, "회답서계 중에 '울릉'이란 글자가 반드시 들어간 것엔 깊은 뜻이 있는 듯한데, 어찌 말하지 않습니까?"라고 하니, 역관이 말하기를, "글을 지을 때 우리나라가 해금(海禁)을 엄격히 함을 밝히고, 우리 섬도 금지한다는 뜻을 증명하여 말하고자 하는 뜻이니, 어찌 다른 뜻이 있겠습니까?"라고 하였습니다. 소베에가 말하기를, "우리들은 울릉도가 귀국의 땅임을 이미 알고 있으나, 에도에서 스스로 어떤 말을 둘 만한 것이고, 귀국이 이 두 글자를 서계 중에 먼저 넣어서 보내니, 뒤에 차례로 변문(卞問, 의심나는 것에 대해 옳고 그름을 가리는 일)하는 일이 다시 있을까 두려워할 뿐입니다. 혹시 이와 같다면 도주(島主)께서 어찌 에도에 거듭 죄를 얻지 않겠습니까? 걱정이 되는 것이 여기에 있습니다."라고 하니, 역관이 말하기를, "변문의 말은 실로 뜻밖이며, 장차 무슨 말을 증명하고 무슨 일을 변정(辨正, 일의 옳고 그름을 가려 바로잡는 것)함을 말한 것입니까?"라고 하였습니다. 소베에가 말하기를, "사람의 생각은 알지 못하는 것이 없는 까닭으로 말한 것입니다. 반드시 증명할 만한 말과 변정할 만한 일이 있음을 말한 것은 아닙니다."라고 하였습니다.

제6조, 차왜가 역관에게 "울릉도가 어느 쪽의 바다에 있습니까?"하고 물으니, 역관이 "울진(蔚珍)과 삼척(三陟) 땅의 건너편에 있습니다."라고 말했습니다. 차왜가 "죽도는 울릉도로부터 거리가 얼마쯤입니까?"라고 말하니, 역관이 "다만 울릉도만 알 뿐이고, 죽도가 어느 곳에 있는지는 듣지 못하였습니다. 공은 울릉도가 죽도로부터 거리가 얼마쯤인지 알고 있습니까?"라고 말했습니다. 차왜가 "나도 죽도만 알 뿐입니다."라고 하고, 차왜가 다시 "울릉도는 산의 형세가 어떠합니까?"하고 물으니, 역관이 "공들은 『여지승람(輿地勝覽)』[19]을 보지 못했습니까? 세 봉우리가 있다고 합니다."라고 하였습니다. 차왜가 웃으며 "죽도도 세 봉우리가 있다

고 합니다. 두 섬의 봉우리 수가 우연히 서로 같으니, 또한 괴이한 일입니다.'라고 했습니다.

제7조, 이제 왜인이 앞뒤로 말한 뜻을 살펴보니, 그들이 '1도 2명'의 형상을 미루어 알고, 조정에서 '울릉' 두 글자로 서계 중에 거론한 것을 비록 통변(洞卞, 사물을 꿰뚫어 보고 일의 옳고 그름을 가림)하여 직척(直斥, 당사자가 있는 곳에서 나무라고 배척하는 것)하는 통쾌함만 같지는 못하지만, 그들이 다른 날에 증신(證信)의 자료로 삼으면, 명문(明文, 권리나 자격, 사실 따위를 증명하는 문서)으로 삼을 만하다고 여긴 것이니, 일은 비록 순조로우나, 뜻은 실로 심원합니다. 차왜가 삭제하기를 청한 것은 또한 이것을 헤아린 것 같으며, 곧바로 함께 다투어 시비를 가리는 것보다 오히려 낫다고 여긴 까닭입니다. 마침내 아주 순순히 받아들이고 돌아갔습니다.[20]

---

19) 여지승람(輿地勝覽): 조선시대의 인문지리서(人文地理書)인 『증동국여지승람(新增東國輿地勝覽)』을 지칭하는 말로, 1481년(성종 12)에 『동국여지승람(東國輿地勝覽)』 50권을 완성하고, 이를 다시 1486년에 증산(增删)·수정하여 『동국여지승람』 35권을 간행하고, 1499년(연산군 5)의 개수를 거쳐 1530년(중종 25)에 이행(李荇)·홍언필(洪彥弼)의 증보에 의해 이 책을 완성하게 되었다. 이 책의 권45 강원도 울진현에는 "우산도(于山島), 울릉도(鬱陵島), 무릉(武陵)이라고 하고 우릉(羽陵)이라고도 부른다. 두 섬은 울진현의 정동쪽 바다 가운데에 있으며, 세 봉우리가 하늘로 곧게 솟았으며, 남쪽 봉우리가 낮다. … 일설에 의하면 우산도와 울릉도는 원래 한 섬이라고 한다."라고 되어 있다.

20) "第一條, 差倭, 或慮我國有爭卞之事, 別爲帶來曉解文字之倭人, 以此推之, 似是差倭, 亦知其爲一島二名, 第二條, 通事倭, 問於譯官曰, 罪人等, 何不更推耶, 答以, 爾國旣云, 入往竹島, 則何可不信而更推乎, 通事倭曰, 誠然矣, 迷劣罪人等, 其所入往之島, 爲竹島與蔚陵島, 何能記得乎云云, 以此推之, 似是罪人等, 以入往蔚陵島, 爲言於彼中, 第三條, 差倭忽發言曰, 蔚陵島, 固知其爲貴國地, 而壬辰後, 爲日本占據者, 芝峯說中, 不有之乎, 譯官答, 以壬辰之被掠, 其獨蔚島而已, 畢竟日本之所占據者, 雖一草一木, 莫不復歸於我國, 蔚島自在復歸之中矣, 芝峯謾筆, 豈爲眞的可據之文, 而乃敢援此爲言耶, 差倭低頭不答, 差倭以芝峰之所記, 欲爲嘗試之計, 譯官所答, 破其肝膽, 故差倭, 乃以蔚·竹各自爲島之說, 畢其言端, 而終不敢以一島二名發說者, 盖緣自反而不縮, 第四條, 差倭率來人摠兵衛曰, 毋論蔚與竹, 海島之中, 兩國民之互相往來, 不無潛商之弊, 蔚島, 則自貴國禁其入往, 竹島則, 自日本禁其往來, 可無後慮, 譯官答曰, 爾等宜以竹島亦禁之意, 爲言於江戶矣, 摠兵衛曰, 竹島多大竹, 爲其伐取需用,

그런데 이 보고서에서는, 홍중하와 다치바나 사이의 교섭은 상당히
합리적으로 이루어진 것 같은 인상을 받는다. 우선 제1조에서 차왜가
한 섬이 두 이름을 가지고 있다는 사실에 대해 알고 있는 것 같은 반
응을 보였다. 그리고 제3조에서 이수광의 『지봉유설(芝峯類說)』을 근
거로 하여 울릉도가 과거에는 조선 땅이었으나, 임진왜란 이후로 일
본이 차지했다고 한 것에 대해 반론을 제기하자 차왜가 머리를 숙이
고 대답하지 못했다는 것과, 또 "울릉도와 죽도는 각각 자기의 섬이
된다."는 식으로 말끝을 맺었다는 것은 조선 측의 주장을 받아들였던
것이 아닌가 한다. 그리고 제4조에서 "울릉도에는 귀국, 곧 조선에서
들어가는 것을 금하고, 죽도는 일본에서 왕래하는 것을 금한다."고 한
것은, 어느 의미에서는 울릉도에 대한 양국의 영유권을 인정하는 것
처럼 생각할 수도 있으나, 제5조에서 "우리들은 울릉도가 귀국의 땅
임을 이미 알고 있다."고 한 것으로 보아 그들도 무리하게 자기들의
주장을 관철시키려고 하지 않았다는 것을 확인할 수 있다. 또 제6조

雖難一切禁斷, 不許頻數往來, 則似無逢着之患矣云云, 第五條, 摠兵衛曰, 回
書中, 必入蔚陵文字, 似有深意, 何不言之耶, 譯官曰, 作文之際, 欲明我國海禁
之嚴, 而證言我島亦禁之意也, 豈有他意, 摠兵衛曰, 吾等, 旣知蔚島之爲貴國
地, 自可有言於江戶, 而但恐貴國, 先入此二字於書中以送之, 後復有次第卞問
之擧矣, 倘或如此, 則島主豈不重得罪於江戶乎, 所慮在此云云, 譯官曰, 卞問
之言, 實是意外, 將謂證何說卞何事耶, 兵衛曰, 人之思慮, 無所不知故云, 非必
謂有可證之說可卞之事也云云, 第六條, 差倭問於譯官曰, 蔚陵島, 在於何邊海
中耶, 譯官曰, 在於蔚珍·三陟等地越邊矣, 差倭曰, 竹島自蔚陵島相距幾何云
耶, 譯官曰, 但知蔚陵而不聞竹島在何處耳, 公則知蔚陵島自竹島相距幾何耶,
差倭曰, 吾亦但知竹島耳, 差倭復問曰, 蔚島山形何如, 譯官曰, 公等, 不見輿地
勝覽乎, 有三峯云矣, 差倭笑曰, 竹島亦有三峯云, 兩島峯數, 偶然相同, 亦是怪
底事云云, 第七條, 今以倭人前後語意觀之, 則其爲一島二名之狀, 可以推知,
朝家以蔚陵二字, 擧論於書契中, 雖未若洞卞直斥之爲快, 而其爲他日證信之
資, 則足可爲明文, 事雖巽順, 而意實深遠, 差倭之請删, 蓋亦揣此, 而以其猶愈
於直與爭卞之故, 終至順受而歸."
禮曹 典客司, 『邊禮集要』肅宗 20年 2月條.

에서 차왜가 본 죽도의 모습이나 조선의 역관이 본 울릉도의 모습이 같음을 인정한 것도 이와 같은 인식의 결과라고 볼 수 있다.

　이상과 같은 양국 간의 의견 교환은 결국 울릉도를 조선의 영토로 인정하고, 호키주 요나고의 오야·무라카와 두 집안에 부여했던 울릉도에의 도해 면허를 거두어들이고, 도해 금지령을 내리는 것으로 일단락되었다.

3. 울릉도에 대한 조선 영토의 인정 이유

　1696년(숙종 22년, 겐로쿠 9년) 1월 28일, 에도 막부(江戶幕府)는 로츄(老中)[21]였던 오쿠보 카가노카미(大久保加賀守)와 아베 붕고노카미(阿部豊後守), 토다 야마시로노카미(戶田山城守), 쓰치야 사가미노카미(土屋相模守) 등 4명의 연서(連署)로 요나고(米子)의 주민 두 명에게 허가했던 죽도 도해를 금지하는 뜻을, 돗토리번주(鳥取藩主)에게 전달하였다.

〈자료 8〉

　　몇 해 전에 마쓰타이라 신타로가 이나바(因幡州)주와 호키주(伯耆州)를 다스리고 있었을 때, 무라카와 이치베에와 오야 진기치가 상태를 살피려 죽도에 도해하였으나, 지금에 이르러 고기잡이를 한다고 하더라도, 향후 죽도로 조해하는 것을 금지해야 한다고 (막부가) 명하셨기 때문에, 그 뜻을 받들어야 할 것이다. 외람되게 삼가 아룀.[22]

---

21) 에도 막부에서 쇼군(將軍)에 직속하여 정무를 총괄하고 다이묘(大名)를 감독하던 직책으로 정원은 4·5명이었디고 한다.

22) "先年松平新太郎因州伯州領知之節　相窺之伯州米子之町人村川市兵衛, 大屋甚吉竹島へ渡海, 至于今雖致漁候, 向後竹島へ渡海之儀制禁可申付旨被仰出之候間, 可被存其趣候. 恐恐謹言."
　　內藤正中, 위의 책, 84쪽에서 재인용.

이것이 마쓰타이라 호키노카미(松平伯耆守)에게 하달된 도해 금지령인데, 기타자와 세이세이(北澤正誠)의 『죽도고증(竹島考證)』에도 이와 비슷한 내용이 기록되어 있다.

〈자 료 9〉

겐로쿠 9년 정월 28일 소(宗) 형부(刑部) 타이후(大輔)[23]가 (쓰시마)국(國)으로 돌아가면서, 에도 성에 갔을 때 로츄 4인이 나란히 앉은 가운데 토다 야마시로노카미로부터 죽도의 건에 관해 각서 한 통을 건네받았다. 몇 해 전(先年) 이래 호키주의 요나고 주민 두 명이 죽도에 가서 어로를 해왔는데, 조선인도 그 섬에 와서 일본인과 뒤섞여 무익한 일이 되었으므로, 향후 요나고의 주민이 도해하는 것을 금지한다는 명령이었다.[24]

이것을 보면, 이 도해 금지령은 호키주의 태수에게만 내린 것이 아니라, 쓰시마에서 파견되어 있던 형부 타이후였던 소(宗)에게도 통보된 것이 명백하다. 이것은 전자가 도해 면허와 관계를 가지는 곳이고, 후자는 조선과의 교섭 창구였기 때문이었을 것으로 생각된다.

그런데 막부에서 이처럼 호키주 어부들로 하여금 울릉도에 도해를 금지하게 된 원인은 막부에서 질의한 마쓰타이라 호키노카미의 다음과 같은 회신이 결정적인 역할을 했던 것으로 판단된다.

〈자 료 10〉

1. 죽도(竹嶋: 울릉도) 외에 송도(松嶋: 독도)라고 하는 섬이 있어, 이나바국(因

---

23) 게이부(형부)의 차관(次官) 가운데에서 쇼후(少輔) 위에 있던 자를 말한다.
松村明 監修, 1995, 『大辭泉』, 小學館, 1611쪽.
24) "九年正月二十八日 宗刑部大輔歸國御暇トシテ, 登城老中四人列坐戸田山城守ヨリ竹島ノ義ニ付, 覺書一通被相渡. 先年以來伯州米子ノ町人兩人竹島ヘ罷越致漁獵所, 朝鮮人モ彼島ヘ參リ日本人入交リ, 無益ノ事ニ候間, 向後米子ノ町人渡海ノ義ヲ差留旨下令アリ."
北澤正誠 編, 1996, 『竹島考證』, エムティ出版, 83쪽.
번역은 정영미 역, 2006, 『죽도고증』, 바른역사정립기획단, 161쪽 참조.

幡國) 호키국(伯耆國)에 부속하는 섬이냐고 물은 일에 위 건에 송도는 두 곳
에 속하지 않습니다. 죽도에 도해(渡海)하는 길에 있는 섬입니다.

1. 죽도에서 이나바국 호키국으로부터 거리(道程)가 얼마나 되느냐고 물은 일
   에, 이나바국에서 죽도에는 도해하지 않습니다. 호키국으로부터 뱃길로 160
   리[25] 정도에 있습니다.
1. 죽도에서 조선국(朝鮮國)에의 거리가 얼마나 되느냐고 물은 일에, 해상의 거
   리는 알지 못하지만, 대개 40 리 정도에 있다고 선장(船頭)들은 같이 말합
   니다.

겐로쿠 9년(1695년) 12월 25일
마쓰타이라 호키노카미[26]

　　이것은 시마네현에서 설립했던 죽도문제연구회에서 새로 발굴한
자료라고 공개한 『기죽도사략(磯竹島事略)』에 기록되어 있는 것으로,
여기에서 막부가 울릉도뿐만 아니라 당시에 송도(松島)라고 부르던
독도에 대해서도 관심을 가지고 있었다는 사실을 확인할 수 있다. 바
꾸어 말하면 당시 막부는 조선과 그 영유권 다툼을 벌이고 있는 울릉
도와 거기에 부속되어 있다고 생각하는 송도에 대한 정보도 아울러
수집하고 있었다는 것이다. 이와 같은 사실은 막부가 울릉도와 독도
를 하나의 세트로 인식하고 있었음을 드러내는 것이어서 매우 중요한
의의를 가진다고 하겠다.

---

25) <리(里)>는 거리를 헤아리는 단위로 36쵸(町: 3.9273킬로미터)에 상당한다.
　　옛날에는 300보, 곧 지금의 6쵸(町)의 거리였다.
　　新村出 編, 1983,『廣辭苑』, 岩波書店, 2501쪽.
26) 「伯耆守江段段相尋候付 又又書付差出候覺
　　1. 竹嶋之外松嶋与申嶋 因幡國伯耆國江附屬ニ候哉之事,
　　　　右, 松嶋兩國江附屬ニ而ハ無御座候, 竹嶋江渡海之筋ニ在之嶋ニ而御座候
　　1. 竹嶋江因幡國伯耆國より道程何程有之候哉之事
　　　　因幡國より竹嶋江渡海ハ不仕候. 伯耆國より船路百六拾里程有之候.
　　1. 竹嶋より朝鮮國江道程何程在之候哉之事.
　　　　海上道程難知候, 凡四十里餘茂可在御座哉与, 船頭共申候.
　　　　(元祿九年) 十二月　二十五日　松平 伯耆守」
　　2007,「磯竹島事略」,『독도연구(3)』, 영남대 독도연구소, 345쪽.

실제로 일본 시마네현의 참사(參事) 사카이 지로(境二郎)가 내무성의 내무경(內務卿) 오쿠보 도시미치(大久保利通)에게 1876년 10월 16일자 공문으로「일본해 내 죽도 외 1도 지적 편찬 방침에 관한 질의(日本海內竹島外一島地籍編纂方伺)」를 한 바 있다.27) 시마네현의 이러한 조치 역시 울릉도와 독도를 하나의 세트로 보았다는 것을 의미한다. 그리고 내무성도 이에 대해, "판도(版圖)의 취사는 중대한 사건"28)이라는 인식 아래, 울릉도 외 1도를 하나의 세트로 생각하고, 그 편입 여부를 1877년 3월 17일 태정관(太政官)의 우대신 이와쿠라 도모미(岩倉具視)에게 문의하였고, 이와쿠라 도모미 역시 이들 두 섬을 하나의 세트로 보았다. 그래서 이와쿠라도 1877년 3월 29일 "문의한 죽도 외 1도 건에 대하여 우리나라[本邦]와는 관계가 없다는 것을 주지할 것"29)이라는 지령안을 내렸던 것이다.30)

이처럼 에도 막부에서 울릉도와 독도를 하나의 세트로 생각하고 있던 울릉도를 조선의 영토로 인정하게 되는 계기가 바로 이 섬에 대한 조선과 일본에서의 각각의 거리였다는 점에 주목할 필요가 있다. 환언하면 일본의 호키주에서 울릉도까지는 160 리인데 비해, 조선에

---

27) 신용하, 1996,『독도의 민족 영토사 연구』, 지식산업사, 164쪽.

28) 송병기 편, 앞의 책, 145쪽.

29) "伺之趣竹島外一嶋之義本邦關係無之義卜可相心得事."

　　송병기 편, 앞의 책, 155쪽.

30) 그러나 시모죠 마사오(下條正男)는 "태정관이 '관계없다.'고 한 '죽도 타 1도'는, 두 개의 울릉도를 가리키고 있으며, 현재의 죽도와는 관계가 없었던 것이다."라고 하였다.

　　下條正男, 2007,「竹島の日條例から二年」,『最終報告書』, 竹島問題研究會, 4쪽.

　　필자는 이처럼 말도 되지 않는 시모죠의 논리에 대하여 그 문제점을 지적한 바 있다.

　　김화경, 2007,「끝없는 위증의 연속-시마네현 죽도문제연구회『최종보고서』의 문제점」,『독도연구(3)』, 영남대독도연구소, 1~36쪽.

서의 거리는 40 리라는 사실이 울릉도를 조선의 영토로 인정하는 이유가 되었다는 것이다. 이런 사실을 보다 명확하게 알 수 있는 자료가 위에서 시마네현이 죽도 외 1도를 지적 편찬에 넣어야 할 것인가 아닌가를 문의한 「일본해 내 죽도 외 1도 지적 편찬 방침에 관한 질의」에 첨부된 부속 문서 제1호이다.

〈자 료 11〉

덴류인(天龍院) 공이 에도성(江戸城)에 가서 작별 인사를 한 후, 하쿠서원(白書院)에 로츄(老中) 4명이 나란히 앉았는데, 토다 야마시로노카미(戸田山城守)가 죽도 건에 관한 각서 한 통을 건네주었습니다. 몇 해 전 이래 호키주 요나고(米子)의 주민 두 명이 죽도에 가서 어채를 하고 있는 바, 조선인도 그 섬에 가서 일본인과 뒤섞여 무익한 일이 되었으므로, 앞으로는 요나고 주민의 도해를 금지한다는 분부를 내렸습니다.

이보다 앞서 정월 9일, 미사와 기치사에몽(三澤吉左衛門)으로부터 지키우에몽(直右衛門)에게 용건에 있어 나오도록 하라는 건에 대하여 찾아뵙고 봉고노카미(豊後守)를 만나 뵈었더니, 바로 분부하신 것은, "죽도의 건을 나카마오 데와노카미(中間衆出羽守)와 우쿄(右京)[31] 대부(大夫)와도 비밀리에 이야기를 하였던[內談] 바, "죽도는 원래부터 알지 못합니다."라고 말했습니다.

① 호키(伯耆)로부터 도해하여 어채해왔다고 하기에, 마쓰타이라 호키노카미(松平伯耆守)에게 문의하였던 바, "이나바(因幡) 호키에 부속되었다고 말할 수는 없습니다."라고 합니다. 요나고 주민 두 명이 전년대로 배로 도해하고 싶다고 청원하였기에, 그 당시 영주(領主) 마쓰타이라 신타로(松平新太郎)로부터 알림이 있어, 이전과 같이 신타로에게 봉서(奉書)로써 말을 전했다는 것입니다. 사카이 음악장(酒井雅樂頭), 도이 요리장(土井大炊頭), 이노우에 회계장(井上主計頭), 나가이 신노노카미(永井信濃守)가 연판(連判)하였으므로, 생각하건대 대략 타이도쿠인(台德院) 대가 아닐까 합니다. 몇 해 전[先年]이라고 하지만 햇수는 알 수가 없습니다.

위[右][32]와 같은 경위로 도해하여 어채를 해온 것으로, 조선의 섬을 일본에서 빼앗았다고 할 수도 없고, 일본인이 거주한 적도 없습니다. ② 길의 이수(里數) 건에 관해 물어보았더니, 호키로부터는 160 리 정도에 있으며, 조선에서는 40 리 정도에 있다는 것이라고 합니다. 그러니 조선국의 울릉도이지 않겠습니

---

31) 교토(京都)에서 즈자쿠 대로(朱雀大路)의 서쪽 지역을 가리킨다.
32) 주 10과 같은 경우이다.

까? 또한 일본인이 거주했다거나 이쪽(일본)에서 빼앗은 섬이라고 한다면 새삼
스럽게 돌려주기는 어렵지만, 아래(左)[33]와 증거도 없다고 하므로, 이쪽에서
상관하지 않는다고 말하도록 되는 것이 어떻겠습니까?

또한 쓰시마노카미(對馬守)가 울릉도라고 기재한 것을 삭제하여 답장을 써달
라고 (조선에) 요구해놓고 답장도 받지 않은 채 죽었습니다. 그러므로 위의 답
서가 조선에 보류된 것이라고 합니다. 아래와 같이 말한다면 형부(刑部) (타이
후(大輔)로부터 울릉도 건으로 분부를 보낼 수는 없습니까? 또는 어쨌든 죽도
건에 관해 대강을 형부 (타이후)로부터 서한이라도 보내야 한다고 생각하지는
않습니까? 위와 같이 잘 판단하여 의견을 자세히 들려주기 바랍니다. 전복을
채취하러 가기 전까지는 쓸모없는 섬이었던 바, 이 건이 해결되지 않아, 몇 년
전부터[年來]의 통교가 단절되는 것도 어떨까 합니다.

③ (막부의) 위광(威光) 또는 무위(武威)를 내세워 억지를 부리려 해도 말이
되지 않는 것을 주장하는 것은 소용없는 일입니다. 죽도 건은 원래 확실하지
않으며, 해마다 가지도 않았습니다. 이국인(異國人)이 도해(渡海)하므로 앞으로
도해하지 않도록 분부하라고 사가미노카미(相模守)로부터 지시가 있었습니다.
원래 금제(禁制)해왔던 것으로, 무익한 일로 인해 세월이 지나가는 것도 어떨
까 하고 생각됩니다. 형부 (타이후)에게는 마음가짐으로 말한다면 이와 같이
말해두고 싶은 바, 지금 새삼스럽게 그와 같이 말하는 것이 어떨까 하고 망설
임이 있는 것이 아닌가 하고 생각합니다. 그것은 조금도 곤란한 일이 아닙니
다. 우리들이 잘 판단하겠으므로, 생각하는 대로 기탄없이 말해주기 바랍니다.
그대들도 생각하는 바를 기탄없이 말해야 할 것입니다. 같은 것을 몇 번이나
말하는 것이 집요하게 생각되지만, 이국(異國)에 전달해야 하는 것이라서 몇
번이고 의견을 말한 것이니, 생각하는 바를 몇 번이고 말해주었으면 합니다.
사안이 복잡하기 때문에, 지금 조금 논리를 세운 후 전달하려고 합니다.

위에서 구두로 말한 내용을 그 쪽에서 기억하게 하기 위해 적어서 보내는
일로, 각서를 곧 바로 보내도록 하겠습니다. 그러므로 받아서 보고 지금의 취
지에 덧보태어 해결을 할 수 있을 것으로 생각합니다. 아래와 같이 되면, '앞으
로 일본인은 그 섬에 건너가서는 안 된다고 생각하십니까?'하고 묻는 자가 있
겠지만, 과연 그대로입니다. 거듭 일본인은 건너가지 않도록 생각하시는 것이
막부의 뜻입니다. 그래서 '죽도를 돌려준다고 하는데 아무런 이익이 없지 않습
니까?'라고 말한다면 그대로입니다. 원래가 빼앗은 섬이 아닌 다음에야 돌려준
다고 말할 성질의 것도 아닙니다. 이쪽에서 상관할 일이 아니며, 이쪽에서 잘
못이라고 말할 수도 없는 것입니다.

위에서 말한 것과는 약간 차이가 있지만, 일이 (해결이 되지 않고) 세월이

---

33) 본문은 세로로 쓴 문장이기 때문에 '좌'를 아래로 옮긴다는 것을 밝혀둔다.

흘러가기보다 조금 다른 데가 있다고 하더라도, 가볍게 해결하는 것이 좋을 것이므로, 이 점을 잘 판단하도록 하라는 것이었습니다. 이제 잘 해결하겠으며, 돌아가서 형부 타이후(大輔)에게 보고하겠다고 말한 후 물러났습니다.

겐루쿠 9년 병자 10월 일
쓰시마 봉행 타이라 사네아키 등34)

---

34) "天龍公御登城御暇御拜領被遊上於御白書院御老中御四人列坐ニテ戶田山城守
樣竹島之儀ニ付御覺書壹通御渡被成. 先年以來伯州米子之町人兩人竹島江罷
越致漁候處朝鮮人モ被島江參致漁日本人入交リ無益之事ニ候間向後米子之町
人渡海之儀被差留候与之御儀被仰渡候也. 同是ヨリ前正月九日三澤吉左衛門ヨ
リ直右衛門儀御用ニ付罷出候處豊後守樣御逢被成御
直ニ被仰聞候ハ竹島之儀中間衆出羽守樣殿右京大夫殿へモ逢內談候竹島元志
ケと不相之事ニ候伯耆ヨリ渡リ漁いたし來候由ニ付松平伯耆守殿へ相尋候處因幡
伯耆へ附屬卜申ニテモ無之候米子町人兩人先年之通リ船相渡度之由願出候. 故
其時之領主松平新太郞殿ヨリ案內有之, 如以前渡海仕候樣ニ新太郞殿へ御奉書
申遣候酒井雅樂頭殿, 土井大炊頭殿, 井上主計頭殿, 永井信濃守殿連判ニ候故考
見候得ハ大形台德院樣御代ニテモ可有之哉卜存候先年卜有之候得共年數ハ不相
知候. 右之首尾ニテ罷候リ漁仕來候迄ニテ朝鮮之島ヲ日本へ取候卜申ニテモ無之,
日本人居住不仕候道程之儀相尋候得ハ伯耆ヨリハ百六拾里程有之朝鮮へハ四
十里程有之由ニ候. 然ハ朝鮮國ノ蔚陵島ニテモ可有之候哉. 夫共ニ日本人居住
仕候歟. 此方江取候島ニ候ハヽ今更遣しかたき事ニ候得共 左樣之證據等モ無之
候間 此方ヨリ構不申候樣ニ被成如何可有之哉. 右ハ對馬守殿ヨリ蔚陵島卜書入
候儀差除返簡仕候樣被仰遣返事無之內對馬殿死去ニ候. 故右之返簡彼國江差
置たる由ニ候. 左候得ハ刑部殿ヨリ蔚陵島之儀被仰越候ニ及申間敷歟. 右ハ兎角
竹島之儀ニ付一通リ刑部殿ヨリ書翰ニテモ可被差越卜思召候哉. 右ニ樣之御了簡
被成思召寄可被仰聞候鮑取ニ參り候迄ニテ無益島ニ候處此儀むすぼられ年來
之通交絶申候モ如何ニ候. 御威光或ハ武威ヲ以申勝ニいたし候テモ筋もなき事申
募リ候儀ハ不入事ニ候. 竹島之儀ハ元志ケと不仕事ニ候例年不參候異國人罷渡候
故, 重テ不罷越候樣ニ被申渡候樣卜相模守殿ヨリ被申渡候元ばつといたしたる事
ニ候無益之儀ニ事おもくれ候ても如何ニ存候. 刑部殿ニハ御律儀ニ候間始如此申
置候處, 今更ケ樣ニハ被申間敷与之御遠慮モ可有之歟卜存候. 其段ハ少モ不苦
候我等宜樣ニ了簡可仕候間思召之通リ無遠慮可被仰聞候. 其方達モ存寄無遠慮
可被申候同じ事を幾度モ申進候段くどき樣ニ存候得共異國江申遣候事ニ候故度
度存寄申遣候間思召寄幾度モ被仰聞候樣卜存候御事繁內ニ候故今少し筋道を
も付候上ニテ達上聞可申卜存候. 右申渡候口上之趣其方覺之爲ニ書付遣候与之

위 부속문서의 첫 번째 단락은 앞의 자료 8에서 제시한 도해 금지 령을 언급하고 있는 것이다. 이로 미루어 보아, 막부에서 도해금지령 을 하달하면서 호키노카미에게만이 아니라, 쓰시마의 봉행이었던 타 이라 사네아키(平眞顯) 등에게는 보다 자세한 지시를 내렸다는 사실 을 확인할 수 있다. 그리고 이러한 이 문서가 시마네현에서 올린 「일 본해 내 죽도 외 1도 지적 편찬 방침에 관한 질의」에 증빙자료로 들 어가 있다는 것은 이것이 사마네현에도 보관되었음을 드러내는 것이 라고 볼 수 있다.

그런데 이와 같은 문서 안에서, 당시 일본에서 죽도라고 부르던 울 릉도의 영유권이 조선에 있다는 사실을 인정하게 된 계기들 가운데 가장 중요했던 것으로 상정되는 것이 밑줄을 그은 세 곳이다. 우선 ①에서 마쓰타이라 호키노카미가 "(울릉도가) 이나바(因幡), 호키(伯 耆)에 부속되었다고 말할 수는 없습니다."라고 말했다는 사실이다. 따 라서 당시의 호키노카미는 사실을 사실대로 보고했다는 것을 확인할 수 있다. 이런 사실은, 2005년 시마네현 지사(知事)가 2월 22일을 '죽 도의 날'로 정하는 조례안을 통과시키자, 이를 즉각 공포한 것과는 너무나 큰 차이를 보여주고 있다. 현재 시마네현이 그런 조치를 취한 것은 제국주의적 침략으로 인해 독도를 강탈한 다음에 거기에서 거두

御事ニテ御覺書御直ニ御渡被成候故請取拜見仕候テ只今之御意之趣有增落着
申候存樣ニ存候. 左候ハハ以來日本人者彼島江御渡被遊間敷与之思召ニ候哉ト
伺申候得者如何ニモ其通ニ候. 重テ日本人不罷渡候樣ニト思召候由御意被成候.
故竹島儀返し被遣候ト申ニテモ無御座候哉と申上候得共其段も其通リニ候. 元取
候島ニテ無之候上ハ返し候ト申筋ニテモ無之候. 此方ヨリ搆不申以前ニ候此方ヨリ
誤リ候共不被申事ニ候. 右被仰遣候趣とハ少しくい違候得とも事おもくれ可申より少
しくい違ひ候とも輕く相濟申候方宜候間此段御て御了簡被成候樣ニ与之御事故とくと落
着新候罷歸リ刑部大輔へ可申聞よし申上候テ退座仕ル. 元祿九年 丙子 對馬奉
行 平眞顯 等."
송병기 편, 위의 책, 137~139쪽.
번역은 송병기 편, 앞의 책, 145~148쪽 참조.

었던 어로에 의한 혜택에 대한 향수 같은 것이 작용했기 때문이 아닐까 한다.

이 문제는 어찌 되었든, ②에서는 아베 붕고노카미(阿部豊後守)가 앞서 자료 10에서 제시하였던 마쓰타이라 호키노카미의 보고 내용을 인용하면서, "그러니 조선국의 울릉도이지 않겠습니까?"라고 해서, 이수(里數)에 입각해서 울릉도를 조선의 영토로 인정했다는 사실이다.[35] 그리고 이와 함께 "일본인이 거주했다거나 이쪽(일본)에서 빼앗은 섬이라고 한다면 새삼스럽게 돌려주기 어렵지만"이라고 하여, 그들이 살지도 않았으며 또 점령하지도 않았다는 사실을 솔직하게 인정했다는 점이다.

다음으로 ③에서 나란히 않았던 아베 붕고노카미가 "(막부의) 위광(威光) 또는 무위(武威)를 내세워 억지를 부리려 해도 말이 되지 않는 것을 주장하는 것은 소용없는 일입니다."라고 말했다는 사실이다. 사실 당시의 막부로서는 그 전에 도요토미 히데요시(豊臣秀吉)가 임진왜란을 일으켰을 정도로 세력을 가졌었기 때문에, "범하기 어려운 위엄[威光] 또는 무력의 위엄[武威]"로 조선을 협박할 수도 있었을 것이다, 그렇지만 말이 되지 않는 것을 주장하지 않겠다는 깔끔한 입장을 취했었다. 그리고 사가미노카미(相模守)가 "죽도 건은 원래 확실하지 않으며, 해마다 가지도 않았습니다. 이국인이 도해하므로 앞으로 (일본인은) 도해하지 않도록 분부하라."고 한 것도 대단히 적확한 판단에 입각한 조언이었다고 생각된다.

이렇게 조선과 일본 사이에 거리를 측정하여 섬의 영유를 결정하

---

35) 이와 같은 사실은 『통항일람(通航一覽)』 권137에도 "지금 그 지리를 헤아려 보니, 이나바를 떨어지기 160 리 정도, 조선을 떨어져서 40리 정도이다. 이 것은 일찍이 그들의 지계(地界)임이 의심할 수 없는 것 같다."라고 한 것으로 보아, 거리를 가지고 섬의 소유를 결정했다는 것을 확인할 수 있다. 早川純三郎 編, 1913, 『通航一覽』 卷137, 淸文堂, 27쪽.

는 관습이 존재했다는 사실은, 광해군(光海君) 7년에 통신사(通信使)로
일본에 건너갔었던 이경직(李景稷)이 쓴 『부상록(扶桑錄)』의 10월 5일
병인(丙寅) 조에서도 확인이 가능하다.

〈자료 12〉

　이어 요시나리(義成)에게 쓰시마의 쇄환(刷還)에 대한 일을 어제 말한 대로
하였다. 그랬더니 시라베(調興)가 잇달아 쓰시마는 여러 대를 나라의 은택(恩
澤)을 받아서 감히 잊지 못한다는 뜻을 말하고 인해서,
　"전일 소인이 후시미(伏見)[36]에 있을 때에 집정관인 오이(大炊)가 묻기를 '쓰
시마는 본시 조선이라… 하는데 그런가?'라고 물었습니다. 그래서 소인이 '도로
의 원근으로 말한다면 쓰시마가 일본과는 멀지마는 조선과는 다만 바다 하나
가 끼었을 뿐으로, 반나절이면 왔다 갔다 할 수 있습니다.'라고 대답했습니다.
그랬더니 오이가 '너희 섬은 반드시 조선 지방이니 마땅히 조선 일에 힘을 써
야 할 것이다.'라고 하였습니다."라고 말했습니다.[37]

　이것이 당시 통신사로 도일했던 조선 사람의 기록이라고 하여, 신
뢰성에 의문을 제기할지도 모른다. 하지만 자료 10과 11을 통해서, 일
본 측에서도 섬의 소속을 결정하는데 그 거리를 중시했다는 사실을
이미 확인한 바 있다. 이와 같은 관습이 실제로 존재했다고 한다면,
오늘날 일본 외무성이 독도를 가지고 "죽도는 역사적인 사실에 입각
해 봐도, 국제법상으로도 명백한 일본 고유의 영토입니다."[38]라고 하
는 주장은 제국주의적 영토 팽창의 연장선상에서 남의 나라 땅을 강
탈하려는 핑계에 불과하다는 것을 지적하지 않을 수 없다.

---

36) 교토(京都)의 남부에 위치한 곳으로 도요토미 히데요시가 후시미 성(伏見
　　城)을 쌓았고, 에도 시대(江戶時代)에는 막부의 직할지이었다.
37) 이경직, 1975, 「부상록」, 『국역해행총재(Ⅲ)』, 민족문화추진회, 129~130쪽.
38) 外務省, 2008, 『竹島問題を理解するため10のポイント』, 外務省アジア大洋州局北
　　東アジア課, 2쪽.

4. 관습의 인정과 자료의 왜곡

조선과 일본 사이에 섬의 소유를 둘러싼 문제에 대하여, 그 거리를 따지는 관습이 존재했다는 사실은 메이지 정부(明治政府)가 들어선 다음에 집필된, 기타자와 세이세이(北澤正誠)의 『죽도고증(竹島考證)』에서도 확인할 수 있다.

〈자 료 13〉

어떤 사람은, 일본이 지금 송도(松島)에 손을 대면 조선이 문제를 제기할 것이라고 말하지만, ㉠ 송도는 일본 땅에 가깝고 예로부터 우리나라에 속한 섬으로서 일본 지도에도 일본 영역 안에 그려져 있는 일본 땅이다. 또 ㉡ 죽도(竹島)는 도쿠가와(德川) 씨가 다스리던 때에 갈등이 생겨 조선에 넘겨주게 되었으나, 송도에 대한 논의는 없었으니 일본 땅임이 분명하다. ㉢ 만약 조선이 문제를 제기한다면, 어느 쪽에서 더 가깝고 어느 쪽에서 더 먼지에 대해 논하여 일본의 섬임을 증명해야 한다. ㉣ 실로 일조(日朝) 간의 왕래와 북쪽의 외국 땅과의 왕복에 있어 중요한 땅이므로, 만국을 위해서는 일본이든 조선이든 빨리 좋은 항구를 선택해 먼저 등대를 설치하는 일이 지금의 급무다.[39]

위의 자료는 매우 중요한 의의를 가지고 있다. 기타자와가 이 책을 편저(編著)한 것은 일본 외무성의 지시에 의한 것이었다. 일본 외무성

---

[39] "或人ノ說ニ日本ヨリ今松島ニ手ヲ下サハ朝鮮ヨリ故障ヲ云ントイヘルカ松島ハ日本地ニ近クシテ古來本邦ニ屬スル島ニテ日本地圖ニモ日本ノ版圖ニ入レ置タレハ日本地ナリ. 且又竹島ハ德川氏ノ中世葛藤ヲ生シテ朝鮮ニ渡シタレトモ松島ノ事ハ更ニ論ナケレハ日本地ナリ. 若又朝鮮ヨリ故障ヲ云ハハ遠近ヲ以テ論シ日本島タル事ヲ證スベシ. 實ニ日朝往來並ニ外國北地ニ往復ノ要地ニシテ萬國ヲ爲ナレハ日朝ノ內ヨリ急ニ良港ヲ撰ヒ先ツ燈臺ヲ設ル事今日ノ要務ナリ."
北澤正誠 編, 『竹島考證』, 1996, エムティ出版, 181~182쪽.
번역은 정영미 역, 앞의 책, 341~343쪽 참조.
이 자료는 본 연구소의 김호동 교수가 그 소재를 알려주었으므로 사의를 표한다.

은 메이지 유신(明治維新) 이후에 동해상에서 새로운 섬을 발견하였다고 하면서 그 섬에 대한 개척원이 쇄도하게 되자, 그에게 이 섬들에 대한 자료 조사를 지시하였다. 그리하여 그는 6세기부터 19세기 후반까지의 울릉도(일본 명: 竹島)와 독도(일본 명: 松島)에 관한 기록을 집성하여 분석하고 보고하였다.[40] 그 결과 '송도는 한국의 울릉도이고 죽도는 즉 송도(한국 명: 울릉도)에 붙어 있는 작은 암석'이라고 하여, 상당한 혼란을 보여준다고 한다.[41] 따라서 이 책의 기록이 그 후에 일본 외무성의 이들 섬에 대한 인식의 형성에 상당히 중요한 작용을 했을 것으로 상정된다.

실제로 위의 자료 ㉣에서 제의하고 있는 등대의 설치 문제에 대해서, 1904년 일본 외무성의 정무국장이던 야마자 엔지로(山座圓二郞)가 이와 비슷한 견해를 제시했다. 곧 그는 사카이 요사부로(中井養三郞)에게 독도에 대한 영토 편입원을 제출하도록 사주하면서, "시국이야말로 그 영토 편입을 급하게 요청(急要)한다고 하면서, 망루를 세우고 무선 혹은 해저전신을 설치하면 적함 감시 상 대단히 그 형편이 좋아지지 않겠느냐, 특히 외교상 내무성과 같은 고려를 요하지는 않는다."[42]라고 한 것이 바로 이런 인식의 표현이었던 것이다.

이러한 이 책에서 기타자와는 ㉠에서 보는 것처럼 송도가 일본 땅에 더 가깝다는 이유로 그들의 땅이라고 주장하고 있다. 또 ㉡에서는

---

40) 이 책은 "죽도를 둘러싼 1300년 이전의 견해로부터 1881년(明治 14년) 8월 까지의 죽도 문제에 관한 역사적 견해와 (조선과 일본 간의) 교환 등의 기록을 1876년 - 1881년 8월 사이에 정리한 보고서(奉命取調)"라는 것이다. 北澤正誠 編, 앞의 책, 工厶テイ出版 編輯部, 「본 사료 간행에 즈음하여」라는 서문에서 인용.

41) 정영미 역, 앞의 책, 『죽도고증』의 구성에 대하여」란 해설 523쪽 참조.

42) "時局ナレバコソ其領土編入ヲ急要トスルナリ望樓ヲ建築シ無線若クハ海底電信ヲ設置セバ敵艦監視上極メテ屈竟ナラズヤ特ニ外交上內務ノ如キ顧慮ヲ要スルコトナシ."

신용하 편저, 1999, 『독도영유권자료의 탐구』, 독도연구보전협회, 263쪽.

죽도(竹島)는 "조선에 넘겨주게 되었으나, 송도에 대한 논의는 없었으니 일본 땅임이 분명하다."고 주장했다. 이것은 2008년 3월에 일본 외무성이 『죽도, 죽도문제를 이해하기 위한 10의 포인트』라는 팜플렛을 만들어 배포하면서, 네 번째로 들고 있는 "일본은 17세기 말 울릉도 도항을 금지했습니다만, 죽도 도항은 금지하지 않았습니다."[43]라고 우기는 것과 같은 맥락의 언급이어서, 그들이 21세기를 살아가고 있으면서도 의식은 19세기의 제국주의적인 영토 팽창 야욕에서 벗어나지 못하고 있음을 반영한다고 하겠다.

그리고 ⓒ에서는 "만약 조선이 문제를 제기한다면, 어느 쪽에서 더 가깝고 어느 쪽에서 더 먼지에 대해 논하여 일본의 섬임을 증명해야 한다."고 하여, 분쟁이 제기될 때에는 거리의 원근을 따지는 관습을 동원하여 그 소속을 결정하자고까지 주장하였다. 따라서 일본 측은 이런 관습에 따라 독도의 영유권을 결정하면 될 것이다.

그러나 이러한 관습을 알고 있었던 해군성 수로부장이었던 기모쯔키 가네유키(肝付兼行)은 그 거리를 왜곡하고 있어 주목을 끈다.

〈자 료 14〉
씨(나카이 요사부로를 가리킴: 인용자 주)는 우선 오키(隱岐) 출신인 농상무성 수산국 직원인 후지다 간타로(藤田勘太郎)의 주선으로 마키(牧) 수산국장을 면회하여 진술하였는데, 동 씨도 이 일에 찬성하여 먼저 해군 수로부에 가서, 리양코 섬의 소속을 확인하기로 했다. 씨는 곧 기모쯔키 수로부장을 면회하여 가르침을 청하자, 동 섬의 소속은 명확한 징증(徵證)이 없고, 특히 일한 양국으로부터의 거리를 측정하면 일본 쪽이 10해리(海里)의 근거리에 있으며(이즈모국(出雲國) 다코하나(多古鼻)로부터 108해리, 조선국 릿도네루 곶(沖)으로부터 118해리), 게다가 조선 사람으로서는 종래 동 섬의 경영에 관한 형적이 없는데 반해, 우리나라 사람으로서는 이미 동 섬의 경영에 종사한 자가 있는 이상은, 당연히 일본 영토에 편입해야만 한다는 말을 듣고, 용약 분기(勇躍奮起)해서,

43) 外務省, 2008, 『竹島問題を理解するため10のポイント』, 外務省アジア大洋州局北東アジア課, 6쪽.

드디어 뜻을 결정하여, 리양코 섬 영토 편입및 대여원을 내무·외무·농상무 3대신에게 제출하기에 이르렀다.[44]

이 자료는 죽도문제연구회에서 오쿠하라 히데오(奧原秀夫)의 집에서 새로 발견했다고 하면서 공개한 「죽도 경영자 나카이 요사부로 씨 입지전」이다. 이 저자는 1907년에 『죽도 및 울릉도(竹島及鬱陵島)』[45]를 집필했던 오쿠하라 헤키운(奧原碧雲)이다. 이와 같은 이 자료의 밑줄을 그은 부분에서 보는 바와 같이, 기모쯔키는 일본 쪽이 독도에서 10해리나 더 가깝다고 주장하였다. 그러면서 조선국 '릿도네루 곶으로부터 118해리(海里)라고 하였으나, 이곳이 어디인지 정확하게 밝히지를 않고 있다. 그리고 일본 이즈모의 다코하나에서는 108해리라고 하여, 일본 쪽에서 10해리가 더 가깝기 때문에 일본 영토에 편입해야 한다고 교사하였다는 사실을 확인할 수 있다. 물론 이것도 자기들에게 유리하다고 판단되는 본토로부터의 거리를 말한 것임은 두 말할 나위도 없다. 그렇지만 1해리를 1.862Km로 환산하는 경우, 이 지적에 따르면 일본이 한국보다 18.62Km가 더 가깝다는 계산이 나온다. 만

---

44) "氏はまづ隱岐出身なる農商務省水産局員藤田勘太郎氏に圖り, 牧水産局長に面會して陳述する處ありきき, 仝氏もこの擧を贊成し, 先づ海軍水路部につきて, リャンコ島の所屬を確かめしむ, 氏は卽ち肝付水路部長に面會てて, 敎を請ふや, 同島の所屬は確乎たる徵證なく, ことに日韓兩國よりの距離を測定すれば, 日本の方十浬近距離にあり(出雲國多古鼻より百O八浬, 朝鮮國リッドネル岬より百十八浬), 加ふるに, 朝鮮人にして從來同島經營に關する形跡なきに反し, 本邦人にして旣に同島經營に從事せるものある以上は, 當然日本領土に編入すべきものなりとの說を聞き, 勇躍奮起, 遂に意を決して, リャンコ島領土編入並に貸下願を內務外務農商務三大臣に提出するに至れり."
奧原碧雲, 2007, 「竹島經營者中井養三郎氏立志傳」, 『竹島問題に關する調査研究-最終報告書』, 竹島問題硏究會, 73쪽.
45) 이 책은 1907년에 초판이 출판되었던 것은 2005년에 다시 복각하여 출판한 바 있다는 것을 밝혀둔다.
奧原碧雲, 2005, 『竹島及鬱陵島』, ハ一ベスト出版 참조.

약에 실제로 그 거리가 일본 쪽에 더 가깝지 않다고 한다면, 당시 이
런 관습을 알고 있던 수로부장 기모쯔키는 사실을 왜곡하였다고 보아
도 좋을 것이다.

그래서 한국에서 측정한 자료는 한국 측에 유리하게 만들었을 것
이라는 오해를 살 수 있으므로, 일본에서 만들어진 『위키페디아
(Wikipedia) 백과사전』에 실린 지도를 예시하기로 하겠다.

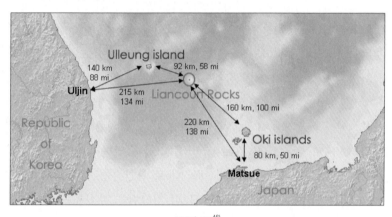

〈그림 1〉[46]

위의 지도를 보면, 한국의 경상북도 울진에서 독도까지는 그 거리
가 215Km이고 일본의 시마네현 마쓰에(松江)에서는 220Km로, 오히
려 한국 쪽에서 5Km 더 가깝다는 사실을 알 수 있다. 그리고 일본이
조선시대부터 조선의 영토로 인정하고 있던 울릉도에서 독도까지는
92Km이고, 일본의 오키도(隱岐島)에서는 160Km가 되어, 어디에서 거
리를 측정하더라도 한국 쪽이 더 가까운 것은 사실임을 확인할 수
있다.

그런데도 일본의 외무성은 '죽도문제' 홈페이지에 올린 지도는

---

46) http://ja.wikipedia.org/wiki에서 인용.

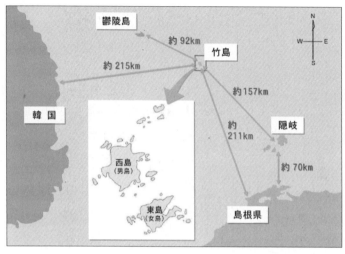

〈그림 2〉[47]

<그림 2>와 같이 그 거리를 조작하고 있다.

이 지도에는 일본 쪽에서 4Km 더 가까운 것으로 거리를 표시하고 있다. 하기야 역사적인 사실이나 한·일 간의 관습을 무시하고 오직 독도를 강탈하겠다는 일념으로 자료를 조작하다가 보니, 이 정도의 사실 왜곡이야 탓하지 못할지도 모른다. 하지만 일본의 외무성이란 적어도 세계 제2의 경제대국으로 그에 걸맞은 외교를 해야 마땅하다. 그럼에도 불구하고 이런 식의 자료 왜곡을 통해서 그 영유권을 주장하는 것은 이제 지양되어야 하지 않을까 한다.

5. 맺음말

본 연구는 한국과 일본 사이에는 섬의 소유를 둘러싸고, 그 소유를

---

47) http://www.mofa.go.jp/mofaj/area/takeshima/index.html에서 인용.

결정하는 관습이 존재했다는 사실을 구명하기 위해서 마련되었다. 그
래서 먼저 "울릉도 쟁계"가 벌어졌을 때에, 일본의 막부가 왜 울릉도
를 조선의 영토로 인정했는가 하는가를 살펴보기로 하였다. 이 과정
에서 먼저 오야(大谷) 집안의 어부들이 1693년 울릉도에서 박어둔과
안용복을 연행하여 간 사실과 그 사건의 전개 과정, 그리고 울릉도를
조선의 영유로 인정하게 되는 이유를 살펴본 다음, 그 이후에도 이런
관습이 존속되었으며 일본 사람들이 그 관습에 따르면서 자료를 왜곡
한 사례들을 고찰하였다. 이러한 일련의 고찰을 통해서 얻은 결과를
간단하게 요약하면 다음과 같다.

첫째 일본 측의 오야 집안 어부들이 박어둔과 안용복을 연행해간
이유는 그 전해에 무라카와(村川) 집안의 어부들이 울릉도에 왔을 때,
조선에서 건너간 어부들 때문에 제대로 어채를 하지 못한 것이 원인
이 되었다. 그리하여 조선 측 어부들의 출어를 막아달라는 호소를 하
기 위해, 1693년에 울릉도에서 만났던 이들을 납치해갔다.

둘째 일본에 남아 있는 자료에서는 박어둔과 안용복의 연행에 아
무런 충돌이 없었던 같이 기술되어 있으나, 한국 측의 기록으로 볼
때에는 이들의 연행에 상당한 충돌이 있었을 것이라는 상정을 하게
되었다. 이런 상정은 일본에 연행되지 않고 예조 전객사에서 기록한
『변례집요』에 바탕을 둔 것으로, 경상감영의 장계에 의하면 배에서
먼저 내린 사람은 도망을 쳤고, 그렇지 않았던 두 사람은 피랍되었다
고 되어 있기 때문이었다.

셋째 쓰시마의 태수였던 타이라 요시쓰네(平義倫)이 예조에 보낸
서신에서 "본국의 죽도"라고 하여, 울릉도를 일본식 이름으로 부르면
서 자기네 땅으로 보려고 하였다. 그리고 오야 집안의 어부를 토관(土
官), 곧 지방의 관리라고 사칭한 것은 박어둔과 안용복의 연행을 정당
화시키기 위한 방편으로 보았다. 또 조선 측에 어부들의 출어 금지를

요청한 것은 조선 조정이 취하고 있던 해금 정책을 이용하여 울릉도를 차지하려고 했던 것으로 간주하였다.

넷째, 당시 조선 조정의 예조에서는 1도 2명설을 취하여 일본의 견해를 들어주는 척하면서도 울릉도란 것을 은연중에 표현하는 방법을 취했다. 특히 이 과정에서 숙종은 동래부사의 장계를 참고로 하여 왜인들이 말하는 죽도는 울릉도인 것 같다는 견해를 제시하였으나, 당시의 좌의정과 우의정은 오히려 일본 측의 견해를 지지하는 듯한 발언을 했다. 이것은 당시 집권층의 영토 의식을 반영하는 것이어서 많은 교훈을 준다고 하겠다.

다섯째 조선 예조의 1도 2명설로 인해서, 울릉도의 영유를 인정받는 데는 상당한 세월이 소요되었다. 그 사이에 일본의 막부가 원용한 것이 어느 나라에서 울릉도가 더 가까운 것인가 하는 것이었다. 다시 말해 조선과 일본 사이에 섬의 소유를 결정하는 관습이 있었는데, 그것은 각 나라로부터의 거리의 원근을 따지는 것이었다. 그래서 마쓰타이라 호키노카미의 보고를 바탕으로 울릉도가 조선의 영토임을 인정하고, 호키주 요나고의 오야·무라카와 양 집안에 울릉도 도해의 금지령을 하달하였다. 그리고 이 도해 금지령은 호키에만 내린 것이 아니라, 조선과의 교섭 창구였던 쓰시마에도 전달되었다.

여섯째 이와 같은 관습은 메이지 정부가 들어서고 난 다음에도 지속되었다는 사실을 기타자와 세이세이(北澤正誠)의 『죽도고증』을 통해서도 확인할 수 있었다. 특히 독도인 송도가 일본에 더 가깝기 때문에 일본의 섬임을 증명해야 한다고까지 하였다. 또 독도가 항해의 요충지이기 때문에 빨리 등대를 설치해야 한다는 조언도 했었다는 사실을 확인하였다. 이것은 1904년 나카이 요사부로에게 독도의 편입을 사주하면서, 망루를 세우고 해저전선을 설치하자고 했던, 당시 외무성의 정무국장이었던 야마자 엔지로의 의견과 상통하는 것이어서, 그들의 독도 강탈이 일찍부터 준비되었다는 사실을 알아냈다.

일곱째 그러면서 야마자는 독도가 일본에서 10해리나 더 가깝다는 견해를 제시하였다. 그렇지만 이런 견해는 사실을 왜곡한 것이 분명하다. 왜냐하면 일본의 『위키피디아 백과사전』의 지도에 의하면 오히려 한국 울진에서의 거리가 일본 마쓰에에서의 거리보다 5Km 더 가깝다는 사실이 확인되었기 때문이다. 그런데 일본 외무성은 지금까지도 일본에서 더 가까운 지도를 홈페이지에 게시하고 있어, 경제대국에 걸맞는 외교를 하지 않고, 제국주의적인 영토 야욕에서 벗어나지 못하고 있다는 것을 스스로 증명해준다는 사실을 확인할 수 있었다.

이상과 같은 사실을 해명하면서, 독도 문제가 한·일 간의 단순한 영토문제가 아니라, 역사 문제라는 사실을 다시 한번 환기시키면서, 두 나라 사이에 존재했던 관습도 중시되어야 한다는 것을 지적해둔다.

『독도연구』7, 2009.12.

참고문헌

禮曹 典客司:『邊禮集要』

『肅宗實錄』

『承政院日記』

「磯竹島事略」,『독도연구(3)』(2007, 영남대 독도연구소)

김화경, 2007,「끝없는 위증의 연속-시마네현 죽도문제연구회『최종보고
　　　서』의 문제점」,『독도연구(3)』, 영남대독도연구소.

이경직, 1975,「부상록」,『국역해행총재(Ⅲ)』, 민족문화추진회.

송평기 편, 2004,『독도영유권자료선』, 한림대 출판부.

신용하, 1996,『독도의 민족 영토사 연구』, 지식산업사.

신용하 편저, 1999,『독도영유권자료의 탐구』, 독도연구보전협회.

외교통상부 일본과 2005년 12월 25일자 보도자료.

권오엽 공역, 2005,『독도와 죽도』, 제이앤씨.

정영미 역, 2006,『죽도고증』, 바른역사정립기획단.

北澤正誠 編, 1996,『竹島考證』, エムティ出版.

文部科學省, 2007,『中學校學習指導要領解說(社會編)』, 文部科學省.

文部科學省, 2008,『高等學校學習指導要領解說(社會編)』, 文部科學省.

內藤正中, 2000,『竹島(鬱陵島)をめぐる日朝關係史』, 多賀出版.

山辺健太郎, 1965,「竹島問題の歴史的考察」,『コリア評論(7-52)』, 民族問題
　　　研究所.

松村明 監修, 1995,『大辭泉』, 小學館.

新村出 編, 1983,『廣辭苑』, 岩波書店.

奧原碧雲, 2005,『竹島及鬱陵島』, ハーベスト出版.

奧原碧雲, 2007,「竹島經營者中井養三郎氏立志傳」,『竹島問題に關する調
　　　査硏究-最終報告書』, 竹島問題硏究會.

外務省, 2008,『竹島問題を理解するため10のポイント』, 外務省アジア大洋州局
　　　北東アジア課.

早川純三郎 編, 1913,『通航一覽』, 淸文堂.

下條正男, 2007,「竹島の日條例から二年」,『最終報告書』, 竹島問題硏究會.

恒藤恭, 1924,『羅馬法に於ける慣習法の歷史及理論』, 弘文堂書房.

http://ja.wikipedia.org/wiki
http://www.mofa.go.jp/mofaj/area/takeshima/index.html

독도의 섬으로서의 법적 지위 공고화 방안

1. 들어가는 말

지난 약 60년 가까이 우리나라와 일본 양국은 독도영유권문제를 둘러싸고 지루한 논쟁을 벌여 오고 있는 바, 양국은 각각 "독도(일본 명칭 다케시마)는 역사적으로나 또는 국제법적으로 자국의 영토라는 것이다."[1] 이처럼 독도문제의 핵심이 바로 그 귀속여부를 둘러싼 논쟁(고유영토의 여부, 실효적 지배의 여부, 전후 각종 문서의 해석상의 대립)이라고 하겠는데, 이러한 귀속문제와 맞물려 있는 중요한 다른 한 문제가 바로 독도의 법적 지위에 관한 부분이라고 할 것이다.

---

1) 우리 정부의 공식적 입장은 "독도는 역사적으로나 지리적으로 국제법상 우리 고유의 영토이며, 우리가 실효적으로 점유하면서 독도와 그 영해에 대한 완전한 주권을 행사하고 있는 상황인 만큼, 한·일간 외교교섭의 대상이 될 수 없다."로 요약할 수 있다. 반면 일본의 입장을 2008년 판 '외교청서'(외무성 백서)를 통해 읽을 수 있는데, "다케시마는 역사적 사실에서나 국제법상으로도 명백히 일본 고유의 영토라는 게 일본 정부의 일관된 입장이다. 한국이 이 섬을 실효적으로 지배하고 있었다는 명확한 근거는 한국 측으로부터 제시되지 않았다. 독도문제는 평화적으로 해결해야 하며 (일본)정부는 외교상의 경로를 통해 분쟁을 해결하도록 노력하고 효과적인 방도를 찾아나갈 것"이라고 기술하고 있다.

유엔해양법협약상의 '섬에 관한 규정(제121조)의 모호성'으로 인해,[2] 전세계적으로 많은 경우 섬의 법적 지위를 둘러싸고 논란을 야기하고 있는 바, 독도의 경우도 그러한 범주에 해당된다고 하겠다. 즉 독도를 동 협약상의 '섬(island)'으로 볼 것인지 아니면 인간거주 또는 독자적 경제생활을 유지할 수 없는 '암석(rock)'으로 볼 것인지의 여부에 따라 독도의 법적 지위가 달라진다는 것이다.[3]

이러한 상황 하에서, 국내적으로 독도의 '섬으로서의 법적 지위'를 공고화하려는 많은 제안들이 나오고 있으며, 또한 세계적으로도 각국

---

2) 유엔해양법협약의 체결과정에서, 다수의 도서를 갖는 국가들은 모든 섬이 일반 육지와 동등하게 배타적경제수역과 대륙붕을 가져야 한다고 주장한 반면, 개도국과 지리적 불리국들은 섬의 크기와 주민의 수 등 여러 가지 요소를 종합적으로 고려하여야 한다는 입장을 취하였다. 예컨대 사이프러스·그리스·태평양상의 섬 국가들은 국가관할권을 최대한 인정하자는 입장을 취하였고, 반면에 싱가포르·덴마크·토바고·루마니아 등은 해양공역을 최대한 보호해야 한다는 입장을 취하였던 것이다. 이처럼 섬의 지위에 대하여 합의점을 찾을 수 없었고, 결국 동 협약은 상기 양측의 입장을 거슬리지 않게 모호하게 채택되었던 것이다(정인섭, 2010, 『신국제법강의』, 박영사, 401쪽).

3) 유엔해양법협약 제121조에서 암석에 대한 정의를 명확하게 하지 않고 있음으로 인해, 그 법적 효과로서 단지 영해와 접속수역만을 갖는 것인지 아니면 추가하여 배타적경제수역과 대륙붕까지 갖는 것인지에 관해서 그 주체를 둘러싸고 논란이 있다. 먼저 도서를 영해와 접속수역만을 갖는 암석(rock)과 추가적으로 배타적경제수역과 대륙붕까지 갖는 섬(island)으로 양분하는 견해가 있다. 물론 이 경우에도 인간거주와 독자적 경제생활과 무관하게 모든 섬이 배타적경제수역과 대륙붕을 갖는다고 해석할 수 있는가 하는 의문이 있다. 다음으로 암석을 다시 양분하여 인간거주 또는 독자적 경제생활이 가능한 암석과 그렇지 않은 암석으로 나누고, 전자는 섬과 함께 대륙붕과 배타적경제수역까지 인정되는 것으로, 반면 후자는 단지 영해와 접속수역만을 갖는 것으로 구분하는 견해가 있다. 아무튼 본 논문에서는 도서의 법적 효과라는 측면에서 배타적경제수역과 대륙붕까지 갖는 '섬' 및 '민간거주 또는 독자적 경제생활이 가능한 암석'을 총괄하여 '섬'이라고 명명하고, 그렇지 않은 암석의 경우만을 암석이라고 칭하기로 한다.

은 자국의 연안해에 있는 무인도를 유인도화하는 등 그 법적 지위를 강화하려는 노력들이 끊임없이 일어나고 있는 실정이다.[4]

따라서 배타적경제수역(Exclusive Economic Zone : EEZ)과 대륙붕이라는 광활한 해역에 대한 관할권을 가질 수 있는 '섬으로서의 법적 지위'를 확립하기 위하여, 독도의 경우 어떠한 노력들이 필요한지를 고민해야 할 때라고 판단된다.

이러한 측면에서 본 논문에서는 독도의 '섬으로서의 법적 지위 공고화'를 위한 방안을 정리해 보고자 하는 바, 구체적으로 아래의 몇 가지 측면을 고찰하고자 한다. 첫째 유엔해양법협약상의 '섬의 개념'을 정의해 보고자 한다. 둘째 독도가 유엔해양법협약상의 섬의 지위를 갖는지의 여부를 분석해 보고자 한다. 셋째 독도의 '섬으로서의 지위' 공고화를 위해 어떤 노력들이 필요한지를 제안해 보고자 한다.

2. 섬(island) 및 암석(rock)의 개념

일반적 의미에서 '암석'이란 부피가 큰 돌, 즉 바위를 의미하며, 그리고 '섬'이란 사면이 물로 둘러싸인 육지라고 정의된다. 예컨대 육안으로 즉시 용이하게 구분되는 경우로서 제주도, 울릉도, 거문도, 거제

---

4) 예컨대 일본의 오키노도리시마(沖鳥島)라는 태평양상의 2개의 암석을 그 예로 들 수 있는데, 동경으로부터 남쪽으로 약 2,000km 떨어져 있는 너비가 각각 4.7m와 3m이고 수면위의 높이가 각각 3m와 1m인 암석이다. 일본은 침식작용으로 사라져가고 있는 암석을 살린다는 명목으로 1988년부터 약 3년간 2억 4천만 달러를 지출하여 인공구조물 공사를 벌였는데, 그 속셈은 오키노토리시마를 유엔해양법협약상의 섬으로 인정받아 주변 200해리 해역에 배타적경제수역을 확보하기 위한 것으로 보인다(박찬호, 2002, 「섬의 국제법상 지위 - 바위섬의 해양관할권을 중심으로」, 『국제법학회논총』, 제47권 제2호, 23쪽).

도 등은 당연히 섬이라고 하겠고, 반면 흔히 바닷가에서 볼 수 있는 작은 바위는 암석에 해당된다고 하겠다.

이처럼 일반적 의미에서의 구분과 마찬가지로 해양법에서도 양자를 구분하는데, 유엔해양법협약 제121조 3항에서 일부 암석에 대해서는 배타적경제수역과 대륙붕을 인정하지 않기 때문에 동조 1항의 섬과 3항의 암석으로 구분되는 것이다.

1) 섬(island)의 정의와 관할권

(1) 섬의 정의

유엔해양법협약 제121조에서는 '섬제도'에 관해 규정하고 있는 바, 동조 제1항에서는 섬을 "바닷물로 둘러싸여 있으며, 밀물일 때에도 수면 위에 있는, 자연적으로 형성된 육지지역"이라고 정의하고 있다 (동 협약 제121조 1항).

이러한 정의는 1958년의 영해및접속수역에관한협약 제10조 1항과 동일한데, 단지 유엔해양법협약 제121조 3항을 통해 인간거주 또는 독자적 경제생활을 유지할 수 있는 능력을 그 요건으로 추가하고 있는데 지나지 않는다. 이러한 배경은 6~70년대를 거치면서 '대륙붕 개념의 변화' 및 '배타적경제수역이라는 새로운 개념의 등장'으로 인해 확대된 해역을 연안국에게 인정하게 된데서 찾을 수 있는데, 즉 이 경우 야기될 수 있는 연안국의 관할권남용에 대한 일종의 견제장치가 필요했기 때문인 것으로 이해된다.[5]

---

5) 연안국의 주권과 이를 보완하는 기능을 하는 영해 및 접속수역과는 달리, 배타적경제수역과 대륙붕은 동 수역의 기능적 목적에 부합하는 주권적 권리 내지 관할권이 행사되는 수역이라고 할 수 있다. 따라서 충분한 크기나 환경을 갖지 못하는 암석의 경우에는 그러한 수역의 선포목적에 부합하지 못하기 때문에, 배타적경제수역이나 대륙붕을 갖지 못한다고 규정한 것이

결국 유엔해양법협약상 섬의 요건은 인간거주 또는 독자적 경제생
활이 가능한 것(후술함)으로서 자연적으로 형성된 육지여야 하며, 바
닷물로 둘러싸여 있어야 하며, 만조 시에도 수면 위에 존재해야 하는
것으로 요약할 수 있다.

따라서 인공시설물, 인공섬, 선박 또는 빙산 등은 법적 측면에서 섬
이 될 수 없다. 또한 일면이 육지에 붙어 있는 반도나 만조 시에는 수
면 아래로 들어가는 간출지(low-tide elevation)도 섬이 아닌 것이다.6)

(2) 섬의 관할권

유엔해양법협약 제121조 2항에서는 섬이 일정한 예외의 경우를 제
외하고 독자적으로 영해, 접속수역, 배타적경제수역 및 대륙붕을 보
유함을 규정하고 있다. 이러한 섬은 공해상에 있건 또는 영해 내에
있건 간에 독자적인 영해를 갖으나, 내수 안에 존재할 경우에는 영해
를 갖지 않으며, 또한 섬이 환초(attols)로 둘러싸여 있거나 혹은 가장
자리에 암초를 가진 섬의 경우에는 공인된 해도 상에 표시된 당해 환

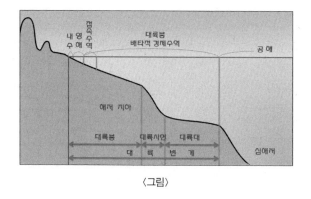

〈그림〉

다(이창위, 2009, 「일본의 도서와 해양경계문제」, 『국제법학회논총』, 제54
권 제2호, 204쪽).
6) 김대순, 2010, 『국제법론』 제15판, 삼영사, 1030~1031쪽.

초 또는 암초의 바다 쪽 저조선을 영해측정의 기선으로 삼도록 하고
있다(동 협약 제6조).

먼저 영해란 국가의 영토와 내수 외측(단 군도국가의 경우에는 군
도수역의 외측)에 인접하고 있는 일정한 범위의 해대로서, 연안국의
포괄적 주권(예컨대 경찰권, 연안무역권, 연안어업권, 해양과학조사권
등)이 미치는 수역이다. 오늘날 영해의 범위는 12해리 범위 내에서 각
국이 자국 영해를 정하도록 하고 있는데, 우리나라는 영해및접속수역
법에 따라 원칙적으로 12해리 영해를 갖되 예외적으로12해리 범위
내에서 대통령령으로 따로 정하도록 하고 있다. 따라서 대한해협의
경우에만 3해리 영해를 설정하고 있다.[7]

둘째 접속수역이란 연안국이 자국의 영해에 인접한 일정범위의 공
해수역에 대하여 관세, 위생, 재정, 출입국관리 등의 특정사항에 관한
관할권을 행사하기 위하여 설정한 수역으로서, 오늘날 기선으로부터
24해리를 초과해서 설정할 수 없도록 하고 있다.[8]

셋째 배타적경제수역이란 연안국의 영해 외측에 접속하는 수역으
로서, 그 수중·해저 및 지하에 있는 모든 생물·미생물 천연자원에 대
한 연안국의 배타적 관할권이 인정되는 기선으로부터 200해리 범위
의 수역을 말한다.[9]

끝으로 대륙붕이란 연안에 인접한 영해 밖 수역의 해저와 그 지하
로서, 대륙변계 외연이 영해기선으로부터 200해리 내에 있는 경우에
는 200해리까지, 200해리를 초과하는 경우에는 350해리 또는 수심
2,500m의 등심선으로부터 100해리까지의 부분으로서, 연안국의 관할
권이 인정되는 수역을 의미한다.[10]

---

7) 위의 책, 961쪽.
8) 위의 책, 978쪽.
9) 위의 책, 988쪽.
10) 위의 책, 997쪽.

2) 암석(rock)의 정의

유엔해양법협약 제121조 3항에서는 암석을 "인간이 거주할 수 없거나 또는 독자적인 경제생활을 지속할 수 없는 것"으로 정의하고 있다. 즉 암석은 만조 시 수면 위에 존재하는, 바다로 둘러싸인 자연적으로 형성된 육지지역으로서, 인간이 거주할 수 없거나 또는 독자적인 경제생활을 지속할 수 없는 경우라는 것이다.[11]

이처럼 동항에서 암석에 대한 정의를 명확하게 내리지 않음으로 인해서, 인간거주 또는 독자적 경제생활이 무엇을 의미하는지에 관한 추가적인 논의가 뒤따른다고 하겠다.[12]

---

11) 그 밖에도 섬 또는 암석을 구분하는 기준으로 도서의 크기를 기준으로 삼자는 주장이 있었는데, Hodgson과 Smith같은 학자와 국제수로국(International Hydrographic Bureau)의 견해 및 제3차 유엔해양법회의 과정에서 아프리카 국가들이 바로 그것이다. 먼저 Hodgson과 Smith는 그 면적이 1,000평방마일이 넘는 것을 섬(island), 1에서 1,000평방마일까지를 중소도(isle), 0.001 평방마일 이하는 암석이라고 구분한다. 다음으로 국제수로국은 1~10평방킬로미터를 소도(small islet), 10~100평방킬로미터를 중소도(islet), 100~50,000평방킬로미터를 섬이라고 구분하고 있다. 끝으로 아프리카의 14개국은 섬, 소도, 암석으로 구분하였다. 그리고 말타는 면적이 1평방킬로미터 이상은 섬이고 그 미만은 소도라고 구분한 바 있다(R.D. Hodgson and R.W. Smith, 1976, "The Informal Single Negociating Text(Committee Ⅱ) : A Geographical Perspective", *Ocean Development and International Law*, Vol.3, p.230 ; Mitchell P. Strohl, 1963, *The International Law of Bays*, Martinus Nijhoff, p.69, note 6(박찬호, 앞의 논문, 25~26쪽 재인용) ; 정갑용·Jon M. Van Dyke·주문배, 2004, 『독도영유권에 관한 국제법적 쟁점 연구』, 한국해양수산개발원, 6쪽). 그러나 이러한 주장은 유엔해양법협약에는 채택되지 못하였는데, 이러한 크기를 기준으로 구분하려는 시도는 한면에 합리성은 있지만, 그 기준이 명확하기 때문에 개개 국가가 보유한 섬의 크기에 비추어 찬반이 명확하게 정해짐으로써 일반적 지지를 얻기 어렵다는 단점을 갖는다.
12) 유엔해양법협약 제121조(섬제도)의 올바른 이해와 관련하여, 영해·접속수역·배타적경제수역·대륙붕을 갖는 섬과 영해와 접속수역만을 갖는 암석으로의 단순 이분법적 구분은 동 협약의 취지를 제대로 인식하지 못한 것이

(1) 인간거주의 여부

'인간의 거주 가능함'이라는 요건과 관련하여, 인간의 거주란 섬의
능력과 관계있으며, 인간의 영구적 거주가 필요조건이고 조직적이고
안정적인 거주를 의미한다 라는 엄격한 해석이 있을 수 있다. 이러한
부류의 주장으로서, Gjetnes는 식수와 경작 가능한 토양의 존재를,[13]
Ma는 그러한 거주의 일정 기간 지속을 필요로 한다고 주장하고 있
다.[14] 또한 Gjetnes는 인간의 거주는 민간인의 거주를 전제로 하기 때
문에 특정 목적을 수행하기 위한군인이나 과학자의 거주는 제외된다
는 입장을 표명하고 있다.[15]

반면 일부 학자들은 보다 탄력적인 해석을 하는데, 앞으로 인간이
거주할 가능성이 있으면 지금 거주 가능한 것으로 인정되며, 또한 인
간의 거주란 항상 거주하는 것을 의미하는 것이 아니라고 주장하고
있다.[16] 즉 기술의 발달에 따라 특정의 섬이 인간의 거주가 가능해진
다면 그 섬은 거주 가능한 것으로 되며, 또한 인간의 거주는 어업을

며, 섬을 인간이 거주할 수 없거나 또는 독자적인 경제생활을 유지할 수 없
는 암석과 기타의 섬으로 나누는 것이 동 협약에 대한 올바른 이해라는 주
장이 있다(이환규, 2009, 「UN 해양법협약상 섬의 법적 지위와 독도」, 『東亞
法學』 제43호, 동아대학교 법학연구소, 437쪽).

13) M. Gjetnes, 2001, "The Spratlys : Are They Rocks or Island ?", *Ocean Development
and International Law*, Vol.32, p.195(박찬호, 앞의 논문, 31쪽 재인용).

14) Ying-jeou Ma, 1983, "The East Asian Seabed Controversy Revisited : Relevance
of the Tiao-yu-t'ai Island Territorial Dispute", *Chinese Yearbook of International Law
and Affairs*, Vol.2, p.30(박찬호, 앞의 논문, 31쪽 재인용).

15) M. Gjetnes, *op.cit.*, p.30(박찬호, 앞의 논문, 31쪽 재인용). 유사한 입장을 취하
는 국내 학자로는 정인섭 교수가 있다. 유엔해양법협약의 체결과정에서 방
위 또는 여타 목적의 정부시설물이 존재한다는 것만으로써는 인간의 거주
가 가능하다고 보기에는 불충분하다는 주장이 있었으며, 이에 대해 별다른
반대가 없었다고 한다. 따라서 국가적 지원 하에 주둔하는 등대지기나 수
비대 등의 거주만으로써는 동 조항이 요구하는 요건을 충족하지 못한다는
것이다(정인섭, 앞의 책, 402쪽).

16) 위의 책 ; 정갑용·Jon M. Van Dyke·주문배, 앞의 책, 7쪽.

위하여 정기적으로 이용하거나 피난처로 이용하거나 또는 계절적으로 이용하는 것을 포함한다는 것이다.

(2) 독자적 경제생활의 여부

'독자적인 경제생활'이라는 요건과 관련하여, 독자적 경제생활이란 외부의 지원 없이 그 섬 자체의 자원을 바탕으로 인간이 진정한 의미에서 안정된 공동체를 지속해 나갈 수 있는가의 문제라고 엄격하게 해석하는 견해가 있을 수 있다.

그러나 이러한 엄격한 해석은 과학기술이 발달된 오늘날의 상황에 비추어 설득력이 떨어지는 견해라고 하겠다. 따라서 '현재와 미래의 경제수요의 변동, 기술적 혁신 또는 새로운 인간활동의 변화'를 포함하는 넓은 개념 즉 미래의 잠재적 가능성까지 포함하는 개념으로 이해해야 한다고 하는 탄력적인 해석이 요구된다고 할 것이다. 예컨대 정갑용 교수는 독자적 경제생활에 대한 해석과 관련하여 그 의미가 완벽한 자급자족을 의미하는 것으로 이해되어서는 안 되지만 경제적으로 개발되거나 사용 가능성 있는 자연자원의 존재가 필요하다고 주장한다.[17] 또한 Derek Bowett, Kwiatkowska, Soons은 외부의 도움을 받는 섬을 전적으로 배제하지는 않지만, 기본적으로 다른 영토로부터의 자원에 전적으로 의존하는 경제생활을 하는 경우에는 배제되는 것으로 해석하고 있다.[18]

한편 Derek Bowett은 국가가 암석을 인공적으로 확장하여 인간의

---

17) 위의 책, 6쪽.

18) Kwiatkowska and Soons, 1990, "Entitlement to Maritime Areas of Rocks which cannot sustain Human Habitation or Economic Life of their Own", *Netherlands Yearbook of International Law,* Vol21, p.168 ; Derek Bowett, 1979, *The Legal Regime of Islands in International Law,* Oceana Publication, New York, p.34(박찬호, 앞의 논문, 32쪽 재인용).

거주가 가능하도록 하고 경제적으로 가치 있게 하더라도 배타적경제
수역 내지 대륙붕을 갖는 섬으로 되지 않는다고 주장하고 있다.[19]

결국 인간거주의 가능성 내지 독자적 경제생활에 대한 판단은 인
간거주의 규모, 영구적인 거주 여부와 영구적의 의미, 경제생활의 개
념에 상업적 성격이 필요한가의 여부, 상업적 성격에 무선전화국·등
대·새알이나 거북알의 채집 등이 포함되는지의 여부, 주변 해역에서
의 어업과 광물개발이 경제생활에 포함되는지의 여부, 섬의 면적, 식
수, 비옥한 토양, 자연자원의 존재, 외부로부터의 지원의 전면적 금지
여부, 인위적인 섬의 확장에 대한 입장 등 다양한 요인을 고려해야
될 것으로 보인다.[20]

(3) 상기 양 요건의 관계

'인간의 거주 가능함'과 '독자적 경제생활'이라는 2가지의 요건과
관련하여, 그 가운데 하나라도 충족되면 배타적경제수역과 대륙붕을
가질 수 있다는 의미인지, 아니면 양자를 다 갖추어야만 가질 수 있
다는 의미인지에 관해서도 논란이 있다.[21]

예컨대 김명기 교수는 Charney 교수의 견해를 인용하면서 상기 2가
지 요건 가운데 하나를 갖추면 배타적경제수역과 대륙붕을 갖는 것으
로 보고 있는 것 같다.[22] 반면에 박찬호 교수는 유엔해양법협약 제

---

19) Derek Bowett, *op.cit.,* p.34(박찬호, 앞의 논문, 32쪽 재인용).
20) 정갑용·Jon M. Van Dyke·주문배, 앞의 책, 7~8쪽.
21) Ma는 상기 양 요건을 갖추어야 배타적경제수역과 대륙붕을 갖는다고 주장
   한 반면, Hodgson과 Smith는 둘 중 하나만 충족하면 족하다고 주장하고 있
   다(Ying-jeou Ma, *op.cit.,* p.1 ; R.D. Hodgson and R.W. Smith, *op.cit.,* p.231(박찬
   호, 앞의 논문, 31면 재인용).
22) 이환규 교수도 이러한 견해에 동의하고 있다(김명기, 2006, 「독도를 기점으
   로 하지 아니한 신한일어업협정 비판」, 『독도논총』 제1권 제2호, 독도조사
   연구학회, 21~22쪽 ; 이환규, 앞의 논문, 439쪽).

121조 3항의 취지에 비추어 상기 2가지 요건 모두를 충족시킨 경우에만 배타적경제수역과 대륙붕을 설정할 수 있다는 견해를 취하고 있다. 즉 암석에 대한 관할해역을 제한한 이유가 인간이 살지 않거나 연안으로부터 멀리 떨어져 있는 작은 섬에 대해 광활한 해역의 관할권을 인정함으로써 인류공동수역이 실질적으로 제한받는 것을 막는 데 동항의 목적이 있다면 동 조항을 엄격하게 해석해야 한다는 것이다.[23]

이상과 같이 '인간거주' 또는 '독자적 경제생활'의 개념에 대한 명확한 정의가 없는 관계로, 섬이냐 아니면 암석이냐를 구분하는 기준은 많은 해석상의 어려움을 수반하고 있다. 또한 유엔해양법협약의 섬제도에 관한 규정의 실제 적용과 관련해서, 대부분의 암석 영유국은 자국의 배타적경제수역과 대륙붕을 넓게 확보하기 위해 암석을 섬이라고 주장하는 경향이 있으며,[24] 그로 인해 많은 국제분쟁을 야기하고 있다는 점을 간과해서는 안 될 것이다.[25]

아무튼 섬이 단순한 암석에 지나지 않느냐 아니면 그 곳에서 '인간거주 또는 독자적 경제생활'이 가능하냐에 따라 그 법적 지위를 달리한다고 하겠는데, 단순한 암석은 상기한 섬의 경우와는 달리, 영해와 접속수역만을 갖는다(동 협약 제121조 3항).

---

23) 박찬호, 앞의 논문, 31쪽.
24) 이러한 대표적인 경우가 오키노도리시마를 기점으로 배타적경제수역을 주장하는 일본의 경우를 들 수 있다. 또한 추가로 베네주엘라의 Aves섬의 경우를 그 예로 들 수 있다(김대순, 앞의 책, 1031쪽).
25) 김명기, 앞의 논문, 23쪽.

3. 독도의 법적 지위

1) 독도의 '섬으로서의 법적 지위'

상술한 바와 같이 암석에 대한 명확한 정의가 내려져 있지 않는 관계로, '2개 바위섬과 주위의 약89개 바위와 암초로 이루어진 약 187,554㎡의 면적을 갖는 독도'를 섬(상술한 바와 같이 이 구분은 법적 효과에 따른 구분으로서, 여기서 섬이란 인간거주 또는 독자적 경제생활이 가능한 암석을 포함하는 것으로 이해함)으로 볼 것인지 아니면 단순한 암석(인간거주 또는 독자적 경제생활이 불가능한 암석으로 이해함)으로 볼 것인지 하는 것은 단순하게 판단될 수 있는 문제가 아니다. 섬인지 아니면 단순한 암석에 지나지 않는지에 관한 전술한 논란은 독도에도 그대로 적용된다고 하겠다. 즉 독도를 섬으로 볼 것인지 아니면 '인간거주 또는 독자적 경제생활을 유지할 수 없는' 암석으로 볼 것인지의 여부를 둘러싸고 견해의 대립이 있는데, 일부는 독도에서 '인간거주 또는 독자적 경제생활'이 가능하다고 보고 있는 반면, 다른 일부는 그러한 견해에 더 신중하게 대응하고 있다.[26]

사실 독도에는 40명 안팎의 경찰병력이 주둔하고 있고 또한 민간 주민이 수산물을 취득하기 위해 실제로 생활하고 있다. 또한 오랜 기간 동안 독도는 울릉도의 앞마당과 같은 공간으로 인식되어 왔다. 즉

---

[26] 신한일어업협정의 체결 당시 우리 정부의 입장은 독도를 암석으로 이해한 것으로 보인다(외교통상부, 1998, 『신한일어업협정과 독도』, 6쪽). 또한 유엔해양법상의 불완전한 조항에서 명확한 결론을 얻는다는 것이 불가능한 상황에 비추어 각국의 국익차원에서 종합적으로 판단할 것을 요구하는 견해도 있다. 즉 우리나라가 독도를 기점으로 사용할 경우와 사용하지 않을 경우 우리나라가 얻을 수 있는 부분과 잃을 수 있는 부분을 고려하여 판단할 것을 주장하기도 한다(정갑용·Jon M. Van Dyke·주문배, 앞의 책, 22쪽).

먼 바다로 어로행위를 떠나는 울릉도 어민에게 있어서 독도는 중간 기착지로서 인식되었고, 또한 어부들이 귀환하면서 독도에서 행하는 취사의 연기는 그들이 무사함을 알리는 신호탄이었던 것이다. 이러한 사실은 '사람이 거주할 수 없거나 독자적인 경제생활을 지속할 수 없는'의 요건을 해석함에 있어서, 독도에서 '인간거주 또는 독자적 경제생활'이 가능함을 입증하는 하나의 중요한 요소가 될 수 있을 것이다.

또한 오늘날 각국이 국익을 위해 해양법상의 각종 요건을 자국에 유리하도록 탄력적으로 해석하고 있다는 점과 국제적으로 작은 무인도를 유인도화하여 섬으로서의 지위를 부여하려는 경향이 존재한다는 점 및 미래 이용형태의 가변성이라는 점 등을 고려할 경우, 독도를 섬이라고 해도 무리가 없다고 판단된다. 특히 독도보다 더 작은 무인도를 유인도화하여 광활한 바다를 자국의 관할 하에 둔 해양정책을 펼쳐온 일본으로서는, 독도에 대한 우리의 주장을 반대할 논거를 갖지 못한다고 할 것이다.

그러나 독도의 '섬으로서의 지위'여부에 따라 당장 법적 효과가 다르게 나타나며 나아가 그에 따른 이해당사국(일본)이 존재한다는 점에서, 논란이 있는 문제라고 하겠다. 다시 말해 섬인지 또는 암석인지에 대한 결정이 그 소속 국가뿐 아니라 그 인접국들에게 배타적경제수역과 대륙붕 등 해양관할권의 확보여부의 중요한 지표가 된다는 점에서, 매우 중요한 문제라고 할 수 있다.

또한 상기 '인간거주 또는 독자적 경제생활'의 개념이 매우 상대적이며, 시대에 따라 미래 유동성을 가질 수 있다는 점에서, 앞으로 우리 정부는 독도에 대한 지속적 개발과 관리를 통해, '인간거주 또는 독자적 경제생활'이라는 요건을 객관적으로 충족할 수 있도록 적극적인 노력을 기울려야 할 것이다.

2) 배타적경제수역 등의 경계

전술한 바와 같이 독도를 기점으로 해양경계를 획선할 경우, 논란이 되는 경우는 바로 배타적경제수역의 경계문제이다. 여기에는 2가지 측면이 상호 연계되어 있는데, 하나는 독도의 영유주체의 문제이고, 다른 하나는 독도가 '인간거주 또는 독자적 경제생활'이 가능한 섬의 여부 문제(전술함)이다.

아무튼 이 경우 4가지의 해상경계의 획선 방법이 있는데, 우리의 영토로서 독도가 '인간거주 또는 독자적 경제생활'이 가능한 섬이라는 전제 하에서의 한·일 양국간의 배타적경제수역의 경계는 독도와 일본의 오끼섬 사이의 중간선이 될 것이다.

4. 섬으로서의 지위 공고화방안

전술한 바와 같이 독도가 '섬으로서의 법적 지위'를 갖는가에 관해서는 논란이 있다. 그러나 앞서 지적한 바와 같이 '인간거주 또는 독자적 경제생활'이라는 요건의 상대성과 독도에 대한 미래 이용형태의 유동성, 미래 가변적인 국제질서와 해양질서 등을 감안할 때, 독도에 대한 보다 실효적 지배가 가능하도록 점진적이고 장기적인 접근이 요구된다고 할 것이다.

이러한 노력은 매우 다양하게 대두될 수 있는데, 본고에서는 국가, 지방자치단체 및 민간 차원의 노력으로 대별해서 정리해 보고, 이러한 노력들이 상호 유기적인 보완관계 속에서 이루어질 수 있는 방안을 생각해 보고자 한다.

1) 국가 차원의 방안

(1) 독도 관련 법률의 제·개정의 탄력적 운용

우리나라는 독도의지속가능한이용에관한법률을[27] 비롯하여 많은 독도 관련 법률을 제정하여 독도의 효율적 관리와 이용을 도모함은 물론, 이러한 입법권의 행사를 통해 우리의 영유권을 확인하여 왔다. 따라서 상기 목적을 효과적으로 달성하기 위해서는, 필요한 경우 시의적절한 법률의 제정 내지 기존 법률의 개정이 신속히 뒤따라야 할 것이다.

예컨대 상기의 독도의지속가능한이용에관한법률에 대한 개정안 5개를[28] 비롯하여 독도의 날 제정에 관한 법률안[29] 등 독도와 관련한

---

27) 동법은 2005년 5월 18일 제정되어 동년 11월 19일에 시행되었던 바, 독도와 독도주변해역의 생태계보호 및 해양수산자원의 합리적인 관리·이용 방안을 정함으로써 독도와 독도주변해역의 지속가능한 이용에 이바지함을 목적으로 하고 있다. 그 후 2008년 2월 29일 일부 개정되었는데, 동 개정안의 주요내용은 다음과 같다. 첫째 독도지속가능이용위원회의 심의사항을 '기본계획'에서 '기본계획과 독도의 지속가능한 이용에 관한 주요사항'으로 개정하여 동 위원회의 기능을 확대하고, 위원회의 위원의 수를 현행 '12인 이내의 위원'에서 '20인 이내의 위원'으로 늘려 관계부처 및 민간 참여를 확대한다. 둘째 독도의용수비대 지원법이 제정되어 중복 규정된 '독도의용수비대' 관련사항을 개정하여 법률의 중복을 방지하고 규범력을 제고한다(http://blog.ohmynews.com/cari/114654 (검색일 : 2010.2.26).

28) 독도의지속가능한이용에관한법률에 대한 개정안(5건)을 살펴보면, 다음의 4가지 측면에서 특색을 보이고 있다. 첫째 독도에 대한 유인화를 시도하고 있다는 점이다. 둘째 독도에 대한 '실효적 지배'라는 표현을 사용하고 있다는 점이다. 셋째 독도 관련 기구 명칭의 변경 및 그 지위의 격상을 꾀하고 있다는 점이다. 넷째 독도에 대한 개발사업 등 적극적 행위를 권장하고 있다는 점이다(국회사무처, 제282회국회(임시회) 독도영토수호대책특별위원회 회의록, 제6호, 2009.4.17).

29) 독도의 날 제정에 관한 법률안과 관련하여 국회가 전면에 나서는 것이 비례성의 원칙에서 볼 때 적절한 것인지에 관해 의문이 있을 수 있다는 견해가 있다. 이러한 독도의 날 제정에 관한 법률안의 주요내용은 다음의 취지

12건(10건의 법률안과 청원 및 결의안 각 1건씩)의 법률안(또는 청원 및 결의안)이 지금까지 국회에 계류 중에 있다.30) 이는 일본과의 외교 마찰을 의식한 결과라고 볼 수 있다. 물론 국익이라는 측면과 외교마 찰의 회피라는 측면을 고려한 대응이었다고 판단되지만, 일반 국민의 법 감정과는 괴리가 있는 경우라고 하겠다.31)

(2) 입법권 및 행정권의 행사를 통한 실효적 지배

독도와 관련되는 법률의 입법활동 내지 관련 법률의 반복적 집행을 통해 독도의 실효적 지배를 확립할 수 있다고 본다. 따라서 여기서는 독도와 직접적으로 관련되는 대표적인 약간의 법률을 소개하고자 한다.

를 내포하고 있다. 즉 독도는 우리나라의 고유영토이며 동시에 현재도 우리나라가 실효적으로 지배하고 있는 역사적으로나 국제법적으로 우리나라의 영토임이 분명함에도 불구하고 일본이 독도를 자국의 영토라고 하는 위법·부당한 영유권 주장을 끊임없이 하고 있음에 비추어, 이러한 일본의 주장을 봉쇄하고 독도 수호에 대한 전 국민의 관심과 참여를 확대함으로써 독도 수호 의지를 대내·외에 분명히 홍보하기 위하여 독도의 날(10월 25일)을 법률로서 제정하고 이를 기념하는 의식 및 행사 등을 실시하도록 하자는 것이다(위의 회의록). 한편 이러한 취지의 '독도의 달'을 경상북도 의회에서 이미 조례로 제정해 두고 있다.

30) 그 밖에도 독도의영토수호와지속가능한보존및이용에관한특별법안, 독도영유권선포에관한특별법, 독도등도서지역의생태계보전에관한특별법 개정안 및 유네스코세계자연유산및생물권보전지역지정을위한촉구결의안 등이 있다(국회사무처, 제282회국회(임시회) 독도영토수호대책특별위원회 법안·청원심사소위원회 회의록, 제1호, 2009.4.7).

31) 국민적 관심을 모을 수 있다는 장점을 가질 수 있으나, 국회 차원에서 입법의 형식이라는 점에서 외교마찰 등 정부가 부담을 질 수 있다. 또한 정치적 고려에 의한 판단보다는 국익이라는 측면에서 접근하는 것이 보다 합리적이라고 하겠다.

① 측량·수로조사및지적에관한법률의 적용

동 법은 2009년 6월 9일에 채택되어 동년 12월 10일 시행되었는데, 1950년 12월 1일에 제정되었고 19차례의 개정과정을 거쳐 2009년 6월 9일 폐지된 지적법의 사무를 승계하고 있다.

동법 제64조 1항에서는 국토해양부장관으로 하여금 동법이 정하는 바에 의하여 모든 토지에 대하여 필지별로 소재·지번·지목·면적·경계 또는 좌표 등을 조사·측량하여 지적공부에 등록하도록 규정하고 있다.

따라서 독도의 주소는 경상북도 울릉군 울릉읍 독도리 1~96번지 (우편번호: 799-805)이다. 2000년 3월 20일 울릉군 의회에서 독도리 (里)신설과관련된조례안이 의결되고, 동년 4월 7일 공포됨에 따라 기존의 주소(울릉군 울릉읍 도동리 산42~76번지) 대신 새주소(울릉군 울릉읍 독도리 산1~37번지)가 부여 되었다가, 2006년 독도리의 지번 조정에 따라 오늘의 주소로 정해졌던 것이다. 또한 독도는 91개 섬 101필지로 구성되어 있으며, 지목은 임야와 대지, 잡종지로 구분되어 있다. 1997년 11월에 완공된 독도접안시설도 1998년 8월 중에 지적공부에 등록되었다.[32]

2008년 4월 경북 울릉군이 한국감정원과 공동으로 산정한 공시지가에 따르면 독도 공시지가는 8억 4,824만 7,000여원이다. 독도의 땅값은 처음으로 공시지가가 산정된 2000년 6월에 2억 6,000여만 원으로 평가된 후 꾸준히 상승, 8년 만에 5억 8,000여만 원이 상승하였다.[33]

---

32) http://www.ulleung.go.kr/ (검색일 : 2010.3.9).
33) 이범관, 2010, 「독도 알고 대응하자」, 『공무원 독도아카데미 강의 자료집』, 울릉군, 7쪽.

② 주민등록법의 적용

1962년 5월 10일 제정되어 동년 6월 20일 시행된 이래 20차례의 개정과정을 거쳐 오늘에 이르고 있는 동법은 인구의 동태를 항상 명확하게 파악하여 주민생활의 편익을 증진시키고 행정사무를 적정하게 처리하도록 하는 것을 목적으로 한다.

동법 제6조 1항에서는 시장·군수 또는 구청장으로 하여금 30일 이상 거주할 목적으로 그 관할 구역에 주소나 거소를 가진 자를 이 법의 규정에 따라 등록하도록 하고 있으며, 동법 제7조 1항에서는 시장·군수 또는 구청장으로 하여금 주민등록사항을 기록하기 위하여 전산정보처리조직으로 개인별 및 세대별 주민등록표와 세대별 주민등록표 색인부를 작성하고 기록·관리·보존하도록 하고 있다.

따라서 독도 내에 주소 또는 거소를 가진 자는 동법의 규정에 의해 등록되어야 하는데, 울릉군수는 독도 내에 주소지를 가진 자의 주민등록사항을 개인별 및 세대별 주민등록표와 그 색인부를 기록·관리·보존하여야 한다.

현재 김성도(독도호 선장)·김신열 부부가 1991년 11월 17일 이후 "경상북도 울릉군 울릉읍 독도리 20-2번지"에 거주하며 어로활동에 종사하고 있으며, 엄태명과 하호규(독도 등대원) 등 4명이 독도에 주민등록되어 있다.

독도에 처음으로 주민등록을 이전(1981년 10울 4일)하여 거주한 사람은 최종덕과 조갑순 부부였다. 그 후 조준기, 최종찬, 김병권, 황성운, 전상보, 최경숙, 조한별, 편부경, 허원신씨 등이 주민등록을 하였으나, 사망 내지 전출하였다.[34]

2009년 7월 현재 2,205명이 독도에 등록기준지(구 호적법의 본적)

---

34) 박인수, 1998, 「국내법적용에 의한 독도의 수비와 관리」, 『울릉도·독도의 종합적 연구』, 영남대학교 민족문화연구소, 169쪽.

을 두고 있다.[35]

③ 영해및접속수역법의 적용

동법은 1995년 12월 6일 제정되어 1996년 8월 1일부터 시행되었다. 동법에서는 기선으로부터 12해리의 영해(동법 제1조)와 영해 이원의 해역으로서 기선으로부터 24해리의 접속수역(동법 제3조의 2)에 관해 규정하고 있다.

따라서 우리나라는 독도 근해에 12해리의 영해와 그 이원의 12해리의 접속수역(영해 기선으로부터 24해리범위)을 설정할 수 있다. 그러나 현재 신한일어업협정에서는 독도 근해를 중간수역(일본 측은 잠정수역이라 명명)으로 두고 있는데 지나지 않는다.

앞으로 동법의 적용을 통한 독도 근해에 대한 실효적 지배를 강화해야 할 것이다.

④ 배타적경제수역법의 적용

동법은 1996년 8월 8일 제정되어 동년 9월 10일부터 시행되었다. 동법에서는 영해 이원의 해역으로서 기선으로부터 200해리의 배타적경제수역(동법 제2조)에 관해 규정하고 있다.

따라서 우리나라는 독도로부터 200해리의 배타적경제수역을 설정할 수 있다. 그러나 상술한 바와 같이 독도 근해를 중간수역(일본 측은 잠정수역이라 명명)으로 두고 있는데 지나지 않는다.

앞으로 동법의 적용을 통한 독도 근해에 대한 실효적 지배가 가능하도록 그 방안을 강구해야 할 것이다.

---

35) http://www.dokdo.go.kr/cafe/ (검색일 : 2010.3.9).

⑤ 지방세법의 적용

동법은 1949년 12월 22일 제정된 이래, 수많은 개정과정을 거쳐 오늘에 이르고 있다. 동법에서는 지방자치단체로 하여금 재산세·자동차세·도시계획세·공동시설세 및 지방교육세(재산세와 자동차세분에 한한다)등을 부과징수할 수 있도록 규정하고 있다(지방세법 제2조, 지방세법 시행령 제14조의 4).

따라서 독도에 거주하는 김성도 부부에 대해 지방세법에 따라 지방세를 부과할 수 있다. 이러한 징세권은 매우 중요한 국권행사의 한 내용이라고 하겠는 바, 이러한 징세권의 반복적 행사를 통해 독도의 실질적 지배의 기초를 축적해야 할 것이다.

⑥ 기타

그 밖에도 독도와 직접적으로 관련되는 법률로서는 독도등도서지역의생태계보전에관한특별법,36) 독도의용수비대지원법,37) 문화재보호법,38) 국유재산법39) 등을 들 수 있으며, 간접적으로 관련되는 법률

---

36) 동법은 1997년 12월 13일에 제정되었으며, 1999년 5월 24일 일부 개정되었다. 동법은 특정도서의 다양한 자연생태계·지형 또는 지질 등을 비롯한 자연환경의 보전에 관한 기본적 사항을 정함으로서 현재와 장래의 국민 모두가 깨끗한 자연환경 속에서 건강하고 쾌적한 생활을 할 수 있도록 함을 목적으로 하고 있다.

37) 동법은 2008년 2월 29일에 제정되었으며, 독도의용수비대 기념사업회를 설립하여 독도를 수호하기 위하여 특별한 희생을 한 독도의용수비대의 대원과 유족 등에 대하여 국가가 응분의 예우와 지원을 함으로써 그 명예를 선양하고 국민의 애국정신 함양에 이바지함을 목적으로 하고 있다.

38) 동법은 1962년 1월 10일에 제정되어 2010년 2월 4일까지 36차례 개정되어 오늘에 이르고 있다. 독도 인근 약 18만 평방미터의 해역은 1982년 11월 16일 '독도 해조류 번식지'로 지정되었다가 1999년 12월 천연기념물 제366호로 지정되어 천연보호구역으로 바뀌었다(http://www.encyber.com/search_w : 검색일 2010.2.26).

39) 국유재산에 관한 기본적인 사항을 정함으로써 국유재산의 적정한 보호와

또한 다수 존재하고 있다.

(3) 독도영토수호대책특별위원회의 재구성

우리나라 국회가 더 이상 방치하면 독도가 사라질지도 모른다는 위기의식 하에서, 다각적인 방면에서의 영토수호를 위하여 제18대 국회에서 "독도영토수호대책특별위원회(위원 18인)"를 구성하였다.[40]

동 위원회는 일본의 지속적인 독도영유권 주장과 최근 일본의 새로운 중등학교 학습지도요령해설서에 독도를 일본의 고유영토라고 명기하는 등 독도영유권 침탈행위에 대한 대책 마련과 외국의 올바른 독도 및 그 영유권 표기 등을 위한 근본적이고 다각적인 대책을 강구하고 관련 안건을 심사하기 위하여 구성되었다.

그러나 동 특별위원회는 이미 그 활동기간(2009년 8월 25일)이 만료되었으며, 실질적으로는 2009년 4월 17일 회의 이후 중단되었었다. 따라서 독도수호를 효율적으로 뒷받침하기 위해서는 동 특별위원회를 재구성할 필요가 있다는 것이다.

(4) 기타

전술한 것 이외에도 국가적 차원에서 추진되어야 할 방안으로서는 많은 일들이 있을 수 있겠으나, 대표적인 약간을 소개하면 아래와 같다.

효율적인 관리·처분을 목적으로 제정된 국유재산법은 동법 제14조에서 총괄청이나 관리청은 국유재산을 취득한 경우 대통령령으로 정하는 바에 따라 지체 없이 등기·등록, 명의개서(名義改書), 그 밖의 권리보전에 필요한 조치를 하여야 할 것과 그리고 등기·등록이나 명의개서가 필요한 국유재산인 경우 그 권리자의 명의는 국(國)으로 하되 소관 중앙관서의 명칭을 함께 적도록 하고 있다. 따라서 독도의 소유권은 국가에 있으며, 그 관리청은 국토해양부이다(이범관, 앞의 논문, 7쪽).

40) 17대 국회에서는 독도수호 및 역사왜곡대책 특별위원회를 두었었다.

먼저 독도에 대한 지속적 개발을 통해, '인간거주 또는 독자적 경제생활'이라는 요건을 객관적으로 충족할 수 있도록 적극적인 개발노력을 기울려야 한다는 제안을 들 수 있다. 예컨대 독도의 주요 도서인 동도와 서도 사이를 매립하여 촌락을 만든다든지, 주민숙소를 확장하는 등의 노력이 필요하다는 것이다.[41] 둘째 울릉도와 독도 여행객에 대한 면세품 판매장을 운영하자는 제안을 들 수 있다. 셋째 독도의 영토주권 강화와 지속가능한 이용을 위해 장기적·안정적으로 대상사업을 지원하기 위해 독도 관광진흥기금을 설치하자는 제안을 들 수 있다.

(5) 한계

상술한 것처럼 독도 관련 법률의 제·개정의 탄력적 운용, 입법권 및 행정권의 행사를 통한 실효적 지배, 독도영토수호대책특별위원회의 재구성 등의 노력은 자칫 외교적 마찰을 불러올 가능성이 있다는 점에서 보다 치밀하게 진행되어야 할 것이다. 또한 독도주변의 개발노력은 독도의 자연환경의 훼손을 가져온다는 점에서, 상기 면세품 판매장의 운영은 조세특례제한법의 입법취지와 배치될 수 있다는 점에서, 독도기금의 설치제안은 국민에게 재정적 부담을 추가한다는 점에서 어려움이 있다.

2) 지방자치단체 차원의 방안

(1) 국내외 홍보활동의 강화

현대사회는 자기선전의 사회라고 할 수 있는 바, 이러한 측면은 국

---

41) 이상면, 1996, 「독도 영유권을 둘러싼 한일간의 해양관할권 문제」, 『국제법학회논총』 41권 제2호, 대한국제법학회, 109쪽.

가의 경우에도 마찬가지라고 생각된다. 일본의 경우 국가홍보 전략이 위력을 발휘하여, 세계적으로 통용되는 지도의 약 97%가 우리의 동해를 일본해라고 기술하고 있는 지경에 이르렀다. 앞으로 독도문제에 관한 우리나라의 논거를 적극적으로 홍보할 시점에 서 있는 것이다.

이를 위한 방안은 매우 다양하겠으나, 대표적인 몇 가지를 소개하면 아래와 같다. 첫째 사이버독도 홈페이지를 영어·중국어·일본어 등 다양한 외국어로 운영하는 방법을 들 수 있다. 둘째 세계인의 눈높이에 맞춘 홍보영상물과 홍보팜플렛을 제작하여 활용하는 방법을 들 수 있다. 셋째 독도기념품 공모전을 개최하고 그것을 제작·배포하는 방법을 들 수 있다. 넷째 독도를 배경으로 한 우표의 발행을 들 수 있다.

(2) 독도에 대한 교육의 강화 및 해양법전문가의 양성

독도의 영유권문제를 해결함에 있어서 가장 중요한 것은 국민의 지지와 사랑을 받는 일이라고 할 수 있다. 동시에 이러한 지지와 사랑은 해당 문제를 인지하고 있느냐의 여부에서 출발한다는 점에서, 교육은 매우 중요한 요인이라고 판단된다.

독도에 대한 교육을 강화하는 방안은 매우 다양하겠으나, 대표적인 몇 가지를 소개하면 다음과 같다. 첫째 독도와 관련한 학술회의의 개최, 영화와 노래 및 연극의 이용, 언론매체의 이용, 각급 학교교육의 이용, 모의재판의 개최, 우편엽서만한 크기의 코팅된 카드의 제작 및 배포, 소책자의 발간, 단면으로 된 인쇄물의 이용, 전문서적의 출판 및 비디오(또는 동영상물)의 이용 등을 들 수 있다. 둘째 첨단정보통신공학 매체인 e-러닝(또는 인터넷을 통한 교육)을 통해 실시하는 방법이다. 현재 영남대학교에서는 이러한 방법으로 '독도의 이해'라는 과목을 개설하고 있는데, 매 학기 약 330명의 학생이 수강하고 있는 실정이다.

또한 이러한 교육의 연장선상에서 국제사회에서 경쟁력을 가질 수 있도록 해양법전문가를 양성하는 일도 시급한 과제라고 판단된다.

(3) 지방자치단체의 교류 재개 및 일본촌의 건설·운영

2005년 3월 16일 일본의 시마네현 의회에서 '다케시마의 날' 조례가 가결되자, 경상북도는 시마네현과의 자매결연관계를 파기하였고 동년 7월 4일 경상북도 의회는 '독도의 달'을 제정하여 운영해 오고 있다.

사실 인접국의 영토문제를 지방자치단체가 일방적으로 간섭하는 행위는 도를 지나치는 행위로서 양국 간의 우호관계를 침해하는 행위이기 때문에, 삼가 되어야 할 것이다.

그러나 '가깝고도 먼 나라'라는 표현에서 잘 나타나고 있는 바와 같이, 양국은 21세기를 동반자 관계로 나아가야 할 지리적 밀접성을 가지고 있다. 나아가 국가와 지방자치단체는 상호 보완하는 관계를 형성하고 있다는 점에서, 양국의 지방자치단체인 경상북도와 시마네현은 중단됐던 자매관계를 재개하여, 상호 이익이 되는 공생의 관계를 펼쳐 나아가야 할 시점이라고 판단된다.

이러한 맥락에서 양국 국민의 이해를 증진하고 우호관계를 고양하기 위해서, 시마네현에서 건설·운영하는 한국촌에 상응하게 경상북도도 일본촌을 건설하여 운영하는 방안은 의미가 있을 것으로 판단된다.

(4) 독도 주변 시설물의 정비

독도 주변 시설물을 정비함으로써 독도의 이용과 관리를 실질적으로 하자는 제안이 있는데, 그 대표적인 경우로는 독도방파제 확장사업, 독도체험장의 건립, 현장관리사무소 설치, 어민숙소의 확장, 피항

시설의 운용, 기상 및 해양연구를 위한 종합기상해양과학기지의 건설, 독도 DMB방송 기지국 개국 등이 포함된다.

　(5) 독도의 유인화 및 관광기반시설의 개발

　독도의 유인화 및 관광기반시설의 개발을 통해서 독도의 관리와 이용을 효율적으로 하자는 제안이 있는데, 그 대표적인 경우로는 동도와 서도의 매립사업을 포함해서 페크루즈선의 정박 또는 숙박시설의 정비를 통한 독도방문객 휴게소 설치 등을 들 수 있다.

　(6) 울릉도의 접근성 고양 등 개발방안

　연간 약 20만 명의 관광객이 울릉도를 찾고 있으며,42) 그 중 상당수(예컨대 2006년에 약 46,000명, 2007년에 약 66,000명, 2008년 8월까지 68,000명 등)가 독도를 찾고 있다.43) 만약 울릉도와 독도에 접근성이 다양해지거나 또는 좋아진다면, 관광객의 수는 엄청나게 증가할 것으로 예측된다.

　울릉도의 접근성을 높임과 동시에 울릉도의 수려한 관광자원을 개발함으로써 관광객의 수를 증가시킨다면, 그것이 바로 독도에 대한 살아 있는 교육이 될 것이다.

　(7) 한계

　상기와 같은 지방자치단체에 의한 다양한 방안은 한·일 양국 간의 외교적 마찰을 피하면서, 어느 정도 독도에 대한 실효적 지배를 확보할 수 있다는 점에서 장점을 갖는다고 하겠다.

---

42) 유영준·이경호, 2006, 「독도와 연계한 울릉도 교육관광의 활성화 방안」, 『울릉도/독도의 가치제고 방안 연구』, 대구경북연구원, 101쪽.
43) 국회사무처, 제282회국회(임시회) 독도영토수호대책특별위원회 회의록, 제6호, 2009.4.17.

그러나 지방자치단체는 사업집행의 재정적 한계를 가지고 있다는 점과 개발에 따른 자연환경의 훼손을 야기한다는 점에서 기본적인 한계를 갖는다고 판단되는 바, 구체적으로는 아래와 같다.

첫째 지방자치단체의 교류 재개 및 일본촌의 건설·운영은 경상북도 도민들의 마음을 어떻게 설득시키는가 하는 어려움을 내포하고 있다.

둘째 독도 주변 시설물의 정비 내지 독도의 유인화 및 관광기반시설의 개발은 상술한 것처럼 독도의 자연생태계를 훼손할 수밖에 없다는 점에서 한계를 갖는다. 이인규 교수의 지적에 의하면, 식수확보시설(식수원 개발) 또는 농작물재배에 필요한 시설설치는 독도의 지형과 지질 및 기후 여건에 비추어 불가능하며 천연기념물인 독도의 생태계를 심각하게 교란하는 일이라는 것이다.[44] 현재 국회에 계류 중인 독도의지속가능한이용에관한법률에 대한 개정안에서 독도의 유인화를 제안하고 있는데, 이것은 기존의 법률(독도등도서지역의생태계보전에관한특별법)과 충돌하고 있다. 즉 동 법률 제2조에서 "특정도서라 함은 사람이 거주하지 아니하거나 극히 제한된 지역에만 거주하는 섬(이하 무인도서(무인도서)등이라 한다)으로서 자연생태계·지형·지질·자연환경(이하 자연생태계등이라 한다)이 우수한 독도 등 환경부장관이 지정하여 고시하는 도서를 말한다" 라고 규정하고 있는 바, 독도를 무인도서로서 정의되는 의미로 해석된다는 것이다. 따라서 독도를 상기 법령에서 제외하는 등의 선행조치가 요구된다는 것이다.[45]

---

44) 위 회의록.
45) 위 회의록.

3) 민간단체 차원의 방안

(1) 민간 교류의 확대

시마네현 의회가 '다케시마의 날'을 제정한 이후, 시마네현에 한국인 관광객이 줄어들었다. 따라서 시마네현은 재정적 영향을 받는다면서 "영유권문제는 국가 차원의 문제이고, 지방자치단체로서는 교류가 중요하다"라고 역설하던 시마네현 공무원의 모습이 눈에 선하게 떠오른다. 일본과 영유권문제를 앞에 두고 어떻게 흥분하지 않을 수 있겠는가 마는, 21세기라는 무한경쟁시대를 살아가는 지구촌에서 양국이 원원(win-win)할 수 있는 길을 모색하는 것은 매우 중요하다고 판단된다.

인접국가 간에 민간교류의 확대는 국가 간의 갈등을 완화시키는 기능을 할 수 있는 것으로서, 일본과의 관계에서 민간교류를 확대하는 것이 필요하다고 본다.

(2) 독도 관련 학술교류 및 특정 목적별 친선교류의 확대

독도와 관련한 학술교류를 통해 양국 간에 독도문제에 관한 이해의 폭을 넓히는 일과 기능별(또는 직능별) 친선교류의 확대를 통해 상호 이해하고 신뢰하는 문화를 폭넓게 형성하는 것은 매우 필요한 일이라고 판단된다.

4) 종합적 연계방안

전술한 바와 같은 국가와 지방자치단체 그리고 민간단체 차원의 노력과 관련하여, 이들 노력들이 상호 밸런스를 유지하면서 국가의 이익이 최대화되도록 조화를 이루어야 할 것이다. 예컨대 정부가 강경대응 방침을 천명하면, 비국가단체(예컨대 지방자치단체, 시민단체, 학자, 사인 등)가 그러한 경색국면을 적절히 완화시켜 균형을 잡을 수 있어야 하며, 반면에 정부가 조용한 외교정책을 펼칠 때는 비국가단체의 강력한 대응으로 조화를 이루어야 한다는 것이다.

5. 맺는 말

이상과 같이 독도의 '섬으로서의 법적 지위'를 공고화하려는 국가와 지방자치단체 및 민간 차원에서의 다양한 노력들을 정리해 보았다.

그런데 일각에서는 상기와 같은 독도를 둘러싼 실효적 지배 내지 개발 노력이 자칫 일본과 외교적 마찰 등 충돌만 일으키고 영유권과 관련해서는 실익이 없다고 주장하고 있다. 물론 국제법적 관점(또는 국제사법재판소에 의한 해결)에서만 본다면 그러한 실효적 지배조치 내지 개발이 있다고 해서 영유권문제를 유리하게 끌고 갈 수 있다고 보기는 어려울 것이다.

그러나 국가의 영역권 행사는 자국의 필요에 따라 자율적으로 행하여지는 것이지, 주변국의 눈치나 보면서 삼가 되어질 문제는 아닌 것으로 판단된다. 오히려 그러한 소극적 대응이 영토문제의 해결을 더 꼬이게 하거나 또는 더디게 하는 요인이 될 수 있음을 명심해야 할 것이다.

특히 미래의 가변적인 국제질서와 해양질서를 감안할 때, 독도에 대한 영역권 행사는 보다 적극적으로 이루어져야 할 필요가 있다고 하겠다. 따라서 독도의 '섬으로서의 법적 지위' 공고화를 위한 노력도 법적 관점을 뛰어넘어 보다 다각적으로 진행되어야 할 것이다.

다만 이러한 노력과정에서 숙고해야 할 몇 가지 측면을 제시해 보면 아래와 같다.

첫째는 국익우선의 원칙이다. 독도문제의 해결과 관련된 접근방법
은 매우 다양하겠으나, 가장 기본이 되는 원칙은 국가이익을 최우선
시하는 접근방법이라고 생각한다. 예컨대 독도를 유네스코 세계문화
유산으로 등재하는 절차를 시작할 경우,[46] 일본도 똑 같이 다케시마
를 일본의 세계문화유산으로 등재하는 절차를 취한다면 어떻게 할 것
인가 하는 가정에서처럼, 우리가 행동을 할 때 일본의 대응까지도 면
밀히 따져서 국가이익을 고려해서 결정하자는 것이다.

둘째는 점진적이고 장기적인 접근원칙이다. 독도문제에 대해 지나
치게 서두르거나 근시안적으로 접근하는 태도는 자칫 양국 관계를 경
색시켜 국익을 해칠 수 있다는 것이다. 따라서 독도문제의 해결과 관
련해서는 장기적인 계획 하에서 예상 가능한 모든 상황에 대비하는
노력이 있어야 할 것이다.

셋째는 독도의 개발과 자연환경보호의 조화원칙이다. 독도에 대한
개발사업은 필연적으로 독도의 생태환경를 훼손하게 될 것이다. 따라
서 양자 간에 조화를 이룰 수 있도록 개발사업이 진행되어야 하며,
양자가 충돌하는 경우에는 자연환경의 보호에 기초를 두어야 할 것
이다.

『영남법학』 30, 2010.3.

---

46) 독도가 유네스코의 자연유산 등재를 위한 기준(얼마나 지질학적이고 자연
    적인 속성을 독특하게 그리고 완전하게 나타내는가)을 충족할 것인가 하는
    문제와 관련해서, 관련 전문가인 이인규 교수는 그러한 등재가 불가능하다
    고 보고 있다(위 회의록).

UN 해양법협약상 섬의 법적 지위와 독도

이 환 규

1. 서 론

1958년 해양법 체제에 따르면 바위섬도 섬에 해당되며[1] 섬은 대륙붕을 가지기 때문에[2] 바위섬은 그 자체의 대륙붕을 갖는다. 이런 해석은 1958년 대륙붕협약에 규정된 대륙붕의 법적 정의를 감안할 때 큰 문제가 되지는 않았다. 대륙붕협약 제1조에서 "대륙붕은 영해 수역의 외측으로 해안에 연접한 해저, 해상과 하층토로서 수심 200m에 이르는 지역과, 이러한 수심을 초과하더라도 이 지역의 천연자원의 개발이 가능한 수심까지의 해저지역의 해상과 하층토를 포함한다"고

---

[1] 1958년 영해 및 접속수역에 관한 협약 제10조 제1항에서는 "섬이라 함은 물로 둘러싸여 있으며, 만조시에도 수면위에 있는, 자연적으로 형성된 육지지역을 말한다(An Island is a naturally formed area of land, surrounded by water, which is above water at high tide)"고 규정하고 있다.

[2] 1958년 대륙붕협약은 "본 협약을 적용함에 있어서 "대륙붕"이라 함은 다음과 같은 것을 말하는 것으로 사용된다 (b) 섬의 연안에 인접하고 있는 동양의 해저구역의 해상과 해저지하"(For the purpose of these articles, the term "continental shelf" is used as referring (b) to the seabed and subsoil of similar submarine area adjacent to the coasts of islands)라고 규정하고 있다. 따라서 섬은 대륙붕을 설정할 수 있다.

규정하고 있으므로, 대륙붕은 수심 200m 및 개발가능성을 기준으로 외측한계가 측정된다.[3] 예를 들어, 태평양의 경우 평균수심이 4,000m를 넘는 것을 감안하면 대양 가운데 위치한 소도나 바위섬의 경우 그 당시 널리 인정되던 3해리 영해를 기준으로 할 때 그 너머의 바다가 수심 200m 기준을 충족하기는 어려울 것이다. 따라서 현실적으로 대륙붕 창설능력을 가진 섬의 종류를 제한할 필요가 크지 않았다.[4]

하지만 제3차 UN 해양법회의에서는 기선으로부터 200해리까지 대륙붕이 인정되고 새로이 도입된 개념인 배타적경제수역도 기선으로부터 200해리를 기준으로 하므로 섬의 유형에 따라 배타적경제수역과 대륙붕 창설능력에 차등을 둘 필요성에 대한 논의가 현실적인 문제가 되었다. 왜냐하면 대양의 소도나 바위섬이 광범위한 해양수역을 가지는 경우가 생길 수 있기 때문이다. 소도나 바위섬이 영해와 접속수역 이외의 해양수역을 가질 수 있는지 여부에 대해 싱가포르, 덴마크, 트리니다드 토바고, 루마니아, 아프리카 국가들은 인류 전체를 위해서는 국가 관할권 밖의 해양공역을 최대한 보존해야 한다고 주장하였고,[5] 사이프러스, 그리스, 태평양의 섬국가들은 연안국의 국가관할권을 최대한 인정하자는 입장을 표명하였다.[6] 논의 끝에 UN 해양법협약 제121조 제3항은 "인간이 거주할 수 없거나 독자적인 경제생활

---

3) UN 해양법협약 제76조 제1항에서는 대륙붕의 범위와 관련하여 "연안국의 대륙붕은 영해 밖으로 영토의 자연적 연장에 따라 대륙변계의 바깥 끝까지, 또는 대륙변계의 바깥 끝이 200해리에 미치지 아니하는 경우, 영해기선으로부터 200해리까지의 해저지역의 해저와 하층토로 이루어진다"고 규정하고 있다. 1958년 대륙붕협약상 대륙붕의 범위와 비교하여 볼 때, 대륙붕의 범위가 확대되었음을 쉽게 알 수 있다.

4) 정진석, 2008, 「섬의 국제법적 지위」, 국제법학자대회 주제발표문(2008.11.1), 67쪽.

5) Satya N. Nandna C.B.E. and Shabtai Rosenne, *United Nations Convention on the Law of the Sea 1982: A Commentary*, 3, Martinus Nijhoff Publishers, p. 328·332.

6) *Ibid.*, pp. 329~331.

을 유지할 수 없는 바위섬은 배타적경제수역이나 대륙붕을 가지지 아니한다"고 규정하게 되었다. 결과적으로 1958년 해양법 체제와는 달리 UN 해양법협약은 섬의 해양수역 창설능력에 대해 바위섬의 경우에는 부분적으로 예외를 인정하게 되었다.

해양법에서 섬의 지위가 문제되는 것은 일부 바위섬이 배타적경제수역이나 대륙붕을 가질 수 없기 때문이다. 해양법협약 제121조 제3항에서는 '인간의 거주' 및 '독자적인 경제생활' 요건을 기준으로 바위섬이 배타적경제수역이나 대륙붕을 가질 수 있는지 여부를 결정하고 있다. 따라서 일반적인 섬과 구별되는 바위섬이 무엇이고, 인간이 거주할 수 없거나 독자적인 경제생활을 유지할 수 없다는 것이 무엇을 의미하는가라는 문제가 생긴다.

또한 섬의 지위에 대한 깊이 있는 국제법적 검토가 요구되는 이유는 독도가 섬의 지위를 갖는지 여부가 한·일간 해양경계획정시 중요한 고려 요소가 되기 때문이다.

이 같은 문제의식 하에 본고에서는 먼저 섬의 개념과 요건을 고찰하고, 이어 섬과 바위섬의 법적 지위와 해양관할권 문제를 살펴볼 것이며, 바위섬이 배타적경제수역과 대륙붕을 가질 수 있는 요건인 '인간의 거주 가능성'과 '독자적인 경제생활 영위 가능성'에 대해 살펴본 후, 결론에서 독도가 과연 배타적경제수역이나 대륙붕을 가질 수 있는 섬에 해당되는지 여부에 대해 검토해 보기로 한다.

2. 섬의 정의와 성립요건

1) 섬의 정의[7]

국제법위원회는 1956년 해양법에 관한 초안에서 "섬은 육지로서 물로 둘러싸이고 정상적인 상황에서 항상 만조선 위에 있는 것을 말한다"고 규정하였다.[8] 이 규정은 1930년 법전화회의에서 채택한 섬의 정의 즉, "섬은 항상 만조선 위에 존재하는 물로 둘러싸인 육지지역이다"와 유사한데, 1956년 초안은 "정상적인 상황에서"라는 표현을 추가한 것 외에는 1930년 정의를 따른 것이다.[9] 하지만 1958년 회의에서 미국은 인공섬 기타 인공시설물에 영해를 인정하면 공해의 자유가 위협받게 될 것을 우려하여 "정상적인 상황"과 "항상"이란 용어를 삭제하고 "자연적으로 형성된"이란 표현을 넣은 안을 제출하였고, 이 안은 아무런 논쟁을 불러일으키지 않고 최종 채택되었다. 제3차 UN 해양법회의에서도 섬의 정의는 자체의 영해창설능력을 가지느냐 여부에 따라 정의되었다. 즉, 1958년 '영해 및 접속수역에 관한 협약'에서 섬의 정의에 대해 합의된 바는 제3차 UN 해양법회의에서도 그대

---

7) 사전적 정의에 의하면, 섬이란 둘레가 물로 둘러싸인 육지, 곧 대륙보다 작고 전면이 수역으로 둘러싸인 육지의 지역을 말한다. 이기문 감수, 2002, 『동아 새국어사전』, 두산동아, 1315쪽.

8) "Report of the International Law Commission covering the work of its eighth session", *Yearbook of International Law Commission 1956*, 2, p.270. 제10조 원문은 다음과 같다. "Every island has its own territorial sea. An island is an area of land, surrounded by water, normal circumstance is permanently above high-water mark".

9) *Report of the Second Committee, LN Doc. C.230.M.117.1930. V. Shabtai Rosenne ed., Nations Conference for the Codification of International Law,. 4*, Dobbs Ferry, N.Y. Publication, 1975에 재수록되어 있음.

로 유지되었다.10)

1982년 4월 30일 뉴욕에서 채택되어 1994년 11월 16일 발효한 UN 해양법협약11) 제121조 제1항에서는 "섬이라 함은 물로 둘러싸여 있으며, 만조시에도 수면위에 있는, 자연적으로 형성된 육지지역을 말한다(An Island is a naturally formed area of land, surrounded by water, which is above water at high tide)"고 규정하고 있다. 이는 영해 및 접속수역에 관한 협약 제10조 제1항 규정을 그대로 따른 것이다.

2) 섬의 성립요건

UN 해양법협약 제121조 제1항에서는 섬의 성립요건을 명시하고 있다. 첫째, 자연적으로 형성된 육지이어야 한다. 둘째, 물로 둘러싸여 있어야 한다. 셋째, 만조시에도 수면 위에 있어야 한다.

(1) 자연적으로 형성된 육지일 것

UN 해양법협약에서는 "섬이란 자연적으로 형성된 육지이어야 한다"고 규정함으로써 섬의 개념 속에 인공섬(artificial island)을 배제하고 있다. 따라서 인공섬은 아무리 크고 중요한 것일지라도 그 자체의 영해나 기타 관할수역을 가질 수 없으며 해양경계의 기준이 될 수도 없다.12)

통상 인공섬이라 불리는 인위적 형성물은 섬과는 다른 별도의 국제법적인 규율을 받게 된다. UN 해양법협약 제56조, 제60조 및 제80조가 그러한 법적 규율의 근거규정들이다. 다만, 자연적으로 형성된 섬에 있어 일부 수역을 매립하여 섬의 면적을 넓힌 경우, 확대된 새

---

10) 정진석, 前揭論文, 65쪽.
11) 우리나라는 1996년 2월 28일부터 UN 해양법협약의 당사국이 되었다.
12) 김영구, 2004, 『한국과 바다의 국제법』, 21세기북스, 291쪽.

지역은 섬의 새로운 일부이지 인공섬으로 취급되지 않는다.[13]

(2) 물로 둘러싸일 것

섬은 물로 둘러싸여 있어야 한다. 이론상으로는 대륙도 해수면으로 둘러싸여져 있다고 볼 수 있으므로 어느 크기까지를 섬으로 하고 어디부터 대륙으로 간주할 것인가를 구별하는 기준이 필요하다고 볼 수도 있지만, 해양관할 수역을 창출하고 해양경계를 획정함에 있어서 대륙과 섬 사이에 논리적인 구별을 둘 필요가 없기 때문에 섬의 크기에 관한 최대한도의 기준은 법적인 논의의 기능적 필요성이 거의 없다고 할 것이다.[14]

(3) 만조시에도 수면위에 있을 것

섬은 만조시에도 수면 위에 있어야 한다. 따라서 저조시에는 수면으로 둘러싸여 수면 위에 있으나 만조시에는 수면 밑으로 들어가는 간출지(干出地; low-tide elevation)는 섬이 아니다. 일찍부터 UN 국제법위원회(International Law Commission: ILC)는 만조시에도 해상에 도출하는 융기만을 섬으로 간주해 왔다. 또한 ILC는 "비록 한 시설이 간출지에 설치되었고 또한 그것이 영구히 수면 상에 있다고 하여도 그 간출지는 섬이 아니다. 간출지는 영해 내에 있을 경우에 한하여 영해의 외측한계를 정함에 있어서 고려할 수 있다"는 입장을 취하였다.[15] 그런 이유로 UN 해양법 협약에서는 간출지의 전부 또는 일부가 본토나 섬으로부터 영해의 폭을 넘지 아니하는 거리에 위치하는 경우 간출지의 저조선을 영해기선으로 사용할 수 있으며,[16] 간출지

---

13) 제성호, 2007, 『신 한·일 어업협정과 독도영유권』, 우리영토, 5쪽.
14) 『한국과 바다의 국제법』, 293쪽.
15) Derek W. Bowett, 1979, *The Legal Regime of Islands in International Law*, New York: Oceana Publications, p. 6.

전부가 본토나 섬으로부터 영해의 폭을 넘는 거리에 위치하는 경우 간출지는 자체의 영해를 가지지 않는다고 규정하고 있다.[17]

섬으로서의 법적인 지위는 그 육지지역이 만조시에도 수면 위에 남아 있어야만 인정될 수 있는 것이므로 이 요건은 섬에 관한 한 가장 기본적인 요소라고 말할 수 있다.[18]

3) 섬의 종류

일부 학자들은 면적을 기준으로 해서 섬을 여러 가지 범주로 구분하려고 하였다. 면적이 1,000평방마일 이상인 것을 섬(island), 1에서 1,000평방마일까지를 isle, 0.001에서 1평방마일까지를 소도(islets), 그리고 0.001평방마일 이하의 것을 바위섬(rocks)이라고 하였다.[19] 한편 국제수로국(International Hydrographic Bureau: IHB)은 1에서 10평방킬로미터를 small islets, 10에서 100평방킬로미터를 islets, 100에서 5만 평방킬로미터의 것을 island라고 보았다.[20]

제3차 UN 해양법회의와 해저위원회에서 일부 국가들은 면적에 의해서 섬을 구별하자고 주장하기도 하였다.[21] 즉, 아프리카 국가들은 아프리카단결기구 각료이사회 선언을 통해 섬의 해양관할권은 모든 관련 요소들과 특별한 상황을 고려하여 형평의 원칙에 따라서 결정되

---

16) UN 해양법협약 제13조 제1항.

17) UN 해양법협약 제13조 제2항.

18) 『한국과 바다의 국제법』, 293쪽.

19) Robert D. Hodgson & Robert W. Smith, 1976, "The Informal Single Negotiating Text(Committee Ⅱ) : A Geographical Perspective", *Ocean development and International Law Journal*, 3, p. 230.

20) Mitchell P. Strohl, 1963, *The International Law of Bays*, The Hague: Martinus Nijhof Publishers, p. 69.

21) 박찬호, 2002, 「섬의 국제법상 지위 - 바위섬의 해양관할권을 중심으로」, 국제법학회논총 47-2, 29쪽.

어야 한다고 주장하였는데, 여기에 섬의 면적이 하나의 관련 요소로
포함되어 있다. 몰타는 해저위원회에 제출한 초안 제1조에서 면적이
1평방킬로미터 이상은 섬이고, 그 이하는 소도라고 하여 1평방킬로미
터를 기준으로 하였다. 루마니아는 섬을 세 가지 종류로 구분하여 1
평방킬로미터 이하는 소도, 1평방킬로미터에서 얼마까지는 소도와 유
사한 섬, 나머지는 일반적인 섬으로 규정하였다. 아프리카 14개국은
바위섬, 섬, 섬보다 작은 소도 등 세 가지로 구분하였다. 하지만 그 어
떠한 주장이나 견해도 다수의 지지를 받지 못하여 UN 해양법협약에
는 반영되지 않았다.[22] 면적에 따라서 섬을 구분하여 해양경계선 획
정 등에 적용하려는 시도는 합리성은 있었지만, 지리적인 상황의 다
양함으로 인해 국제법상 보편적으로 받아들여지지는 않았다.[23]

UN 해양법협약은 제121조 섬제도(regime of islands)에서 섬(islands)
과 함께 바위섬(rocks)을 규정하고 있는데서 알 수 있듯이 광의의 섬
을 섬과 바위섬으로 대별하고 있다고 할 수 있다.[24] 그러나 UN 해양
법협약에서 양자를 구별하는 기준 내지 경계선은 분명하지 않다. 다
만, 지금까지 해양학계나 지리학계 등에서 isle, islet, small islet로 분류
또는 표기되어 온 섬들은 UN 해양법협약 제121조에 명기된 islands의
범주에 포함된다고 볼 수 있을 것이다.[25]

---

22) 上揭論文 ; 제성호, 前揭書, 6~7쪽.
23) Kriangsak Kittichaisaree, 1987, The Law of the Sea and Boundary Delimitation
    in South-East Asia, New York: Oxford Univ. Press, p. 137.
24) UN 해양법협약 제121조가 '섬'(island)과 '바위섬'(rocks)으로 '섬'(islands)을 대
    별한 것이 아니라, '섬'을 '인간이 거주할 수 없거나 독자적인 경제활동을 유지
    할 수 없는 바위섬'과 '기타의 섬'으로 나누고 있다고 설명하는 학자들도 있다.
25) 제성호, 前揭書, 7쪽. 제성호 교수는 섬(islands)을 광의, 협의, 최협의의 섬으
    로 나누었다. 우선, 광의의 섬은 islands(일정한 면적 이상의 지리적 개념으
    로서의 섬), isle, islet, small islet, rocks를 모두 포함한다. 해양법협약 제121조
    의 표제는 '섬제도(regime of islands)'라고 되어 있는데, 여기서 섬은 광의의
    섬에 해당된다. 둘째, 협의의 islands는 지리적 의미의 islands, isle, islet, small

3. 섬의 법적 지위와 해양관할권

1) 섬의 법적 지위

UN 해양법협약 제121조 제2항은 "제3항에 규정된 경우를 제외하고는 섬의 영해, 접속수역, 배타적경제수역 및 대륙붕은 다른 영토에 적용가능한 이 협약의 규정에 따라 결정한다"(Except as provided for in paragraph 3, the territorial sea, the contiguous zone, the exclusive economic zone and the continental shelf of an island are determined in accordance with the provisions of this Convention applicable to other land territory)고 규정하고 있다. 여기서 '이 협약의 규정'이란 영해 및 접속수역에 관한 제2장의 규정, 배타적경제수역에 관한 제5장의 규정, 대륙붕에 관한 제6장의 규정을 가리킨다.

제121조 제2항은 섬이 갖는 해양관할권의 범위를 정하고 있는데, 동조에서 규정하고 있는 '섬'은 제3항에서 규정하고 있는 '바위섬'과의 관계를 고려할 때 인간이 거주하거나 독자적인 경제생활을 유지할 수 있는 섬을 의미한다. 이러한 섬은 다른 육지 영토의 경우처럼 기선으로부터 획정되는 일정범위의 바다, 즉 영해, 접속수역, 배타적경제수역 및 대륙붕을 모두 가질 수 있다.

첫째, 모든 국가는 섬의 기선으로부터 12해리를 넘지 아니하는 범위에서 영해의 폭을 설정할 수 있고,[26] 경찰권, 연안어업권, 연안무역

---

islet을 아우르는 개념으로 여기에는 rocks가 제외된다. 해양법협약 제121조 제2항의 섬은 협의의 섬에 해당된다. 셋째, 최협의의 islands는 지리적 의미로 사용되는 특정의 개념, 즉 일정 규모 이상의 섬다운 섬(islands)만을 의미한다. 여기에는 isle, islet, small islet가 빠진다. 최협의의 islands는 국제법상 큰 의미를 갖지는 못한다.

26) UN 해양법협약 제3조.

권, 해양환경보호·보존권, 해양과학연구·조사권 등의 주권을 행사할 수 있다.[27]

섬 자체에 영해라는 수역을 인정한 것은 1805년 Anna 사건이 최초라고 알려지고 있다.[28] 이 사건에서 영국 해사고등법원은 영국의 사나포선(私拿捕船)이 본토로부터 5마일 떨어져 있지만 미시시피 하구에 있는 섬으로부터 3해리 내에서 미국 선박을 나포한 것은 미국의 영해 내에서 이루어진 것이므로 미국의 선박 소유주는 배상청구권이 있다고 판시하였다.[29]

국제법위원회는 1958년 제1차 UN 해양법회의 초안을 작성하였는데, 초안 제10조에서 모든 섬은 영해를 갖는다고 규정하였고, 이 초안을 바탕으로 채택된 1958년 영해 및 접속수역에 관한 협약 제10조 제2항에서는 섬의 영해는 본 협약 규정에 따라 측정된다고 규정하고 있다. 이는 섬제도 발달의 초기부터 섬이 해양수역의 경계획정에서 중요한 고려사항이었으며 섬의 영해가 다른 육지영토와 마찬가지로 측정되어야 한다는 국가들의 합의를 반영한 것이다. 그리고 UN 해양법협약에서도 섬의 영해는 협약 규정에 따라 설정된다고 규정하여 섬 주위의 영해를 인정하고 있다.[30]

영해와 관련하여 특기할 만한 것은 해안에 인접하여 섬이 산재해 있는 경우, 연안국은 적당한 섬의 외측 지점을 정하여 해당 기점과 해안의 저조선 상에 있는 기점을 연결하거나 또는 다른 섬의 외측 기점을 연결하는 직선기선(straight baseline)을 그어, 이를 기준으로 해서 12해리 영해를 설정할 수 있다는 사실이다.[31]

---

27) 이병조·이중범, 2007, 『국제법신강』, 일조각, 427쪽.
28) Hiran W. Jayewardene, 1990, *The Regime of Islands in International Law*, Dordrecht: Martin Publishers, p. 9.
29) 박찬호, 前揭論文, 30쪽.
30) UN 해양법협약 제121조 제2항.
31) 제성호, 前揭書, 9쪽.

둘째, 연안국은 섬의 영해기선으로부터 24해리까지 접속수역을 설정하여, 관세, 재정, 출입국관리 또는 위생에 관한 법령의 위반을 방지할 수 있으며, 법령 위반에 대해 처벌할 수 있다.[32]

1958년 영해 및 접속수역에 관한 협약은 섬이 접속수역을 가질 수 있는지 여부에 대해 명시적인 규정을 두지 않고 있으나 섬이 접속수역도 가질 수 있다는 것은 보편적으로 수락되고 있었다.[33] 제3차 UN 해양법회의에서 그리스는 초안작성 과정에서 섬의 접속수역에 대해 명시적으로 언급하였고, 섬의 접속수역이 비공식 단일교섭안 제132조에 규정된 이후, 아무런 수정 없이 협약 제121조에 그대로 인정되고 있다.[34]

셋째, 연안국은 배타적경제수역에 관한 제5장과 대륙붕에 관한 제6장에 따라 섬의 영해기선을 기준으로 배타적경제수역 및 대륙붕을 설정할 수 있다.

배타적경제수역이란 영해의 폭을 측정하는 기선으로부터 200해리에 이르는 광범한 해역으로 연안국은 그 해저, 지하 및 상부수역의 생물 또는 비생물자원을 탐사·이용·보존 및 관리, 해수와 해류 및 해풍을 이용한 에너지 생산과 같은 동 수역의 경제적 탐사 및 이용에서 주권적 권리를 갖고, 인공섬과 시설 및 구조물의 설치 및 사용, 해양과학조사, 해양환경의 보호 및 보존에 관할권을 가진다. 다만, 교통과 통신에 있어서는 공해와 같은 것으로 유보된 특수해역이다.[35] 배타적경제수역제도는 케냐에 의해 1971년 아시아·아프리카 법률자문위원회에서 최초로 주장된 이후 200해리 영해를 주장하는 남미국가들과 이에 반대하는 선진국들간의 타협의 산물로 제3차 UN 해양법회의에

---

32) UN 해양법협약 제33조.
33) Jayewardene, *supra* note 27, p.13.
34) 박찬호, 前揭論文, 30쪽.
35) UN 해양법협약 제56조.

서 채택되어 UN 해양법협약에 규정되었다.[36] 협약은 인간이 거주할
수 없거나 독자적인 경제생활을 영위할 수 없는 바위섬을 제외한 섬
에 대해 배타적경제수역을 설정하는 것을 허용하고 있다.

대륙붕제도의 대륙붕은 대륙변계를 포괄하는 개념으로,[37] 연안국
은 대륙붕을 탐사하고 그 천연자원을 개발할 수 있는 대륙붕에 대한
주권적 권리를 행사한다.[38] UN 해양법협약 제76조에서는 대륙붕에
대해 정의를 내리면서 섬에 대해서는 별도의 규정을 하고 있지 않다.
다만 제121조에서 인간이 거주할 수 없거나 독자적인 경제생활을 영
위할 수 없는 바위섬을 제외한 섬에 대해 대륙붕을 설정하는 것을 허
용하고 있다.

2) 바위섬의 법적 지위와 해양관할권

(1) 바위섬의 법적 지위와 해양관할권

UN 해양법협약은 바위섬에 대한 정의규정을 두지 않고, 제121조
제3항에서 "인간이 거주할 수 없거나 독자적인 경제생활을 유지할 수
없는 바위섬은 배타적경제수역이나 대륙붕을 가지지 아니한다"(Rocks
which cannot sustain human habitation or economic life of their own shall
have no exclusive economic zone or continental shelf)고 규정하여 논란이

---

36) L. M. Alexander & R. D. Hodgson, 1975, "The Impact of the 200 Mile
Economic Zone on the Law of the Sea", *San Diego Law Review* 12, p. 568.
37) 일반적으로 해안에 인접한 해저의 지형학적 구조는 다음 세 가지로 구분된
다. 즉, 해안의 저조선으로부터 완만한 경사를 이루어 평균수심이 130m에
서 200m에 이르는 대륙붕(continental shelf)과, 그 다음에는 급경사를 이루어
1,200m-1,300m 수심에 이르는 대륙사면(continental slope)이 있고, 이에 연이
어서는 다시 경사가 완만해져서 심해저와 연결되는 대륙융기(continental
rise)로 이루어진다. 연안해저의 이 세 가지 구성부분을 대륙변계(continental
margin)라고 부른다.
38) UN 해양법협약 제77조 제1항.

되고 있다. 이와 관련하여 바위섬이라고 하더라도 인간의 거주 또는 독자적 경제생활의 영위가 가능하면 배타적경제수역이나 대륙붕을 가질 수 있는가 하는 문제가 생긴다.

UN 해양법협약 제8부는 '섬제도'(Regime of Islands)라는 표제하에 제121조 한 개 조문만을 두고 있다. 섬제도에 대해 규정하고 있는 제121조는 '섬'과 '바위섬'의 두 가지 개념이 대립개념으로 설정되어 있고, '섬'은 영해, 접속수역, 배타적경제수역 및 대륙붕을 가지지만, 바위섬은 영해 및 접속수역만 가질 뿐이지 배타적경제수역이나 대륙붕을 가질 수 없다는 해석은 UN 해양법협약 규정의 취지를 제대로 인식하지 못한 것이며 올바른 해석 방법이 아니다. 협약규정을 논리적·체계적으로 해석할 경우, '섬'과 '바위섬'의 단순구별은 별 의미를 갖지 못한다. UN 해양법협약은 '섬'(island)과 '바위섬'(rocks)으로 '섬'(islands)을 대별한 것이 아니라, '섬'을 '인간이 거주할 수 없거나 독자적인 경제활동을 유지할 수 없는 바위섬'과 '기타의 섬'으로 나누고 있다는 점을 기억해야 한다.[39] 따라서 바위섬일지라도 모든 바위섬이 제121조 제3항에 해당하는 것이 아니라 인간이 거주할 수 없거나 독자적인 경제생활을 유지할 수 없는 바위섬만이 여기에 해당된다. 따라서 바위섬이라도 인간의 거주 또는 독자적 경제생활의 영위가 가능하고 제121조 제1항에서 규정하고 있는 섬의 성립요건을 갖추고 있으면 섬으로 본다는 것이 협약의 취지에 부합된다고 할 것이다.[40]

UN 해양법협약 제121조 제3항의 법적 성질에 관해서도 학설이 나

---

39) 이에 대해 제121조 제3항을 "인간이 거주할 수 없거나 독자적인 경제생활을 유지할 수 없는 바위섬(rocks)"으로 규정할 것이 아니라 "인간이 거주할 수 없거나 독자적인 경제생활을 유지할 수 없는 섬(islands)"으로 규정했어야 한다고 주장하는 학자들도 있다. Rene Jean Duppy and Daniel Vignes (eds.), 1991, *A Handbook on the New Law of the Sea*, 1, Dordrecht: Martinus, p. 497.

40) 김찬규, 1998, 「한일간의 해양분쟁에 관한 제문제」, 이장희 편, 『한일간의 국제법적 현안문제』, 아사연, 134쪽.

뉘고 있다. 동 조항에 대해 국제법적 구속력을 부여할 수 없다는 입
장에서는, (ⅰ) 동 조항이 여전히 관련 국가들에 의해 무시되고 있으
며, 법 규정이 내포하고 있는 모호성 때문에 기속력 있는 국제법규로
인정될 수 없고,[41] (ⅱ) 국가관행을 볼 때 아직까지 동 조항이 국제관
습법으로 확립되지 않았다고 보고 있다.[42] 이에 대하여 Jonathan I.
Charney 교수는 비판적인 견해를 밝히고 있다.[43]

　결론적으로 학자들의 견해를 종합해 보면, UN 해양법협약 제121
조 제3항이 관습국제법으로 되었다는 것은 명확하지 않다.[44] 그러나
2008년 12월 19일 현재 UN 해양법협약 체약당사국이 157개국이
며,[45] UN 회원국이 192개국[46]이라는 점을 감안하면, 국제사회에서
협약 제121조 제3항은 조약법상의 구속력을 근거로 할 때 실질적으
로 일반국제법 혹은 그에 준하는 실정적 규범이 되었다고 볼 수 있을
것이다.[47]

41) Barbara Kwiatkowska & Alfred H. Soon, 1990, "Entitlement to Maritime Areas
of Rocks Which Cannot Sustain Human Habitation or Economic Life of Their
Own", *Netherlands Yearbook of International Law* 21, p. 139.
42) Alex G. Oude Elferink, 1998, "Clarifying Article 121(3) of the Law of the Sea
Convention: The Limits set by the Nature of International Legal Processes",
IBRU Boundary and Security Bulletin, 6-2.
43) Jonathan I. Charney, 1999, "Rocks that cannot sustain human habitation",
American Journal of International Law 93, pp. 871~873.
44) R. R. Churchill & A. V. Lowe, 1999, *The Law of the Sea*, 3rd edn, Manchester,
p. 164 ; 김영구, 2006, 『독도 영토 주권의 위기』, 다솜출판사, 77쪽.
45) http://www.un.org/Depts/los/convention_agreements/convention_agreements.htm
46) http://www.un.org/members/list.shtml
47) 김영구, 2006, 「독도주변 한일공동관리수역 설정과 독도 암초 주장에 관하
여」, 독도본부, 『섬 독도를 기어이 암초로 만들려는 한국 정부의 속셈은
무엇인가』, 우리영토, 76~79쪽.

(2) 인간의 거주와 독자적인 경제생활

UN 해양법협약 제121조 제3항에서는 인간이 거주할 수 없거나 독자적인 경제생활을 유지할 수 없는 바위섬은 배타적경제수역이나 대륙붕을 가질 수 없다고 규정하여 '인간의 거주'와 '독자적인 경제생활'의 의미가 문제로 제기된다.

이와 더불어 바위섬이 인간의 거주와 독자적인 경제생활이라는 두 가지 요건을 모두 충족하여야 배타적경제수역이나 대륙붕을 설정할 수 있는지, 아니면 두 가지 요건 중 하나만 충족시켜도 되는지에 대해서는 견해가 나뉘고 있다.[48] 우선, 제121조 제3항에 규정된 것처럼 바위섬에 대해 관할수역을 제한한 이유가 사람이 살지 않거나 연안으로부터 멀리 떨어져 있는 작은 섬에 대해 광대한 수역을 인정함으로써 인류공동수역이 실제적으로 제한받는 것을 막는 것이라고 한다면 두 가지 요건을 모두 충족시키는 경우에 배타적경제수역이나 대륙붕을 설정할 수 있다고 엄격하게 해석하는 것이 타당하다고 주장한다.[49] 반면에, 제3차 UN 해양법회의 초기에는 "인간이 거주할 수 없

---

48) Ying-jeou Ma, *Legal Problem of Seabed Boundary Delimitation in the East China Sea*, Occational Papers, Reprint in Contemporary Asian Studies, No. 3, School of Law, Univ. of Maryland, p. 90.

49) 박찬호, 前揭論文, 33~34쪽. 이와 관련하여 제성호 교수는 바위섬을 네 가지로 유형화하였다. 첫째, 인간이 거주할 수는 없으나 독자적 경제생활을 유지할 수 있는 바위섬(실제에 있어서 첫 번째 유형의 바위섬은 상상하기 어렵다. 왜냐하면, 인간이 거주할 수 없는데도 그 바위섬 안에서 독자적인 경제생활을 유지할 수 있다는 것은 논리적으로 성립될 수 없기 때문이다), 둘째, 인간이 거주할 수 있으나 독자적 경제생활을 유지할 수 없는 바위섬, 셋째, 인간이 거주할 수도 없고 독자적 경제생활을 유지할 수도 없는 바위섬, 넷째, 인간이 거주할 수도 있고 독자적 경제생활을 유지할 수 있는 바위섬이 그것들이다. 이들 중 첫째, 둘째 및 셋째 유형의 바위섬은 제121조 제3항을 문리적·논리적으로 해석할 때 배타적경제수역이나 대륙붕을 가질 수 없고, 네 번째 유형만이 배타적경제수역이나 대륙붕을 가질 수 있다고 주장한다. 제성호, 前揭書, 11~12쪽. 또한 김영구 교수는 '사람의 거주 가능성'

고 '그리고' 독자적인 경제생활을 유지할 수 없는"이란 표현이 제시된 적이 있지만, 제121조 제3항에서는 "인간이 거주할 수 없거나 독자적인 경제생활을 유지할 수 없는"이란 표현을 채택하고 있으므로, 이 중 하나의 테스트만 통과해도 바위섬은 배타적경제수역이나 대륙붕을 가질 수 있다고 주장한다.50) UN 해양법회의 과정이나 제121조 제3항이 '또는'(or)이라는 단어를 사용하고 있는 점으로 미루어 보아 인간의 거주나 독자적 경제생활 두 가지 요건 중 어느 하나만 충족시켜도 바위섬이 배타적경제수역이나 대륙붕을 가질 수 있다고 해석하는 것이 타당하다고 생각된다.

'인간의 거주' 및 '독자적 경제생활' 기준은 이미 1923년 제국회의 결의(Resolution of the Imperial Conference)에서 제기된 바 있다. 영해의 범위에 관한 대영제국의 공동 정책을 담고 있는 제국회의 결의4에서는 "섬이라 함은 통상적 상황에서 항구적으로 만조선 위에 있고, 이용 또는 거주가능한 육지의 모든 부분이다"라고 하고 있는데, 이에 대해 회의에 제출된 주석서에는 다음과 같은 설명이 나온다. '이용이 가능한'(capable of use)이란 말은 인공적 첨가 없이 그리고 계절에 구애됨이 없이 어떤 상업적이거나 국방상의 목적을 위해 연중 내내 이용할 수 있다는 것을 말하고 '거주가 가능한'(capable of habitation)이란 말은 인공적 첨가 없이 항구적인 인간의 거주가 가능한 것을 말한다.51) 그런데 UN 해양법협약 제121조 제3항에는 '인공적 첨가'라는 제한적 문구가 들어가 있지 않다는 사실에 주목해야 한다.52)

또는 '독자적 경제생활의 지속'이라는 두 가지 요건 중 하나만 충족되어도 배타적경제수역이나 대륙붕을 가질 수 없다고 주장한다. 『독도 영토 주권의 위기』, 67쪽.

50) Charney, *op cit.,* pp. 867 ; 신용하, 2005, 『한국과 일본의 독도영유권 논쟁』, 한양대학교 출판부, 279쪽 ; 정진석, 前揭論文, 70쪽.

51) E. D. Brown, 1978, "Rockall and the Limits of national Jurisdiction of the UK-Part 1," 2 *Marine Policy,* p. 206.

또한 '인간의 거주'와 '독자적인 경제생활' 요건은 자원의 가치 및 주택과 기타 시설을 건설하는 것과 같이 거주한다든가, 또는 그 지역을 경제적으로 개발하는 인간의 능력의 변화를 통해 시간의 흐름에 따라 변화할 수 있는 요소로 보아야 하며, 따라서 협약 제121조 제3항에 해당하는 바위섬으로 인정되었던 섬이라도, 그 섬과 관련된 해양관할수역을 인정할 것인가의 여부를 결정하는 시점에 인간이 거주할 수 있거나 독자적인 경제생활을 유지할 수 있다면 제121조 제3항에 해당하지 않은 섬으로 분류될 수 있다고 보아야 한다. 물론 그 반대의 경우도 마찬가지다.53)

'인간의 거주'와 관련하여, 그 동안 학계에서 논의된 바를 정리하면 다음과 같다.54)

첫째, '인간의 거주' 개념은 인간의 거주 '가능성' 혹은 '수용능력'을 의미하는 것이지 실제로 거주하고 있다는 '사실적' 개념이 아니다. 따라서 '인간이 거주할 수 없는'이란 '사람이 살 수 없는'(uninhabitable)이란 뜻이며, '사람이 살고 있지 않는'(uninhabited) 곳을 의미하는 것은 아니다. 이러한 해석은 불어와 스페인어로 된 해양법협약 규정을 통해서도 가능하다.55) 그리하여 현실적으로 인간이 거주하고 있지 않는 바위섬이라고 하더라도 인간이 거주할 수 있거나 독자적 경제생활을 유지할 수 있는 바위섬이라면 배타적경제수역이나 대륙붕을 가질 수 있다.56)

---

52) Teh-Kwang Chang, 1991, "China's claim of Sovereignty over Spratly and Paracel Islands : A Historical and Legal Perspective", 23 *Case Western Reserve Journal of International Law*, pp. 399~420.

53) Charney, *op cit.,* p. 867 ; 신용하, 前揭書, 278쪽 ;『독도 영토 주권의 위기』, 69쪽.

54) Charney, *Ibid.,* pp. 863~878.

55) Kwiatkowska & Soon, *op cit.*, p. 161.

56) Hodgson and Smith, *op cit.*, p. 231.

둘째, 인간의 거주와 관련하여 일정 규모 이상의 사람들이 살아야 한다는 객관적 기준이 존재하지 않는다.[57]

셋째, 인간의 거주는 항시적인 계속 거주를 의미하지는 않는다.[58] 일시적인 것이 아닌 일정 기간 지속적으로 거주해도 무방한 것으로 해석된다. 다만, '일정 기간'이 구체적으로 어느 정도의 기간인지는 현재로서는 확정하기 어렵다.

넷째, 인간이 거주하기 위해서는 대체로 식수와 경작가능한 토양이 존재해야 하는 것이 중요한 기준으로 제시되고 있다.[59] 이와 관련하여 '인간의 거주' 가능성의 요건이 충족되기 위해서는 일반적으로 거주시설, 상하수도, 전기, 통신, 항만, 부두시설 등이 최소한 필요하다는 견해가 있다.[60]

다섯째, 거주의 주체인 '인간'은 통상 '민간인' 혹은 '시민'을 의미하는 것으로 풀이된다. 기상기지요원, 경찰이나 군인 등 특별히 파견된 경비인력이나 과학조사를 목적으로 상주하는 과학자가 여기서 말하는 '인간'에 포함되는지 여부에 대해서는 확립된 국제법원칙이 존재하지 않는다.[61] 일부 학자들은 섬 주위에 관할권을 인정하는 이유가 섬에 거주하는 원주민으로 하여금 이 수역을 개발하고 보전하는 것이라는 것을 고려할 때 민간인의 거주를 전제하고 있다고 볼 수 있기 때문에 이러한 요원이나 과학자는 '인간의 거주' 요건을 충족시키

---

57) 거주하는 사람들의 숫자가 적어도 50명 정도는 되어야 한다는 견해도 있다. Jon M. Van Dyke et al., 1988, "The Exclusive Economic Zone of The Northwestern Hawaiian Uninhabited Islands Generate an EEZ", *San Diego Law Review* 25.

58) Charney, *op cit.*, p. 868.

59) Lewis M. Alexander, 1987, "The Identification of Technical Issues of Maritime Boundary Delimitation within the Law of the Sea Convention Context", 19 *L. Sea Inst. Proc.* 272.

60) 『독도 영토 주권의 위기』, 68쪽.

61) 제성호, 前揭書, 14쪽.

지 못한다고 주장하기도 한다.[62]

UN 해양법협약에서는 '독자적인 경제생활'의 기준에 대해 명시적으로 규정하고 있지 않아서 어느 정도 섬 자체의 자원에 의한 생활을 독자적인 경제생활이라고 할 것인가에 대해서 논란이 있다. 그렇지만, 독자적인 경제생활이라는 개념은 외부의 도움을 전적으로 배제하는 독자적인 생존능력을 의미하는 것은 아니다.[63] 이러한 해석은 불어, 스페인어, 중국어로 된 해양법협약 규정을 통해서도 가능하다. 불어판과 스페인어판 협약 조문에서는 '독자적인 경제생활'을 의미하는 용어로 각각 *'une vie économique propre'* 와 *'vida economica propia'*를 쓰고 있는데, 이는 'an economic life of its own'이라는 영문판 조문을 그대로 번역한 것으로, 해당 지형의 경제적 가치 또는 자원에 기초하여 외부로부터 필수품을 확보하는 것을 포함하는 의미이며, 중국어판 조문도 '스스로 지탱한다'를 의미하는 '자생유지(自生維持)'를 사용하지 않고 단순히 '지탱한다'를 의미하는 '유지(維持)'를 사용하고 있다는 점에서도 독자적인 경제생활이라는 개념이 외부의 도움을 전적으로 배제하는 독자적인 생존능력을 의미하는 것은 아니라는 것을 알 수 있다.[64] 제3차 해양법회의 과정에서 베네수엘라는 독자적인 경제생활이란 완전 자족을 의미하는 것이 아니라 경제적으로 개발될 수 있거나 혹은 다른 용도의 가능성이 있는 자원의 존재를 의미하는 것으로 보았다.[65]

또한 '독자적인 경제생활' 요건은, 섬의 자원에 의한 농경이나 어업 등 전통적인 산업활동이 현실적으로 지속되는 것에 국한되지 않

62) M. Gjetnes, "Are They Rocks or Islands?", *Ocean Development and International Law,* 3, p. 200.
63) Kwiatkowska & Soon, *op cit.,* p. 168.
64) Charney, *op cit.,* p. 871.
65) Bowett, *supra* note 15, p.97.

고, 섬이 가지고 있는 독자적인 자원의 가치가 인간의 다양한 경제활동을 유발시키는 포괄적인 상태를 의미한다고 보는 것이다. 그러므로 자원이 현실적으로 개발되는 상태를 요구하는 것이 아니라 가치 있는 자원의 발견과 그러한 자원을 개발할 수 있는 인간의 과학적 기술이 갖추어지는 경우에 잠재적 상태에 있는 자원의 경제적 가치까지도 이러한 요건을 충족하는 것으로 보아야 한다.66) 따라서, 어느 지형이 가치 있는 자원을 가지고 있어서 그것을 개발하면 외부로부터 필수품 구입을 통해서 그러한 개발활동을 유지하기에 충분하면 제121조 제3항의 바위섬에 해당되지 않는다고 할 수 있다.67)

4. 결 론

지금까지 섬의 개념과 성립요건에 대해 살펴보았고, 배타적경제수역과 대륙붕을 가질 수 있는 섬이 되기 위한 요건인 '인간의 거주' 및 '독자적인 경제생활' 요건에 대해 살펴보았다. 이를 토대로 결론에서는 독도가 섬인지 여부와 독도가 배타적경제수역이나 대륙붕을 가질 수 있는지 여부에 대해 검토해 보기로 한다.

독도는 우리 영토의 동쪽 끝 섬으로, 울릉도에서 동남쪽으로 87.4km, 동해안의 죽변에서는 동쪽으로 216.8km 떨어진 곳에 있다. 화산 활동에 의해 생성된 독도는 하나의 섬이 아니라, 동도와 서도 2

---

66) 『독도 영토 주권의 위기』, 69쪽. 또한 Jonathan I. Charney 교수에 의하면, 어획이 가능한 새롭게 발견된 어류, 새롭게 발견된 탐광(探鑛), 제련(製鍊), 개발기술로 인하여 채광(採鑛)이 가능하게 된 석유 자원, 심지어는 해양적 풍광(風光)과 특이한 위치로 인하여 상당한 이익을 낼 수 있는 카지노 도박장이 그 섬에 설치된 경우에, 이것도 훌륭한 '독자적 경제활동' 요건으로 볼 수 있다고 단언하고 있다. Charney, *op cit.*, p. 870.
67) Charney, *Ibid.*

개의 큰 섬과 주위에 89개의 부속 섬으로 구성되어 있다. 독도 좌표
는 동도가 동경 131°52′10.4″, 북위 37°14′26.8″이고, 서도가
동경 131°51′54.6″, 북위 37°14′30.6″이다.

독도의 총 면적은 187,554㎡(동도 73,297㎡, 서도 88,740㎡, 부속도
25,517㎡)이며, 국토해양부 소유의 국유지이다. 동도와 서도 간의 해
협은 폭 151m, 길이 약 330m, 수심 10m 미만이다. 동남쪽에 위치한
동도는 유인등대를 비롯하여 대부분의 해양수산시설이 설치되어 있
다. 동도의 높이는 98.6m, 둘레 2.8km, 면적 73,297㎡로 장축은 북북
동 방향으로 약 450m에 걸쳐 경사 60°로 뻗어 있고 중앙부는 원형상
태로 해수면까지 꺼진 수직홀이 특징이다. 서북쪽으로 위치한 서도는
높이 168.5m, 둘레 2.6km, 면적 88,740㎡, 장축은 남북 방향으로 약
450m, 동서방향으로 약 300m 가량 뻗어 있다. 서도의 정상부는 험준
한 원추형을 이루고 있고, 주요 시설물로 어민 숙소가 있다.[68]

이상의 지리와 지형을 고려해 볼 때, 독도는 물로 둘러싸여 있으며,
만조시에도 수면위에 있는, 자연적으로 형성된 육지지역이므로 UN
해양법협약 제121조의 섬에 해당된다.

면적을 기준으로 섬을 구분하려는 학자들의 견해에 의하면 독도는
면적이 0.187㎢로 소도(islet)[69]에 해당되며, 국제수로국의 분류에 의
하면 바위섬(rocks)에 해당된다.

그러나 면적에 따라 섬을 구분하는 것은 국제법상 보편적으로 받
아들여지지 않는 것이기 때문에 독도가 UN 해양법협약 제121조 제1
항 및 제2항에서 말하는 섬인가 아니면 동조 제3항의 바위섬인가 하
는 문제가 제기될 수밖에 없다. 독도가 해양법협약 제121조 제3항의
바위섬에 해당되지 않는다면 당연히 영해 및 접속수역 뿐만 아니라

---

68) 독도에 대한 일반현황은 경상북도 도청 사이버독도(www.dokdo.go.kr)에 수록된
   자료이다.
69) 0.001에서 1평방마일까지를 소도(islets)라고 하며, 1평방마일은 약 2.59㎢이다.

배타적경제수역과 대륙붕을 갖기 때문에 더 이상 논의의 여지는 사라지게 된다. 따라서 여기에서는 독도가 바위섬이라는 것을 전제로 하여 '인간의 거주' 및 '독자적인 경제생활' 요건을 검토하여 배타적경제수역과 대륙붕을 가질 수 있는지 여부를 판단하기로 한다.

먼저 '인간의 거주' 요건부터 살펴보면, 현재 독도에는 40여명의 독도경비대가 연중 내내 주둔하여 이 섬을 수호하고 있으며, 이들과 함께 유인등대 관리요원 3명이 독도에 머물고 있고, 민간인인 김성도·김신열씨 부부가 1991년 11월 17일 이후 서도에 거주하며 어로활동에 종사하고 있다. 또한 독도에는 식수가 존재하며, 약간의 채소를 재배할 수 있는 공간도 있다. 이런 점에 비추어 인간의 거주 요건은 충분히 인정된다고 할 것이다.

다음으로 '독자적인 경제생활' 요건을 살펴보면, 독도의 주변해역은 명태와 오징어를 비롯한 각종 어류가 풍부하게 서식하고 있는 어자원의 보고로,[70] 독도는 구한말부터 오늘날까지 울릉도와 동해안 어민들의 어업기지로 사용되어 왔으며, 폭풍시 피난처로 사용되어 왔고, 계절적으로 정기적으로 어부들이 움막을 치고 해마다 어업을 영위해 왔던 섬이다.[71] 그런데 독자적인 경제생활을 영위할 수 있는 섬이 되기 위해서 반드시 농업을 경영하는 섬일 필요도 없고, 어업용 기지로 계절적으로 임시적으로 사용되는 바위섬도 배타적경제수역의 기점이 될 수 있기 때문에[72] 독도는 독자적인 경제생활을 영위할 수

---

70) 독도 어장은 연안어장과 대화퇴어장으로 양분되며, 오징어를 비롯한 풍부한 어류가 서식하고 있고, 특히 오징어의 경우에는 국내전체 어획량 중에서 독도연안과 대화퇴어장의 어획고가 60% 이상을 차지하고 있을 정도다. 유자망 어업으로 잡는 가오리, 열어, 광어 등 잡어 어획고와 홍게, 새우를 대상으로 하는 통발어선의 어획고도 연간 수백억원대에 이르고 있다. http://www.ulleung.go.kr/
71) 신용하, 前揭書, 280쪽.
72) Charney, op cit., p. 869~870.

있는 섬에 해당된다고 할 수 있다.

또한 '독자적인 경제생활' 요건을, 섬의 자원에 의한 농경이나 어업 등 전통적인 산업활동이 현실적으로 지속되는 것에 국한하지 않고, 섬이 가지고 있는 독자적인 자원의 가치가 인간의 다양한 경제활동을 유발시키는 포괄적인 상태를 의미한다고 보는 것이라면,73) 독도는 그 해저에 천연가스의 광물자원을 갖고 있으며, 그 영해에는 풍부한 어족·수산자원을 갖고 있을 뿐만 아니라, 울릉도·독도를 묶어서 국내외 관광지구로 개발하면 충분히 그 자체의 경제생활을 영위할 수 있는 섬이므로74) 독도를 '독자적인 경제생활' 요건이 충족되는 섬으로 판단하는 데는 아무런 무리가 없다고 결론지어야 할 것이다.

이상의 점에 비추어 독도는 인간의 거주 및 독자적인 경제생활의 영위가 가능한 섬이며, 영해 및 접속수역 뿐만 아니라 배타적경제수역이나 대륙붕도 가질 수 있다고 보아야 한다.

『동아법학』 43, 2009.12.

---

73) 『독도 영토 주권의 위기』, 82~83쪽.
74) 신용하, 前揭書, 282쪽.

참고문헌

김영구, 2006, 『독도 영토 주권의 위기』, 다솜출판사.

김영구, 2006, 「독도주변 한일공동관리수역 설정과 독도 암초 주장에 관하여」, 독도본부, 『섬 독도를 기어이 암초로 만들려는 한국 정부의 속셈은 무엇인가』, 우리영토.

김영구, 2004, 『한국과 바다의 국제법』, 21세기북스.

김찬규, 1998, 「한일간의 해양분쟁에 관한 제문제」, 이장희 편, 『한일간의 국제법적 현안문제』, 아사연.

박찬호, 2002, 「섬의 국제법상 지위 - 바위섬의 해양관할권을 중심으로」, 『국제법학회논총』 47-2.

이병조·이중범, 2007, 『국제법신강』, 일조각.

제성호, 2007, 『신 한·일 어업협정과 독도영유권』, 우리영토.

Alex G. Oude Elferink, 1998, "Clarifying Article 121(3) of the Law of the Sea Convention: The Limits set by the Nature of International Legal Processes", IBRU Boundary and Security Bulletin, 6-2.

Barbara Kwiatkowska & Alfred H. Soon, 1990, "Entitlement to Maritime Areas of Rocks Which Cannot Sustain Human Habitation or Economic Life of Their Own", Netherlands Yearbook of International Law 21.

Derek W. Bowett, 1979, The Legal Regime of Islands in International Law, New York: Oceana Publications.

E. D. Brown, 1978, "Rockall and the Limits of national Jurisdiction of the UK-Part 1," 2 Marine Policy.

Hiran W. Jayewardene, 1990, The Regime of Islands in International Law, Dordrecht: Martin Publishers.

Jonathan I. Charney, 1999, "Rocks that cannot sustain human habitation", American Journal of International Law 93.

Jon M. Van Dyke et al., 1988, "The Exclusive Economic Zone of The Northwestern Hawaiian Uninhabited Islands Generate an EEZ", San Diego Law Review 25.

Kriangsak Kittichaisaree, 1987, The Law of the Sea and Boundary Delimitation in South-East Asia, New York: Oxford Univ. Press.

M. Gjetnes, "Are They Rocks or Islands?", *Ocean Development and International Law*, 3.

Rene Jean Duppy and Daniel Vignes (eds.), 1991, *A Handbook on the New Law of the Sea*, 1, Dordrecht: Martinus.

Robert D. Hodgson and Robert W. Smith, 1976, "The Informal Single Negotiating Text(Committee Ⅱ) : A Geographical Perspective", *Ocean development and International Law Journa*l, 3.

Satya N. Nandna C.B.E. and Shabtai Rosenne, *United Nations Convention on the Law of the Sea 1982: A Commentary*, 3, Martinus Nijhoff Publishers.

Teh-Kwang Chang, 1991, "China's claim of Sovereignty over Spratly and Paracel Islands : A Historical and Legal Perspective," 23 *Case Western Reserve Journal of International Law*.

Ying-jeou Ma, *Legal Problem of Seabed Boundary Delimitation in the East China Sea*, Occational Papers, Reprint in Contemporary Asian Studies, No. 3, School of Law, Univ. of Maryland.

「総理府令 24号」와 「大蔵省令 4号」의 의미 분석

최 장 근

1. 들어가면서

　2009년 1월 3일 조선일보가 일본이 스스로 독도가 일본영토가 아님을 인정했다는 문건으로서 「総理府令24号」와 「大蔵省令4号」를 소개했다.[1] 「조선일보」는 2009년 1월 3일 "독도, 일본영토 아니다 라고 하는 일본법령 발견"이라는 기사를 게재했다.[2] 이에 화답하는 형식으로 1월 7일 「讀賣新聞」은 일본 외무성(북동아시아과)의 견해라는 단서를 달고, 「문제의 법령은 점령 당시 일본정부의 행정권이 미치는 범위를 나타낸 것에 불과하다. 일본영토의 범위를 표시한 것이 아니다」라고 보도했다.[3] 두 법령을 둘러싼 한일 양국 간의 의견 차이가 너무나 확연하다. 본 연구는 위의 두 법령을 통하여 대일평화조약을 전후해서 일본이 독도 영유권에 대한 인식을 고찰하려고 한다. 본 법령의 영토관련 조항은 SCAPIN 677호의 내용을 담고 있고, 현재 일본

---

1) 「조선일보」 2009년 1월3일.
2) 「조선일보」(2009년 1월 3일)는 해양수산개발원 독도센타 유미림 연구원의 견해를 소개하고 있다. 1951년 발령된 「総理府令 24号」와 「大蔵省令 4号」를 말함.
3) 「讀賣新聞」 2009년 1월 7일.

이 영유권을 주장하고 있는 「독도」와 「쿠릴열도」의 영유권 인식을 알 수 있는 좋은 사료이다.

연구방법으로는 먼저 연합국이 맨 처음 일본영토를 처리한 「SCAPIN 677호」를 분석하여 독도, 쿠릴열도의 지위에 관해 고찰한다. 둘째로 연합국이 대일평화조약에서 일본영토를 처리했는데, 그것과 SCAPIN 677호의 내용과의 차이점을 비교 분석한다. 셋째로 이들 연합국의 영토조치와 「總理府令24号」, 「大藏省令4号」를 비교하는 형식으로 법령의 성격을 규명한다.

선행연구로는 「總理府令24号」와 「大藏省令4号」가 발굴되었을 때 단편적으로 그 성격을 언론 등에서 언급된 적이 있어도 본격적으로 이를 분석한 적은 없었다.[4] 본 연구의 성과로서는 한일 양국에서 큰 차이를 보이고 있는 본 법령의 성격을 이해하는 것이라고 생각한다.

2. 「법령」해석을 위한 연합국의 「영토처리」 분석

1) 연합국 최고사령관 훈령 제677호

「연합국최고사령관 총사령부」가 내린 「연합국 최고사령관 훈령 제677호」(1946년 1월 29일)[5]는 「도쿄 중앙연락실」을 경유하여 「일본제국정부에 주는 각서」로서 「일본외곽지역에 대한 일본으로부터의 통치권적 행정적 분리」를 위한 것이었다. 또한 「연합국최고사령관을 대리하여」 「부관감 보좌관 부관부 대령」 「H. W. Allen」이 「서명」한 것이다.[6]

---

4) 후술하지만, 「조선일보」, 「讀賣新聞」, 下條正男, 유미림, 김찬규 등이 있음.
5) 김병렬, 1998, 『독도』, 다다미디어, 414~417쪽. 원문과 해석 참조.
6) SCAPIN NO. 677 /GENERAL HEADQUARTERS /SUPREME COMMANDER

1. 일본 외부의 특정지역 또는 동 특정지역 내에 정부공무원 및 고용원 또는 기타 어떤 사람들에 대한 통치권적 또는 행정적 권위의 행사 또는 행사 시도의 종결을 일본정부에 지시한다.[7]

제1항의 해석으로는 일본정부의 통치권, 행정권 행사의 시도를 종결했던 것이다. 일본은 「행사의 시도를 종결」했기 때문에 더 이상 권력을 행사할 수 없게 되었다. 여기서 중지된 것은 통치권과 행정권이다. 행정권은 행정관할권을 의미하고, 통치권은 영토주권을 포함하고 있기 때문에 일본의 영토주권을 종료한 것이다. 여기서 한국영토에 있어서는 대한민국정부 수립 이전까지의 통치권은 연합국총사령부에 있었다.[8]

2. 본 총사령부의 승인을 받은 경우를 제외하고, 일본제국정부는 승인된 해상운송, 통신 및 기상서비스에 관한 통상적 운영 외에는 일본 외부에 있는 정부공무원 및 고용원과 기타 어떤 사람과도 통신을 해서는 안 된다.[9]

FOR THE ALLIED POWERS /(29 January 1946) /AG 091(29 Jan. 46) GS /(SCAPIN - 677) /MEMORANDUM FOR : IMPERIAL JAPANESE GOVERNMENT /THROUGH : Central Liaison office, Tokyo /SUBJECT : Governmental and Administrative Separation /of Certain Outlying Areas from Japan. /FOR THE SUPREME COMMANDER : /(sgd.) H. W. ALLEN /Colonel, AGD /Asst. Adjutant Genera.l

7) 1. The Imperial Japanese Government is directed to cease exercising, or attempting to exercise, governmental or administrative authority over any area outside of Japan, or over any government officials and employees or any other persons within such areas.

8) 신용하, 1996, 『독도, 보배로운 한국영토 -일본의 영유권 주장에 대한 총비판』, 지식산업사, 188쪽.

9) 2. Except as authorized by this Headquarters, the Imperial Japanese Government will not communicate with government officials and employees or with any other persons outside of Japan for any purpose other than the routine operation of authorized shipping, communications and weather services.

제2항의 해석으로는 일본제국정부는 총사령부로부터 승인 받은 해
상운송, 통신, 기상서비스를 제외하고는 연합국 총사령부의 승인 없
이 통신을 해서는 안 된다. 여기서는 일본제국정부라고 표현하고 있
지만, 1947년에 새로운 일본헌법이 개정되어 「일본국」으로 개칭되어
야 했다. 따라서 SCAPIN 677호는 제국정부에서 일본정부로 이관되었
다고 할 수 있다.

　3. 본 지령의 목적상 일본영토는 일본의 4개 도서(홋카이도, 혼슈, 큐슈 및
시코쿠)와 대마도를 포함한 약 1,000개의 인접한 보다 작은 도서들과 북위 30
도 이북의 유구(난세이) 열도(구치노시마 도서 제외)로 한정되며, (a) 우츠료
(울릉)도, 리앙코르 암석(다케시마, 독도) 및 켈파트(사이슈 또는 제주도), (b)
북위 30도 이남 유구(난세이) 열도(구치노시마 섬 포함), 이즈, 난포, 보닌(오가
사와라) 및 화산(오시가시 또는 오아가리) 군도 및 파레스 벨라(오기노도리),
마아카스(미나미도리) 및 간지스(나카노도리) 도서들과 (c) 쿠릴(지시마) 열도,
하보마이(수우이쇼, 유리, 아카유리, 시보츠 및 다라쿠 도서들 포함하는 하포마
츠 군도)와 시고탄도를 제외한다.[10]

제3항의 특징은 다음과 같다. 즉 일본영토에서 제외되는 지역으로
서, (a)「울릉도, 독도」와 「제주도」, (b) 북위 30도 이남의 유구(난세이)

---

10) 3. For the purpose of this directive, Japan is defined to include the four main
　　islands of Japan (Hokkaido, Honshu, Kyushu and Shinkoku) and the approxi-
　　mately 1,000 smaller adjacent islands, including the Tsushima Islands and the
　　Ryukyu (Nansei) Islands north of 30°North Latitude (excluding Kuchinoshima
　　Island), and excluding (a) Utsryo (Ullung) Island, Liancourt Rocks (Take Island)
　　and Quelpart (Saishu or Cheju Island, (b) the Ryukyu (Nansei) Islands south of
　　30°North Latitude (including Kuchinoshima Island), the Izu, Nanpo, Bonin
　　(Ogasawara) and Volcano(Kazan or Iwo) Island Groups, and all the outlying
　　Pacific Islands (including the Daito (Ohigashi or Oagari) Island Group, and
　　Parece Vela (Okinotori), Marcus (Minami-tori) and Ganges Habomai (Hapomaze
　　Island Group (including Suisho, Yuri, Akiyuri, Shibotsu and Taraku Islands) and
　　Shikotan Island.

열도(구치노시마 섬 포함), 오가사와라 및 화산군도 및 오기노도리, 미나미도리 및 나카노도리 등으로 구분했다. 특히 유구제도는 북위30도를 경계로 일본영토에서 제외되고 있다. (c)「쿠릴열도, 하보마이, 시코탄」으로서 하보마이와 시코탄을 쿠릴열도에서 분리하여 기술하고 있는 점이다. 제3항에서 도서의 명칭에 있어서 관련국가에서 사용하는 모든 도서명을 사용하고 있다. 특히 리앙코르섬은 유럽식 명칭으로서「리앙코르」라는 명칭 자체만으로 분쟁지역으로 해석되어서는 안 된다. 그리고 이 지역은 분쟁의 소지가 있는 지역을 그룹으로서 표기하고 있다.[11)

4. 일본제국정부의 통치권적 및 행정적 관할로부터 특별히 제외된 지역은 다음과 같다. (a) 1914년 제1차 세계대전 개시 이래 신탁통치 또는 기타 일본이 점령했거나 탈취한 모든 태평양의 도서들. (b) 만주, 대만 및 패스카도어섬, (c) 코리아(Korea) (d) 카라후토.[12)

제4항의 특징으로는 (a) 모든 태평양의 도서 (b) 만주, 대만, 패스카도어 섬 (c) 한국 (d) 사할린 등은 논란의 여지없이 일본영토에서 전적으로 분리되는 지역이다.[13)

5. 일본은 지령 내에서 특별히 규정하지 않는 한 본 지령을 본 총사령부에서 발동하는 향후의 모든 지령, 각서 및 명령에도 적용한다.[14)

---

11) 송병기편, 2004, 『독도영유권자료선집』 자료총서34, 한림대학교아시아문화. 선집, 참조. 독도는 역사적으로 한국영토임에 의심의 여지가 없음.
12) 4. Further areas specifically excluded from the governmental and administrative jurisdiction of the Imperial Japanese Government are the following : (a) all Pacific Islands seized or orcupied under mandate or otherwise by Japan since the beginning of the World War in 1914, (b) Ms shura, Formosauded from-Pescadores, (c) Korea, and (d) Karafuto.
13) 外務省編, 1976, 『日本外交年表並主要文書 上』 明治百年史叢書1, 原書房, 536쪽.

제5항의 해석으로는 일본은 특별한 변경이 없는 한, 총사령부가 향후에 발동하는 모든 지령, 각서, 명령에 있어서도 본 지령에 의거해서 지켜야한다는 것이다.

6. 본 지령내의 어떤 것도 '포츠담 선언'에 언급된 작은 도서들에 관한 최종적 결정에 관련된 연합국정책의 표시로서 고려되어서는 안 된다.15)

제6항의 해석으로는 이 지령이 포츠담선언에 의거한 영토조치로서, 연합국의 최종적인 영토조치는 아니라는 것이다. 향후 연합국이 정책적으로 본 지령으로 변경할 수 있다는 의미이다. 즉 연합국이 정치적 판단으로 사실을 변경할 수 있다는 것이다.

7. 일본제국정부는 본 지령 내에 서술되어 있는 것 외의 지역을 관장하는 일본 내의 모든 정부기관에 관한 보고서를 작성하여 본 최고 사령부에 제출한다.16)

제7항의 해석으로서는 본 지령에서 언급하지 않은 지역을 관장할 때는 최고사령부에 문서로 보고하도록 했다.

---

14) 5. The definition of Japan contained in this directive shall also apply to all future directives, memoranda and orders from this Headquarters unless otherwise specified therein.

15) 6. Nothing in this directive shall be construed as an indication of Allied policy relating to the ultimate determination of the minor islands referred to in Article 8 of the Postdam Declaration.

16) 7. The Imperial Japanese Government will prepare and submit to this Headquarters a report of all governmental agencies in Japan the functions of which pertain to areas outside a statement as defined in this directive. Such report will include a statement of the functions, organization and personnel of each of the agencies concerned.

8. 위 7항에 언급된 정부기관에 관한 모든 기록은 보존되어서 본 사령부의 감사를 받을 수 있도록 되어 있어야 한다.[17]

제8항의 해석으로서는 본 지령에 언급하지 않은 사항은 문서로 보존하여 사령부의 감사를 받도록 했다.

이상의 지역은 일본의 영토주권에서 제외된 곳이므로 연합국의 승인 없이 통신조차도 해서는 안 되며, 일본은 SCAPIN 677호와 향후 연합국의 정책에 따라야하고, 연합국의 정책의 변동이 있어도 제4항에 포함되어 있는 지역은 변동가능성이 거의 없지만, 제3항에 포함되어 있는 지역은 변동가능성이 있다는 것을 의미한다. 그리고 본 지령에 없는 사항에 관해서는 최고사령부에 문서로서 보고하고 항상 감사를 받도록 했다. 특히 제3항과 제4항의 차이점은 독도가 포함되어 있는 제3항은 향후 연합국의 정책변화에 따라야 하는 지역이고, 제4항은 일본영토에서 전적으로 분리되는 지역으로 편성되어 있다.

2) 대일평화조약과 SCAPIN 제677호와의 차이점

SCAPIN 제677호(1946년1월)가 대일평화조약에서 어떻게 변화되었는가의 그 차이점을 분석함으로써 일본의 영토가 어떠한 방식으로 처리되었는가를 알 수 있다.[18] 특히 일본이 영유권을 주장하고 있는 독도나 쿠릴열도의 처리방식에 관해서 고찰해보기로 한다.

①한일 국경에 관해서는 SCAPIN 제677호에서는 「제3조(a) 우츠료(울릉)도, 리앙코르 암석(다케시마, 독도) 및 퀠파트(사이슈 또는 제주

---

17) 8. All records of the agencies referred to in paragraph 7above will be preserved and kept available for inspection by this Headquarters.
18) 최장근, 2008,『독도문제의 본질과 일본의 영토분쟁 정치학』, 제이앤씨, 123 ~128쪽.

도)」 그리고 「제4조 (c) 코리아(Korea)」를 일본영토에서 제외시켰는데, 대일평화조약[19]에서는 제2장 제2조 「일본국은 조선의 독립을 선언하고 제주도, 거문도 및 울릉도를 포함한 조선에 대한 모든 권리(right), 권원(title), 및 청구권(laim)을 포기한다.」라는 식으로 변화되었다.[20]

한일 국경조항의 특징은 「울릉도, 독도, 제주도를 포함한 코리아에 대한 영토주권」이 「제주도, 거문도, 울릉도를 포함한 코리아에 대한 영토주권」으로 변화되어 전자의 독도가 빠지고 후자에 거문도가 삽입되었던 것이다. 즉 SCAPIN 제677호에서는 섬의 귀속을 다루어 「독도」의 소속을 명확히 하였지만, 대일평화조약에서는 제주도와 울릉도 사이에 위치하고 있는 「거문도」를 삽입하여 섬의 귀속보다는 섬 군(群)을 중심으로 경계선을 표현하여 무인도의 분쟁지역에 대한 법적 지위를 애매하게 한 것으로 해석된다. 특히 독도의 소속에 대해서는 명시하지 않았다는 점이 특징이다. 독도의 소속에 대해서는 SCAPIN 제677호에서 한국영토로 표기되었던 것을 대일평화조약에서 독도의 지위를 따로 규정하지 않았다면 한국이 실효적으로 지배하고 있는 상태이므로 SCAPIN 제677호의 지위가 그대로 계승되어 독도의 지위가 변경되지 않았다고 보아야 한다.

그런데 여기서 간과할 수 없는 것은 일본이 대일평화조약에서 독도의 지위를 따로 규정하지 않았던 것에 대해 제주도-거문도-울릉도를 직선으로 한 경계이기 때문에 독도가 일본영토로서 법적 처리가 되었다고 주장하고 있다. 1946년부터 1951년 대일평화조약에 걸쳐서 연합국의 영토처리과정을 살펴보면 독도가 일본영토로서 인정된 것이 아니라 애매하게 처리하여 그 지위를 회피했다는 사실을 알 수 있다.[21] 따라서 대일평화조약을 근거로 일본이 독도 영유권을 주장하는

---

19) 每日新聞社編, 1952, 『對日平和條約』每日新聞社, 3~21쪽.
   최장근, 2005, 『일본의 영토분쟁-』, 백산자료원, 72~75쪽.
20) 高野雄一, 1962, 『日本の領土』東京大學出版會, 347~349쪽.

것은 영토권원의 본질과 다른 정치적 주장에 불과하다. 이러한 사실에 입각하여 일본이 영유권을 주장하고 있기 때문에 독도가 분쟁지역이 되었고, 그것이 근간이 되어 오늘날 독도문제가 발생하게 된 것이다.

②중일국경에 대해서는 SCAPIN 제677호에서「제4조 (b) 만주, 대만 및 패스카도어 섬」으로 결정되었던 것이 대일평화조약 제2장 제2조에서「(b)일본국은 대만(Formosa) 및 팽호제도(the Pescadores)에 대한 모든 권리, 권원 및 청구권을 포기한다.」로 변경되었다. 중일 국경문제에서는 중국과 일본 사이에 분쟁지역이 없는 것으로 결정되었다. 1970년에 분쟁지역으로 대두된 조어제도에 대해서는 중국이 일본의 패전과 더불어 대만의 부속도서로서 대만과 팽호제도의 반환과 더불어 중국영토에 반환되었다는 인식을 갖고 있었기 때문에 분쟁지역이라는 인식이 없었다.

③러일국경에 대해서는 SCAPIN 제677호에서「제3조 (c)쿠릴(지시마)열도, 하보마이(수우이쇼, 유리, 아카유리, 시보츠 및 다라쿠 도서들 포함하는 하포마츠 군도)와 시고탄도를 제외」하고, 게다가「(d) 카라후도(화태)」를 일본영토에서 분리하기로 결정되었다. 그런데 대일평화조약 제2조에서는「일본국은 쿠릴(치지마)열도 및 일본국이 1905년 9월5일 포츠마스조약 결과로서 주권을 획득한 사할린(카라후토) 남부 및 거기에 근접한 제도에 대한 모든 권리, 권원 및 청구권을 포기한다.」로 변경되었다. SCAPIN 제677호에서「하보마이, 시코탄」이 일본영토에서 제외되었는데, 대일평화조약에서는 쿠릴열도에 대한 영토주권을 포기한다고 하여「하보마이, 시코탄」에 대한 언급을 회피했다. 이는 자유진영의 미국이 공산주의 국가의 권익을 인정하지 않는다는 방침아래 소련의 권익을 보장하지 않겠다는 의미로서「하보

---

21) 최장근, 2005,『일본의 영토분쟁』, 백산자료원, 33~71쪽.

마이, 시코탄」의 소속을 명확히 하지 않았다.[22] 소련은 「하보마이, 시코탄」을 남부 쿠릴열도라고 하여 쿠릴열도 전부를 22개 도서로 규정하여 그중의 일부라는 인식을 갖고 있었다.[23] 반면 전후 일본은 「하보마이, 시코탄」이 홋카이도의 일부로서 쿠릴열도와 무관한 고유영토라고 주장했고, 게다가 1955년 러시아와의 화친조약에서 최초로 평화적으로 국경을 결정하여 「쿠나시리와 에토로프」도 일본영토로 인정되었기 때문에 이들 4개의 섬 모두 일본영토라고 주장했다. 하지만 제2차 대전에서 연합국의 결정으로 러시아가 점령하게 된 이들 섬에 대해 일본 영토라고 주장하는 것은 국제법상으로 문제의 소지를 갖고 있다.[24] 전후 이러한 일본의 지속적인 영유권 주장은 법의 정의보다는 정치적 요인에 의한 것이라고 보는 것이 타당할 것이다.[25]

④SCAPIN 제677호에서는 「제4조 (a) 1914년 제1차 세계대전 개시 이래 신탁통치 또는 기타로 일본이 점령했거나 탈취한 모든 태평양의 도서들」을 일본영토에서 분리한다고 결정되었다. 그런데 대일평화조약에서는 이들 지역을 남양군도와 신남(남사)군도(Spratly Islands), 서사군도(the Paracel Islands)로 구분하여, 남양군도에 대해서는 「일본국은 국제연합의 위임통치제도에 관한 모든 권리, 권원, 청구권을 포기하고, 또 이전에 일본국의 위임통치 하에 있었던 태평양제도에 위임통치제도를 결정한 1947년 4월 2일 국제연합 안전보장이사회의 행동을 수락한다.」 그리고 신남(남사)군도(Spratly Islands), 서사군도(the Paracel Islands)에 대해서는 「일본국은 이에 대한 모든 권리, 권원, 청

22) 水津滿, 1987, 『北方領土の鍵』謙光社, 179쪽.
23) V.V.アラージン, 2005, 『ロシアと日本 : 平和條約への見失われた道標 ―ロシア人から88の質問への回答―』, モスクワ : (Sotsium Publ. www. sotsium. ruinfo@sotsium. ru), 125~129쪽.
24) 러시아는 영토문제는 존재하지 않는다는 입장이다. 국제법상 4개 도서 모두 러시아영토라는 인식을 갖고 있다.
25) 이한기, 1969, 『한국의 영토』, 서울대학교출판부, 299쪽.

구권을 포기한다」라고 변경하였다. 내용상으로 서로 큰 차이가 없지만, 대일평화조약에서는 SCAPIN 제677호의 내용을 세분화하여 일본 영토에서 제외하고 있다. 그리고 SCAPIN 제677호에서는 남극의 권리에 관해 언급하지 않았지만, 대일평화조약에서는 남극의 권리에 대해서 「일본국은 일본국민의 활동에 의하든 말든 간에 남극의 모든 지역에 대한 권리, 권원 및 이익에 관한 모든 청구권을 포기한다」라고 규정하고 있다.

⑤오키나와제도에 관해서는 SCAPIN 제677호에서는 「제3조 (b) 북위 30도 이남 유구(난세이)열도(구치노시마 섬 포함), 이즈, 난포, 보닌,(오가사와라) 및 화산(오시가시 또는 오아가리)군도 및 파레스 벨라(오기노도리), 마아카스(미나미도리) 및 간지스(나카노도리) 도서들」을 일본영토에서 분리하고 있는데, 대일평화조약 제3조에서는 「일본국은 북위29도 이남의 남서제도, 상부암 남쪽의 남방제도(오가사와라제도, 니시도리시마, 화산열도 포함) 및 오키노도리시마를 합중국을 유일한 시정권자로 하는 신탁통치제도 하에 두는 것 등 유엔에 대한 합중국의 모든 제안에 동의한다. 이와 같은 제안이 행해지고 가결될 때까지 합중국은 영수를 포함하는 이들 제도의 영역 및 주권에 대해서 행정, 입법, 사법상의 권력의 전부 및 일부를 행사할 권리를 가진다」로 변경되었다. 오키나와에 대해서는 SCAPIN 제677호 제3조에 구분되어 모두 분쟁지역으로 간주되었고, 그 범위에 관해서 SCAPIN 제677호에서 북위30도 이남으로 되었는데, 대일평화조약에서는 북위29도 이남으로 변경되었다. 그리고 대일평화조약에서는 SCAPIN 제677호에 포함되어 있던 「나카도리와 미나미도리」가 삭제되었다. 특히 SCAPIN 제677호에서는 이들 지역이 단지 일본영토에서 분리되었는데, 대일평화조약에서는 미국이 신탁통치하는 지역이 되었다. 신탁통치지역은 미래 일본에 반환될 가능성을 내포하고 있다는 의미를 포

함한다.

이상에서 살펴보았듯이 SCAPIN 제677호와 대일평화조약을 비교해
본 결과, 미국의 의중에 의해 대일평화조약에서는 SCAPIN 제677호를
변경하여 일본의 입장을 많이 반영하였다. 특히 일본이 영유권을 주
장하고 있는 독도, 하보마이, 시코탄에 대해 SCAPIN 제677호에서는
법적 지위를 명확히 하여 일본영토에서 제외시켰는데, 대일평화조약
에서는 이들의 법적 지위를 규정하지 않았다. 남서제도에 대해서도
SCAPIN 제677호에서는 명확히 일본영토에서 제외하였는데, 대일평
화조약에서는 미국의 신탁통치지역으로 규정되어 미래 일본에 반환
가능성이 있는 지역이 되었다. 남서제도의 신탁통치 범위에 대해서도
SCAPIN 제677호에서 북위30도 이하로 규정되었던 것이 대일평화조
약에서는 북위 29도로 변경되어 신탁통치지역을 축소하여 일본에 유
리하게 조치하였던 것이다. 일본은 이러한 정치적 요인에 의해 대일
평화조약에서 법적 지위가 애매하게 처리된 분쟁지역에 대해 영유권
을 주장하게 되었다. 이처럼 미국은 일본을 자유진영에 포함시키기
위해 공산진영과 제3국의 입장을 무시하고 일본의 입장을 두둔하여
SCAPIN 제677호에서 영토적 지위를 분명히 하였던 독도와 쿠릴열도
에 대해 대일평화조약에서는 법적 지위를 애매하게 처리하여 분쟁의
소지를 만들었던 것이다.[26)]

이처럼 미국을 중심으로 한 연합국은 비서명국과, 비체약국 간에
영토분쟁의 소지를 남겨두고, 비서명국과의 관계에 관해서는 "일본국
은 동 조약의 서명국이 아닌 국가와도 (생략) 같은 조건으로 2국간의
평화조약을 준비하고 일본의 의무는 동 조약의 효력발생 후 3년으로
만료된다(제26조)」라고 하여 당사자 간에 영토문제를 해결할 것을 규

---

26) 김병렬, 1998, 「대일강화조약에서 독도가 누락된 전말」, 『독도영유권과 영
해와 해양주권』, 독도연구보전협회, 165~195쪽.

정하고 있다.

일본은 대일평화조약이 체결되었지만, 여전히 신탁통치지역이 존재하고 있고 비서명국과 비체약국간의 영토문제가 해결되지 않은 채 남아있다는 인식을 갖고 있었다. 그래서 이들 영토문제를 일본에 유리하게 해결하기 위해 대일평화조약에서 애매하게 규정된 영토에 대해 영유권을 주장하였던 것이 오늘날 영토분쟁지역이 되고 있다. 그 대표적인 예가 「타케시마, 북방영토, 신탁통치지역이다」.

연합국은 대일평화조약의 초안을 만드는 과정에서 영토분쟁지역에 해당되는 지역 중에서 유인도에 대해서는 신탁통치를 하고, 무인도에 대해서는 관여하지 않는다는 원칙을 정하여 조약원안에서는 그 지위를 규정하지 않았다. 그래서 한국의 독도(일본은 다케시마라고 칭함)와 소련의 하보마이, 시코탄(일본은 홋카이도의 일부라고 주장함)에 관한 영토적 지위는 대일평화조약에 규정되어 있지 않다.[27] 대일평화조약에서 누락된 지역이 결코 일본영토로서 결정된 것이 아님을 알아야 할 것이다.[28]

3) 전후 일본의 분쟁지역 처리과정

패전으로 포츠담선언에 의거하여 확장한 일본제국의 영토가 전적으로 일본영토 범위에서 분리될 위기에 놓이게 되었다. 일본은 종전 직후부터 외무성에 '연구간사회'라는 전담부서를 두어 최대한 영토주권을 확보하기 위해 노력했다.[29]

미군이 1945년 4월 유구제도, 아마미제도를 점령했고,[30] 1946년 1

---

27) 每日新聞社編, 1952, 『對日平和條約』, 每日新聞社, 3~21쪽.

28) 김병렬, 1998, 「대일강화조약에서 독도가 누락된 전말」, 『독도영유권과 영해와 해양주권』, 독도연구보전협회, 165~195쪽.

29) 최장근, 2005, 『일본의 영토분쟁』, 백산자료원, 40~42쪽.

월 오가사와라(小笠原)제도를 미군정 아래에 편입했다. 또한 유엔의 승인(1946년 11월)으로 1947년 4월 2일부터 태평양제도[31]의 신탁통치를 시작하였다. 사실 유구제도를 비롯한 이들 지역은 이미 1946년 1월 SCAPIN 677호에 의해 일본영토에서 분리되어 있었고, 그 후 대일평화조약에 의해 정식으로 미국의 신탁통치지역이 되었다. 독도에 대해서는 SCAPIN 677호에서 한국영토로 분류되었음에도 불구하고 대일평화조약에서 한국이 실효적으로 지배하고 상황에서도 법적 지위를 분명히 하지 않았다. 쿠릴열도에 대해서는 SCAPIN 677호에서는 하보마이, 시코탄까지 분명히 일본영토에서 분리하였음에도 불구하고, 대일평화조약에서는 러시아가 실효적으로 점유하고 있는 상황임에도 불구하고 쿠릴열도의 범위를 명확히 하지 않은 채 일본의 주권 지역에서 제외시켰다.

일본은 이미 대일평화조약을 체결하는 과정에서 미국으로부터 오키나와의 잔존주권을 약속받은 바 있었고,[32] 게다가 자유진영 중심으로 결정된 대일평화조약에 대한 소련 등의 공산진영에 의한 신탁통치 반대여론을 이용하여 南西諸島(유구제도, 아마미제도)의 일본반환운동을 전개했다. 일본은 미국의 신탁통치에 대해 연합국이 내세웠던 영토불가침원칙을 준수할 것과, 유구가 역사적으로 고유영토라고 주장하여 일본에 반환해줄 것을 요구했다. 일본의 집요한 영토복귀운동은 결국 1953년 아마미제도, 1968년 오가사와라제도, 1972년 오키나와가 일본영토로 복귀되었던 것이다.[33] 동시에 일본은 대일평화조약

---

30) 일본이 근대에 들어와서 유구영토에 대해 일방적으로 무주지 선점론을 적용하여 일본영토에 강제로 편입한 지역임.
31) 제1차 세계대전에서 일본이 독일의 점령지역이었던 태평양제도(남양군도)를 위임통치 하게 되었다.
32) 최장근, 2005, 『일본의 영토분쟁』, 백산자료원, 85쪽.
33) 최장근, 2005, 『일본의 영토분쟁』, 백산자료원, 82~86쪽.

에서 제3국과 공산진영의 권익을 보장할 수 없다는 방침 아래에서 미국중심의 자유진영이 법적 지위를 명확히 하지 않았던 독도와 쿠릴열도에 대해 지속적으로 영유권을 주장해왔다.

그렇다면 다음으로 대일평화조약에서 영토적 지위를 분명히 하지 않아서 생긴 영토문제에 대해서 살펴보면 다음과 같다.

이 규정과 관련되는 국가는 대일평화조약 제26조에 「일본국은 동 조약의 서명국이 아닌 국가와도 (중략) 같은 조건으로 2국간의 평화조약을 준비하고 일본의 의무는 동 조약의 효력발생 후 3년으로 만료된다」라고 규정하고 있다.

대일평화조약에서 영토문제와 관련하여 서명국이 아닌 나라와의 영토처리에 대해 애매하게 처리되었던 독도문제를 둘러싼 한국, 쿠릴열도 남방4도(북방영토)문제를 둘러싼 소련(지금의 러시아), 釣魚島(일본명 : 센카쿠제도)를 둘러싼 중국 등이 있다.[34] 제26조에 대일평화조약에 보장된 「같은 조건으로」 평화조약을 체결한다고 규정한 것은 미국을 중심으로 한 자유진영의 연합국이 대일평화조약으로 일본의 법적 지위를 보장해주려고 했던 것이다.

일본은 대일평화조약이 「효력발생 후 3년이 경과」하면 대일평화조약에 규정된 지위와 상관없이 외교능력으로 상대국과의 협상을 통해 이권을 확보할 수 있게 되었다. 대일평화조약에 있어서 독도와 조어도에 관한 기술이 원래부터 없었고, 「일본은 쿠릴열도에 대한 영토적 권원을 포기한다」고 하는 쿠릴열도 남방4도와 관련되는 규정도 3년

---

34) 대일평화조약 체결 이후 일본과 중화민국(지금의 대만) 사이에서 일화평화 조약이 체결되어 대일평화조약에 규정된 「일본국은 대만 및 팽호제도에 대한 모든 권리, 권원 및 청구권을 포기한다」에 의거하여 일중간의 영토문제가 해결되었다. 여기서 대만은 팽호제도에 문제의 조어도가 포함되어있었다는 주장이고, 일본은 센카쿠제도(조어도 등)는 일본의 고규영토이므로 팽호제도와 무관하다는 주장이다.

이상이 경과된 시점에서는 대일평화조약의 규정과 상관없이 러시아 (구소련 계승국가)와 동등한 지위에서 외교적 협상능력에 따라 유리한 지위를 확보할 수 있게 되었다.

따라서 일본은 「센카쿠제도」에 대해서는 실효적 점유를 하고 있어서 전후 줄곧 영토문제가 존재하지 않는다는 입장을 취해왔다. 하지만 독도와 쿠릴열도 남방4도에 대해서는 영유권을 주장하여 분쟁지역으로 부각시키고 있다. 실제로 이들 지역은 대일평화조약의 규정에 의하면 일본이 영토주권을 확보할 수 있는 법적 지위를 갖고 있지 않다. 결과적으로 일본이 이들 지역에 대해 영유권을 주장하는 의도는 법적 지위확보를 위한 것이 아니라, 정치적 타협으로 영토주권을 포함하는 또 다른 권익을 확보하겠다는 것이다.

독도와 쿠릴열도에 한해서 언급한다면, 현재 한국이 실효적으로 점유하고 있고, 영토문제가 존재하지 않는다고 하는 독도에 대해서 일본이 영유권을 주장하는 것은 독도 영토주권 자체에 대한 기대보다는 외교적 협상수단으로 다른 이권을 기대하고 있는 것이고, 러시아가 실효적으로 점유하고 있고 영토문제가 존재하지 않는다고 하는 쿠릴열도에 대해서 일본이 영유권을 주장하는 것은 2도를 반환과 더불어 또 다른 권익을 기대하고 있다고 봐야한다.

결국 전후 강화조약이 체결되어 3년 이상이 경과한 시점에서 小笠原, 南西諸島는 연합국이 처리해야할 영토문제가 되어 최종적으로 일본영토로서 처리되었고, 쿠릴열도 남방4도(북방영토)와 독도는 당사자 간에 다루어져야할 영토문제가 되었다. 즉 일본은 독도와 '북방영토'문제를 분쟁지역으로 보고 있다고 해야 할 것이다.

3. 「법령」의 분석

1) 「總理府令 제24호」

아래의 내용은 일본어로 되어 있는 원본의 「총리부령 제24호」 중에서 영토문제와 관련 있는 부분을 발췌하여 번역한 내용이다.

① 「2008년 12월 5일 현재의 법령 데이터입니다.」
「조선총독부 교통국 공제조합이 본방(일본국) 내에 있는 재산 정리에 관한 정령 시행에 관한 총리부령(1951년 6월 6일 총리부령 제24호)」
② 「최종개정: 1960년 7월 8일 대장성령 제34호」[35]
③ 「조선총독부 교통국 공제조합이 본방(일본국) 내에 있는 재산 정리에 관한 정령(1951년 정령40호)을 실시하기 위해 조선총독부 교통국 공제조합이 본방(일본국) 내에 있는 재산 정리에 관한 정령 시행에 관한 총리부령을 다음과 같이 정한다.」[36]
④ 「제2조 령 제14조 규정에 의거하여 정령 제291호 제2조 제1항 제2호 규정[37]을 준용할 경우에서는 <u>부속도서라는 것은 아래에 제시된 도서 이외의 도서를 말한다.</u>」[38]

---

35) 「平成20年12月5日現在の法令データです。朝鮮總督府交通局共濟組合の本邦內にある財産の整理に關する政令の施行に關する總理府令(昭和二十六年六月六日總理府令第二十四号)最終改正：昭和三五年七月八日大藏省令第四三号」.

36) 「朝鮮總督府交通局共濟組合の本邦內にある財産の整理に關する政令(昭和二十六年政令第四十号)を實施するため、朝鮮總督府交通局共濟組合の本邦內にある財産の整理に關する政令の施行に關する總理府令を次のように定める。」.

37) 本州, 北海道, 四國, 九州 및 주무 省令에서 정하는 부속 도서를 말한다 (1949년8월1일 정령 291호 제2조 2항).

38) 「第二條 令第十四條の規定に基き、政令第二百九十一号第二條第一項第二号の規定を準用する場合においては、附屬の島しよとは、左に揭げる島しよ以外の島しよをいう。
一 千島列島、齒舞群島(水晶、勇留、秋勇留、志發及び多樂島を含む。)及び色丹島.
二 小笠原諸島及び硫黃列島

一. 쿠릴열도, 하보마이열도(水晶島, 勇留島, 秋勇留島, 志発島 및 多楽島을 포함함), 시코탄도,

二. 오가사와라제도 및 이오지마열도,

三. 울릉도, 죽도(독도) 및 제주도,

四. 북위30도 이남의 남서제도(유구열도를 제외),

五. 다이토제도, 오키노토리시마, 미나미토리시마 및 나카토리시마

④ 「부칙 (1952년 4월 28일 법률 제 116호) 抄」[39] 「1. 이 법률은 일본국과의 평화조약이 최초로 효력 발생하는 날부터 시행한다. 3. 이 법률 시행 전에 개정 전의 조선총독부 교통국 공제조합이 일본국 내에 있는 재산 정리에 관한 정령에 의거한 처분, 절차, 그 외의 행위는 개정 후의 동 법령에 의거한 것으로 간주한다.」[40]

이상의 내용은 다음과 같은 의미를 갖고 있다.

①의 경우, 첫째, 본 법령은 조선총독부 교통국 공제조합이 본방(일본국) 내에 있는 재산 정리에 관한 것으로 보상문제를 처리함에 있어서 일본영토로 확정되지 않은 지역에 대해서는 최대한 보상을 줄이겠다는 의도에서 영유권 분쟁지역이라도 일본의 부속도서에서 제외하고 있다. 따라서 일본외무성이 독도의 영유권을 주장하기 위해 '竹島'가 역사적으로나 국제법적으로 일본영토라고 주장하는 정치적인 논리와는 다소 차이가 있다. 따라서 본 법령은 일본 외무성이 영유권을 극대화하기 위한 것과는 달리 일본영토의 본질적인 면을 다루고 있다고 볼 수 있다.

三 鬱陵島、竹の島及び濟州島.

四 北緯三十度以南の南西諸島((琉球列島を除く。).

五 大東諸島、沖の鳥島、南鳥島及び中の鳥島」.

39) 1과 3 사이에 2(?)가 왜 없을까? 일부러 삭제하였을까? 현재로서는 확인할 바가 없음.

40) 「附則(昭和二七年四月二八日法律第一一六号)抄、1この法律は、日本國との平和條約の最初の効力發生の日から施行する。3 この法律施行前に改正前の朝鮮總督府交通局共濟組合の本邦内にある財産の整理に關する政令に基いてした處分、手續その他の行爲は、改正後の同令に基いてしたものとみなす。」

둘째, 「2008년 12월 5일 현재의 법령 데이터입니다」라는 것은 현재 일본법령으로서 효력을 갖고 있다고 하겠다.

셋째, 「1951년 6월 6일 총리부령 제24호」라는 것은 1951년 9월 4일 체결의 대일평화조약 이전의 연합국최고사령부명령 SCAPIN 677호에 의한 것이라는 점이다. 당시 일본은 SCAPIN 677호를 근거로 법령을 제정하고 있었다는 것을 알 수 있다. 즉 일본정부는 1951년 6월 6일 시점에서 울릉도, 제주도와 더불어 독도가 일본영토에서 분명히 제외되었다고 인식하고 있었다는 것이다.

②의 경우, 「최종개정: 1960년 7월 8일 대장성령 제34호」라는 것은 「1951년 6월 6일 총리부령 제24호」가 최종적으로 「대장성령 제34호」로서 1960년 7월 8일에 개정되었다는 것이다. 그렇다면 1960년 7월 8일 시점은 대일평화조약이 체결된 이후의 시점이므로 당시 일본은 SCAPIN 677호가 지속되고 있다고 인식하고 있었다는 점이다. 일본은 「최종적인 영토처리가 아니다」라는 단서가 있는 SCAPIN 677호를 그대로 적용하여 「독도」와 더불어 이미 대일평화조약에서도 한국영토로서 기정사실화 된 「울릉도와 제주도」까지도 언급하고 있다는 것은 영토문제가 완전히 종결되었다는 인식이 없었다.

③의 경우, 조선총독부 교통국 공제조합이 일본국 내에 있는 재산을 정리하기 위해 1951년 6월 6일 총리부령을 제정했다는 의미이고, 이는 또한 「1960년 7월 8일 대장성령 제34호로 최종적으로 개정했다」는 것이다. 즉 일본은 1951년 6월 6일에 법령을 제정하고 그 연장선상에서 1960년 7월 8일에 법령을 개정한 이후에도 「제주도, 울릉도」와 더불어 「독도」를 일본영토에서 제외시키고 있다. 왜 일본은 「독도」만 일본영토에서 제외하면 될 것인데, 「제주도, 울릉도」를 왜 거론하였을까? 그것은 실질적으로 한국이 독도를 실효적으로 지배하고 있는 상황에서 1951년 9월 8일 체결한 대일평화조약에서 「울릉도, 거문도,

제주도」라는 형식으로 영토문제가 처리되었고, 게다가 연합국이 독도
가 일본영토라는 규정을 어디에도 만들지 않았기 때문이다. 그래서
일본은 독도가 일본영토라는 것을 주장하기 위해서라도 SCAPIN 677
호의 「최종적인 영토조치가 아니다」라는 단서를 활용할 수밖에 없었
던 것이다. 즉 다시 말하면 대일평화조약에서 한국과 일본 간의 경계
선으로서 「제주도-거문도-울릉도」라는 국경선이 결정되었지만, 최종
적으로 「제주도-거문도-울릉도-독도(?)」라는 경계선은 만들어지지 않
았다는 것이다. 따라서 일본이 SCAPIN 677호를 활용하는 것은 「독
도?」에 대해 영유권을 주장할 수 있는 지위에 있다는 것을 의미한다.

④의 경우, 첫째, 일본이 상기 법령의 섬(혹은 국경선[41])들은 향후
일본영토에 유리하게 처리될 가능성이 있는 지역으로 판단하고 있던
지역이라는 의미이다. 「제주도, 울릉도, 독도」가 일본영토(혹은 경계
선)와 무관하다면 일부러 법령에 제시할 이유가 없을 것이다. 그리고
실제로 이들 지역은 영토 미해결지역(경계선)으로 간주하고 있는 곳
이다. 독도의 경우는 현재 일본 외무성이 일본영토에 편입할 대상으
로 분류하고 있는 점과도 무관하지 않다.

둘째, 「일본국 내」에서 제외되는 부속도서로서, 「1의 북방의 쿠릴
열도, 2의 동방의 오가사하라제도, 3의 서방의 울릉도를 비롯한 한일
국경선, 4의 남동쪽의 남서제도, 5의 남방의 다이토제도를 비롯한 여
러 섬들」이다. 법령에 이들 섬을 명기하여 일본영토에서 제외한다고
한 것은 법적으로 일본영토로서 확정된 지역은 아니지만, 일본이 영
유권을 주장하고 있는 지역으로 향후 일본영토가 될 수 있는 지역이
라는 의미이다.

---

41) 「제주도, 울릉도, 독도」에서 제주도와 울릉도까지 분쟁지역이라는 의미는
아니다. 이는 「독도」의 소속에 관한 논쟁이지만, 한국과 일본 사이의 경계
선을 설정할 때 독도와 더불어 「제주도와 울릉도」가 상징적으로 필요한 섬
들이기 때문에 법령에 제시된 것에 불과하다.

셋째, 법령의 최종 개정이 1960년 7월 8일로 되어 있다. 1960년 7월 8일 시점에서 일본은 이들 섬이 일본의 부속도서가 아니라고 규정하고 있는데, 이는 SCAPIN 677호에 의한 것이다. 이들 지역은 모두 연합국이 대일평화조약에서 영토주권을 명확히 하지 않았던 곳이기 때문에 일본이 「최종적인 영토조치가 아니라」고 하는 SCAPIN 677호의 규정을 활용하여 영유권을 주장하고 있는 것이다.

넷째, 대일평화조약에 조인한 국가와 일본과 관련된 영토조치는 1952년 4월 조약 비준 일을 기점으로 효력이 발생하게 된다. 그러나 상기 「[一]의 북방경계인 쿠릴열도」에 대해서는 러시아가 대일평화조약에 가담하지 않았기 때문에 영토문제가 해결된 것이 아니었고, 「[二]의 동방경계인 오가사와라제도」에 대해서는 미국의 신탁통치지역으로 구분되었다가 1954년에 일본영토에 반환되어 영토문제가 종결되었다. 「[三]의 서방경계인 울릉도를 비롯한 한일국경선」에 관해서는 한국이 대일평화조약의 당사자가 아니었기 때문에 한일 간의 영토문제는 종결되지 않았다. 특히 독도문제는 일본이 영유권을 주장하고 있기 때문에 한일 당사자간에 해결되어야할 문제이다. 1965년 한일양국은 국교를 회복할 때 한국이 독도를 실효적으로 점유하고 있는 상황에서 독도문제를 직접적으로 다루지 않았다. 한일협정은 평화조약과 같은 성격을 갖고 있는 조약이므로 이로 인해 한일 간의 영토문제는 법적으로 한국에 유리하게 전개되었다고 할 수 있다.

다섯째, 「[四]의 북위30도 이남의 남서제도(유구열도를 제외)」, 「북위30도 이남의 奄美諸島」는 1946년 2월 2일 일본의 행정권에서 분리되어 미군 통치하에 들어가서 1952년 2월 4일 샌프란시스코평화조약에 의거하여 북위29도 이북의 토카라열도(十島村)가 일본에 복귀되었고, 1953년 12월 25일 奄美諸島가 일본에 복귀되었다. 유구열도는 1872년 오키나와로서 일본에 반환되었다.

여섯째, 「[五]의 다이토제도, 오키노토리시마, 미나미토리시마 및 나카토리시마」는 1968년 일본에 영토주권이 반환되었다.

2) 「大藏省令 제4호」

1951년 2월 13일에 제정된 대장성령 제4호 중에서 영토관련 내용을 발췌하면 다음과 같다.

　　① 「법령 데이터 시스템」[42) 「구 법령에 따른 공제조합 등에서의 연금수급자를 위한 특별조치법 제4조 제3항 규정에 의거한 부속 섬을 정하는 省令 (1951년 2월 13일 대장성령 제4호)」[43)
　　② 「최종개정 : 1968년 6월 26일 대장성령 제37호」[44)
　　③ 「구 법령에 따른 공제조합 등에서의 연금수급자를 위한 특별조치법 제4조 제3항 규정에 의한 부속 섬을 정하는 성령을 다음과 같이 정한다.」[45)
　　「구 법령에 따른 공제조합 등으로부터의 연금수급자를 위한 특별조치법 (1951년 법률 제256호)제4조 제3항에 규정하는 부속 섬은 아래에 제시한 섬은 제외된다.」
　　　一 千島列島, 歯舞列島(水晶島, 勇留島, 秋勇留島, 志発島 및 多楽島를 포함함), 色丹島. 二 鬱陵島, 죽도(竹の島) 및 済州島」.[46)

---

42) 總務省(2009검색), 「法令データ提供システム」, http://law.e-gov.go.jp/htmldata/S26/S26F03401000004.html

43) 「旧令による共濟組合等からの年金受給者のための特別措置法第四條第三項の規定に基く附屬の島を定める省令(昭和二十六年二月十三日大藏省令第四号)」.

44) 「旧令による共濟組合等からの年金受給者のための特別措置法第四條第三項の規定に基く附屬の島を定める省令(昭和二十六年二月十三日大藏省令第四号)」. 「最終改正 : 昭和四三年六月二六日大藏省令第三七号」.

45) 「旧令による共濟組合等からの年金受給者のための特別措置法第四條第三項の規定に基く附屬の島を定める省令を次のように定める。」.

46) 「旧令による共濟組合等からの年金受給者のための特別措置法 (昭和二十五年法律第二百五十六号)第四條第三項 に規定する附屬の島は、左に掲げる島以外の島をいう。
　　一 千島列島、歯舞列島(水晶島、勇留島、秋勇留島、志發島及び多樂島を含む。)及び色丹島

이상의 내용은 다음과 같은 의미를 내포하고 있다.

상기 ①의 경우, 이는 1951년 2월 13일 「대장성령 제4호」로서 연금 수급자를 위한 특별조치를 내린 것으로 일본의 부속 섬에 대한 규정이다.

상기 ②의 경우, 1951년 2월 13일에 제정된 대장성령 제4호를 「1968년 6월 26일 대장성령 제37호」로 최종적으로 개정했다는 내용이다. 더 이상 개정이 없다는 내용인데, 영토분쟁지역으로 생각하고 있었던 지역이 해결되었다는 것이다. 즉 영토문제가 최종적으로 해결되었다는 것을 의미한다.

상기 ③의 경우, 사실 1968년 6월 26일 미국이 시정권을 행사하고 있었던 小笠原諸島와 硫黃列島가 일본에 반환되었던 날이다.

이 섬이 일본 섬과 무관하다면 처음부터 거론하지 않았을 것인데, 여기에 제시하고 있다는 것은 일본영토와 관련이 있지만, 일본영토로 확정된 섬이 아니라는 의미이고, 영토분쟁지역으로 간주되는 섬으로 해석하는 것이 타당할 것이다.

여기서 본방에 대해서는 1950년 12월 12일 구 법령에 따른 공제조합 등으로부터 연금수급자를 위한 특별조치법(법률 제256호) 「第4條 第3項」에 의하면, 「일본국(本州, 四國, 九州, 北海道 그리고 財務省令에서 정하는 그 부속 섬을 말하고, 硫黃鳥島, 伊平屋島 그리고 북위 27도 14초 이남의 南西諸島(大東諸島를 포함함)를 포함한다. 이하는 같음)」라고 규정하고 있다.[47]

二　鬱陵島、竹の島及び濟州島」.

47) 「本邦(本州、四國、九州及び北海道並びに財務省令で定めるその附屬の島をいい、硫黃鳥島及び伊平屋島並びに北緯二十七度十四秒以南の南西諸島(大東諸島を含む。)を含む。以下同じ。)」(旧令による共濟組合等からの年金受給者のための特別措置法(昭和二十五年十二月十二日法律第二百五十六号)「第四條第三項」).

여기서 중요한 것은 일본이 독도와 '북방영토'를 일본영토에서 제외하고 있다는 점이다. 일본이 실효적 지배를 하고 있지 않는 지역에 대해서는 배상을 하지 않겠다는 것으로서 영토분쟁지역 자체를 포기한 것은 아니었다.

4. 맺으면서

이상에서 「총리부령24호」와 「대장성령4호」의 영토조항을 분석하여 그 의미를 고찰하였다. 본 연구의 성과를 정리하면 다음과 같다.

첫째로, 「대장성령4호」는 1951년 2월 13일에 제정되어 1968년 6월 26일 대장성령 제37호로서 최종적으로 개정되었다. 「총리부령24호」는 1951년 6월 6일에 제정되어 1960년 7월 8일 대장성령 제34호로서 최종적으로 개정되었다. 이들은 오늘날의 일본법령 자료가 되었다. 최종적으로 개정된 법령자료는 1968년 6월 26일 「대장성령4호」를 개정하여 「대장성령 제37호」가 되었던 것이다. 「대장성령 제37호」 중에서 영토와 관련되는 지역으로서, 「①千島列島, 齒舞列島, 色丹島. ② 鬱陵島, 竹島 및 濟州島」를 일본의 부속도서에서 제외한다는 내용이 있다. 여기서 중요한 것은 이미 대일평화조약에서 오키나와에 대한 잔존주권이 인정되어 있었고, 1968년 6월 26일 오가사와라의 영토주권이 일본에 반환조치 되어 일본의 영토주권에 대한 변동이 있었기 때문에 「대장성령 제37호」가 제정된 것이다. 일본은 이로 인해 「SCAPIN 677호」에서 분쟁 가능성이 있는 지역으로 분류된 대부분의 지역은 영토문제가 해결되었고, 독도와 쿠릴열도만이 일본영토로 확정되지 않고 분쟁지역으로 남게 되었다는 인식을 갖게 되었다.

둘째로, 「SCAPIN 677호(1946년 1월 18일)」의 효력에 대해서는 다음과 같다. 즉 연합국은 대일평화조약(1951년 9월8일)에서 최종적인 영토조치를 예정하고 있었다. SCAPIN 677호는 그 이전 단계에서 특정지역에 대한 일본의 행정권과 통치권을 박탈한 법령이다. 여기서 통치권은 영토주권을 제한한 것이고, 행정권은 행정적 관할권을 제한한 것이다. 연합국은 1951년 9월 8일 대일평화조약으로 최종적으로 일본영토를 확정하였는데, 독도와 쿠릴열도 남방4도에 대한 영토적 지위를 분명히 하지 않았다. 왜냐하면 일본이 한국과 구소련이 실효적 지배를 하고 있는 지역에 대해 영유권을 주장하고 있었기 때문에 미국이 일본의 입장을 두둔하여 영토조치를 회피하였던 것이다.

결국 일본은 대일평화조약에서 독도의 지위가 명확히 되지 않은 것과, SCAPIN 677호에 규정되어있는「연합국의 최종적인 영토조치라고 해석해서는 안 된다.」고 하는 규정을 악용하여 현재 독도와 쿠릴열도에 대해 영유권을 주장하고 있는 것이다. 따라서 상기법령은 이러한 기반 위에서 독도의 영유권을 주장하여 분쟁 지역으로 간주하고 있는 것이다.

『일어일문학연구』71, 2009.11.

참고문헌

김병렬, 1998, 「대일강화조약에서 독도가 누락된 전말」, 독도보전협회, 『독도영유권과 영해와 해양주권』, 독도연구보전협회.

김병렬, 1998, 『독도』, 다다미디어.

송병기편, 2004, 『독도영유권자료선집』 자료총서34, 한림대학교아시아문화선집.

신용하, 1996, 『독도, 보배로운 한국영토 -일본의 영유권 주장에 대한 총비판』, 지식산업사.

신용하, 1996, 『독도의 민족영토사 연구』지식산업사.

이한기, 1969, 『한국의 영토』, 서울대학교출판부.

최장근, 1998, 『일본영토의 분쟁』백산자료원.

최장근, 2008, 『독도문제의 본질과 일본의 영토분쟁 정치학』, 제이앤씨.

「세계일보」 2009년 1월 7일.

「조선일보」 2009년 1월 3일.

V.V.アラージン, 2005, 『ロシアと日本：平和條約への見失われた道標 —ロシア人から88の質問への回答—』, モスクワ：(Sotsium Publ. www. sotsium. ruinfo@sotsium.ru), pp. 125-129.

外務省編, 1976, 『日本外交年表並主要文書 上』明治百年史叢書1, 原書房.

高野雄一, 1962, 『日本の領土』東京大學出版會.

每日新聞社編, 1952, 『對日平和條約』每日新聞社.

水津滿, 1987, 『北方領土の鍵』謙光社.

○總務省(검색일: 2009.5.10), 「法令データ提供システム」,
  http://law.e-gov.go.jp/htmldata/S26/S26F03401000004.html.

○「竹島問題」일본외무성(검색일: 2009.5. 10),
  http://www.mofa.go.jp/mofaj/area/takeshima/.

○「讀賣新聞」(검색일: 2009.1.7).

○「實事求是17」(검색일:2009. 8.20), web竹島問題研究所,
  http://www.pref.shimane.lg.jp/soumu/web-takeshima/.

제3부

역사, 지리적 관점에서 본 독도

울릉도의 역사로서 '우산국' 재조명

김 호 동

1. 울릉도민은 '우산국'을
어떤 시각에서 보아야 할 것인가?

1) 기존 통설 검토

중학교 국사 교과서에 "독도는 울릉도에 딸린 섬으로서, 일찍부터 우리나라의 영토로 이어져 내려왔다"라는 서술만 있고 '우산국'에 관한 언급은 전혀 없다. 다만 '읽기자료'에 『세종실록지리지』의 기록 가운데 "우산(독도)의 두 섬은 현(울진현)의 정동쪽에 있다. 두 섬은 서로 거리가 멀지 아니하며, 날씨가 청명하면 가히 바라볼 수 있다. 신라시대에는 우산국이라 칭하였다"고 하여 조선시대 15세기의 자료에 나오는 '우산국'을 기록하였을 뿐이다. 고등학교 국사 교과서의 경우 본문에 "(지증왕때) 대외적으로는 우산국(울릉도)을 복속시키기도 하였다"고 하거나 "울릉도와 독도는 삼국 시대 이래 우리의 영토였다"는 기록이 보인다.

2008년 7월 14일 일본의 문부과학성은 중학교 사회교과서의 <학습 지도 요령서>에 독도 문제를 북방 영토와 함께 기술하기로 결정하자 경상북도 교육청이 초등학교 5, 6학년을 대상으로 한『독도』교재와『교사용지도서』, 그리고 중등학교 장학자료『지켜야 할 우리 땅 독도』를 2009년 초에 내놓았다. 초등학교『독도』교재의 경우 '이름으로 만나는 독도'에서 "6세기 초 우산국이 신라의 땅이 되면서 우산도라고 했어"라고 하였고, '기록으로 만나는 독도'에서 "우산국은 울릉도와 독도, 그리고 주변 섬들로 이루어진 나라로서, 신라에 편입되었다"(42쪽)고 하거나『삼국사기』의 기록 "十三年夏六月于山國歸復"의 기록을 인용하면서 "신라 지증왕 13년(512) 여름 6월에 우산국이 우리의 땅이 되었다"고 하였다. 또 이사부 장군이 우산국을 어떻게 신라의 땅으로 만들었는지 이야기해보자고 하면서 우산국 정복과정을 간단히 만화로 그려내면서 "신라 지증왕 13년(512), 울릉도와 함께 당시 우산국의 땅이었던 독도 역시 신라의 땅이 되었다"고 하였다(43쪽). 중등장학자료『지켜야 할 우리 땅 독도』역시 이런 논리의 바탕으로 만들어졌으며, 다만 우산국의 범위에 대한 일본의 반론이 있다고 한다면 위『세종실록』지리지의 내용과 함께 "관찬서서인『동국문헌비고』(1770)에는 '울릉, 우산은 모두 우산국의 땅, 우산은 곧 왜가 말하는 송도다'라고 기록되었다"고 하여 우산국의 범위는 울릉도와 독도임을 드러내주고 있다(86~87쪽).

교과서에 언급된 내용이 우산국에 대한 통설이다. 필자는 이러한 기존 통설에 대해 '과연 512년 이사부의 우산국 정벌에 의해 독도는 우리나라 땅이 되었는가?' 라는 의문을 제기해왔고,[1] 이제 그것을 바탕으로 하여 <울릉도의 역사로서 '우산국' 읽기>란 주제로 울릉도 입장에서 우산국의 역사를 어떻게 읽을 것인가를 논하고자 한다. 지금까지 삼국의 역사 속에 우산국을 본 시각에서 눈을 돌려 지방자치

---

[1] 김호동, 2008,「지방행정체계상에서 본 울릉도·독도 지위의 역사적 변화」,『한국행정사학지』제23호, ; 2009,『독도 영유권 확립을 위한 연구』영남대학교 독도연구소 엮음, 경인문화사, 251~253쪽.

시대에 걸맞게 울릉도를 주체로 한 울릉도의 역사를 그려내 보겠다는 관점을 갖고 우산국의 역사를 논하고자 한다.

2) 울릉도가 주체가 되는 역사인식 필요

2009년 8월 7일, '2009 동해왕 이사부문화축전'의 일환으로 있었던 학술심포지움 : <동해와 독도 주권 그리고 신해양시대>에서 필자는 「독도영유권 공고화에 있어서의 강원도의 역할」이라는 주제로 발표를 한 바가 있다. 그 글의 작성을 위해 강원도 홈페이지에 들러보았다.

강원도청 홈페이지를 들여다보면 강원도는 21세기 강원도가 나가야할 비젼을 '강원도 중심, 강원도 세상'으로 정하고, 그것을 도정의 캐치프레이즈로 정하게 된 배경을 다음과 같이 내세우고 있다.

> 강원도는 지정학적으로 한반도의 중앙에 위치해 있으면서 역사적으로 늘 '먼 곳' '막다른 골목' 등 국토의 변방으로 인식되어 왔다.
> 또한 지난 60~70년대 국토개발의 중심축에서 소외되고, 군사시설보호, 환경보호 등 각종 규제와 제약으로 이렇다 할 성장기반이 구축되지 않은 가운데 소외와 낙후의식만 고착화 되었으며, 강원도의 진정한 가치가 제대로 대접을 받지 못했다.
> 그러나 21세기 들어 강원도는 환경과 삶의 질을 중시하는 패러다임의 변화, 교통망의 획기적 확충, 남북관계 진전, 동북아 경제권의 급부상, 환동해권의 활발한 움직임 등의 여건변화로 새로운 발전의 전기를 맞이하고 있으며, 강원도의 중심적 기능과 역할이 크게 증대되고 있다.
> 이러한 여건변화와 함께 그 동안 도민들의 가슴속에 자리잡은 소외와 낙후라는 멍에를 떨쳐 버리고 '할 수 있다'는 자신감을 심어 주고, 강원도의 '정체성과 자긍심, 힘'을 보여 주기 위한 강원도정의 최상위 목표가 필요하게 되어, 지난 2002년 제3기 민선도정 출범과 때를 같이 하여 「강원도 중심, 강원도 세상」을 도정의 캐치프레이즈로 정하게 되었으며, 2006년 제4기 민선도정출범으로 이어져 왔다.

이 홈페이지의 내용에 근거하여 필자는 "'강원도 중심, 강원도 세상'을 지향하는 강원도의 경우 중앙위주의 한국사 시각을 탈피하고, 강원도 중심의 한국사 인식이 필요하다. 그런 시각에서 강원도 중심에서 독도를 인식하고, 21세기 신 해양시대를 맞이하여 <삼척 동해왕 이사부 역사문화축전>을 꾸려나가야만 할 것이다"라고 하였다.

강원도가 국토의 변방으로 인식되었다면 우산국이 멸망하는 그 순간부터 울릉도, 독도의 역사는 변방인 강원도 일개 군현인 울진현의 속도로서 존재하면서 오랫동안 설읍도 되지 못한 채 버려지고 방치된 지역이었고, 그로 인해 일본이 독도를 자기네 땅이라고 우길 수 있는 요인으로 작용해왔다고 볼 수 있다.

이제 시각을 바꾸어 울릉도에서의 우산국 역사는 512년 이사부의 우산국 정벌로 인해 포말처럼 사라진 존재가 아닌 지금의 울릉도를 있게끔 한 끈질긴 자립의 역사로서 인식할 필요가 있다. 이런 시각을 갖고 울릉도 중심의 우산국 역사를 그려내 보고자 한다.

2. 울릉도 중심의 '우산국' 역사 재조명

신라의 지증왕 13년(512) 때 이사부의 우산국 정벌을 전하는『삼국사기』와『삼국유사』의 기록은 고대 삼국 성립에서부터 통일신라시대까지 우산국에 관해 언급된 유일한 기록이다. 그후 우산국, 혹은 울릉도에 관한 기록이 등장하는 것은 그로부터 400여년이 지난 고려시대에 접어들어서이다. 몇 안되는 문헌자료이지만 그것의 해석에는 많은 문제점을 갖고 있다. 특히 울릉도 입장에서 볼 때 지금까지 우산국의 역사에 관한 기존 통설은 더 심각하다. 이제 관련 기록을 통해 '우산국' 역사를 재조명해보기로 한다.

1) 이사부의 우산국 정복 기사 해석을 통한 우산국 재조명

신라 지증왕 13년(512), 이사부의 우산국 정벌이후 독도는 우리 땅이라고들 하면서 이용되는 자료는 『삼국사기』와 『삼국유사』의 다음의 기록이다.

① 우산국이 귀부하여 해마다 토산물을 바치기로 하였다. 우산국은 명주의 바로 동쪽 바다 가운데 있는 섬으로 혹은 울릉도라고도 한다. 地境의 면적은 사방 100리인데 지세가 험한 것을 믿고 항복하지 않다가 이찬 이사부가 하슬라주의 군주가 된 뒤, 우산인들은 어리석고 사나우므로 위력으로써 來服시키기는 어려울 것으로 생각하고 계략으로써 복종시키기로 하였다. 곧 나무로 사자를 많이 만들어서 戰船에 나누어 싣고 그 나라 해안에 이르러 거짓말로 "너희들이 만약 항복하지 않는다면 이 맹수를 풀어 모두 밟아 죽일 것이다"고 하였다. 그 나라 사람들이 무서워서 곧 항복하였다. (『삼국사기』 권4, 신라본기 지증왕 13년 6월)

② 阿瑟羅州【지금 명주】東海中에 順風 이틀거리(二日程)에 于陵島【지금은 羽陵이라고 쓴다】가 있으니 주위가 26,130보이다. 島夷가 그 海水의 깊음을 믿고 교만하여 조공하지 않거늘 왕이 伊湌 朴伊宗으로 하여금 군사를 거느리고 가서 치게 하였다. 이종이 나무로 사자를 만들어 큰 배에 싣고 위협해 말하되 "항복하지 않으면 이 짐승을 놓으리라" 하니, 島夷가 두려워서 항복하였다. 이종을 포상하여 그 州伯으로 삼았다. (『삼국유사』 권1, 기이 1, 지철로왕)

이름과 지명은 비록 다르지만 두 기록은 512년 이사부의 우산국 정벌을 기록한 자료임은 분명하다. 이 사료를 갖고 512년 이사부의 우산국 정벌을 '울릉도와 독도를 우리나라 역사에 편입시킨 것'이라고 하는 것은 문제가 있다. 『삼국유사』에서 우산국이라고 하지 않고, 우릉도라고 한 것은 일연이 살고 있던 시대에 우릉도라고 한 것이기 때문에 그렇게 표현한 것으로 보아야 할 것이다.

"우산국이 귀부하여 해마다 토산물을 바치기로 하였다"는 기록으로 보아 우산국은 신라의 영토에 편입된 것은 아니다. 만약 신라의 땅이 되었다면 『삼국사기』 지리지에 신라의 땅으로 울릉도나 독도, 아니면 우산국의 기록이 나와야만 한다. 「지리지」에서 신라시대에 섬을 군현으로 설치한 경우는 남해군과 그 영현인 난포현, 평산현, 그리고 거제군 등을 예로 들 수 있는데 '바다 가운데 섬'이라고 밝혀두고 있다. 이것을 통해 섬이 신라시대 군현의 한 단위로 자리매김되어 있었음을 알 수 있다. 그러나 「지리지」에는 탐라국이나 우산국이 기록되어 있지 않다. 신라의 삼국통일로 인해 백제나 고구려의 영역으로서 신라의 영토가 된 지역 가운데 '鵠島(지금의 백령도)'란 섬이 기록되어 있고, 심지어 '삼국의 지명중 이름만 있고 그 위치가 미상인 곳' 가운데 '比只國', '骨火國'이나 '風島', '浮雲島' 등의 명칭 등이 보인다. 그렇지만 지금의 울릉도와 독도와 관련시킬 수 있는 섬이나 '우산국'의 명칭은 전혀 보이지 않는다. 512년 이후 신라의 영역 안에 울릉도와 독도를 포함하는 우산국이 편재되었다고 볼 수는 없는 증거라고 하겠다.

이제 우산국이 신라에 항복하였다고 하여 512년부터 우리나라 땅이라고 주장하는 것은 설득력이 별로 없어 보인다. 도리어 울릉도가 역사적으로 우리나라 땅이 분명한 이상 우산국 성립부터 한국사의 영역 속에 포함시켜 설명하는 것이 훨씬 더 설득력을 갖고 있다. 그리고 서로 바라볼 수 있는 울릉도와 독도는 우산국 영토였다고 하는 것이 낫다. 이제 '삼국시대'라는 인식의 틀을 깰 필요가 있다. 탐라국·우산국·가야 등의 역사를 포괄하는 고대사를 그려내야 할 시점이다.

울릉도민의 입장에서 이사부의 우산국 정복을 거론하면서 울릉도와 독도가 우리나라 땅이 되었다고 하는 것은 잘못되었다. 울릉도민의 입장에서 울릉도에서 사람이 살기 시작하였던 때는 언제부터이고, 그것을 바탕으로 국가, 즉 우산국의 성립이 언제부터 시작되었는가 하는 질문이 먼저 시작되어야하고, 여기에서 울릉도의 역사 시발을 찾아야만 한다. 울릉도의 경우 문헌기록상 이사부의 우산국의 정복에 관한 기록만이 유일하게 남아 전하기 때문에 이에 관해서는 잘 알 수 없고, 현재 고고학적 유물의 존재를 통해 추정해볼 수밖에 없다.[2]

한국사의 경우 국가성립의 시기를 대체로 청동기시대부터라고 본다. 인간이 영위한 최초의 사회형태인 원시공동체사회에서는 공동노동·공동소유·공동분배를 바탕으로 한 사회구성원 간의 평등한 관계가 유지되었다. 이러한 평등한 사회관계는 생산력 수준이 극히 낮았던 결과였다. 농업의 발달과 청동기의 사용으로 생산력이 발전하면서 원시공동체사회는 붕괴하기 시작하였다. 그리고 계급이 발생하여 인간에 의한 인간의 지배가 시작되었고 국가가 성립하면서 이러한 사회적 불평등은 제도화되었다. 청동기와 지석묘, 그리고 토성이 동시에 건립되는 시기를 성읍국가로 보고, 철기문명의 전래로 인해 성읍국가의 연맹인 연맹왕국으로 발전한다고 본다. 이와는 달리 지역에 따라 청동기와 지석묘는 동시에 건립되지만 토성이 후대에 건립되는 지역이 있는데, 이것을 군장사회로 보기도 한다. 군장사회는 정치적 권력자, 즉 군장은 출현하지만 아직 국가 성립 이전단계, 즉 準국가단계로 파악한다. 이 경우 철기문명의 전래와 동시에 초기국가가 성립된다고 본다. 한반도에서 철기의 전래는 기원전 5세기경까지 소급하고 있으나 철제농기구의 출현은 기원을 전후한 시기이다. 그러나 철제농기구가 보편화된 시기는 4~6세기에 가서야 가능하다. 울릉도의 경우 북면 현포리와 울릉읍 저동 내수전에서 지석묘가 발견되었고, 특히 서면 남서리 고분군에서 성혈이 새겨진 지석묘 개석과 유사한 큰 바위가 발견되었다. 또 현포리에서 무문토기와 유사한 토기가 발견되었는데, 이 무문토기의 기원은 본토의 철기시대 전기 말경, 아무리 늦어도

---

2) 정영화·이청규, 1998, 「울릉도의 고고학적 연구」, 『울릉도 독도의 종합적 연구』 영남대학교 민족문화연구소편(영남대출판부 재영인).

서력기원 전후의 전형적인 무문토기로 추정된다고 한다. 이로써 울릉
도에 주민이 들어온 최초의 시기를 서력기원 전후까지 올라갈 가능성
이 제시되기도 하였지만3) 문헌상 울릉도에 사람이 살았다는 것을 보
여주는 기록은 3세기에 가서야 나온다.

울릉도에 사람들이 언제부터 살기 시작하였는지 현재 분명히 알
길은 없으나, 다음의 사료에 근거하여 늦어도 245년(고구려 동천왕
19)경부터는 살고 있었을 것이라고 추정한다.

> 옥저의 耆老가 말하기를 "國人이 언젠가 배를 타고 고기잡이를 하다가 바람
> 을 만나 수십일 동안 표류하다가 동쪽의 섬에 표착하였는데 그 섬에 사람이
> 살고 있었으나 언어가 통하지 않았고 그들은 해마다 칠월이 되면 소녀를 가려
> 뽑아서 바다에 빠뜨린다"고 하였다.4)

위 사료의 '동쪽의 섬'에 대해 일찍이 "우산국에 틀림없을 것 같
다"5)거나 "울릉도에 관한 최고의 문헌기록으로 보인다"6)고 한 견해
등이 있다. 이와는 달리 "3세기로 올라갈 유적·유물이 울릉도에는 보
이질 않아 이 『三國志』기사는 일단 고려 밖으로 보류해 둘 수밖에
없다"7)는 견해도 있다. 그러나 현재 서력기원을 전후한 시기 및 4세
기의 유물이 발견되고 있기 때문에 울릉도에 3세기경에 이미 사람들
이 살고 있었다는 것을 본토에서도 인식하였고, 그곳에 표류하여 정
착하거나 그곳을 찾아 이주한 사람들도 있었을 것이다. 따라서 위 사

---

3) 서울대학교 박물관, 1997, 『울릉도 문화유적 지표조사 보고서』 1, 서울대학
   교 박물관학술총서 6.
4) 『三國志』 권30, 魏志. 東夷傳 沃沮條.
5) 이병도, 1959, 「탐라와 우산국」, 『한국사』 고대편, 진단학회, 459쪽.
6) 이케우치 히로시(池內宏), 1933, 「刀伊の賊」, 『滿鮮史硏究』 中世第一册, 316
   쪽.
7) 한국근대사자료연구협의회간, 1985, 「울릉도·독도영유의 역사적 배경」, 『독
   도연구』, 82쪽 "김원룡의 고고학적 관찰" 참조.

료는 울릉도에 관한 최초의 기록으로 볼 수 있을 것이며, 이들을 중심으로 울릉도에는 '우산국'이란 국가가 성립되었다고 추정할 수 있다.

현재 서력기원을 전후한 시기 및 4세기의 유물이 발견되고, 문헌자료상 울릉도에 사람이 살았다는 흔적을 보여주는 시기가 3세기 무렵이라고 하지만 지금까지 울릉도에서 발견되는 고분이 6세기 중엽 이후 축조되기 시작한 것이라는 고고학적 견해에는 별다른 이론이 없으므로[8] 이사부의 우산국 정벌 이전의 우산국 실체 파악은 힘들다. 사료의 한계와 고고학적 유물의 부족으로 인해 부득이 사료 ①~②와 울릉도에 전해오는 우산국 전설을 비교하여 우산국의 실체를 추정해보기로 한다. 이를 위해 우산국의 전설을 요약해 제시하면 다음과 같다.

③ 우산국이 가장 왕성했던 시절은 우해왕이 다스릴 때였으며, 왕은 기운이 장사요, 신체도 건장하여 바다를 마치 육지처럼 주름잡고 다녔다. 우산국은 작은 나라지만 근처의 어느 나라보다 바다에서는 힘이 세었다.

당시 왜구는 우산국을 가끔 노략질하였는데 그 본거지는 주로 대마도였다. 우해왕은 군사를 거느리고 대마도로 가서 대마도의 수장을 만나 담판을 하였고, 그 수장은 앞으로 우산국을 침범하지 않겠다는 항서를 바쳤다.

우해왕이 대마도를 떠나 올 때 그 수장의 셋째 딸인 풍미녀를 데려와서 왕후로 삼았다. 우해왕은 풍미녀를 왕후로 책봉한 뒤 선정을 베풀지 않았을 뿐 아니라 사치를 좋아했다. 풍미녀가 하는 말이면 무엇이건 들어주려 했다. 우산국에서 구하지 못할 보물을 풍미녀가 가지고 싶어하면, 우해왕은 신라에까지 신하를 보내어 노략질을 해 오도록 하였다. 신하 중에 부당한 일이라고 항의하는 자가 있으면 당장에 목을 베거나 바다에 처넣었으므로, 백성들은 우해왕을 매우 겁내게 되었고 풍미녀는 더욱 사치에 빠졌다. "망하겠구나", "풍미 왕후는 마녀야", "우해왕이 달라졌어" 이런 소문이 온 우산국에 퍼졌다.

신라가 쳐들어오리라는 소문이 있다고 신하가 보고를 하였더니, 우해왕은 도리어 그 신하를 바다에 처넣었다. 왕의 마음을 불안하게 하는 자는 죽였다. 이를 본 신하는 되도록 왕을 가까이하지 않으려 했다. 풍미녀가 왕후가 된지 몇 해 뒤에 우산국은 망하고 말았다.[9]

---

8) 서울대학교 박물관, 1997,『울릉도 문화유적 지표조사 보고서』1, 서울대학교 박물관학술총서 6.

위의 설화가 현재까지 전해진 과정은 불분명하다. 또 그 내용 역시 많이 윤색되었을 것이다. 그렇지만 이 전설이 전해지는 과정에서 그 것을 전승해온 울릉도에 살았던 사람들이 우산국에 대하여 '작은 나라이지만 어느 나라보다도 바다에서는 힘이 세었다'는 '해상강국'으로서의 존재에 대한 자부심을 갖고 있음을 알 수 있다. 그것은 사료 ①~②에 의해서도 입증된다.

우산국 전설이 면면히 이어져 내려올 수 있었던 것은 우산국 멸망 이후 울릉도에 삶의 둥지를 틀고자 했던 사람들의 염원이 이 전설 속에 깃들여 있었기 때문일 것이다. 그들은 본토로부터의 간섭과 왜구의 침략을 물리칠 수 있는 강력한 해상왕국의 재건설을 염원하고 우산국의 전설을 입에서 입으로 구전해 왔다.

전설에 의하면 우산국이 대마도를 정복한 이유는 왜구의 침구 때문이었다. 그런데 우해왕은 대마도의 정벌에 그치지 않고, 대마도주의 딸인 풍미녀를 데려와 왕비로 맞이하였다. 그 행위가 일종의 전리품의 획득, 혹은 인질의 성격에서 비롯된 것일지 모르지만 결과적으로 우산국과 대마도의 혼인동맹에 기반한 해상 봉쇄 정책은 신라에 타격을 주었을 것이다.

우산국의 해상봉쇄로 인해 해상진출에 위기를 느낀 신라는 이사부로 하여금 우산국 정벌에 나섰고, 그것이 사료 ①~②의 기록으로 남아 전하게 되었을 것이다. "우산국이 귀부하여 해마다 토산물을 바치기로 하였다"는 기록으로 보아 우산국은 이때 멸망한 것이 아니라 신라에 귀복하여 신라와 연합 동맹을 구축하면서 공물을 바치는 복속국가로 존재하였다고 볼 수 있다. 그러한 관계는 아마도 신라가 삼국통일을 한 이후에도 지속되었을 것이다. 앞에서 언급한 바와 같이 이때

---

9) 이 설화는 울릉문화원 간행, 『鬱陵文化』 제2호, 1997의 146쪽~148쪽에 수록되어 있는 것인데, 그 원문을 새로 대략 정리하여 놓은 것이다.

신라 땅이 되었다고 한다면 『삼국사기』 지리지에 우산국, 혹은 울릉도와 독도 등에 관한 기록이 없을 리 없다. 울릉도에서 발견되는 고분이 6세기 중엽 이후 축조되기 시작한 것이라는 고고학적 견해는[10] 신라에 의해 포말처럼 사라진 우산국의 모습은 아닐 것이다.

신라의 입장에서 우산국을 정벌하고 그곳에 군현을 설치하여 지배하기 위해 인적·물적 자원을 지속적으로 조달하기가 쉽지 않았다. 따라서 종래의 우산국 체제를 유지하여 동맹관계를 맺음으로써 삼국 쟁패전에 전념하는 한편 우산국으로 하여금 왜의 침략을 막는 전위 역할을 맡기고자 하였을 것이다. 특히 왜의 침략을 막는 전초기지로서의 역할은 신라가 삼국을 통일한 이후에도 필요하였다.

우산국은 지증왕 이후 이 땅에 사라진 것이 아니라 도리어 신라에 귀복함으로써 신라의 인적·물적 지원 하에 더욱더 강력한 해상력을 확보하여 동해의 해상권을 장악하였을 것이다. 따라서 독도 및 그 근해는 물론, 우산국이 정벌하였던 대마도까지 이사부의 우산국 정벌 이후에도 신라에 복속한 우산국의 세력권에 포함되어 있었다고 보아야 할 것이다. 『신증동국여지승람』 권23, 동래현 산천조에 기록되어 있는 대마도 기록에 의하면 대마도가 "옛날에 계림(신라)에 예속되었는데, 어느 때부터 일본 사람들이 살게 되었는지 모르겠다"고 한 기록은 비록 후대의 사료이지만 그에 대한 방증의 한 예라고 하겠다.

동해왕 이사부의 업적을 기리는 강원도 입장에서 볼 때, 이사부의 우산국 정벌은 강원도 지역의 해안가에 살고 있었던 사람에게 안정된 생업활동에 종사하게 되는 계기가 되었다고 볼 수 있다. 왜인이 울릉도를 점거하면 강릉과 삼척 지방이 반드시 큰 해를 받을 것이라는 조선시대의 사료를 통해서도[11] 해상강국인 우산국이 대마도까지 복속

---

10) 서울대학교 박물관, 1997, 『울릉도 문화유적 지표조사 보고서』 1, 서울대학교 박물관학술총서 6.
11) 『숙종실록』 권26, 숙종 20년 2월 신묘, 「申汝哲이 아뢰기를, "신이 寧海의

함으로써 강원도에 속하는 아슬라주와 실직주 등의 신라지역이 큰 피해를 입음으로써 512년 이사부의 우산국 정벌이 시작되었다고 볼 수 있다. 그런 점에서 이사부는 신라와 강원도민에게 영웅이지만 울릉도의 입장에서 보면 우산국을 정복한 한갓 정복자일 수밖에 없다. 그런 점에서 사료①~③에서 묘사한 우산국의 신라에 대한 적대행위는 해상강국인 우산국의 영토 확장정책 바로 그것이다. 그로 인해 어려움을 겪고 있는 신라의 입장에서 우산국을 나쁘게 표현한 것이 사료①~②의 우산국에 관한 묘사이다.

2) 우산국은 언제, 어떻게 멸망하였나?

신라에 귀복하여 신라와 연합 동맹을 구축하면서 공물을 바치는 복속국가로 존재하면서 보다 높은 신라의 문화를 받아들인 우산국체제는 후삼국을 거쳐서 고려시대까지 이어졌다고 본다. 그것을 보여주는 것이 다음의 사료들이다.

④ 芋陵島에서 白吉과 土豆를 보내 방물을 바쳤다. 백길에게 正位, 토두에게 正朝 품계를 각각 주었다. (『고려사』권1, 세가 태조 13년 8월 병오일)

⑤ 우산국이 동북 여진의 침략을 받아 농사를 짓지 못하였으므로 李元龜를 그곳에 파견하여 농기구를 주었다.(『고려사』권4 세가 현종 9년 11월 병인일)

⑥ 우산국 백성들로서 일찍이 여진의 침략을 받고 망명하여 왔던 자들을 모두 고향으로 돌아가게 하였다.(『고려사』권4 세가 현종 10년 7월 기묘일)

어민에게 물으니 '섬 가운데 큰 물고기가 많이 있고, 또 큰 나무와 큰 대나무가 기둥과 같은 것이 있고, 토질도 비옥하다'고 하였는데, 왜인이 만약 점거하여 차지한다면 이웃에 있는 강릉과 삼척 지방이 반드시 큰 해를 받을 것입니다"라고 하였다.」

⑦ 도병마사가 여진에게서 약탈을 당하고 도망하여 온 우산국 백성들을 禮州(경북 영해)에 배치하고 관가에서 그들에게 식량을 주어 영구히 그 지방에 編戶로 할 것을 청하니 왕이 이 제의를 좇았다.(『고려사』 권4 세가 현종 13년 7월 병자일)

사료 ④의 경우 512년, 이사부의 우산국 정복에 관한 기록 이후 400여 년이 지난 930년에야 와서 우산국, 즉 우릉도에 관한 기록이 다시 등장한 것이다. 비록 '우릉도'라고 나오지만 고려에 '토산물을 바쳤다'는 기록으로 보아 '우산국'으로 존재하였다고 볼 수 있다. 이해 정월 고려 태조 왕건이 고창(경북 안동)의 병산전투에서 후백제 견훤을 물리침으로써 후삼국의 주도권은 고려로 넘어가게 된다. 이 전투 직후 신라의 동쪽 연해 주군과 부락들이 다 와서 항복하여 溟州(강릉)로부터 興禮府(울산)에 이르기까지 항복한 성이 총 1백 10여 성이었다는 기록12)과 연관시켜볼 때, 이 시기 우산국은 독자세력을 유지하면서 후삼국의 쟁패전에 대한 나름대로의 정보를 수집하여 그 향배를 결정하였을 것이다. 한반도의 주도권이 급격히 고려로 기울면서 고려의 후삼국통일이 목전에 위치한 상황 하에서 우산국이 하나의 '국가'로 자처하기 보다는 '우릉도'로 자칭하면서 방물을 보냈기 때문에 '우릉도'란 명칭이 사료에 남게 된 것이라고 볼 수 있다. 고려 국초에 동해 먼 바다에 위치한 울릉도에 대해 고려가 지배권을 사실상 확보하기가 어려운 현실에서, 울릉도는 여전히 '우산국'을 칭하면서 그에 상부한 독립국가로서의 면모를 갖고 있었다고 보아야 한다. 그것이 사료 ⑤~⑦을 통해 확인된다.

사료 ⑤~⑦의 '우산국' 명칭은 시기적으로 현종 9년(1018)에서 현종 13년에 걸친 시기의 것이다. 현종 9년은 특히 고려 지방관제의 구조가 완성되는 시점이다. 고려의 지방제도는 성종조의 12목의 설치를

---

12) 『고려사』 권1, 세가 태조 13년 2월 을미일.

시작으로 하여 목종을 거쳐 현종대에 대대적인 정비가 이루어진다. 현종 3년에 5도호 75도 안무사제를 거쳐 현종 9년에 4도호, 8목, 56 지군사, 28진장, 20 현령이 설치된다. 현종 9년 이후 고려의 외관제는 다소의 출입이 있으나 기본체제는 큰 변함이 없었다.[13] 고려의 군현 제가 완성되는 현종 9년을 전후한 시기에서 현종 13년(1022)에 걸쳐 '우산국'이란 국명이 등장하는 것은 무엇을 뜻하는가? 그것은 고려의 군현체제 속에 우산국이 포함되지 않은 채 독자성을 확보하고 있다고 보아야 할 것이다.

아래의 『고려사』 지리지를 보면 울진현의 속도에 '울릉도'가 기록 되어 있다.

⑧ 蔚珍縣: 원래 고구려의 于珍也縣〔고우이군이라고도 한다.〕이다. 신라 경 덕왕이 지금 명칭으로 고쳐서 군으로 만들었다. 고려에 와서 현으로 낮추고 현 령을 두었다. 여기에는 鬱陵島가 있다〔이 현의 정동쪽 바다 가운데 있다. 신 라 때에는 于山國, 武陵 또는 羽陵이라고 불렀는데 이 섬의 주위는 100리이며 지증왕 12년에 항복하여 왔다. 태조 13년에 이 섬 주민들이 白吉·土豆를 보내 방물을 바쳤다. 의종 11년에 왕이 울릉도는 면적이 넓고 땅이 비옥하며 옛날에 는 주현을 설치한 일도 있으므로 능히 백성들이 살 수 있다는 말을 듣고 溟州 道監倉인 金柔立을 파견하여 시찰하게 하였다. 유립이 돌아 와서 보고하기를 "섬에는 큰 산이 있으며 이 산마루로부터 바다까지의 거리는 동쪽으로는 1만여 보(步)이며 서쪽으로는 1만 3천여 보, 남쪽으로는 1만 5천여 보, 북쪽으로는 8 천여 보인데 마을이 있던 옛 터가 7개소 있고 돌부처, 철로 만든 종, 돌탑 등이 있었으며 柴胡·藁本, 石南草 등이 많이 자라고 있었습니다. 그러나 바위와 돌 들이 많아서 사람이 살 곳이 못됩니다."라고 하였으므로 이 섬을 개척하여 백 성들을 이주시키자는 여론은 중지되었다. 혹자는 말하기를 于山과 武陵 원래 두 섬인데 서로 거리가 멀지 않아서 바람 부는 날 날씨가 맑으면 가히 바라다 볼 수 있다고도 한다.〕『고려사』 권58 지12 지리3 동계 울진현)

그러나 이 자료에는 고려 태조 때 섬 주민들이 방물을 바쳤다는 기

───────────────

13) 김윤곤, 2001, 『한국 중세의 역사상』 영남대학교 민족문화연구소, 영남대출 판부.

록 외에 고려의 군현제도가 정비되는 현종조까지 울릉도에 관한 기록
이 일체 없다. 그것은 사료 ⑤~⑦에서 보다시피 별도의 국가인 '우산
국'으로 존재하였기 때문이다.

그렇게 볼 때 우산국의 멸망은 언제, 어떻게 이루어졌는가? 그것은
사료 ⑤~⑦에서 보다시피 여진족의 침입을 받아 멸망하였다고 볼 수
있다.[14] 그것은 이후의 사료들에서 '우산국'의 명칭이 나오지 않은 것
에서도 확인된다.

현종 때 여진족의 피해는 우산국뿐만 아니라 동해안 일대의 19읍
에 걸칠 만큼 광범하였다. 이 때 해당군현의 주민들의 조세 감면 등
의 조처가 단행되었지만[15] 우산국의 경우 조세감면의 조처는 없다.
이것은 우산국이 고려의 군현체계 속에 포함되어 조세와 역역을 부담
하는 군현민이 아니었음을 뜻한다. 그러나 여진족의 침략으로 인해
우산국은 더 이상 자립할 수 없는 상황에 이르렀고 그 주민의 대다수
가 고려에 망명하여 고려 군현에 편적될 정도였고, 농기구의 지원의
명목이지만 고려의 관리를 받아들이지 않을 수 없는 상황이었다. 그
과정에서 '우산국'이란 명칭은 역사의 무대에서 사라지고 더 이상 등
장하지 않음을 다음의 사료들은 보여준다.

⑨ 羽陵城主가 자기의 아들 夫於仍多郞을 파견하여 토산물을 바쳤다.(『고려
사』 권5 세가 덕종 원년 11월)

⑩ 溟州道 監倉使 李陽實이 蔚陵島에 사람을 보내 이상한 과실 종자와 나뭇잎
을 가져다가 왕에게 바쳤다. (『고려사』 권17 세가 인종 19년 7월 기해일)

---

14) 이에 관해서는 이케우치 히로시의 「刀伊の賊」(1933, 『滿鮮史硏究』, 中世第
一冊)에 언급되어 있다.

15) "顯宗 때에는 起居舍人으로 올라갔다가 東北面兵馬使로 나갔다. 당시 朔方
道의 登州와 溟州 관내의 三陟, 霜陰, 鶴浦, 波川, 連谷, 羽溪 등 19 縣이 외
적들의 침해를 받고 주민들의 생활이 대단히 곤란하였으므로 조정에 구제
대책을 청원하여 주민들의 租稅를 감면하라는 명령을 받고 그들의 부담을
경감하여 주었다."(『고려사』 권94, 열전7, 李周佐).

⑪ 왕이 동해 가운데 있는 羽陵島는 지역이 넓고 땅이 비옥하며 옛날에는 州, 縣을 두었던 적이 있어서 백성들이 살 만하다는 말을 듣고 溟州道 監倉 殿中內給事 金柔立을 시켜 가 보게 하였더니 유립이 돌아와서 그곳에는 암석들이 많아서 백성들이 살 수 없다고 하였으므로 그 의논이 그만 잠잠하여졌다.(『고려사』 권18 세가 의종 11년 5월 병자일)

⑫ 또 東海 중에 울릉도라는 섬이 있는데 땅이 비옥하고 진귀한 나무들과 해산물이 많이 산출되나 수로가 원격하여 왕래하는 사람이 끊어진 지 오래이다. 최이가 사람을 보내서 시찰한즉 과연 집터와 주춧돌이 완연히 있었으므로 동부지방의 군 주민들을 이주시켰다. 그 후 풍랑과 파도가 험악해서 익사자가 많다는 이유로 이민을 중지하였다. (『고려사』 권129 열전42 반역 최충헌전 부 최우 고종 30년)

⑬ 國學學諭 權衡允과 급제 史挺純을 울릉도 安撫使로 임명하였다.(『고려사』 권23 세가 고종 33년 5월 갑신일)

⑭ 울진 현령 朴淳이 처자와 노비 및 가산을 배에 싣고 울릉도에 가려고 하였다. 성안 사람들이 이것을 알고 마침 성안에 들어 온 박순을 붙잡아 두었는데 뱃사람들은 배에 실은 가산을 가지고 도망하여갔다.(같은 책 권25 원종 즉위년(1529) 7월 경오일)

⑮ 계축일에 대장군 金伯均을 경상도 水路防護使로 임명하고 판 합문사 李信孫을 충청도 방호사로 임명하였다. 첨서 추밀원사 許珙을 울릉도 斫木使로 임명하여 이추와 함께 가게 하였다. 왕이 황제에게 보고하여 울릉도에서 나무를 찍는 일과 홍다구의 부하 5백 명의 의복을 마련하는 것을 축감해 달라는 것과 삼별초를 평정한 후 제주의 주민들은 육지에 나오지 말고 예전대로 자기 생업에 안착하게 하여 줄 것을 요청하였더니 황제가 그 제의를 좇았다.(『고려사』 권27 원종 14년 2월 계축일)

⑯ 얼마 안 지나서 원나라에서 또 이추를 보내서 재목을 요구했으며 이추는 蔚陵島로 건너가서 재목을 작벌코자 했으므로 왕은 대장군 康渭輔를 동행시켰더니 이추는 3품 관질은 낮다 하여 "3품이란 개같은 것인데 어찌 데리고 다니겠느냐!"라고 하였으므로 첨서 추밀사 許珙을 대신 보냈다. 왕이 원나라에 청하여 드디어 이추를 파면시켰다(『고려사』 권130 열전43 반역 조이 부 이추)

⑰ 東界의 芋陵島 사람이 來朝하였다.(『고려사』 권37 세가 충목왕 2년 3월 을사일)

이상에서 보다시피 현종 때를 마지막으로 하여 우산국의 명칭은 보이지 않고 우릉성, 혹은 우릉도 내지 울릉도의 명칭이 보일 뿐이다. 그러나 사료 ⑤~⑥, ⑨를 통해서 볼 때 고려의 도움을 통해 우산국이 나름대로 재건을 위한 노력이 경주된 것이 아닌가 한다. 그래서 사료 ⑨에서 보다시피 '우릉성주가 토산물을 바쳤다'고 기록한 것이 아닌가 한다. 그러나 우산국 재건의 노력은 수포로 돌아가고 감창사, 안무사, 혹은 작목사 등의 고려의 관리가 수시로 파견되어 개척의 대상이 된 게 아닌가 한다.[16]

그와는 달리 사료 ⑨의 해석을 고려 군현조직체계상 동계·북계 등의 양계는 성을 중심으로 한 독립된 전투단위부대를 형성하고 있었다는 것을 고려하여[17] 현종조 여진족이 휩쓸고 간 뒤 고려에서 '우릉성'을 두고자 하였을지도 모른다. 그렇게 볼 때 사료 ⑪에서 "옛날에는 州縣을 두었던 적이 있다"란 기록과 연결될 수 있다. 그러나 여진족이 우산국을 한차례 휩쓸고 간 뒤 이곳 울릉도는 때로는 독자의 토착세력이 존재하면서 '우릉성'으로 존재하기 보다는 도리어 개척의 대상으로 여겨지는 등 안정되고 지속적인 상태로서 고려의 군현조직속에 포함되지 못하였다. 조선시대『고려사』찬자는 지리지를 편성하면서 울릉성의 특수성을 옳게 파악하지 못한 채 군현의 설치에만 주목하였기 때문에 동계 울진현의 '속도'로 울릉도가 있다는 사실만 밝혀둔 채 현종조~인종조에 이르는 기록을 빠뜨리고 말았던 것이다.[18]

고려시대의 사료 가운데 독도에 관한 사료는 위 사료 ⑧의『고려사』지리지 자료에 유일하게 나온다. 이 사료 외에 우산국, 울릉도 등에 관한 사료가 나오지만 그 속에 독도가 포함된다는 것을 증명해주는 기록이 없다. 그렇기 때문에『고려사』지리지의 찬자는 동계의 울

16) 고려 말년에 이르러서는 울릉도가 유배지로도 이용되기도 하였으며(『고려사』권91 열전4, 영흥군 환;『고려사절요』신창 원년 9월), 왜의 침략이 있기도 하였다(『고려사』권134 열전47, 신우 5년 7월).
17) 이기백, 1968,「고려 양계의 주진군」,『고려병제사연구』일조각, 245·267쪽 참조.
18) 김호동, 2007,『독도·울릉도의 역사』, 경인문화사.

진현조에 울릉도만을 속도로 기록하였다. 그러나 『고려사』가 편찬된 시기는 독도에 관한 최초의 기록을 담고 있는 『세종실록지리지』가 만들어진지 약 20년이 지난 1451년(문종 1)이다. 조선시대의 『고려사』 지리지의 찬자는 울릉도의 기록 말미에 "혹자는 말하기를 우산과 무릉은 원래 두 섬인데 서로 거리가 멀지 않아서 바람 부는 날, 날씨가 맑으면 가히 바라볼 수 있다고도 한다"라고 하여 독도를 언급하였을 뿐이다. 『고려사』 지리지에서 우산도(독도)를 울릉도와 마찬가지로 속도로 보았다면 '一說'이라는 단서조항을 넣지 않았을 것이다. 고려시대에 우산도의 존재에 대해 인지하였다 하더라도 무인도로 간주하였기 때문에 지방행정체계의 하나인 '속도'로 간주하지 않았고, 우산도를 기록하지 않았다. 『고려사』를 편찬할 조선시대에 독도를 속도로 간주하였기 때문에 『고려사』 지리지 찬자는 '혹자는' 이라는 사족을 달았다고 보아야 한다.

3. 고고학적 유물에 나타난 우산국 문화

동해의 해상강국이었던 우산국은 이사부의 정벌로 인해 역사 속에 사라진 것은 아니다. 현재 울릉도에 남아 있는 고분군은 지증왕 이전에 축조된 것이 아니라 6세기 이후 통일신라시대에 걸쳐 축조된 것이다. 그 고분의 양식 및 도질토기 등의 출토 유물들은 신라 양식이다. 이것을 감안할 때 우산국은 지증왕 이후 이 땅에 사라진 것이 아니라 도리어 신라에 귀복함으로써 신라의 인적 물적 지원 하에 더욱더 강력한 해상력을 확보하여 동해의 해상권을 장악하였을 것이다. 따라서 독도 및 그 근해는 물론, 우산국이 정벌하였던 대마도까지 이사부의 우산국 정벌 이후에도 신라에 복속한 우산국의 세력권에 포함되어 있

었다고 보아야 할 것이다.[19] 동래현 산천조에 실려 있는 대마도 기록
에 의하면 대마도가 "옛날에 계림(신라)에 예속되었는데, 어느 때부터
일본 사람들이 살게 되었는지 모르겠다"는 기록은 비록 후대의 사료
이지만 그에 대한 방증의 한 예라고 하겠다. 그런 점에서『세종실록
지리지』에서 '울릉도'와 '독도'를 '우산국'이라고 칭했다고 기록하였
을 것이다. 문헌자료에서 이것을 입증할 수 없는 상황에서 울릉도에
대한 고고학적 조사가 필요하다. 그 속에 독도는 우산국의 영토, 그리
고 통일신라시대 및 고려시대 우리나라의 영토였다는 것을 증명해주
는 생생한 유물이 나올지도 모른다.

울릉도의 경우 일제시대인 1917년 도리이 류우조(鳥居龍藏)에 의해
처음 유물의 채집이 있은 이후 후지다 료사쿠(藤田亮策) 등의 조사가
있었다. 해방 후 국립박물관에 의해 울릉도의 고고학적 조사가 실시
되었다. 1947년, 1957년에 김원룡 등에 의해 체계적인 조사가 이루어
졌고, 1963년에 김정기에 의해 보충조사가 실시되어, 그 결과가 1963
년『울릉도』라는 보고서로 나왔다. 그 이후로 울릉도에 대한 현지의
고고학조사가 실시되지 않다가 그 후 1997년에 서울대학교,[20] 1998
년에 영남대학교 등의 지표조사[21], 2001년 경북문화재연구원[22], 2008
년 동북아역사재단과 한림대학교 박물관에서 조사가 이루어졌다.[23]
그러나 지금까지의 고고학적 조사는 지표조사나 간단한 발굴조사에

19)『신증동국여지승람』, 권23 동래현 산천조.
20) 서울대학교 박물관, 1997,『울릉도 문화유적 지표조사 보고서』1, 서울대학
    교 박물관학술총서 6.
21) 정영화·이청규, 1998,「울릉도의 고고학적 연구」,『울릉도 독도의 종합적
    연구』영남대학교 민족문화연구소(영남대출판부 재영인, 2005).
22) 울릉군·경상북도문화재연구원, 2002,『문화유적분포지도-울릉군』.
23) 동북아역사재단과 한림대학교 조사보고는 아직 결과보고가 배포되지 않은
    상태이다. 다만 그 조사에 참가한 오강원의「고고학을 통해 본 삼국~통일
    신라시대 울릉도의 취락경관과 역내외 교통망 및 생업경제」(2009,『독도문
    제의 학제적 연구』동북아역사재단)에 그 성과의 일부를 확인할 수 있다.

그치고 있는 실정이다. 따라서 체계적이고 정밀한 지표조사와 시굴, 발굴조사를 통한 고고학적 층위와 의미를 가지는 유적과 유물을 확보하지 않는 상황이기 때문에 울릉도의 선사시대를 확정해 언급할 단계는 아직 아니다.

한반도의 경우 현재까지 남한과 북한에 걸쳐 70여 곳에서 약 70만 년 전부터 약 1만 년 전에 이르는 구석기 유적이 발견되었다. 제주도의 빌레못 동굴에서 구석기 유적이 발견된 것으로 보아 울릉도의 경우도 구석기 유적이 발견될 가능성이 있지만, 현재까지 이에 관한 흔적은 찾을 수 없다.

약 1만년 전부터 빙하기가 끝나면서 신석기 시대가 시작되는데, 우리나라에서는 기원전 6천년 경부터 신석기문화가 꽃피웠다. 신석기인이 발명한 최대의 기술혁명은 흙으로 그릇을 만드는 것이었다. 우리나라 신석기토기는 크게 세 단계를 거쳤다. 처음에는 바닥이 둥글고 무늬가 없는 민무늬토기(원시무문토기)와 밑이 평평하고 몸체에 울퉁불퉁한 덧띠를 붙인 덧무늬토기(혹은 융기문토기), 그리고 몸체에 무늬를 눌러 찍은 눌러찍기문 토기(혹은 압문토기)를 사용했다. 기원전 4천년 경부터 새로운 형태의 토기인 빗살무늬토기(혹은 즐문토기)가 제작되었다. 우리나라 신석기시대를 대표하는 이 토기는 팽이처럼 밑이 뾰족하거나 둥글고, 표면에 빗살처럼 생긴 무늬가 새겨져 있다. 곡식을 담는 데 많이 이용된 이 토기는 전국 각지에서 출토되고 있지만, 울릉도에서 아직 발견된 바 없다. 신석기 말기인 기원전 2천년경부터는 중국 하남성 묘저구 계통의 신석기문화의 영향을 받아 그릇 밑이 평평하고, 몸체에 물결무늬, 번개무늬, 타래무늬 등 동적인 무늬를 그린 채색토기가 나타난다. 이들 유적지의 일부 지역에서는 돌로 만든 보습, 낫, 괭이, 곡식(피) 등이 함께 발견되어 농사와 목축이 시작되었음을 보여준다. 이들 신석기인은 그 다음 청동기문화를 건설한 사람들과 더불어 우리 조상을 형성하였다. 그러나 울릉도에는 현재까지 구석기는 물론 신석기시대의 유적과 유물이 발견되지 않는다.

신석기시대 말기에 구리에 주석이나 아연 등을 합금한 청동기가 발명되면서 인류역사는 크게 바뀐다. 석기와는 비교되지 않는 무기와 도구를 가졌기 때문이다. 메소포타미아, 수메르, 인더스, 황하[은나라] 등 세계 4대 문명이 청동기문화를 바탕으로 건설된 것인데, 이집트와 수메르는 기원전 3천년경으로 소급되고, 황하문명도 기원전 16세기경으로 올라간다.

우리나라의 청동기문화는 지역적 차이가 있어서 만주지역에서는 기원전 15~13세기경에, 한반도는 기원전 10세기경에 시작된다. 청동기 유물로는 비파형동검과 무문토기와 고인돌 등을 들 수 있는데, 비파형동검은 기원전 4세기경에는 구리에 아연이 합금된 세형동검으로 발전한다. 고인돌은 지역에 따라 기원전 7~8세기부터 만들어지지만 훨씬 후대부터 만들어지는 곳도 있다. 울릉도에는 북면 현포리와 울릉읍 저동 내수전에서 지석묘가 발견되었고, 특히 서면 남서리 고분군에서 성혈이 새겨진 지석묘 개석과 유사한 큰 바위가 발견되었지만 이것만으로 지석묘가 축조된 시기를 단정할 수 없다.

또 현포리에서 무문토기와 유사한 토기가 발견되었는데, 이 무문토기의 기원은 본토의 철기시대 전기 말경, 아무리 늦어도 서력기원 전후의 전형적인 무문토기로 추정된다. 이로써 울릉도에 주민이 들어온 최초의 시기를 서력기원 전후까지 올라갈

〈사진 1〉 남서리 지석묘(추정)

가능성이 제시되기도 하였다. 그러나 이것을 갖고 울릉도의 선사시대의 삶의 모습을 그려내기에는 무리이다.

국립박물관이 1957년과 1963년 두 차례에 걸쳐 우산국의 옛 터인 울릉도에서 실시한 고고학적 조사에 의하면, 1963년 당시 최소 87기의 고분이 확인되었다. 북면 현포리에 38기, 천부리에 3기, 죽암에 4기, 서면 남서리에 37기, 남양리에 2기, 태하리에 2기, 남면 사리에 1기가 있었다.[24] 그 후 1997년에 서울대학교,[25] 1998년에 영남대학교 등의 지표조사[26] 때 최소 54기 정도의 고분이 조사된 것으로 보아 많은 훼손이 있음을 확인할 수 있다. 그리고 아직 조사에 잡히지 않은 고분이 상당수 발견되어 전면적인 재조사가 필요하다.

기존에 조사된 울릉도 고대 유적 32개 처를 살펴보면[27] 고분유적은 대체로 해안가의 저지성 구릉지와 산록완사면에 분포하는 비율이 높으며 생활유적 역시 고분유적을 포함한 주변의 산록 완사면에서 확인되고 있다. 이상을 토대로 볼 때 울릉도에서는 고분유적과 생활유적이 따로 분리되어 있지 않고 취락지 안에 고분이 서로 혼재되어 분포한 것으로 추정된다. 다만 남서동 고분군과 남서동 유물산포지의 경우 고분유적이 입지와 경관이 뛰어나고 석재를 구하기 쉬운 내륙의 산록경사면과 산록완사면에 축조되었고 취락이 그 아래의 하천과 해안가 주변에 발달한 것으로 추정된다.[28]

유적의 주변에는 하천, 농경지, 바다, 그리고 저평한 평지가 형성되

---

24) 김원룡, 1963, 『울릉도』, 국립박물관 고적조사보고 제4책.
25) 서울대학교 박물관, 1997, 『울릉도 문화유적 지표조사 보고서』 1, 서울대학교 박물관학술총서 6.
26) 정영화·이청규, 1998, 「울릉도의 고고학적 연구」, 『울릉도 독도의 종합적 연구』, 영남대학교 민족문화연구소(영남대출판부 재영인, 2005)
27) 오강원의 앞의 논문(187~188쪽)에 32개 처의 고대유적을 도표를 통해 입지·지형, 유적, 유물 등을 일목요연하게 정리하고 있다.
28) 정영화·이청규, 앞의 글 참조.

어 있어 비교적 주변의 자연자원을 잘 이용할 수 있는 곳에 입지하고 있다. 특히, 울릉도의 하천이 흐르는 산록완사면에는 대부분 고분들이 확인되기 때문에 섬 안에서 가장 보편적인 입지로 선택되었다고 생각된다. 또한 무엇보다도 유적의 입지에 중요한 요소는 주변에 배를 댈 수 있는 유리한 지형을 선택하였다는 것이다. 사동, 통구미, 남양, 태하, 현포, 천부 등은 섬 안에서도 배를 대기에 아주 유리한 곳으로 당시에도 주변에 취락이 발달했던 것으로 추정되며 실제로 많은 유적과 유물이 확인된다. 다만 지금의 울릉도의 중심이고, 자연항으로서 가장 유리한 조건을 가진 도동의 경우 고분 등의 유적이 발견되지 않는다. 아마도 개척 이후 가장 일찍 개발된 지역이었기 때문에 인멸되었을 가능성이 높다.

울릉도의 경우 패총유적이 현재 확인되지 않기 때문에 현재의 자료만으로 고대 우산국의 섬 주민들이 어떤 경제 형태를 가지면서 생업을 이어갔는지는 불확실하다. 그러나 1963년 국립박물관의 현포동 유물산포지 조사보고를 통해 고대인들의 생업경제에 대한 어느 정도의 추측을 할 수 있다. 현포동은 섬 안에서 비교적 완만한 경사지를 갖고 있어서 당시의 농업생산에 유리한 곳으로 생각되며 해안가에 위치하고 있기 때문에 어업에 대한 생업경제도 활발하게 이루어졌을 것이다. 1963년 보고서에는 현포동 유물산포지를 시굴한 내용이 있는데, 이곳에서 나온 패각류와 동물뼈 등은 당시의 생업형태를 보여준다. 여기에서 출토된 패각류로는 소라, 바다우렁, 전복 등이 있으며 동물 뼈로는 도미, 大口魚 등의 어류와 가재와 같은 갑각류, 그리고 소[牛] 등이 있다. 따라서 당시의 생업활동은 수렵, 채취, 어로, 농경 등 다양한 형태를 가지고 복합적으로 이루어졌을 것이다.[29] 어업이 주도적 위치에 있었고 농경이 보조하는 형태였을 것이다.[30] 그러나

---

29) 정영화·이청규, 앞의 글 참조.

울릉도에서의 식량자급률이 1960~70년대에 이르기까지 30%에 미치지 못하므로 고대 울릉도에서의 생업활동은 바다를 통해 동해안이나 대마도 등에 진출하여 식량자원을 조달하는 약탈경제체제에 의존하였을 것이다. 이사부의 우산국 정벌의 이유는 우산국의 약탈로부터 동해안 지역의 생업을 안정시키기 위해 이루어졌다고 볼 수 있다.

현재까지 확인된 유적들은 주로 해식애가 발달한 동쪽과 서쪽보다는 북쪽과 남쪽에 주로 분포한다. 특히, 해안 가까이 하천이 흐르는 계곡의 사면이나 산록완사면에 많은 유적들이 분포하는 것이 큰 특징이다. 나리분지와 그 주변은 섬 안의 유일한 평지와 구릉성지형인데 2002년 경북문화재연구원에서 고분을 확인하였다.[31]

울릉도의 고분은 그 구조에 있어서 아주 특수한 모습을 갖고 있기 때문에 일명 울릉도식 고분으로 부르고 있으며, 구조는 크게 기단부, 석실부, 봉석부로 구분된다. 기단부는 고분이 경사면에 축조되었기 때문에 고분의 뒷부분에 경사면을 파고 앞부분에 기단을 축조하여 석실 축조면을 정지하기 위하여 만들어진 것으로 추정된다. 남서동 고분군, 남양동 고분군, 현포동 고분군이 대표적인데 기단부의 축조는 정연하게 쌓아올렸으며 평면 형태는 타원형, 원형, 부정형 등 다양하고 불규칙한 형태를 가진다.

석실부는 울릉도식 고분을 특징짓는 가장 중요한 부분의 하나이다. 석실은 지상식으로 배모양[舟形]의 긴 석실을 축조하며 천정 후위를 낮추는 경향이 있다. 兩長壁은 주로 할석으로 평적하여 내경되게 쌓았는데 천정이 평천정을 이루게 같은 높이로 쌓은 것이 아니라, 입구에서부터 석실 중간까지는 점점 높게 쌓고 중간부터 석실 끝부분까지는 점점 낮게 쌓았다. 따라서 개석을 덮은 천정의 모습이 장축방향으

---

30) 오강원, 앞의 글 238쪽.
31) 울릉군·경상북도문화재연구원, 2002, 『문화유적분포지도-울릉군』.

로 弧線을 그리게 되었다. 석실 규모는 1963년도 보고된 고분 가운데 그 크기가 소개된 20기의 자료를 이용해서 석실의 길이를 중심으로 비교해보면 장축의 길이가 5.0m 이하가 1기, 5.0~7.0m에 해당하는 것이 15기, 9.0~11.0m에 해당하는 것이 4기이다. 장축과 단축의 비율은 대부분 4:1에서 5:1 정도이며 8:1 이상이 되는 것도 있다. 따라서 대부분의 석실은 세장한 형태이다.

봉석부는 주변의 다양한 크기의 할석을 적석하여 구축하였는데, 남서동 11호분은 주변의 자연암괴를 이용하여 크기가 다른 돌들을 혼축하여 축조한 것이 특징이다. 형태는 부정형이 많으며, 특히 봉석단면이 반원상을 그리는 것이 아니라, 주로 정상부가 평탄면을 이루는 것이 특징이며 개석부가 돌출되어 보이는 것도 있다. 따라서 봉석의 형태는 대개 절두원추형을 이룬다.[32)]

지금까지 살펴본 바에 의하면, 울릉도식 고분은 '기단식 적석석실분'이라고 할 수 있으며 연도가 확실한 것이 전혀 보이지 않기 때문에 횡구식일 가능성이 높다. 울릉도식 고분은 동해안의 강원도와 경상도 지방의 수혈식석곽, 횡구식석실과 유사하지만 직접적으로 관련을 짓기 어렵고 시기적으로도 공백이 있다. 1963년의 김원룡과 최근의 서울대학교 박물관 보고자들은 축조집단에 대해서 몇 가지 의견을 내놓았다. 김원룡은 63년도 보고서에서 "울릉도 고분은 오랜 시일을 거쳐서 반복해서 쓰이고 또 쓰인 공동묘가 아니면 우산국시대의 유력가들만이 세울 수 있었던 고분이었다고 생각되나 여러 가지 조건들이 해당되지 않고 결과적으로 말하여 현상과 같은 자료로서는 아무런 확단도 내릴 수 없다"고 하였다. 그러면서도 결론에서는 "낙동강 동안의 삼국시대 석곽묘와 주체구조에 있어서 유사하며 신라중심지의 묘제가 아니라 가야지방 묘제와 연결되며 위의 사실은 우산국이나 주민

---

32) 정영화·이청규, 앞의 글 참조.

의 출자가 신라계가 아니라 가야계라는 것을 말한다"고 하였다.

또, 서울대학교박물관 보고자들은 "신라묘제로부터 영향을 받아서 울릉도의 실정에 맞게 변형된 것으로 6세기 중엽 이후 축조되기 시작한 것"으로 판단하고 "울릉도식 고분이 상당히 늦은 시기까지 축조된 것으로, 그 양상으로 보아 울릉도에 진출한 신라인들에 의해 만들어졌다기보다는 오히려 우산국의 토착 지배층에 의해 사용되었던 것으로 토착적인 발전을 거쳤던 것"으로 추정하였다. 그러나 1998년 영남대학교 조사에서는 "현재의 고고학적 자료의 한계로 고분축조집단이 토착민인지 이주민인지에 대해 단언하기가 어렵다. 다만, 고분의 구조나 형식이 육지와 어떤 식으로 관련이 있는 것은 분명하다. 그러나 전통적인 토착민들이 외부의 영향으로 발전시켰다기보다는 오히려 육지에서 울릉도식 고분과 유사한 고분형태와 토기를 가지고 이주한 사람들이 축조하면서 섬 안에서의 독특한 생태적 조건에 적응한 산물로 파악하는 것이 타당하지 않은가 한다"고 하였다.

울릉도에서 확인된 토기에 대해서 김원룡은 갈색 승문토기와 회청색 신라토기로 구분하고, 전자는 섬 안에서 제작된 것이고, 후자는 이사부의 정벌 이후 육지에서부터 이입된 것이라고 결론을 내렸다. 최근 서울대학교 박물관의 보고자들은 울릉도에서 확인되는 토기들을 무문토기, 적갈색토기, 신라토기로 구분하고 이 무문토기의 연대를 본토의 철기시대 전기 말경, 아무리 늦어도 서력기원 전후의 전형적인 무문토기로 추정하고 있다.

그러나 울릉도의 토기를 대별해보면 적갈색 연질토기와 회청색 도질토기로 구분할 수 있으며, 다시 적갈색 연질토기는 태토에 의해서 굵은 석립이 다량 함유된 조질토기와 고운 점토로 제작된 경질토기로 구분할 수 있다. 도질토기는 앞의 회청색 신라토기와 일치하나 문제는 이러한 적갈색 연질토기 중에서 시기를 올려볼 것이 있는가, 아니면 도질토기와 같은 것으로 볼 것인가 하는 것이다. 아마 이 두 가지 연질토기 중에서 일부는 도질토기와 함께 육지로부터 이입된 것이고, 일부는 섬 안에서 육지토기의 영향으로 제작된 것으로 추정할 수 있다. 따라서 6세기 이전에 사용되었다기보다는 울릉도식 고분이 축조되던 시기에 이 토기들이 유입되고, 또 어떤 토기들은 섬 안에서 제작된 것으로 추정된다. 그렇다면 문헌상에 나타나는 이사부 정벌 이전에 사용된 울릉도의 토기들에 대한 자료는 없는 셈이다.

다만, 육지에서 4세기대로 편년되는 토기편이 천부동 유물산포지에서 한 점 확인되었다. 이 하나의 편으로 단언하기는 어려우나 아마도 어디엔가 6세기 이전의 토착민들이 사용한 유물이 있을 것으로 생각되나 단정하기는 어려운 실정이다.

울릉도에서 확인되는 적갈색 토기는 주로 평저에 발형토기들이 주류를 이루는 것으로 생각된다. 그러나 정확한 기종과 양식의 파악은 현재로서는 어렵다. 도질토기의 경우 서울대박물관의 보고서에서 6세기 중엽에 해당하는 토기가 확인되므로 6세기 이후부터 다량의 도질토기들이 섬 안으로 유입된 것으로 이해된다. 이 시기의 토기들은 신라통일 양식으로 이해된다. 그 기종으로는 고배류, 개류, 완류, 합류, 병류, 대호 옹류, 동이류, 시루류, 등잔류, 자주류, 장군류, 기대류 등으로 구분할 수 있다. 울릉도에서 확인되는 기종으로는 고배류, 개류, 완류, 합류, 병류, 대호류, 시루류, 등잔류 등이다. 그리고 울릉도 지역은 단편적으로 경주 낙동강 유역의 제2기 토기중 고배류가 확인되고, 제3기에 형성되고 제4기에 유행한 각병, 주름무늬병, 나팔형 장경병이 다량으로 유입된 증거를 확인할 수 있다. 따라서 울릉도는 경주 낙동강 유역의 토기문화권에 편입되어 있다는 주장도 있다. 따라서 울릉도 약수공원 향토사료관 유물들과 기존의 자료들을 분석한 결과 토기들과 고분들의 존속 시기는 6세기 중반부터 10세기까지로 추정된다.

이상의 고고학적 유적을 통해서 볼 때, 현재 울릉도에 남아 있는 고분군은 지증왕 이전에 축조된 것이 아니라, 6세기 이후 통일신라시대에 걸쳐 축조된 것이다. 그 고분의 양식 및 도질토기 등의 출토 유물들은 신라 양식이다. 이것을 감안할 때 우산국은 지증왕 이후 이 땅에 사라진 것이 아니라, 도리어 신라에 귀복함으로써 신라의 인적 물적 지원 하에 더욱더 강력한 해상력을 확보하여 동해의 해상권을 장악하였을 것이다. 따라서 독도 및 그 근해는 물론, 우산국이 정벌하였던 대마도까지 이사부의 우산국 정벌 이후에도 신라에 복속한 우산국의 세력권에 포함되어 있었다고 보아야 할 것이다. 『신증동국여지승람』권23, 동래현 산천조에 실려 있는 대마도 기록에 의하면, 대마도가 "옛날에 계림(신라)에 예속되었는데, 어느 때부터 일본 사람들이 살게 되었는지 모르겠다"는 기록은 비록 후대의 사료이지만 그에 대한 방증의 한 예이다. 그런 점에서 『세종실록지리지』에서 '울릉도'와 '독도'를 '우산국'이라고 칭했다고 기록하였을 것이다.

우산국의 유물 가운데에는 아래의 도판에서 보다시피 동관 파편(사진2)과 금동제 장식판(사진 3), 유리옥 목걸이(사진 4), 칼슘-카보네이트가 부착된 유리옥(사진 5) 등이 출토되었는데, 토기들과 고분들의 존속 시기는 6세기 중반부터 10세기까지로 추정되므로 이들 유물도 그 시기에 만들어진 것일 것이다. 그런 점에서 우산국은 신라와의 교역을 통해 보다 높은 고도의 문화단계로 발전하면서, 해상강국으로서의 면모를 다져나갔다고 보아야 할 것이다.[33]

─────────────

33) 오강원은 앞의 글(238쪽)에서 "울릉도의 고대사회는 소수의 엘리트 계층을 중심으로 계층화되어 있었는데, 이들 엘리트는 모국인 신라와 지속적이고 안정적인 교역을 유지하고자 노력하였다"고 한 언급 가운데 신라를 '모국' 이라고 표현한 부분에 대해서는 더 검토할 필요가 있다고 본다. 그렇게 볼 경우 울릉도의 엘리트를 '신라인'으로 우산국 정벌로 인해 신라로부터 이

〈사진 2〉 울릉도 동관 파편

〈사진 3〉 금동제 장식판

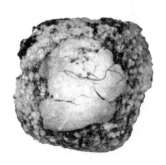

〈사진 4〉 천부리 1호분 출토   〈사진 5〉 칼슘-카보네이트가 부착된
　　　유리옥 목걸이　　　　　　　　　　　　　유리옥

식된 엘리트라는 뉘앙스를 갖고 있는데, 이사부의 우산국 정벌을 조공관계
로 파악하는 필자의 입장과는 배치된다.

4. 불교문화를 바탕으로 한 우산국 문화

우산국의 유적을 잘 드러내주는 것이 고분이다. 그것을 제외하고 우산국의 문화라고 할 때 무엇을 내세울 수 있을까? 아마도 불교라고 할 수 있지 않을까 한다. 지금 울릉도 사람들의 대부분을 기독교를 믿고 있지만 우산국의 시대에 울릉도에 살았던 사람들은 불교를 믿지 않았을까 한다. 그러한 편린을 우선 다음의 사료에서 찾을 수 있다.

> 우산국이 귀부하여 해마다 토산물을 바치기로 하였다. 우산국은 명주의 바로 동쪽 바다 가운데 있는 섬으로 혹은 울릉도라고도 한다. 地境의 면적은 사방 100리인데 지세가 험한 것을 믿고 항복하지 않다가 이찬 이사부가 하슬라주의 군주가 된 뒤, 우산인들은 어리석고 사나우므로 위력으로써 來服시키기는 어려울 것으로 생각하고 계략으로써 복종시키기로 하였다. 곧 나무로 사자를 많이 만들어서 戰船에 나누어 싣고 그 나라 해안에 이르러 거짓말로 "너희들이 만약 항복하지 않는다면 이 맹수를 풀어 모두 밟아 죽일 것이다"고 하였다. 그 나라 사람들이 무서워서 곧 항복하였다. (『삼국사기』 권4, 신라본기 지증왕 13년 6월)

이 사료는 흔히들 이사부의 우산국 정벌에 관한 기사로 많이 인용하고 있는 자료이지만 이 기록에서 주목되는 것은 이사부가 나무사자를 만들어 우산국 사람들의 항복을 받아냈다고 한다. 사자는 불교와 깊은 관련이 있다. 부처의 위엄은 백수의 왕인 사자에 곧잘 비유된다. 불교에서는 부처를 '人中獅子'로, 부처의 설법을 '獅子吼'라고 표현하고, 부처님의 자리를 사자좌라고 한다. 불교미술에 사자가 처음 등장한 것은 기원전 3세기경이다. 불교가 전래된 뒤 삼국시대 불상의 대좌나 고분벽화, 궁궐·사찰의 수호 상징인 석자자상 등 곳곳에 사자가 다양하게 나타난다. 그런 점에서 이사부의 우산국 정벌에 관한 위 기사는 불교의 위엄을 통해 우산국을 정벌한 것을 상징화한 표현이 아닌가 한다. 이사부의 우산국 정벌은 신라에서 불교가 공인되기 15년 전이다. 신라에서 불교가 공인된 법흥왕 이전이라고 하여 반론을 제기할 수도 있겠지만 실제 신라의 경우, 그 이전에 이미 고구려를 통해 불교가 유입되었고, 왕실과 민간에서 유포되었다는 것은 이미 일반화되어 있기 때문에 별 문제가 없다. 아마도 우산국도 고구려와의 교류를 통해 불교에 대한 어느 정도의 인식이 있었기 때문에 이사부의 나무사자에 관한 위협이 통할 수 있었을 것이다. 그러나 이것은 어디까지나 추정에 불과하다.

사자는 불교 전래 이전에 이미 수호신으로서의 상징적 의미를 지니고 있었을지도 모른다. 즉, 사자춤에서의 사자가 그러한데, 탈춤마다 사자의 역할이 다소 다르긴 하지만, 대체로 악귀를 쫓는 신령스러운 동물이었다. 중국의 경우, 사자춤은 서역의 쿠차국(龜玆國:지금의 新疆省 廣東 부근)에서 비롯되어 漢代에 중국으로 들어온 것이라 하는데, 수·당 시대에는 각지에서 성행하였다고 한다. 한국에서의 사자춤은 진흥왕 때에 귀화한 于勒의 '가야금 12곡' 중 8곡에 獅子伎라는 이름으로 나타나는데, 이는 5세기말 가야연맹의 국풍인 金曲化를 재정립한 것[34]이므로, 가야국에서의 사자무는 훨씬 이전에 존재하고 있었을 것이다. 이러한 기록에 근거하여, 박진태는 사자무가 가야국에 전래된 시기는 진흥왕 13년(552년) 이전으로 소급할 수 있다[35]고 했다. 552년 백제의 마미지가 일본에 건너가 전했다는 기악에도 사자무가 포함되어 있었다. 이런 정황들로 볼 때, 이사부가 우산국 정벌에 나설 지증왕 때에도 이미 사자에 대한 종교적 상징과 그 주술적 힘을 믿고 있었을 가능성도 많다.

---

34) 김동욱, 1966, 「우륵12곡에 대하여」, 『신라가야문화』 제1호, 청구대학, 12쪽 참조.
35) 박진태, 2007, 「쿠차 사자탈춤의 전파와 한국적 변용」, 『비교민속학』 제33호, 비교민속학회, 403쪽.

이사부의 우산국 정벌 이전에 우산국에 불교가 전래되었을 가능성
에 대해서는 앞으로의 고고학적 유물의 발견에 의존할 수밖에 없다.
그러나 신라에 정복된 후 신라를 통해 불교문화를 받아들여 신봉하였
음은 분명하다. 우산국이 불교를 신봉하는 국가였음은 고려시대의 다
음 자료에 잘 나타난다.

> 蔚珍縣: 원래 고구려의 于珍也縣[고우이군이라고도 한다.]이다. 신라 경덕왕
> 이 지금 명칭으로 고쳐서 군으로 만들었다. 고려에 와서 현으로 낮추고 현령을
> 두었다. 여기에는 鬱陵島가 있다[이 현의 정 동쪽 바다 가운데 있다. 신라 때
> 에는 于山國, 武陵 또는 羽陵이라고 불렸는데 이 섬의 주위는 100리이며 지증왕
> 12년에 항복하여 왔다. 태조 13년에 이 섬 주민들이 白吉·土豆를 보내 방물을
> 바쳤다. 의종 11년에 왕이 울릉도는 면적이 넓고 땅이 비옥하며 옛날에는 주현
> 을 설치한 일도 있으므로 능히 백성들이 살 수 있다는 말을 듣고 溟州道監倉使인
> 金柔立을 파견하여 시찰하게 하였다. 유립이 돌아 와서 보고하기를 "섬에는 큰
> 산이 있으며 이 산마루로부터 바다까지의 거리는 동쪽으로는 1만여 보(步)이며
> 서쪽으로는 1만 3천여 보, 남쪽으로는 1만 5천여 보, 북쪽으로는 8천여 보인데
> 마을이 있던 옛 터가 7개소 있고 돌부처, 철로 만든 종, 돌탑 등이 있었으며
> 柴胡·藁本, 石南草 등이 많이 자라고 있었습니다. 그러나 바위와 돌들이 많아
> 서 사람이 살 곳이 못됩니다."라고 하였으므로 이 섬을 개척하여 백성들을 이
> 주시키자는 여론은 중지되었다. 혹자는 말하기를 于山과 武陵 원래 두 섬인데
> 서로 거리가 멀지 않아서 바람 부는 날 날씨가 맑으면 가히 바라다 볼 수 있다
> 고도 한다.]『고려사』권58 지12 지리3 동계 울진현)

여진족이 우산국을 멸망시킨 후인 의종조 명주도 감창사인 김유립
이 울릉도를 시찰하고 보고한 내용에 돌부처와, 철로 만든 종, 돌탑
등이 있었다는 것을 통해 우산국이 불교를 신봉한 국가였음을 알 수
있다.

1963년 국립박물관의 조사에 따르면 울릉 현포동 고분군 10-1호의
서쪽에 사찰 터라고 추정된 곳이 있었다고 한다. 1917년 조선총독부
의 『朝鮮古蹟圖譜』에서도 금동불입상이 출토되었다고 언급하였지만
현재 현포리 금동불의 소재는 파악할 수 없다.

11963년 김원룡의 『울릉도』를 보면 울릉도에서 출토된 것으로 추정되는 통일신라 시대 금동 불상 1구에 대해 "이 불상의 유래에 관해서는 알 수 없으나, 높이는 17㎝, 眼象이 뚫린 팔각 仰花臺座 위에 다시 單瓣仰蓮 足臺가 있고, 그 위에 오른손은 施無畏, 왼손은 與願의 手印을 한 通肩 素髮의 입불이다. 裙의 하단은 일직선으로 잘리고 大衣의 脚部 위의 衣褶은 좌우 각 5개의 굵직한 각선으로 나타나 있는데 가는 선각으로 된 것보다 훨씬 힘이 세고 사실적이다. 얼굴은 크고 사각형이며 眉目은 모두 가늘고, 약간 웃는 듯한 표정이 대체로 금강산 楡岾寺의 금동불들과 통한다. 비슷한 유파의 불공에 의해 만들어진 8~9세기경의 작품이라고 추측된다."고 하였다.[36] 현포리 금동불(사진 6)이 이 지역에서 나왔다는 것은 추정에 불과하다. 또한 통일신라시대 금동불상은 후대에 전래된 것으로 볼 수 있는 여지도 있다. 그리고 울릉 현포동 고분군의 석주열(사진 7)을 주변 사찰 터 유적으로 보는 등의 여러 가지 설이 있지만 지금은 훼손된 상태이다. 따라서 울릉도에 대한 전면적인 지표조사와 발굴이 시급한 시절이다.

또, 1980년에 서달령 진입로 공사 때 하천에 석축을 쌓으면서 이때 석공 오삼술이 주변의 돌무더기에서 우랏돌(뒷채움돌)을 채취하는 과정에서 고분이 발견되었고, 여기에서 불상 1구가 발견되었다는 증언이 있다. 하지만 현재 그 불상의 행방은 알 수 없다.

어쨌든 울릉도에서 불상이 발견된 것은 분명하고, 이것은 12세기 김유립의 증언에서도 확인된다. '통일신라시대의 금동불상 출토'는 울릉도 불교 전래 연구에 시사하는 바가 크다. 이 주변에 대한 정밀한 시굴 및 발굴 조사를 실시하면 고분, 사지, 제의 유적 등의 정확한 성격과 범위를 확인할 수 있을 것이다.

---

36) 김원룡, 1963, 『울릉도』, 국립박물관.

〈사진 6〉 전 울릉도 채집
금동불상(석가여래입상)

〈사진 7〉 현포리 고분군 석주열

5. 우산국 역사를 통해 울릉도 사람들은 무엇을 기릴 것인가?

512년 이사부의 우산국 정벌을 통해 독도는 우리 땅이 되었다는 인식만을 강조해왔다. 그러나 울릉도 사람들에게 우산국에 대한 인식은 달라야만 한다. 울릉도의 역사의 시발로서 인식하고, 거기에서 현재의 울릉도가 있을 수 있다는 인식을 가져야만 한다.

울릉도는 고고학적 유물을 통해서 볼 때 서력기원을 전후한 시기에 사람들이 살기 시작했을 가능성을 갖고 있고, 문헌자료상 울릉도에 사람이 살았다는 흔적을 보여주는 시기가 3세기까지 거슬러 올라간다. 이것을 모태로 우산국이 성립하였고, 이렇게 해서 성립된 우산국은 11세기 초 여진족에 의해 멸망하기까지 수백년동안 동해의 해상강국으로 장기 존속한 국가였다. 그렇기 때문에 신라나 고려왕조에서 우산국을 정복하여 자신의 영토로 삼기보다는 동맹관계를 맺어 자국의 동해 연안지역을 안정적으로 확보하고자 하였다. 이러한 의도에 따라 신라의 물적, 문화적 지원을 통해 우산국의 지배세력은 고분을 축조하는 한편 불교 문화를 받아들여 보다 한 차원 높은 문화적 수준을 유지하였다고 보아야 한다.

이런 관점에서 바라볼 때 울릉도의 역사는 1883년 개척령에 의해 시작되는 것이 아니라 한국사의 다른 어떤 지역보다도 강인하고 지속적인 왕조인 우산국이 존재하였다. 이로 인해 우산국이 멸망하였음에도 불구하고 고려와 조선시대 울릉도를 찾아 들어간 사람들이 그 전설을 되뇌이며 새로운 삶의 터전으로 가꾸기 위한 노력을 통해 우산국의 영화를 재현하려고 했다고 보아야 한다. 이렇게 볼 때 울릉도는 공도정책에 의해 버려진 섬이 아닌 오랜 역사와 문화를 가진 강인한 정신성과 불굴의 투지와 모험정신으로 뭉친 사람들이 일구어낸 역사가 깃들인 땅으로 되살아날 수 있을 것이다. 이것이 울릉도가 주체가 되는 우산국의 역사 읽기이다.

『독도연구』 7, 2009.12.

참고문헌

권강미, 2006, 「통일신라시대 사자상의 수용과 전개」, 『신라의 사자』 국립 경주박물관.

김동욱, 1966, 「우륵12곡에 대하여」, 『신라가야문화』 제1호, 청구대학.

김원룡, 1963, 『울릉도』, 국립박물관 고적조사보고 제4책.

김윤곤, 2001, 『한국 중세의 역사상』 영남대학교 민족문화연구소, 영남대출 판부.

김호동, 2007, 『독도·울릉도의 역사』, 경인문화사.

김호동, 2008, 「지방행정체계상에서 본 울릉도·독도 지위의 역사적 변화」, 『한국행정사학지』 제23호.

김호동, 2009, 「독도영유권 공고화에 있어서의 강원도 역할」, 『고대 해양활 동과 이사부 그리고 사자 이야기』 이사부연구총서(II), 강원도민일 보·강원도·삼척시.

박진태, 2007, 「쿠차 사자탈춤의 전파와 한국적 변용」, 『비교민속학』 제33 호, 비교민속학회.

서울대학교 박물관, 1997, 『울릉도 문화유적 지표조사 보고서』 1, 서울대학 교 박물관학술총서 6.

정영화·이청규, 1998, 「울릉도의 고고학적 연구」, 『울릉도 독도의 종합적 연구』, 영남대학교 민족문화연구소(영남대출판부 재영인, 2005).

이기백, 1968, 「고려 양계의 주진군」, 『고려병제사연구』 일조각.

이병도, 1959, 「탐라와 우산국」, 『한국사』 고대편, 진단학회.

한국근대사자료연구협의회간, 1985, 「울릉도·독도영유의 역사적 배경」, 『독 도연구』.

이케우치 히로시(池內宏), 1933, 「刀伊の賊」, 『滿鮮史硏究』 中世第一冊.

메이지시대 일본의 동해와
두 섬(독도·울릉도) 명칭 변경의도에 관한 검토

김 호 동

1. 머리말

'가깝고도 먼 나라'인 한국과 일본은 '일본해(Sea of Japan)'를 '동해(East Sea)'로 부르거나 병기할 것에 관한 명칭 문제와, 그 바다에 있는 섬인 '독도(竹島;다케시마)'의 영유권을 둘러싸고 갈등관계에 놓여 있다. 전자에 대해서는 한국이 공세적 입장이고, 후자의 경우에는 일본이 공세적이다.

두 문제를 보는 한국과 일본의 입장을 살펴보면, 한국의 경우 '일본해'라는 명칭은 일본의 확장주의와 식민지 지배의 결과로 널리 확산되었다는 입장이고, 독도는 일본의 한국 침략에 대한 첫 희생물이라는 시각을 갖고 있다. '일본해'의 명칭의 사용과 1905년 '무주지선점론'에 의한 독도에 대한 일본 영토로의 편입(강탈)이 일본의 조선침략의 시작이라는 입장을 견지하면서 역사적 문제로서 접근하고자 한다. 반면 일본은 19세기 초 고지도에 '일본해'라는 명칭이 다른 명칭을 압도할 정도로 많이 사용된 사실을 거론하면서 '일본해'라는 호칭은 19세기 초에 구미인에 의해 확립된 것이라고 한다. 그리고 이 시기 일본은 쇄국정책을 취하는 에도시대였기 때문에 '일본해'라는 명칭 확립에 어떠한 영향력을 행사한 적이 없었다고 한다. 따라서 19세기 후반의 일본의 확장주의와 식민지 지배에 의해 일본해라는 명칭이 확산되었다는 한국의 주장은 타당성이 없다고 한다.[1]

일본 측은 'Sea of Japan'이라는 명칭이 일본 식민주의와 연결이 되면 매우 예민하게 반응하는 것처럼 독도문제가 일본의 대외영토 확장의 과정에서 나온 것이라는 주장에 대해서도 과민 반응한다. 그래서 독도에 관한한 역사적 문제로 접근하기 보다는 영유권 문제로 보고자 한다. 최근 일본이 '무주지선점론' 대신에 17세기 고유영토설을 내세우고 있는 것도 '무주지선점론'이 일본의 대외영토 확장의 과정에서 조선침략의 제1보였다는 한국 측의 논리에 대한 대응 방안에서 나온 것이 아닌가 한다. 일본은 동해에 있는 두 개의 섬, 울릉도와 독도를 현재 전자를 '松島', 후자를 '竹島'라고 한다. 그렇지만 원래 전자를 '竹島', 후자를 '松島'라고 불렀다. 왜 그 명칭을 현재 바꾸어 부르게 되었는가에 대해 1700년대 말 이후 유럽인들이 이 섬들을 발견, 지도 상에 기재하기 위해 섬 위치를 측정하는 도중 실수를 하고 島名을 정하는데도 오류를 범하면서 혼란을 초래하게 되었다고 한다.[2]

일본은 日本海와 松島(울릉도)·竹島(獨島)란 명칭은 결국 서양인에 의해 먼저 사용된 것이고, 그것을 따라 일본이 사용한 것이라고 한다. 그렇다고 하더라고 그것에는 분명 일본의 대외팽창을 위한 국가 정책이의 고려되었음을 본고를 통해 드러내고자 한다.[3]

---

1) http://www.mofa.go.jp/policy/maritime/japan/pamph0903-k.pdf
2) 가와까미 겐조, 川上健三, 1966, 『竹島の歷史地理學的研究』古今書院.
3) 이 글은 당초 [The 15th International Seaminar on Sea Names)](2009.9.2~9.6, 호주 시드니)에서 「Investigation on Japan's international change of the names of East Sea and two islands (Dokdo, Ulleungdo) in Meiji period」란 제목으로 발표한 것을 수정, 보완한 것이다.

2. 메이지시대 일본의 동해 명칭 변경 의도

일본은 외무성 홈페이지에서 '일본해라는 명칭은 일본의 확장주의와 식민지 지배의 결과로 널리 확산되었다.'고 한다는 한국 측 입장을 소개하고 이에 대한 반론으로서, 일본 정부가 고지도를 조사한 결과, 이미 19세기 초에는 일본해라는 명칭이 다른 명칭을 압도할 정도로 많이 사용된 사실이 확인되었다고 한다. 이 시기 일본은 에도시대였으며 쇄국정책을 취하고 있었기 때문에, 이러한 일본해라는 명칭확립에 있어 어떠한 영향력을 행사한 적은 없었다고 한다. 따라서, 19세기 후반의 '일본의 확장주의와 식민지 지배'에 의해 일본해라는 명칭이 확산되었다는 한국의 주장은 전혀 타당성이 없다고 한다. 일본은 이것을 입증하기 위해 일본 외무성이 세계 각국의 고지도 조사를 해본 결과 일본해라는 호칭이 처음으로 사용된 것은 17세기초의 이탈리아인 선교사 마테오 리치가 작성한 '곤여만국전도(坤輿萬國全圖)'이고, 18세기까지 구미지역의 지도에서는 일본해 이외에도 '조선해(Sea of Korea)', '동양해(Oriental Sea)', '중국해(Sea of China)' 등 여러 명칭이 사용되었으나, 19세기 초부터는 일본해라는 명칭이 다른 명칭에 비하여 압도적으로 많이 사용된 사실이 확인되므로 일본해라는 호칭은 19세기 초에 구미인에 의해 확립된 것으로 여겨진다고 하였다.[4]

그런데 외무성이 통계수치로 제시한 고지도의 경우 미국의회도서

---

[4] 18세기 이후 서양에서 일본에 대한 인식이 점차로 늘어났다. 일본은 일찍이 화란상관을 개설하여 서구와의 교역을 시작하였다. 프랑스에서는 18세기 이미 일본에 관한 서적이 1천 여종이나 출판되었다. 그런 상황 하에서 라 페로우즈(La Perouse)가 동해안을 탐험하고 '일본해'라는 표기를 사용하자 '일본해'의 표기는 자연스럽게 받아들여졌다(김덕주, 1999, 「동해 표기의 국제적 논의에 대한 고찰」, 『서울국제법연구』 6권 2호, 19쪽).

관 1213점, 대영도서관 및 케임브리지대학 도서관 58장, 프랑스국립
도서관 215장을 조사한 결과인데, 여기에는 19세기 초반과 후반의 구
분 없이 일괄적으로 통계수치를 제시하고 있으므로 19세기 초부터
일본해라는 명칭이 다른 명칭에 비해 압도적으로 많이 사용하였는지
알 수 없다. 그들의 주장이 설득력을 지니려면 에도시대와 메이지지
대를 구분하여 통계수치를 내고, 그에 대한 분석이 뒤따라야 한다.

이 주장이 갖고 있는 보다 더 근원적인 문제는 '일본해'라는 명칭
이 '국제사회에서 오래 전부터 널리 사용되고 있는 유일한 명칭'이라
고 하였지만 19세기에 이 바다를 끼고 있는 조선과 일본이 '일본해'
란 호칭을 사용하지 않고 있음을 간과하고 있다. 또 일본의 논리는
'일본해'란 호칭은 19세기 초에 구미인에 의해 확립된 것이기 때문에
자국의 대외팽창과는 무관하다는 논리를 깔고 있지만 '일본해' 명칭
의 사용은 결코 그와 관계가 없는 것은 아니다.

에도시대의 志士이자 尊王攘夷를 제창한 아이자와(會澤 安)는 서양
인들이 땅 이름을 제 마음대로 이름을 붙이고 있는데, 이것은 천황이
정해진 명칭도 아니고 옛날부터 정해진 공식 명칭이 아니라고 비판하
고 있다.[5] 이것을 염두에 둔다면 19세기초 '일본해'라고 구미인들이
부르던 것을 단순히 생각없이 일본인들이 받아들여 사용한 것일까?
당시 일본이 현재 일본해라고 부르는 곳의 공식 명칭을 어떻게 불렀
던 것인가를 먼저 살펴보기로 한다.[6]

---

5) "서양 오랑캐들은 (하늘과) 땅을 나누어, 아세아주 구라파주 아프리카주라
　칭하나, 이는 오랑캐들이 제마음대로 붙인 이름으로 천황이 정해준 명칭이
　아니다. 또 옛날부터 정해진 공식명칭도 아니다. 지금 그들이 제멋대로 부
　르는 아시아 등의 명칭으로서 일본까지 포함하는 것은 오만하기 짝이 없는
　것이다. 따라서 그들이 멋대로 부르는 이름을 쓰지 않고, 훗날 일본이 강국
　이 되었을 때에는 대지의 생김새에 따라 그 이름을 천황이 내려주기를 기
　다려야 한다." (會澤 安, 1843, 『迪彝篇』 總敍, 3~4쪽)
6) 이하의 일본해와 조선해의 사용에 관한 내용은 이종학의 「해제; 동해는 방

1876년 강화도 조약, 즉 '병자수호조규'를 통해 조선을 개항시킨 일본은 조선의 해안에 대한 자유로운 측량권을 확보하였다. 이에 일본 해군수로국은 조선의 해안을 정탐한 내용을 소개하는 기관지 『水路雜誌』를 정기적으로 출판하였다. 그 제16호에서 마쓰시마(松島, 현재의 독도 지칭)의 지리를 설명하면서 "조선해를 회항할 때 조사 기록한 내용"[7]이라고 밝힌 반면에 제19호에서는 "隱岐가 있는 바다를…이방인들은 일본해라 한다…"[8]고 하였다. 외무성 홈페이지에서 '일본해'라는 호칭은 19세기초에 구미인들에 의해 확립되었다고 하지만 19세기 후반까지도 일본 해군수로국은 '조선해'라고 공식적으로 부르고, 이방인들이 '일본해'라고 한다고 하였을 뿐이다. 그런 인식이 일본에 있었기 때문에 조선과의 조약 체결에 있어서도 일본은 '조선해'란 명칭을 공식적으로 사용하였다.

1882년 임오군란이 일어나기 전에는 일본해를 일본의 본토 부근에 바짝 붙여 표시하는 지도(『朝鮮輿地全圖』, 『朝鮮全圖』)가 있는가 하면, 『大日本朝鮮支那三國圖』의 경우 지금 일본해라고 주장하는 바다를 조선해와 일본 서해로 구분하여 적기도 하였다.[9]

1883년 7월 25일 한일 양국이 체결한 「在朝鮮國日本人民通商章程」 제41款에 '朝鮮海'의 명칭이 나온다.

　　第41款 "…조선국 어선은 일본국의 肥前 · 筑前 · 長門(對朝鮮海面處) · 石見 · 出雲 · 對馬의 해변에 왕래 捕魚하는 것을 허가한다…

위개념, 조선해가 고유명칭」(2002, 『잊혀진 "조선해"와 "조선해협"』, 독도박물관 연구자료총서2)를 기초로 하여 작성하였다. 따라서 일일이 그 전거를 생략한다.
7) 山澄 直淸, 1880, 「朝鮮國東海岸略記」, 『水路雜誌』 第16號.
8) 肝付兼行, 1883, 「隱岐回航略記」, 『水路雜誌』 第19號.
9) 이상태, 「일본해가 밀어낸 동해의 명칭」, 『한국사연구』 107, 143쪽.

조선과 일본 사이의 바다를 '조선해'로 표현하는 것으로 보아 조선과 일본은 양국의 조약에서 '조선해'란 명칭을 공식적으로 사용하였음을 알 수 있다. 1883년의 「조일통상장정」으로 인해 일본은 조선해에서 합법적으로 어로활동에 나서게 되었고, 1889년의 「朝日通漁章程」의 체결로 인해 '조선해'는 일본에 의해 서서히 강점되어 갔다.

1892년 대일본수산회 간사인 세끼자와(關澤 明淸)는 일본의 조선해 어업 시찰보고를 하면서 「在朝鮮國日本人民通商章程」 제41款에서 나가도(長門)를 조선해에 면해 있다고 조약에 명기된 것을 일본해에 면한 곳이라고 바꾸어 말하고 있다. 그런 그가 이듬해 다음과 같이 주장한 것에서 '일본해' 명칭의 사용이 일본의 대외팽창과 무관한 것이라고 할 수 없을 것이다.

> 이미 일본해란 공칭을 가진 이상 그 해상주권은 우리가 점유한 게 아니겠는가 국권상 결코 겸연쩍어할 필요가 없으며 그 해상주권은 먼저 습관상 현재 어로를 하고 있는지 유무에 따라 실적을 표명해야할 것이다. 오늘날 일본의 어선을 이 해상에서 종횡무진케 하고 어업에 힘써 이익을 챙기는 것을 습관화하고 그 실적을 天下公衆에 인식시켜야 한다. 만약 그렇지 않으면 훗날 이 해상의 주권과 관련해 다른 나라와 논쟁을 벌였을 때 실적을 표명하는 논거가 약해지므로 국권상 불리하게 되는 경우도 예상할 수 있다. 이를 또한 깊이 우려하지 않으면 안된다.(關澤明淸, 1883, 「日本海ノ漁業ハ如何」, 『日本水産雜誌』 11-12쪽)

일본해란 공칭을 가진 이상 그 해상주권이 일본에게 있다고 한 것은 일본해의 사용이 일본의 대외팽창을 상징하는 것임을 알 수 있다. 이것을 통해 일본의 대외팽창과 일본해의 사용이 결코 무관한 것이 아님을 알 수 있다. 이것을 염두에 둔다면 19세기 초 구미인들이 '일본해'라고 하였기 때문에 일본이 이를 따랐다고 한다는 것은 논리적 모순을 범하는 것이다. 이를 아이자와 개인의 말로 치부하고, 이 시기 일본에서 '일본해'를 어떻게 불렀는가를 살펴보기로 한다.

1895년 일본이 청일전쟁에서 승리를 거두자 대륙으로의 진출은
물론 일본해의 확장으로 여기고 있었음을 당시의 신문은 보여주고
있다.

> 대만 및 팽호열도가 일본의 판도로 편입되자 세계 지도상 일대 변화가 일어
> 났다. 이제까지는 유구만이 일본해의 끝이었으나 다시 지나해를 빼앗아 그 영
> 역을 넓혀 무려 1,000方里에 이르는 팽호열도 주변까지 모두 일본해라 칭할 수
> 있게 되었다.(『山陰新聞』 1895년 4월 3일자, 「日本海と支那海」)

이제까지는 유구만이 일본해의 끝이었으나 이제 팽호열도 주변까
지 모두 일본해로 칭할 수 있게 되었다고 하였다. 친일 영국인 모리
스(J. Morris)는 1894년에 『청일전쟁』을 저술하면서, 책 첫머리에 '한·
일·청 지도'를 첨부하였는데, 동해를 '일본해(Sea of Japan)'라고 표기
한 것은[10] 이러한 분위기 속에서 나온 것이라고 볼 수 있다.

청일전쟁기를 전후한 시기부터 1904년의 러일전쟁 직전까지의 기
간에 일본은 원양어업법의 장려제정(1897), 조선해통어조합연합회의
결성(1900) 등을 통하여 어민의 조선해 통어를 적극적으로 보호·장려
하였다. 이에 힘입어 일본 어민들의 조선해 통어가 청일전쟁 후 급격
히 증가하였다. 1898년도에 1,223척, 1899년도에 1,157척, 1900년도에
1,654척, 1901년도에 1,411척, 1902년도에 1,394척, 1903년도에 1,589
척의 배가 조업에 나서 전기에 비해 약 2배의 증가를 보이고 있다. 통
어 어민의 급격한 증가로 조선어민과의 사이에 분쟁이 많이 발생하자
일본정부나 각 부현에서는 통어민 보호와 분쟁방지를 위해 조선해 어
업조사를 실시하였다.[11] 그래서 일본은 "조선의 남쪽 경상도 전라도
연안에는 일본으로부터 많은 어선이 다니고 있어, 조선해가 아니라

---

10) 김덕주, 1999, 「동해표기의 국제적 논의에 대한 고찰」, 『서울국제법연구』 6
   권 2호, 19쪽.
11) 여박동, 2002, 『일제의 조선어업지배와 이주어촌 형성』, 보고사.

마치 일본해와 같이 우리 일본인이 독점하고 있다"[12]고 할 정도였다. 그런데 여기서 말한 '조선해'는 동해 뿐만이 아니라 남해까지 포함한다. 이마저도 '일본해'와 같다고 한 것을 통해 일본의 독점적 어로활동의 확대에 짝하여 '일본해'의 명칭을 확장하면서 '일본의 영해'라는 의미마저 담아내고자 하였음을 알 수 있다.

일본 정부가 공식적으로 '일본해' 명칭을 사용하기 시작한 것은 러일전쟁에서의 승리를 계기로 동해를 '일본해'로 공식 표기하면서부터이다. 일본은 러시아 해전에서의 승리 직후 5월 30일 '관보'에서 5월 27일부터 28일까지 오키노섬(沖之島) 부근부터 울릉도 부근까지의 해전을 "일본해의 해전이라 호칭함"이라고 공포함으로써 동해를 '일본해'로 공식 표기하였다. 이렇게 볼 때 '일본해'의 사용이 일본의 확장정책 때문이 아니라 구미인들이 일본해란 명칭을 사용한 것에 영향을 받아 '일본해'라고 부르게 되었다고 말할 수 있겠는가?

'일본해'라는 명칭이 국제적으로 공식 인정된 것은 '일로강화조약(포츠머스조약)'에서였다고 한다. 일로강화조약 제11조에 '일본해'란 명칭이 적시되어 있는데, 이로써 일본은 '일본해'라는 공식 호칭을 국제적으로 공인받게 되었으며 세계지도에는 '일본해'라는 바다 이름이 정착하게 되었다고 한다.[13] 그러나 이 조약에 현재 '일본해'라고 부른 것에 이의를 제기하는 한국과는 상관없는 일본과 러시아 사이의 조약이기 때문에 이것을 국제사회가 인정하는 공식 호칭이라고 할 수는 없다.

이상의 논의에서 보다시피 일본인에 의해 사용된 '일본해'란 명칭은 구미인의 영향 때문이 아니라 일본이 명치유신을 통해 제국주의로 발돋움하면서 대외팽창에 적극 나서게 됨에 따라 '일본해'가 '조선해'

---

12) 『大日本水産會報』 第230號, 1901, 「朝鮮明太魚漁業」 4쪽.
13) 김덕주, 1999, 「동해표기의 국제적 논의에 대한 고찰」, 『서울국제법연구』 6권 2호, 19쪽.

를 대신하고, 확대될 수 있는 가변적인 것으로 여겨졌음을 알 수 있다. 비록 후대의 자료이지만 1942년에 해군 보도부 과장 히라데(平出)가 "태평양과 인도양을 제압하여 '新日本海'로 하는 것도 가능하다"고 호언한 것은[14] '일본해'란 명칭이 일본의 대외팽창에 따라 얼마든지 확장되고, 이곳저곳으로 옮겨갈 수 있음을 상징적으로 보여준다. 히라데 대좌가 일본 A-K 방송에서 한 이 연설은 일본이 태평양 전쟁을 일으킨 지 한 달 후에 맞이한 일본 천황을 받드는 기념일에 한 연설이라는 점에서 그 침략성이 확연히 드러난 것이라고 볼 수 있다. '신일본해'로 하자는 히라데의 발언에 대해 아유자와(鮎澤信太郎)는 에도시대부터 이미 '大日本海'로 불렸기 때문에 새삼 '신일본해'로 부를 필요가 없다고 하였다. 아유자와의 이 주장대로 에도시대 일본해는 일본의 동쪽 바다인 태평양 연안을 일본해로 불렀다. 그는 일본의 태평양 쪽을 대일본해 혹은 일본해, 일본동해 등으로 쓰고, 지금의 일본해를 조선해로 표기한 지도가 명치에 이르기까지 유행하였다는 점을 사료를 들어 강조하면서, "태평양이라는 이름은 명치 초년에 이르기까지 확실하게 결정되어 있지는 않은 듯하며, 지금의 일본해 또한 명치에는 조선해라고 불렀다고 하였다. 그리고 태평양 쪽을 일본해라고 한 것도 일본보다는 서양에서 먼저 그렇게 불렀다고 하면서, 그 예를 1752년 프랑스에서 만든 일본지도를 들고 있는데, 이 지도는 태평양 연안 쪽을 일본해(Mer du Japon)로, 그 반대쪽을 조선해(Mer de Coree)로 표기하고 있다.[15] 아유자와는 태평양 쪽을 (대)일본해로 표기한 지도 15점을 제시하였는데 1792년~1871년 지도 14점과 연대미상의 지도 1 점을 다음 <표 1>과 같이 제시하였다.

14) 『東京日日新聞』(1942년 1월 9일자).
15) 아유자와(鮎澤信太郎), 1943, 『大日本海-日本地理學史の硏究』京城社出版社; 이종학, 2002, 「해제; 동해는 방위개념, 조선해가 고유명칭」, 『잊혀진 "조선해"와 "조선해협"』독도박물관 연구자료총서2, 15쪽.

〈표 1〉 태평양을 일본해로 표기한 지도[16]

연도	지도명(제작자)	표기(비고)
1792전	地球橢圓圖(司馬江漢)	일본동해
1792	地球圖(司馬江漢)	일본동해
1810	新訂萬國全圖(高橋景保)	대일본해(최초의 지도)
1838	萬國全圖(阿部喜任)	대일본해
1844	新製輿地全圖(箕作省吾)	대일본해
1850	新訂萬國全圖(白井通氣)	대일본해
1850	地學正宗圖(杉田玄端)	일본해
1853	地球萬國方圖(미상)	대일본해
1854	沿海要强之圖(工藤東平)	대일본해
1855	萬國輿地分圖(橋本玉蘭鎌)	일본해
1856	地球萬國全圖(松田綠山)	대일본동해
1858	萬國輿地略圖(岡田春燈)	대일본해
1870	명치개정萬國輿地分圖(미상)	일본해
1871	大日本四神圖(橋本玉蘭齋)	대일본동해
미상	銅鐫大日國細圖(玄玄堂綠山)	대일본동해

<표 1>에서 보다시피 19세기 전 시기에 걸쳐 일본 동쪽 바다, 즉 태평양을 '일본해'라고 그린 지도가 존재한 것으로 보아 현재의 동해를 '일본해'라고 부르는 것에 대해 그들 스스로 겸연쩍어할 수밖에 없었을 것이다.

일본해의 명칭은 당초 일본 동쪽 바다를 가리켰던 것을 바다에 대한 영유의식의 확대에 따라 일본 서쪽의 일본 영해를 지칭하는 의미로서 '일본해'를 사용하기 시작하였고, 점차 일본 어부들의 조선해에 대한 어로활동의 증가에 짝함과 동시에 일본의 조선침략, 대륙침략의 기운에 편승하여 동해를 '조선해' 대신에 '일본해'라고 하면서 그것을 일본의 영해 바다란 의미로까지 확대 사용하기까지 하였다고 보아야 한다.

---

16) 아유자와(鮎澤信太郎), 1943, 『大日本海-日本地理學史の硏究』京城社出版社 ; 이종학, 2002, 「해제; 동해는 방위개념, 조선해가 고유명칭」, 『잊혀진 "조선해"와 "조선해협"』 독도박물관 연구자료총서2, 16쪽.

이상에서 보다시피 '일본해' 명칭은 현재 일본이 부르는 '일본해', 즉 동해를 가리키는 유일한 명칭이 아니다. 일본은 동쪽 바다와 서쪽 바다를 '일본해'라고 부르기도 하였고, 한국의 경우 '조선해', '동해' 등등의 이름으로 불렀다. 일본 외무성 홈페이지에서 한국과 일본 사이에 있는 바다를 '일본해'라고 부르는 것이 '국제사회에서 오래 전부터 널리 사용되고 있는 유일한 명칭'이 아닌 이상 한일 양국이 부르는 이름을 최소한 병기함이 마땅하다. 일본해라는 명칭이 일본의 확장주의와 식민지 지배의 결과로 널리 확산되었다는 한국의 주장이 아니라는 주장은 본말이 전도된 지엽말단적인 견해에 불과하다. 바다가 한 개의 국가가 영유하는 것이 아닌 한 그 바다의 명칭을 한 국가의 명칭을 갖고 부르겠다는 것은 논리의 정당성을 확보할 수 없다.

3. 동해의 두 섬, 竹島와 松島 명칭 변경 의도

한일 양국 사이에 독도(竹島; 다케시마)를 둘러싸고 영유권 문제로 다투고 있다. 일본이 지금 다케시마로 부르는 독도는 에도시대까지만 하더라도 '마쓰시마(松島)'라고 불렀고, 그 동북방에 있는 울릉도를 竹島, 또는 磯竹島라고 불렀다. 그러다가 메이지시대(1868~1912)에 독도(松島)를 竹島로, 울릉도(竹島)를 松島로 바꾸어 부르는 등 혼란을 가져왔다. 이에 대해 메이지 초기 이래 그 혼란에 대한 조사가 진행되기도 했지만 그 원인에 대한 언급은 없었다.

근대 학문의 성립 이후 田保橋潔이「鬱陵島, 발견 및 영유」(『靑丘學叢』3, 1931.2)와『鬱陵島의 명칭에 관해」(『靑丘學叢』4)를 통해 이 문제를 언급하였으나 뚜렷한 성과는 없었다. 이에 대한 본격적 연구는 秋岡武次郎의「日本海 西南의 松島와 竹島」(『社會地理』7, 1950.8), 그에 기초한 가와카미겐조(川上健三)의 『죽도의 역사·지리학적 연구』
(1966)등에서 이루어졌다. 그 연구성과에 의하면 도명의 혼란은 지볼
트(Siebold)의 착오에서 비롯되었다고 한다. 그 견해의 골자는 다음과
같다.[17]

프랑스의 갈로 드 라 페루소(Galaup de la Perous)가 1787년에 울릉
도를 처음 발견하고 최초 발견자인 르포 다쥴레(Lepaute Dagelet)의 이
름을 따 다쥴레섬으로 명명하였다. 1789년에는 영국의 제임스 콜넷
(Jamaes Colnett)이 이 섬을 발견하고 자신이 탄 배의 이름을 따서 앨
고너트(Argonaut) 섬이라고 이름지었다. 그러나 라 페스와 콜넷이 각
기 측정한 울릉도의 경위도가 달랐다. 그래서 이후의 유럽지도에 일
본 측에 치우친 '다쥴레', 조선 측에 치우친 '앨고너트'가 그려진 두
개의 섬이 그려진 지도도 나오기 시작하였다. 그러나 두 섬은 울릉도
였다.

그러한 상황 속에서 네덜란드 의사였던 필립 프란츠 폰 지볼트
(Philipp Franz von Siebold)는 1823년에 일본 長岐 出島의 네덜란드館
의사로 부임해 7년간 머물다가 돌아간 후 1840년 일본지도를 발행하
였다. 일본의 여러 문헌 및 지도에 隱岐島와 한반도 사이의 바다에 일
본에 치우친 松島(獨島)와 조선에 치우친 竹島(울릉도)란 두 개의 섬이
있다는 것을 안 지볼트는 당시 유럽의 지도에서 그려진 두 개의 섬,
다쥴레 섬을 송도로, 앨고너트섬을 죽도로 기입하였다. 이것이 종래
竹島(울릉도)가 松島로 잘못 불리워진 계기였다.

그 후 1854년 러시아 군함 팔라다(Pallada)호가 울릉도의 위치를 정
밀 측정해 콜넷이 앨고너트라고 불렀던 울릉도의 경위도가 부정확했
다는 점이 밝혀짐으로써 구미의 지도중에는 앨고너트 섬을 점선으로

---

17) 도명의 혼란에 관한 내용은 가와까미 겐조(川上健三)의 『竹島の歷史地理學
的研究』(1966, 古今書院)를 갖고 정리하였다. 따라서 일일이 전거를 밝히지
않았다.

표시한다든지 '현존하지 않음(nicht vorhanden)'이라고 기록된 것들이 나타나기 시작했고, '앨고너트'라는 섬 이름은 지도상에서 자취를 감추게 되었다.

오늘날의 竹島(독도)가 서양에 알려진 것은 1849년 프랑스 포경선 리앙쿠르호(Liancourt)가 발견하여 '리앙쿠르섬'으로 명명하기 시작한 이후부터였지만 1855년 영국의 중국함대 소속 호넷(Hornet)호의 함장 찰스 포사이스(Charles C. Forsyth)도 이 섬을 측량해 영국해도에는 그 후 'Hornet rocks'라는 이름으로 기재되었다. 이로 인해 일시적으로 앨고너트. 다쥴레, 리앙쿠르(또는 호넷)의 3개의 섬이 기재된 서구제작 지도도 출현하기도 하였다. 그러나 1900년대 서양에서 제작된 지도에서는 일반적으로 다쥴레 또는 松島, 리앙쿠르 또는 호넷이라는 두 개의 섬만이 기재되었다.

일본에서는 메이지시대가 시작되기까지 울릉도를 竹島로, 독도를 松島로 불렀다. 그러나 서양인들이 이 섬에 대한 지식, 특히 다쥴레섬을 松島에 대입한 지볼트의 잘못된 지식이 정리되지 않은 채 일본으로 전해지면서 일본에서의 도명의 혼란을 가져오게 되었다고 한다. 그러나 울릉도와 독도와 가장 관계가 깊은 山陰 지방의 사람들은 일반적으로 울릉도를 竹島라고 불렀고, 독도를 松島라고 부르기 보다는 서양인들이 명명했던 '리앙쿠르'를 일본식으로 '리안코島(혹은 리양코도, 량코도)'라고 불렀다.[18]

일본에서의 竹島·松島 지명의 혼란이 朝野의 문제로 부각된 것은 1876년(明治 9) 외무성에 제출된 武藤平學의 <松島開拓之議>라는 건의였다. 武藤平學은 陸奧國 출신으로 1873, 1874년에 걸쳐 長崎와 블라디보스토크 사이를 수차 왕복하면서 '松島'라는 섬을 발견, 섬 안에 주인이 없고 산물이 풍부한 것을 알게 되어 블라디보스토크 주재 瀬

---

18) 가와까미 겐조(川上健三), 1966, 『竹島の歷史地理學的研究』古今書院.

脇 무역사무관을 통해 다음과 같은 松島의 개척을 청원하게 된 것이다.

'松島' 개척에 대한 案件[19]

삼가 아룁니다. (중략) 국가가 강성해지는 일에 도움이 되는 일이라는 것을 알면서도 침묵하고 있는 것 역시 본의가 아니므로 별수 없이 저의 忠心을 나타내 보이고자 하는데, 이는 우리나라 서북지방에 있는 '松島'라는 한 섬에 대한 일입니다. 제가 2,3년 전부터 러시아령 블라디보스토그에 서너 차례 왕복하였는데 그때마다 매번 멀리서 보였습니다. 하나의 작은 섬이긴 하나, 장차 황국에 도움이 될 만한 섬으로서, 남쪽에 있는 오가사 와라섬 보다도 한층 더 주의해야 할 땅이라는 생각이 문득 들었습니다. 그런데 집 한 채 없고 한 필지의 경작지도 없습니다. 자연히 외국인이 차지하게 될지도 모른다는 생각에 유감스러워 견딜 수 없었습니다. 이미 외국인들이 마음대로 벌목하여 선박에 싣고 간 일도 여러 차례 있었다고 들었으므로 다음에 그 개요를 적어 건의하는 바입니다.

우리나라 오키의 북쪽에 있는 '松島'는 대략 남북으로 5-6리, 동서로 2-3리 정도가 되는 하나의 孤島로서 해상에서 본 바 한 채의 인가도 없는 섬입니다. 이 '松島'와 竹島는 모두 일본과 조선 사이에 있는 섬들인데, 竹島는 조선에 가깝고 '松島'는 일본에 가깝습니다. '松島'의 서북쪽 해안은 높은 암벽으로 되어 있어, 깎아지른 듯한 절벽이 즐비하므로 나는 새가 아니면 가까이 갈 수 없는 곳 입니다. 또 그 남쪽 해안 은 산맥이 바다 쪽으로 향할수록 점차 낮아져서 평탄한 곳을 이루었으며 산꼭대기 조금 밑에서 부터 폭이 수백間이 되는 폭포수가 떨어지므로 평지에 전답을 만들어 경작하기에 편합니다. 또 해변 여기에 작은 灣이 있으므로 배를 댈 수 있습니다. 이에 더하여 그 섬은 소나무가 울창하여 늘 검푸른 것을 볼 수 있습니다. 광산도 있다고 합니다.

예전부터 블라디보스토크에 머물고 있던 미국인 고펠은, "일본에 속한 섬 중에 '松島'라는 섬 하나가 있는데 아직 일본이 손을 대지 않았다고 들었습니다. 일본의 관할 하에 있는 섬을 다른 나라의 소유로 치부하면 일본의 보물을 다른 나라에 주는 것과 마찬가지 일이 됩니다. 원래 그 섬에는 광산이 있고 거목이 있으며, 물고기를 잡아서 얻는 이익과 땔나무를 해서 얻는 이익 등도 또한 적지 않으므로 저에게 그 섬을 임대해 주시면 매년 큰 이익을 낼 수 있다고 말씀드릴수 있습니다"라고 하였습니다. 제가 또 숙고해보았는데, 벌채와 어렵 이익도 많겠지만 단지 그뿐만 이 아닙니다. 여차직하면 그 [고펠]이라고 하는 자를 끌어들일 수 있습니다. (중략) 단지 그 섬의 큰 나무를 벌목하여 좋은 재

---

19) 北澤正誠의 『竹島考證』 下, 제8호, '송도 개척에 대한 안건'.

목을 지금 성대하게 개항된 블라디보스토로 수출하거나 혹은 시모노세키로 보내 매각하여 그 이익을 얻게 되기를 희망할 뿐이며, 또 만일 광산이 있을 경우에는 광산도 역시 개발하고, 어민과 농민을 이주시켜 그들이 개척하는 땅을 계속하여 황국의 소유로 해 간다면 막대한 이익이 될 것 입니다.

이미 조선과 조약을 맺은 이상에는 함경도 부근도 개항되어 서로 왕복하게 될 터인데 그러면 '松島'는 필히 그 뱃길에 있어서 중요한 섬이 될 것입니다. 이에 더해, 저들과 우리의 선박이 항해 중 폭풍을 만나 여러 날 표류하게 되어 땔나무와 물이 부족하게 되었을 때에는 이 섬에 정박하면 되니 매우 편리한 섬입니다. 또 [블라디보스토크] 항이 날이 갈수록 더욱 융성해질 터이고, 각 나라로부터 여러 가지 물건을 수출입하는 항해가도 폭풍을 만나거나 땔나무와 물이 부족해지면 이 섬에 정박하는 일이 있게 될 터이므로 항구를 하나 만들고 등대를 설치하여야 합니다. 그러면 단지 우리나라 뿐만 아니라 각국 항해가 안심하고 돌아가서 황국의 어진 마음을 우러러보고, 황국의 어진 정치에 감동할 것입니다. 이것이 소위 일거양득이라는 것이며 밖으로는 인을 베풀고 안으로는 이익을 얻는 일입니다. 또 일본과 조선 양국에서 매년 표류하는 자가 매우 많습니다. 이 사람들은 도와주는 것이 日朝 양국의 仁愛가 두터워지는 일이며 이에 더하여 각 나라 사람들도 더불어 혜택을 받는 일이 되니 이들이 황국을 존경하여 더욱 깊은 교제가 이루어 질것입니다. 바라옵기는 이 섬을 개척하여 농인과 어부를 이주시키고 이들로 하여금 생산에 힘쓰게 하십시오. 제가 2,3년 동안 이 해상을 향해한 것이 이미 서너 차례에 이르는데 볼 때마다 이 섬을 개척하는 것에 대해 생각하지 않은 적이 없습니다. 특히 지난 明治8년11월에 [블라디보스토크]에 도해했을 때, 그 섬의 남쪽에서 폭풍을 만났고, 밤이 되자 배가 '松島'와 충돌할지도 모른다는 두려움에 배에 있던 사람들이 천신만고 하였는데, 어두운 밤이었고 또 비바람이 심하게 치고 많은 눈이 내리기도 하여 더더욱 그 섬이 보이지 않았으므로 어찌될지 몰라 배 안의 모든 사람들이 한마디 말도 없이 한숨만 크게 내 쉰 적도 있었으니, 우선 그 섬에 신속히 등대를 설치해 주시길 청원합니다.

明治9년 7월 武藤平學

武藤平學의 <松島開拓之議>에 나오는 '松島'는 갑론을박 속에 울릉도, 즉 종래의 竹島라는 것이 밝혀졌다. 1883년 군함 '天城'의 조사에 따라 문제의 松島는 울릉도를 가리킴이 명백하게 되었다. 이에 따라 1882년 8월 26일 내무성 지리국 발행「朝鮮全圖」와 같은 해 발행된 것으로 추정되는 해군수로국의「日支韓航路里程一覽略圖」등 정부

발행 지도에는 울릉도에 해당하는 섬을 '松島'로 기재했다. 때마침 1881년부터 울릉도에서 일본인의 벌목이 일본과 조선 양국간의 문제가 되어 조선은 울릉도 검찰사 이규원을 파견하여 울릉도를 조사하여 개척에 나서는 한편 일본에 일본인의 소개조치를 요구하였다. 결국 일본은 1883년 3월 21일자로 울릉도 도항을 금지하였는데, 그 '內達文'에 "일본에서 松島(竹島)라고 부르는 (조선에서는 울릉도라고 부름) 섬은 정부 결정이 있었으니, 일본인은 도항과 상륙을 하지 않도록 각지 장관에 이 지시를 하달한다"고 하였다.

당시 갑론을박이 있었지만 일본은 종래 울릉도를 죽도라고 하였고, 松島라고 한 것은 독도, 즉 리앙쿠르록스(호넷록스)라고 한 것을 알고 있었다. 갑론을박의 내용은 송도가 울릉도이다면 조선의 영토임에 분명할진대 함선을 보내어 조사한다면 문제가 일어나지 않을까 하는 문제였고, 또 독도, 즉 송도가 일본의 땅인가 조선의 울릉도의 소속인가를 두고 갑론을박이 벌어졌던 것이다. 울릉도가 죽도임이 분명함이 밝혀졌음에도 불구하고 왜 일본은 울릉도를 죽도라고 하지 않고 송도라고 규정하였을까? 그렇게 한다면 원래 송도라고 불렀던 죽도, 즉 독도의 명칭이 필연적으로 문제시 될 수밖에 없음은 당연함에도 불구하고.

독도(송도)의 명칭은 그때 해도나 수로지 등의 정부 간행물에서는 단순히 '리앙쿠르섬', '메네라이瀬', '오리우츠瀬', '호넷열도' 등 외국 이름 그대로 쓰였고, 일본명은 붙여지지 않았고, 또 당시 隱岐 어민들은 리앙쿠르를 줄여 '랑코섬' '량코섬' 등으로 불렀다.[20] 그러나 이 섬을 '무주지선점론'에 의해 隱岐島司의 소관으로 편입할 것을 논의할 때인 1904년 11월 5일, 섬 이름을 명확히 할 필요가 생겨, 島根縣 내무부장은 隱岐島司에게 섬 이름을 물었고, 隱岐島司는 다음과 같은

---

20) 가와까미 겐조(川上健三), 1966, 『竹島の歴史地理學的研究』古今書院.

내용을 답신을 보내었다.

乙 庶第 152號

　본월 5일 庶 제1073호로서 도서 소속 등의 심의와 관련, 우리 영토로 편입시켜 隱岐島의 소관으로 하는데 아무런 차질이 없으며 그 명칭은 竹島가 적당하다고 생각한다. 원래 조선의 동쪽 해상에 松・竹 양 섬이 존재함은 구전되어 내려오는 바이며, 원래 당지에 왕래하는 사람들이 울릉도를 竹島로 통칭하였으나 사실은 松島이며 海圖에서 보더라도 일목요연하다. 이 새로운 섬을 제외하고는 달리 竹島에 해당하는 섬이 없으므로 종래의 잘못된 호칭을 바꾸어 竹島라는 명칭을 새로운 섬에 붙이는 것은 당연하다고 생각되니 회답을 바라는 바이다.

　1904년 11월 15일자의 隱岐島司의 회답에 종래 울릉도를 죽도로 부른 것이 잘못되었다는 것은 島名의 역사적 경위를 충분히 이해하지 못했기 때문이라고 해석하기도 하지만[21] 隱岐島司의 경우 그것을 잘못 이해할 수 있는 문제가 아니다. 1903년의 小泉憲貞이 지은 『隱岐誌』(후편) 제49綴을 살펴보면,

　　竹島는 조선 강원도에 속한 하나의 작은 섬으로 松島 서쪽에 있고 주위 10리 정도이며 조선본토에서 약 40해리, 우리 隱岐國에서 약 100해리 정도에 있으며, 松島까지의 거리도 40해리로 보여진다. 竹島는 조선령이며 우리와는 무관한 땅이다.

라고 하여, 울릉도를 竹島로, 독도를 松島로 비정하고 있다. 그런 상황에서 울릉도를 죽도로 부른 것이 잘못되었다는 것을 도명의 역사적 경위를 충분히 이해하지 못했다고 한 것은 잘못된 견해이다.

　그리고 독도(송도)의 명칭은 그때 해도나 수로지 등의 정부 간행물에서는 단순히 '리앙쿠르섬', '메네라이瀨', '오리우츠瀨', '호넷열도'

21) 가와까미 겐조(川上健三), 1966, 『竹島の歷史地理學的硏究』古今書院.

등 외국 이름 그대로 쓰였고, 일본명은 붙여지지 않았고, 또 당시 隱岐 어민들은 리앙쿠르를 줄여 '랑코섬' '량코섬' 등으로 불렀다하여 마치 독도를 송도라고 한 지명이 전혀 사용되지 않은 것처럼 말하는 것도 사료 왜곡에 해당한다.

'松島'라는 지명을 엄연히 불렀음에도 불구하고 隱岐 어민들은 리앙쿠르를 줄여 '랑코섬' '량코섬' 등으로 불렀다고 하고, 1904년 나까이 요사부루(中井養三郞)가 '리앙꼬도 領土編入幷貸下願'을 제출하였다고 하는 이면에는 당초 서양인들이 울릉도와 독도를 마치 자기들이 처음 무인도를 발견한 것이라 하여 울릉도를 '다줄레'로, 독도를 '리앙쿠르섬'으로 명명하였다는 것에서 착안하여 독도가 '리앙쿠르룩스'에서 미개척지로 남겨져 있음을 부각시키기 위해 '조선의 동쪽 해상에 松·竹 양 섬이 존재함은 구전되어 내려온다'고 하고, '이 새로운 섬을 제외하고는 달리 竹島에 해당하는 섬이 없으므로 종래의 잘못된 호칭을 바꾸어 竹島라는 명칭을 새로운 섬에 붙이는 것은 당연하다'고 한 것이 아닌가 한다. 마치 이 섬을 일본에서 원래의 이름이 존재하지 않고, 오직 서양인들이 발견하였지만 그 소속이 없는 새로운 섬임을 부각시켜 '無住地'였음을 인식시키기 위해 '竹島'란 지명을 갖다 부친 것이 아닌가 한다. 이미 '송도'란 지명은 울릉도에 갖다 부쳤지만 武藤平學의 <松島開拓之議>의 이후의 갑론을박 속에 그 소속이 조선의 울릉도 부속도서라는 주장이 있었기 때문에 리앙쿠르룩스에서 죽도라는 이름으로 바뀌었다는 논리를 펴기 위함이었다고 볼 수 있다.

그렇다면 1876년(明治 9) 외무성에 제출된 武藤平學의 <松島開拓之議>라는 건의에서부터 논란이 된 송도가 종래 울릉도를 가르치는 竹島임을 알고도 왜 송도라고 명명하였을까? 武藤平學이 송도 개척 건의서를 낼 때 그는 2, 3년전부터 블라디보스토크를 드나들면서 섬을

'매번 멀리서 바라보았다'고 하고, 미국인 고펠이 "일본에 속한 섬 중에 '松島'라는 섬 하나가 있는데 아직 일본이 손을 대지 않았다고 들었습니다"라고 하였다. 같은 해 블라디보스토크를 드나들던 상인 齋藤七郎兵衛 또한 송도개척 청원서를 제출하였는데 '松島'를 '황국의 속도'라고 하고, 자신이 개척하여 나무를 벌목하고 전복을 따서 블라디보스토크 및 중국의 상해 등에 판매할 계획을 말하며, "특히 이 섬은 러시아와 조선 두 나라의 근해에 있고, 또 여러 나라가 주목하고 있는 듯하니, 그들 쪽에서 먼저 개척하기 전에 개척해 주셨으면 합니다"라고 하였다.22) 이들은 아직 그 섬을 바라다 보았거나 이국인들한테 그 섬에 관해 들은 바라고 말하면서 황국의 땅인 '송도'를 국익을 위해 개척하기를 청하고 있지만 이미 그 이전부터 벌목꾼들이 불법적으로 이 섬에 들어가 작업을 하고, '송도'라고 칭하면서 자국의 땅이라는 푯말을 꼽아둘 정도였다. 1882년에 이규원이 울릉도 검찰사로 갔을 때 울릉도의 長斫之浦에서 桶丘尾로 향하는 바닷가 돌길 위에 일본인이 세운 標木에 '日本國 松島槻谷 明治二年(1869)二月十三日 岩崎忠照 建之'라고 쓰인 푯말을 발견한 것에서 그것이 확인된다. 이규원이 울릉도 검찰사로 왔을 때 조선인 141명, 일본인 78명을 만났고, 조선인 가운데 전석규는 입도한지가 10년이나 되었다. 그런 것을 통해서 볼 때 이곳에 온 일본인들은 조선인들과의 만남에서 이곳이 울릉도이고, 일본에서 죽도라고 부른다는 것을 인지하고 있었음이 분명하다. 그럼에도 불구하고 왜 '송도'라고 하였을까? 그것은 에도시대에 있었던 '鬱陵島爭界(일본에서는 이를 '竹島一件'이라고 함)'로 인해 죽도를 조선의 땅이라 인정하고 일본인의 도항을 금지했고, 1836년 八右衛門이 竹島(울릉도)로 건너가 밀무역을 자행했다는 이유로 사형을 당한 일이 있었던 것을 잘 알고 있었기 때문에 '일본국 송도'라는 푯

---

22) 北澤正誠의 『竹島考證』 下, 제13호, '송도 개척 청원서 및 건의서'.

말을 부쳐 차후에 자신들의 행위가 발각되었을 때를 대비한 조처였다
고 볼 수 있다. 그것을 잘 알고 있는 武藤平學 역시 미국인 코펠의 이
야기를 내세워 송도라고 함으로써 빠져나갈 길을 마련하였다고 볼 수
있다.

울릉도에 입도한 일본인들은 조선이 수토제도를 구사하여 울릉도
에 입도하는 것을 범법자로 간주한다는 것을 잘 알고 있었다. 따라서
자기들이 울릉도를 '松島'라 하여 부르면서 일본 땅이라고 주장하더
라도 조선인들이 그것을 조선정부에 보고하지 않으리라는 것을 너무
나 잘 알고 있었다. 이들의 계획된 의도에 의해 울릉도는 송도, 혹은
죽도로 불리어졌으며, 결국 여타 일본인들은 그 명칭에 혼동을 느끼
게 되었을 것이다.

당시 근대 제국주의로 발돋움한 일본은 대외팽창을 적극 추진하여
대만을 정벌하고(1874), 사할린[樺太]·쿠릴[千島] 교환협정을 체결
하였고(1875), 오가사와라[小笠原]제도를 편입하고(1876), 류우큐우
[琉球]를 귀속시켰다(1879). 그 와중에 1876년에 운요호 사건을 계기
로 조선을 개국시켰다. 그런 상황 하에서 명치유신 이후 러시아와의
무역에 종사하거나 동해상에서 어로 활동이나 블라디보스토크를 드
나들면서 상업활동을 하고 있었던 무역상들이 竹島, 즉 울릉도를 '松
島'로 바꾸어 부르면서 동해상에서 새로운 섬인 '松島'를 발견하였다
고 하면서 일본의 땅임을 내세우고 국익을 내세워 일본 외무성으로부
터 개척원을 얻어내고자 하였고, 일본 정부는 그 기운에 편승하여 竹
島를 '松島'로 규정함으로써 울릉도에 대한 야욕을 드러내었을 것이
다. 이때 외무성 公信局長 田邊太一의 주장은 주목이 된다.

　듣기에 '松島'는 우리나라 사람들이 붙인 이름이며 사실은 조선의 울릉도에
　속하는 우산이라고 합니다. 울릉도가 조선에 속한다는 것은 구정부 때에 한 차
　례 갈등을 일으켜 문서가 오고간 끝에 울릉도가 영구히 조선의 땅이라고 인정

하며 우리 것이 아니라고 약속한 기록이 두 나라의 역사서에 실려 있습니다. 지금 아무 이유없이 사람을 보내어 조사하게 하는 것은 다른 사람의 보물을 넘보는 것과 같습니다. 이제 겨우 우리와 한국과의 교류가 시작되었지만 아직도 우리를 싫어하고 의심하고 있는데 이처럼 일거에 다시 틈을 만드는 것을 외교관들은 꺼릴 것입니다. 지금 송도를 개척하고자 하나 송도를 개척해서는 절대 안됩니다. 또 송도가 아직 무인도인체 있는지도 분명하지 않고 그 소속이 애매하므로 우리가 조선에 사신을 파견할 때 해군성이 배 한 척을 그곳으로 보내서 측량 제도하는 사람, 생산과 개발에 대해 잘 아는 사람을 시켜, 주인 없는 땅[無主地]임을 밝혀내고 이익이 있을 것인지 없을 것인지도 고려해 본후, 돌아와서 점차 기회를 보아 비록 하나의 작은 섬이라도 우리나라 북쪽 관문이 되는 곳을 그대로 방치해서는 안됨을 보고한 후 그곳을 개척해도 되므로 瀨脇씨의 건의안은 채택할 수 없습니다.[23]

여기에서 田邊太一은 '松島'를 울릉도에 속하는 우산이라고 하여 한국의 땅임을 분명히 했음에도 불구하고 松島가 無主地임을 밝혀내고 기회를 보아 개발을 하자고 한 주장은 '버려진 땅[空地]을 내가 취하면 내 땅이 된다'는 北澤正誠의 논리와 그대로 연결된다. 결국 이들의 논리가 1905년 독도를 '無主地'라고 하여 시마네현 의회 고시를 통해 자국의 영토로 편입시킨 논리로 구체화되었다고 볼 때 죽도와 송도의 명칭의 변경은 이 땅을 어떻게 하면 자국의 영토로 편입시키기에 좋을까 하는 의도에서 나왔다고 볼 수 있다.

울릉도를 죽도라고 하지 않고 송도라고 하여 울릉도 침탈의 기회를 노리던 기도는 1881년 울릉도에서 일본인들이 나무를 찍어내어 원산과 부산으로 보내려하는 것을 울릉도 수토관이 적발하고 강원감사를 통해 중앙정부에 보고함으로써 그 야욕은 일단 제동이 걸리게 되었다.

---

23) 北澤正誠의 『竹島考證』 下.

4. 맺음말

유명한 소설 『로빈슨 크루소』(1719)에서 로빈슨은 카리브인 '프라이데이'를 구해주고 이름이 무엇이냐는 등 사람간의 만남의 기본 절차를 무시하고 기독교 달력의 금요일에 만났다는 의미에서 'Friday'라고 이름을 짓는다. 이어서 자신을 로빈슨이라 하지 않고 "주인"이라 하며, 프라이데이에게 처음으로 가르친 말은 "예"와 "아니요"이다. 개척시대 인도양과 태평양을 가로질러 들어온 서구인들은 바다와 섬 등의 이름을 제멋대로 지어 불렀다. '일본해'와 '다쥴레', '리앙쿠르록스', 혹은 '호넷'이었다. '일본해'는 당시 서구인들에게 잘 알려졌었고, 그래서 '일본해'란 이름을 붙인 것이다. 1855년 영국 군함 호넷호가 동해에서 독도를 발견하고 호넷(Hornet) 섬이라고 명명하면서 "일본해를 가로질러 하코다테로 가는 길목에 있어서 위험하다"고 경고하고 있다. 당시 '일본해'로 명명한 서양지도는 당시의 아시아를 모두 파악한 상태에서 이루어진 게 아니다. 자신들의 아시아에 대한 인식 수준에서 이루어진 것이다. 그래서 '일본해', '조선해' 등의 이름이 착종되어 있다. 현재의 한국과 일본의 경우 서구의 이때의 지도에서 '동해', 혹은 '조선해', '일본해' 등의 지도를 발견하고 이를 대서특필하기도 하고, 통계수치를 내어 서로 옳으니 그르니 하고 있다는 것 자체가 잘못된 발상이다. 그리고 19세기초 서양인들이 '일본해'라고 했다고 해서 일본이 동해를 '일본해'라고 한 것이 일본의 팽창정책과 무관한 것이라고 하는 것 자체도 잘못이다.

더욱이 '울릉도'와 '독도'의 경우 전자를 '죽도', 후자를 '송도'라고 불러왔던 것을 서구인이 이름 지은 '다쥴레', '리앙쿠르록스'라고 불렀던 것에 기대어 자신의 고유 이름을 버린 것을 어떻게 이해해야 할 것인가? 지볼트가 잘못 인식하여 '다쥴레'를 '송도'라고 하고, '리앙쿠르록스'를 '죽도'라고 하였다는 것을 정확히 파악하였다면 원래의 이름으로 부르면 된다. 그럼에도 불구하고 일본은 울릉도를 '송도'라고 하고, 독도를 '리앙쿠르록스', 혹은 '량고도'라고 불렀고, '죽도'라고 하지 않았다고 한다. 그러나 그 섬은 여전히 일본에서 '송도'라는 이름이 존재하였다. 그것을 말하지 않고 서구인이 작명한 이름 '량고도'에 기대어 무인도로 규정하여 이 '새로운 섬'에 '죽도'라는 명칭을 갖다붙인 저의는 서양이름에 기대어 '무주지'였음을 드러내고자 하는 논리가 개재된 것이다. 아울러 울릉도, 즉 '죽도'를 '송도'라고 한 저의도 '송도가 일본의 영토'라는 미국 코펠 등의 말에 기대어 울릉도를 침략할 의도를 갖고 있었기 때문이다.

『민족문화논총』 43, 2009.12.

참고문헌

김기혁, 2007, 「우리나라 고지도의 연구 동향과 과제」, 『한국역사지리학회』 13권 3호.

김덕주, 199, 「동해표기의 국제적 논의에 대한 고찰」, 『서울국제법연구』 6권 2호.

김신, 2001, 「동해표기의 역사적 과정」, 『경영사학』 16집 3호.

김신, 2003, 「일제하 동해와 지명개칭사례연구」, 『경영사학』 18집 1호.

여박동, 2002, 『일제의 조선어업지배와 이주어촌 형성』, 보고사.

오일환, 2004, 「서양고지도의 '동해' 표기와 유형의 변화」, 『국제지역연구』 8권2호.

이기석, 1992, 「발견시대 전후 동해의 인식」, 『지리학』 3호.

이기석, 1998, 「동해 지리명칭의 역사와 국제적 표준화를 위한 방안」, 『대한지리학회지』 33권 4호.

이기석, 2004, 「지리학 연구와 국제기구-동해명칭의 국제표준화와 관련하여」, 『대한지리학회지』 39권 1호.

이상태, 1999, 『한국고지도 발달사』 혜안.

이상태, 「일본해가 밀어낸 동해의 명칭」, 『한국사연구』 107.

이종학, 2002, 「해제; 동해는 방위개념, 조선해가 고유명칭」, 『잊혀진 "조선해"와 "조선해협"』 독도박물관 연구자료총서 2.

이찬, 1992, 「한국의 고지도에서 본 동해」, 『지리학』 27권 3호.

주성재, 2007, 「바다 이름의 국제적 표준화 사례와 동해 표기 정당화에의 시사점」, 『Journal of Korean Geographical Society』 Vol.42, No.5.

한상복, 1992, 「해양학적 측면에서 본 동해의 고유명칭」, 『지리학』 27권 3호.

鮎澤信太郎, 1943, 『大日本海-日本地理學史の研究』 京城社出版社.

川上健三, 1966, 『竹島の歷史地理學的研究』 古今書院.

北澤正誠, 1883, 『竹島考證』(동북아의 평화를 위한 바른역사정립기획단, 독도자료집Ⅱ 2006).

일본의 독도 강탈 정당화론에 대한 비판
- 쯔카모도 다카시의 오쿠하라 헤키운 자료 해석을 중심으로 -

김 화 경

1. 머리말

일본은 지금까지도 1905년 2월 22일 시마네현(島根縣)이 독도에 '다케시마(竹島)'란 이름을 붙여 자기네 땅으로 편입한 것이 정당했다고 주장하고 있다. 그들의 이런 주장은 1905년 1월 28일에 이루어진, 다음과 같은 일본 내각의 결정문에 그 근거를 두고 있다.

> 별지 내무대신이 논의하기를 청한 무인도 소속에 관한 건을 심사함에 오른쪽에 적은 것[1]은 북위 37도 9분 30초, 동경 131도 55분, 오키 섬(隱岐島)에서 떨어져 서북으로 85해리에 있는 무인도는 다른 나라에서 이를 점령했다고 인정할 만한 형적이 없고, 재 지난 36년 우리나라 사람 나카이 요사부로(中井養三郎)라는 자가 고기를 잡기 위해 집을 짓고 고기 잡는 기구(獵具)를 갖추어, 강치(海驢) 잡이에 착수하여, 이번에 영토 편입 및 대여원(貸與願)을 출원하였는 바, 차제(此際)에 소속과 섬 이름을 확정할 필요가 있어, 이 섬에 다케시마란 이름을 붙이고 지금부터 시마네현 소속 오키 도사(隱岐島司)의 소속으로 하려고 한다고 함으로 이에 심사를 하였더니, 메이지 36년 이래 나카이 요사부로란 자가 당해 섬에 이주하여 어업에 종사한 일은 관계 서류에 의하여 명백한 바이므로 국제법상 점령의 사실이 있는 것으로 인정하여, 이를 우리나라 소속으로 하고 시마네현 소속 오키 도사의 소관으로 해도 지장이 없을 것으로 생

---

1) 세로로 된 문장이므로 이렇게 표현된 것으로, 무인도를 가리킨다.

각한다. 그래서 청한 것과 같이 각의에서 결정함이 옳다고 인정한다.[2]

그러나 이러한 내각의 결정문은 자신들의 독도 강탈을 합리화하기 위한 허구에 지나지 않는다고 하겠다. 왜냐하면 그들은 독도를 자기 네 영토로 편입하기 위해서, "다른 나라에서 이를 점령했다고 인정할 만한 형적이 없다."는 것을 전제로 하였다. 하지만 이와 같은 전제는 그들 내각의 전신이었던 태정관(太政官)의 결정[3]을 뒤집는 것이었을 뿐만 아니라, 대한제국 정부가 이미 자국의 영토로 선언을 한 것[4]까지 무시한, 일방적인 처사였기 때문이다.

---

2) "別紙內務大臣請議 無人島所屬二關スルニ右ハ北緯三十七度九分三十秒東經百三十一度五十五分隱岐島ヲ距ル西北八十五浬二在ル無人島ハ他國二於テ之ヲ占領シタリト認ムヘキ形跡ナク 昨三十六年本邦人中井養三郎ナル者二於テ漁舍ヲ搆ヘ人夫ヲ移シ漁具ヲ備ヘテ海驢獵二着手シ 今回領土編入並二貸下ヲ出願セシ所 此際所屬及島名ヲ確定スルノ必要アルヲ以テ該島ヲ竹島ト名ケ自今島根縣所屬隱岐島司ノ所管ト爲サントスト謂フニ在リ依テ審査スルニ明治三十六年以來中井養三郎ナル者カ該島二移住シ漁業二從事セルコトハ關係書類二依リ明ナル所ナレハ國際法上占領ノ事實アルモノト認メ之ヲ本邦所屬トシ島根縣所屬隱岐島司ノ所管ト爲シ差支無之儀ト思考ス依テ請議ノ通閣議決定相成可然ト認ム."
「일본내각 결정문」, 1905, 1, 28.(송병기 편, 2004, 『독도영유권자료선』, 한림대출판부, 195~196쪽).

3) 일본 외무성의 자료 「朝鮮國交際始末內探書」에 의하면, 외무성과 태정관이 임시 관리였던 사타 하쿠보(佐田白茅)와 모리야마 시게루(森山茂), 사이토 사카에(齋藤榮) 등에게 "다케시마(竹島: 울릉도)와 마쓰시마(松島: 독도)가 조선 부속으로 되어 있는 시말"을 조사하라는 명령을 내린 바 있음을 확인할 수 있다.
신용하, 1996, 『독도의 민족 영토사 연구』, 지식산업사, 157쪽.

4) 광무(光武) 4(1900)년 10월 25일에 반포한 칙령 41호에서 대한제국은 울도(鬱島)의 군수가 울릉 전도와 죽도(竹島), 석도(石島)를 관할한다는 것을 고시한 바 있는데, 여기에서 말하는 석도가 돌 섬, 독 섬을 한자로 표기하였다는 것은 널리 알려진 사실이다.
서종학, 2008, 「'독도(獨島)'·'석도(石島)'의 地名表記에 관한 硏究」, 『어문연구(139호)』, 한국어문교육연구회, 39~62쪽.

일본의 학자들은 자기들의 영토 편입이 이런 문제점들을 지니고 있다는 것을 누구보다도 잘 알고 있다. 그 때문에 기회가 있을 때마다 이 문제점을 호도하기 위한, 논리의 개발에 혈안이 되어 왔다고 해도 과언이 아니다. 실제로 그들은 전자에 대해서는 이 문구가 추후에 어떤 연유에서인지는 모르지만 삽입되었다고 하여 그 결정 자체를 믿지 않으려고 하는, 애매모호한 태도를 취하고 있다.[5] 그렇지만 태정관에서 왜 이러한 문구를 넣었는가 하는 것은 일본 측에서 해명을 해야 하는 문제이지 한국 측에서 해명할 문제는 아니다.

그리고 후자에서 울도 군수가 관할한다고 한 '석도'가 독도가 아니라 '관음도'(觀音島)라고 우기는 것도 터무니없는 주장이라고 하지 않을 수 없다. 만약에 그들의 주장대로 석도가 관음도였다고 한다면, 1822년에 이규원(李奎遠)이 그린 「울릉외도(鬱陵外圖)」에서 도항(島項)[6]이라고 불렀고, 1910년에 출판된 『한국수산지』 2권에서 '서항도(鼠項島)'[7]라고 했던 관음도를 1900년에는 왜 '석도'로 바꾸어 부르게 되었는가하는 문제를 밝혀야 당연하다. 그런데도 그러한 해명도 하지 않은 채, 석도가 관음도라고 무턱대고 우기는 것은 남의 나라 공문서를 자의적으로 해석하는, 또 다른 역사 왜곡의 사례에 해당된다고 할 수 있다.[8]

---

5) 시모죠 마사오(下條正男)는, 여기에서 말하는 다케시마(竹島)는 오늘날의 독도가 아니라 시볼트(Philipp Franz von Siebold)가 『일본도(日本圖)』에서 그린 아르고노트 섬(Argonaut island)으로, 이것은 실재하지 않는 것이라고 주장하고 있다.
　下條正男, 2007, 「竹島の日條例から二年」, 『竹島問題に關する調査研究. 最終報告書』, 竹島問題研究會, 1~2쪽.
6) 이상태, 2007, 「울릉도 외도」 『사료가 증명하는 독도는 한국 땅』, 경세원, 97쪽.
7) 농상공부 수산국 편, 1910, 『한국수산지(2)』, 인쇄국, 707쪽.
8) '다케시마 문제 연구회'의 연구원으로 참여했던 사사키 시게루(佐佐木茂)는 "석도는 관음도일 가능성이 높으며, 독도가 아니란 것을 알았다."고 하여,

게다가 문제는 이뿐만이 아니다. 그들은 독도가 임자가 없는 무주지(無主地)였다는 전제를 제시했었다. 그런데 이런 전제에 결정적인 하자(瑕疵)가 되는 것이 독도의 영토 편입과 그 대여원(貸與願)을 제출했다고 하는 나카이 요사부로의 독도에 대한 인식이었다. 곧 나카이 자신이 독도를 한국의 영토로 알고, 그 대여원을 한국 정부에 제출하려고 했었다는 것이다. 이와 같은 인식을 가지고 있던 그로 하여금 영토 편입원을 제출하게 사주한 사람이 바로 당시 외무성의 정무국장이었던 야마자 엔지로(山佐圓四郎)였다. 그러므로 일본의 독도 강탈은 외무성의 주도에 의해 이루어진, 계획된 책략의 일환이었다는 표현이 정확하다고 하겠다.

그래서 일본의 연구자들은 이 문제의 극복을 위한, 새로운 자료의 발굴에 많은 노력을 경주해왔다. 그런 과정 속에서 그들이 새로 찾아냈다고 하는 것이 오쿠하라 히데오(奧原秀夫)가 소장하고 있던, 이른바 『다케시마 경영자 나카이 요사부로 씨 입지전(竹島經營者中井養三郎氏立志傳)』[9]이란 자료였다. 이 자료는 독도를 강탈한 다음해인 1906년 3월에 현지조사에 참여했던 오쿠하라 헤키운(奧原碧雲)이 기록한 것으로, 당시 도쿄(東京)의 '성공 잡지사'에서 발간되고 있던 『성공 - 입지 독립 진보의 벗』이란 잡지에 투고되었던 것으로, 현재로서는 그 게재 여부가 확인되지 않고 있다고 한다.[10]

상당히 완곡한 표현으로 석도가 관음도일 가능성을 지적한 바 있다.
佐佐木茂, 2007, 「領土編入に關わる諸問題と資史料」, 『竹島問題に關する調査研究. 最終報告書』, 竹島問題研究會, 58~59쪽,

9) 다음부터는 『입지전』으로 약칭하기로 한다. 그런데 이 자료는 "1행 24자의 '헤키운 원고용지(碧雲原稿用紙)"라고 인쇄된 원고용지 10매에 기록된 것(약 4700자)"이라고 한다.
塚本孝, 2007, 「奧原碧雲竹島關係資料(奧原秀夫所藏)をめぐって」, 『竹島問題に關する調査研究. 最終報告書』, 竹島問題研究會, 62쪽.

10) 塚本孝, 앞의 글, 62쪽.

그런데 이것을 집필한 오쿠하라 헤키운이란 사람은 1907년에 『다케시마 및 울릉도(竹島及鬱陵島)』[11]란 저서를 출판한 바 있다. 하지만 이 책에는 이번에 발견된 『입지전』의 내용이 그대로 기록되어 있는 것은 아니다. 그럼에도 불구하고 일본의 논자들은 이 자료에 나카이의 독도에 대한 인식이 잘못된 근거가 들어있다고 하여, 무슨 커다란 발견이라도 한 것처럼 떠들고 있다. 특히 쓰카모도 다카시(塚本孝)는 「오쿠하라 헤키운 다케시마 관련 자료(오쿠하라 히데오 소장)를 둘러싸고」란 논고를 통해서 이 『입지전』의 자료적 가치를 높이 평가하였다. 하지만 그의 연구는 계획적으로 자료를 왜곡하고 있어, 엄밀한 검증을 거쳐 바로잡아야 마땅할 것으로 생각된다. 그렇지 않고 이것을 그대로 묵인한다면, 이를 바탕으로 또 다른 허언을 일삼을지도 모른다. 그래서 본고에서는 쓰카모도의 논고에서 이 『입지전』의 어떤 부분을 어떻게 왜곡하고 있으며, 그 문제점은 어디에 있는가 하는 것을 고찰하기로 한다.

2. 나카이 요사부로의 인식과 독도의 전략적 가치

쓰카모도 논고의 왜곡된 실상을 파악하기 위해서는 우선 나카이 요사부로의 독도에 대한 인식부터 살펴볼 필요가 있다. 그가 처음부터 독도를 한국의 영토로 알고, 그에 대한 대여원을 한국 정부에 제출하려고 했다는 것은, 나카이가 1910년 오키도청(隱岐島廳)에 제출한 자신의 「이력서」와 그것에 딸린 「사업 경영 개요」에 실려 있는, 다음과 같은 기록에 그 근거를 두고 있다.

---

11) 이 책은 1907년에 초판이 출판되었던 것은 2005년에 다시 복각하여 출판한 바 있다는 것을 밝혀둔다.
　　奧原碧雲, 2005, 『竹島及鬱陵島』, ハーベスト出版 참조.

〈자 료 1〉

① 본도(本島)가 울릉도에 부속하여 한국의 소령(所領)이 된다는 생각을 가지고, 장차 통감부(統監府)에 가서 할 바가 있지 않을까 하여 상경(上京)해서 여러 가지를 획책하던 중에, ② 당시에 수산국장인 마키 나오마사(牧朴眞)의 주의로 말미암아 반드시 한국령에 속하지 않는다는 의심이 생겨서, 그 조정을 위해 가지가지로 분주히 한 끝에, 당시에 수로국장인 기모쯔키(肝付) 장군의 단정에 의거해서 본도가 완전히 무소속인 것을 확인하게 되었다. (그에) 따라 경영상 필요한 이유를 자세히 진술(具陳)하여 본도를 우리나라(本邦) 영토에 편입하고 또 대여해 줄 것을 내무·외무·농상무의 3대신에게 출원하는 원서를 내무성에 제출하였다. 그랬더니 내무 당국자는 ③ 이 시국(러·일 개전 중: 인용자 주)에 즈음하여 한국령의 의심이 있는 작은 일개 불모의 암초를 손에 넣어 환시(環視)의 제 외국에게 우리나라가 한국 병탄(倂呑)의 야심이 있다는 것의 의심을 크게 하는 것은 이익이 지극히 작은 데 반하여 사태가 결코 용이하지 않다고 하여, 어떻게 사정을 말하고 변명(陳辯)을 해도 출원은 각하되려고 하였으나, 이래서 좌절해서는 안 되는 것으로 곧 외무성에 달려가 당시에 정무국장인 야마자 엔지로(山座圓二郎)에게 가서 논하여 진술(論陳)한 바 있었다. 씨는 ④ 시국이야말로 그 영토 편입을 급하게 요청(急要)한다고 하면서, 망루를 세우고 무선 혹은 해저전신을 설치하면 적함 감시 상 대단히 그 형편이 좋아지지 않겠느냐, 특히 외교상 내무성과 같은 고려를 요하지는 않는다. 모름지기 급히 원서를 본 성(本省)에 회부해야 한다고 의기 헌앙하였다. 이와 같이 하여 본도는 우리나라의 영토로 편입되었다.12)

---

12) "本島ノ鬱陵島ヲ附屬シテ韓國ノ所領ナリト思ハルルヲ以テ將ニ統監府ニ就テ爲ス所アラントシ上京シテ種種劃策中時ノ水產局長牧朴眞ノ注意ニ由リテ必ラズシモ韓國領ニ屬セザルノ疑ヲ生ジ其調整ノ爲メ種種奔走ノ末時ノ水路部長肝付將軍斷定ニ賴リテ本島ノ全ク無所屬ナルコトヲ確カメタリ依テ經營上必要ナル理由ヲ具陳シテ本島ヲ本邦領土ニ編入シ且ツ貸付セラレンコトヲ內務外務農商務ノ三大臣に願出テ願書ヲ內務省ニ提出シタルニ內務當局者ハ此時局ニ際シ(日露開戰中)韓國領地ノ疑アル蕞爾タル一箇不毛ノ暗礁ヲ收メテ環視ノ諸外國ニ我國ガ韓國倂呑ノ野心アルコトノ疑ヲ大ナラシムルハ利益ノ極メテ小ナルニ反シテ事體決シテ容易ナラズトテ如何ニ陳辯スルモ願出ハ將ニ却下セラレントシタリ斯クテ挫折スベキニアラザルヲ以テ直ニ外務省ニ走リ時ノ政務局長山座圓二郎氏ニ就キ大ニ論陳スル所アリタリ氏ハ時局ナレバコソ其領土編入ヲ急要トスルナリ望樓ヲ建築シ無線若クハ海底電信ヲ設置セバ敵艦監視上極メテ屈竟ナラズヤ特ニ外交上內務ノ如キ顧慮ヲ要スルコトナシ須ラク速カニ願書ヲ本省ニ回附セシムベシト意氣軒昂タリ此ノ如クニシテ本島ハ本邦領土ニ編入セラレタリ."

이 글의 밑줄을 그은 ①에서 보는 것처럼, 당시에 나카이 자신은 독도가 울릉도에 속하는 한국의 영토라는 인식을 가지고 있었음이 확실하다. 그의 이런 인식은 당시 일본 사람들의 일반적인 인식이었을 수도 있다.[13] 그것이 아니라면, 그가 1892년에 잠수기(潛水器)를 가지고 전라도와 충청도의 연안 지방을 돌아다닌 적이 있었던 것과 무관하지 않을 수도 있다. 환언하면 나카이는 러시아의 블라디보스토크 지방에 진출하여 잠수기 어업을 시도하다가 좌절한 다음, 한국의 서남 해안 일대를 돌아다니며 수산업으로 돈을 버는 방법을 찾아 헤맸던 경험을 가지고 있었다.[14] 그 때에 독도가 울릉도에 부속된 섬이라는 사실을 알게 되었을 가능성도 있다는 것이다.

그래서 일본 정부에 부탁을 하여 한국 통감부[15]로부터 이 섬을 빌릴 생각으로 상경을 한 나카이는 ②에서와 같이 당시 농상무성 수산국장이었던 마키 나오마사(牧朴眞)를 만나서 "반드시 한국령에 속하지 않는다는 의심"을 가지게 되었고, 해군 수로부장(水路部長)이었던 기모쓰키 가네유키(肝付兼行)를 찾아갔다가 "본도가 완전히 무소속인 것을 확인하게 되었다."는 것이다. 하지만 전자는 그 전에 대만(臺灣)

신용하 편저, 1999, 『독도영유권자료의 탐구』, 독도연구보전협회, 262~263쪽.

13) 1869년에 사타 하쿠보 등이 제출한 『조선국 교제 시말 내탐서』와, 1877년 태정관에서 시마네현에 내린 『태정관 문서』에서도 "다케시마(竹島) 외 한 섬"이라고 하여, 일본 정부에서도 독도를 울릉도의 부속 도서로 인식하고 있었음을 드러내고 있으므로 일본 사람들의 일반적인 인식으로 볼 수 있다는 것이다.

14) 奧原碧雲, 2007, 「竹島經營者中井養三郎立志傳」, 『竹島問題に關する調査研究-最終報告書』, 竹島問題研究會, 72쪽.

15) 한국에 통감부가 설치된 것은 1905년 11월 17일에 체결된 '제2차 한일보호조약'에 의한 것이었으므로, 여기에서 통감부라고 한 것은 잘못된 표현이다.
金贇龍, 1996, 『外交文書で語る日韓合倂』, 合同出版, 198~199쪽.

총독부의 내무국장 대리를 지내다가 당시에 수산국장으로 근무를 하고 있었던 인물로, 그 뒤에 일본 수산회 부총재를 역임한 자이다. 그러므로 이런 경력들을 감안한다면, 그가 독도 연근해의 수산자원에 대해 상당한 지식과 관심을 가지고 있지 않았는가 한다. 바꾸어 말하면 마키는 독도를 굳이 한국의 영토로 볼 것이 아니라 차제에 임자가 없는 땅으로 보아, 그 일대의 수산자원을 일본 측에서 확보해야 한다는 생각을 가지고 있었을 개연성을 부정할 수 없다는 것이다.

이에 비해 기모쯔키는 나카이에게 독도가 소속이 없는 땅이라는 확신을 심어주었다고 되어 있으나, 위의 『사업 경영 개요』에는 그 근거가 명확하게 드러나 있지 않다. 곧 무엇을 근거로 하여, 독도가 어느 나라에도 속하지 않는 섬이라는 확신을 가지게 만들었는지가 분명하지 않다고 하겠다.[16)

이 문제는 어찌 되었든 나카이 요사부로는 마키와 기모쯔키의 교사(敎唆)에 의해 독도를 일본의 영토로 편입하고 그것을 빌리기 위해서 그 원서를 1904년 9월 29일 내무성과 외무성, 농상부성의 세 대신에게 제출하였다.[17) 그러자 당시의 내무성 당국자는 ③에서와 같이 "이 시국에 즈음하여 한국령의 의심이 있는 작은 일개 암초를 손에 넣어 환시의 외국에게 우리나라가 한국 병탄의 야심이 있다는 것의 의심을 크게 하는 것은 이익이 지극히 작은 데 반하여 사태가 결코 용이하지 않다."는 인식을 가지고 있었다. 그래서 그 출원을 각하하려고 했다는 것이다.

이와 같은 내무성 당국자의 인식으로부터 우리는 두 가지 사실을 확인할 수 있다. 곧 당시에 일본의 내무성에서는 독도가 한국의 영토라는 의심을 가지고 있었다는 것과 이 섬의 편입이 다른 나라로 하여

---

16) 이 문제는 뒤에 고찰하는 『입지전』의 검토에서 자세하게 논의한다는 것을 미리 밝혀둔다.
17) 신용하, 1996, 『독도의 민족영토사 연구』, 지식산업사, 215쪽.

금 한국 병탄의 의심을 가지게 할 수 있다고 하는 것이었다. 이러한
두 가지 사실은 일본이 독도를 자기네 땅으로 편입한 것이 결국은 한
국 병탄의 서곡이었다는 사실을 내무성 스스로가 인정하고 있었음을
증명하는 것이어서 관심을 끈다.

　여기에서 농상무성의 수산국장이었던 마키 나오마사와 해군 수로
부장이었던 기모쯔키 가네유키가 독도를 한국의 영토가 아니라 소속
이 결정되지 않은 섬이라고 하였는데 반해, 내무성의 당국자는 왜 한
국의 영토라는 의심을 가지고 있었는가 하는 문제가 제기된다. 이것
은 전국의 토지를 관리하는 내무성으로서는 이 섬에 대한 정확한 지
식을 가지고 있었기 때문이었다고 볼 수밖에 없다. 두루 알다시피 내
무성은 시마네현으로부터 「일본해(日本海) 내의 다케시마 외 한 섬(一
島)의 지적 편찬에 관한 질의」를 받아, 이 문제를 자기네가 결정하지
않고 1877년에 태정관의 우대신(右大臣)이었던 이와쿠라 도모미(岩倉
具視)에게 물었다.[18] 그때 이 질의에 대한 회답으로 태정관으로부
터 "문의한 다케시마 외 한 섬 건에 대하여 우리나라와는 관계가 없
다는 것을 주지할 것"[19]이라는 지령문을 받아서 시마네현에 통보한
적이 있었다.

　이러한 결정에 따라 내무성은 다케시마라고 부르던 울릉도 외의
한 섬, 곧 마쓰시마(松島)라고 부르던 독도가 자기네 영토가 아니라는
것을 확인한 바 있었다. 그리고 이와 같은 확인은 태정관에 의해서
결정된 것이었다. 이처럼 내무성과 태정관에서 독도를 자국의 영토로
보지 않았다는 사실은 이 섬을 한국의 영토로 인정했다는 것을 나타
낸다. 곧 한국의 울릉도와 일본의 오키 섬 사이에 있는 독도를 자기
네 땅이 아니라고 본 것은 독도가 소속이 없는 섬이 아니라 한국의

---

18) 송병기 편, 2004, 『독도영유권자료선』, 한림대출판부, 136~144쪽.
19) "伺之趣竹嶋外一嶋之義本邦關係無之義ト可相心得事."
　　송병기 편, 앞의 책, 155쪽.

영토였음을 시인하고 있었다고 보아도 좋다는 것이다.

사실 러일전쟁이 발발하기 이전에는 일본의 정부 당국이 독도의 전략적 가치를 제대로 파악하지 못하고 있었던 것 같다. 그리고 그런 인식은 독도를 강탈하기 전까지 지속되었다. 그러다가 1904년 2월 6 일 러일 전쟁이 발발하면서, 일본 측이 러시아와의 해전에서 전쟁터 로 변하게 될 가능성이 높았던 동해상에 위치한 독도의 전략적 가치 를 인정하게 된 것은 너무도 자연스러운 귀결이었다. 바로 이런 인식 을 그대로 드러내는 것이 밑줄 친 ④의 부분이다. 곧 당시 외무성 정 무국장이었던 야마자 엔지로(山座圓二郞)는 다음과 같은 말은 그러한 인식을 말해주는 증거의 하나라고 할 수 있다.

> 시국이야말로 그 영토 편입을 급하게 요청한다고 하면서, 망루를 세우고 무 선 혹은 해저 전선을 설치하면 적함 감시 상 대단히 그 형편이 좋아지지 않겠 느냐. 특히 외교상 내무성과 같은 고려를 요하지 않는다.

여기에서 야마자가 독도에 "망루(望樓)를 세우고 무선 혹은 유선 전선을 설치하면 적함 감시 상 대단히 그 형편이 좋아지지 않겠느 냐?"고 한 것은, 독도의 전략적 가치를 솔직하게 인정했다는 것을 증 명해준다. 실제로 일본 해군은 울릉도에 망루를 설치한 다음, 독도에 대한 현지조사를 실시한 적이 있었다. 그때에 이 임무를 부여받은 니 다카 호(新高號)는 1904년 9월 25일에, 민간인들로부터 "본년(1904년) 에 들어 몇 번 도항하였는데, 6월 17일 러시아 군함 세 척이 동 섬의 부근에 나타나서 일서 표박(漂泊)한 후 북서로 나아가는 것을 실제로 보았다."[20]는 것을 들었다는 보고를 한 바 있다. 이러한 보고는 독도 연근해의 전략적인 가치가 얼마나 중요한 것이었는가를 그대로 나타

---

20) 신용하 편저, 1999, 『독도 영유권 자료의 탐구(2)』, 독도연구보전협회, 252~ 253쪽.

내고 있다.

이렇게 전략상의 가치를 알게 된 일본의 해군 군령부(軍令部)는, 발틱 함대가 1904년 10월 15일 리예파야 항(港)을 출발하여 블라디보스토크로 향했다는 정보를 입수하자 같은 해 11월 13일 쓰시마 해협을 초계중인 쓰시마 호(對馬號)에게 리앙코르도 섬이 전신소 설치에 적합한 곳인가를 시찰하라는 명령을 내리기까지 하였다. 또 그런 명령을 받은 쓰시마호의 함장 센도 다케히데(仙頭武英)는 1904년 11월 20일 동도 남단에 3,4평의 평탄한 땅이 있다는 것을 보고했다.[21]

이와 같은 일련의 과정을 보면, 당시 해군 수로부장이었던 기모쯔키가 이 섬을 임자가 없는 땅이라고 했던 것이, 단순히 나카이로 하여금 강치(海驢)를 잡게 하기 위한 것이었다고 하기보다는 독도의 전략상의 가치를 인식하고 명확하게 한국의 영토였던 독도를 강제로 강탈하기 위한 수단으로 이런 거짓말을 했다는 것을 확인할 수 있다. 그리고 당시에 러일전쟁의 정보에 밝았던 외무성의 정무국장이었던 야마자 엔지로는 이 섬의 강탈이 당장 전쟁의 승패가 걸린 문제였으므로, 영토 편입을 서두르지 않을 수 없었을 것으로 상정된다.[22]

그러나 이러한 사실을 그대로 받아들인다면 일본의 독도 강탈은 그야말로 제국주의적 침략에 의한 영토 확장이었음을 자인하는 결과를 초래하게 된다. 그렇기 때문에 그들은 독도 강탈을 역사적인 문제

---

21) 신용하, 앞의 책, 209~210쪽.
22) 실제로 러시아의 제2 태평양 함대 사령관이었던 로제스트벤스키(Rozhdes-tvensky) 중장(中將)이 의식을 잃은 채 포로로 잡힌 곳이 울릉도 부근이었고, 그를 대신해서 함대의 지휘권을 장악한 네보가토프(Nebogatov) 소장(少將)이 모든 주력 잔함(殘艦)을 이끌고 일본에 투항한 곳이 바로 독도 동남방 18마일 지점이었다는 것을 생각하면 독도의 전략상의 가치가 어느 정도였는가를 알 수 있을 것이다.
최문형, 2005, 「露日 전쟁과 일본의 독도 점취」, 『역사학보(188)』, 역사학회, 251쪽.

가 아니라, 국제법적인 문제로 끌고 가기 위해 안간힘을 쓰면서 그
당위성을 위한 궤변을 늘어놓고 있는 것이다.

3. 『입지전』의 진실과 쯔카모도의 궤변

　일본 측이 독도를 국제법적인 문제로 끌고 가기 위해서는 우선 이
섬이 역사적으로 한국의 영토가 아니라, 임자가 없는 땅이었음을 증
명하지 않으면 안 되었다. 그렇지만 독도의 강탈에 직접적으로 관여
한 나카이 요사부란 자가 이 섬을 한국의 땅으로 알고 있었다는 것은
그들의 무주지 선점론(無主地先占論)에 걸림돌이 되는 것은 너무도 당
연한 이치였다. 그러던 차에 오쿠하라 헤키운(奧原碧雲)이 1906년 5월
에 집필한 『입지전』이 발견되었으니, 독도가 자기네 땅이라고 억지
주장을 펴고 있는 일본의 논객들로서는 흥분을 하지 않을 수 없었는
지도 모른다. 특히 쯔카모도 다카시(塚本孝)는 나카이가 독도를 한국
의 영토로 인식했던 것을 뒤집을 수 있는, 아래와 같은 자료를 찾아
냈다고 하면서 논리에 벗어난 억지를 부리고 있다.

〈자 료 2〉

　그런데 동 업이 유망하다는 것을 알게 되자, 이시하시 마쓰다로(石橋松太郎),
이구찌 류다(井口龍太), 가토 쥬죠(加藤重藏) 제씨의 유력한 경쟁자가 나타나서,
경쟁 남획의 폐단이 발생하여, 강치 어업은 몇 년이 지나지 않아 절멸할 것을
우려해서, 어로 구역(獵口)을 빌려, 제한된 포획을 할 필요를 느끼고, 그 위에
㉮ 해도에 의하면 동 섬은 조선의 판도에 속함으로, ㉯ 일단 외인의 내습에 만
나면, 이것이 보호를 받은 길이 없음으로, 이러한 사업을 위해 자본을 투자하
는 것이 대단한 위험이라는 것을 헤아리어, ㉰ 동 섬의 대여를 조선 정부에 청
원하여, 독점적으로 어업권을 점유하려고 결심하고, 동년의 어기(漁期)[23]가 끝

───────────────

23) 어기(漁期)는 '어떤 특정 구역에서 어떤 특정의 고기가 가장 많이 잡히는

나자, 일약 만금의 꿈을 안고 상경의 길에 올랐다.[24)]

  쯔카모도 다카시는 이와 같은 『입지전』의 기록에서 ㉗에 나오는 "해도(海圖)에 의하면 동 섬은 조선의 판도에 속함으로"라는 글귀에만 주목을 하였다. 그리하여 그는 여기에 등장하는 해도란 그 연대로 미루어 보아, 1896년 4월에 해군 수로부(海軍水路府)에서 발간한 「조선전안(朝鮮全岸)」을 가리키는 것이라고 하면서, 이것을 아래와 같이 세 부분으로 나누어 제시를 하고 있다.

〈도 1〉

시기'를 말한다.
  이희승 편저, 1982, 『국어대사전』, 민중서림, 2418쪽.
24) "しかるに, 全業の有望なるを探知するや, 石橋松太郎, 井口龍太, 加藤重藏諸氏の有力なる競爭者あらはれ, 競爭濫獲の弊を生じ, 海驢漁業は數年ならずして絶滅んことを憂ひ, 獵口貸下, 制限捕獲の必要を感じ, 加ふるに, 海圖によれば, 全島は朝鮮の版(叛)圖に屬するを以て, 一旦外人の來襲に遭ふも, これが保護をうくるの道なきを以て, かかる事業に向って資本を投するの頗る危險なるを察し, 同島貸下を朝鮮政府に請願して, 一手に漁獵權を占有せんと決心し, 全年の漁期終るや, 一躍(攫)萬金の夢を懷にして上京の途に上れり."
  괄호를 한 것은 번각본(翻刻本)에서는 정정하여 기록한 것임을 밝혀둔다.
  奧原碧雲, 앞의 책, 73쪽.

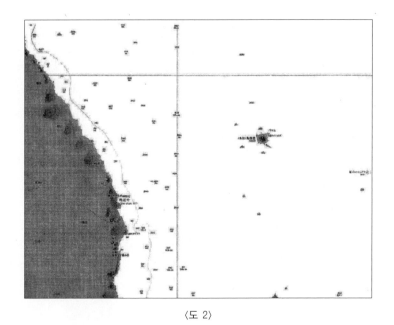

〈도 2〉

CHŌSEN ZENGAN

〈도 3〉

그러면서 쯔카모도는 나카이 요사부로가 독도를 한국의 영토로 인식하고 있었던 것에 대해, 다음과 같은 견해를 피력하였다.

　　이 해도에는 조선반도의 동쪽 바다에 '울릉도(마쓰시마: 松島)', 그 곁에 '봇-소-루 암'과 '리앙코-르도 암'을 게재하고 있다(도 2). 이 리앙코-르도 암이 나카이 씨가 말하는 리앙코 섬으로 오늘날의 다케시마이다. 『다케시마 경영자 나카이 요사부로 씨 입지전』이 "해도에 의하면, 동 섬이 조선의 판도에 속함으로" 운운하는 것은, 나카이 씨가 「조선전안」이라고 하는 해도에 동 섬이 게재되어 있기 때문에 조선령이라고 생각했다고 하는 것일 것이다.

　　그러나 해도는, 선박의 안전한 운행에 도움을 주기 위해서 제작되어, 대상 지역에 있는 도서(島嶼)와 해안선, 수심(水深) 등의 정보를 실은 지도로써, 영토의 범위를 표시하는 것은 아니다. 해도의 제목도, 당해 해도가 다루는 지역을 대표하는 국명, 지명을 취한 것이고, 그 해도에 게재되어 있는 지역이 제목의 나라에 소속하고 있는 것을 의미하는 것은 아니다. 사실 이 「조선 전안」에는 우리 쓰시마(對馬), 이키(壹岐), 규슈(九州), 혼슈(本州)의 해안에 관한 정보도 기재되어 있다(도 3). 또 메이지(明治) 초년에 있어서 해군 수로부는, 제 외국 특히 영국 해군의 해도를 모방하여 해도를 제작했다. 이 때문에 각 해도의 대상 범위, 제목, 지명 표기를 포함하는 기재 내용은, 원도(原圖)의 강한 영향 아래 있었다. 마쓰시마라고 하는 울릉도의 별명과 리앙코-르도 암이라고 하는 섬 이름도, 서양 기원의 정보이며, 그것 자체 정치적 법적인 의미에 있어서 영유권의 귀속과는 관계가 없는 것이었다.[25]

이상과 같은 쯔카모도의 주장은 몇 가지 중요한 문제를 내포하고 있어, 순서에 조차 그 내용을 정리하여 보다 자세하게 검토할 필요가 있다. 우선 첫째로 나카이가 독도를 조선의 판도에 속하는 것으로 생각한 것은 「조선전안」이란 해도에 동 섬이 그려져 있기 때문이었는데, 둘째로 해도는 선박의 안전한 운행에 도움을 주기 위해서 대상 지역에 있는 도서와 해안선, 수심 등의 정보를 실은 것이므로, 영토의 범위를 표시하는 것은 아니란 것이다. 그리고 그 증거로 '도 3'을 제시하면서 여기에 그려진 일본의 일부가 조선의 판도와는 무관하다는

---

25) 塚本孝, 앞의 글, 65쪽.

것을 나타내고 있다. 다음 셋째로 메이지 초기에 해군 수로부에서 그린 해도는 외국, 특히 영국 해군의 해도를 모방한 것이어서 그것의 영향을 받은, 서양 기원의 정보이며, 그것 자체가 정치적 법적인 의미에서 영유권의 귀속과 무관하다는 것이다.

그러나 이러한 그의 주장이야말로 일본의 독도 강탈을 합리화하기 위한 궤변의 나열에 지나지 않는다고 할 수 있다. 왜냐하면 그의 이와 같은 주장은 일관성이 결여되어 있어, 그 타당성을 인정할 수 없기 때문이다. 우선 그는 자료 2의 ㉮에서 보는 것처럼 해도에 리앙코-르도 암, 곧 독도가 그려져 있기 때문에 나카이가 이 섬을 조선의 판도로 생각했던 것으로 보았다. 이런 해석은 그 다음에 이어지는 ㉯의 "일단 외인의 내습을 만나면 이것이 보호받은 길이 없으므로" 동 섬의 대여를 조선 정부에 청원하려고 했다는 사실은 무시한 것임을 지적하지 않을 수 없다.

실제로 나카이가 조선 정부로부터 독도를 대여하려고 했던 이유는 자료 2의 전반부에 기록되어 있는 것과 같이 일본 내에 강치 잡이가 유망한 직종이란 것이 알려져 유력한 경쟁자들이 나타남으로써 그 폐해가 우려되었기 때문에, 이 섬에서의 독점적인 어업권을 획득하는 데 있었다. 그렇지만 독도가 조선의 판도에 속하는 땅이었으므로, 동종의 일본인 업자들을 배제한다고 하더라도 그 독점적인 어업권만으로는 조선 사람들의 도래를 막을 수 없을 것이라는 판단을 했던 것이다. 그래서 조선인들의 내습을 막기 위한 수단으로 조선 정부로부터의 대여를 청원하려고 했다는 것이 이 글이 지닌 본래의 의미임은 너무도 명백한 사실이다. 그리고 이러한 문맥은 당시에 조선의 어민들이 이 섬에 적잖게 드나들고 있었다는 사실을 증명하는 것이어서 관심을 불러일으킨다. 그렇지만 쯔카모도는 이런 본래의 의미는 도외시하고, 단지 해도에 의해 조선의 판도에 속하는 것으로 생각했다는 것

만을 부각시킴으로써, 자료의 자의적인 해석을 통해서 사실을 왜곡하
고 있다.

다음으로 그가 두 번째로 지적하고 있는 해도는 영토의 범위를 표
시하는 것이 아니라고 한 것도 궤변을 위한 편법에 지나지 않는다고
하겠다. 그는 이 지도에 들어간 일본의 일부를 '도 3'으로 제시하면서
이것들이 한국의 영토가 아니듯이, 독도도 조선의 판도에 속하지 않
는다는 논지를 전개하고 있다. 그리고 그는 이와 같은 논리의 전개를
위해서 앞에서 본 것처럼, 하나의 지도를 세 부분으로 나누어 제시하
였다. 특히 이 해도에 들어간 일본의 일부를 다른 것보다 더 확대하
여 부여주고 있어 그 저의를 의심하게 만들고 있다. 그의 이러한 자

료 왜곡을 바로잡기 위해, 본고
에서는 한 장으로 된 「조선전
안(朝鮮全岸)」을 그대로 제시하
기로 한다.

이 지도를 보는 사람이라면
누구든지 일본의 해군 수로부
에서 그린 「조선전안」에는 '리
앙코-르도 암'을 그려 넣기 위
해 경도를 동쪽으로 넓혔고, 제
주도를 그려 넣기 위해 위도를
남쪽으로 넓혔다는 사실을 긍
정하지 않을 수 없을 것이다.
그리고 이처럼 동쪽과 남쪽으
로 경도와 위도를 확장하는 과
정에서 들어간 것이 일본의 쓰

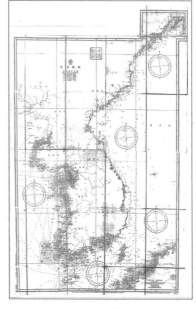

〈도 4〉[26]

---

26) 海軍水路部, 1895, 「朝鮮全岸」, 盛京省(日本國會圖書館 所藏).

시마와 이키, 규슈, 혼슈 해안의 일부란 것은 삼척동자라도 다 알 수 있는 명백한 사실이다. 하지만 이렇게 이 지도에 일본의 일부가 들어가 있다고 해서 누가 그것을 조선의 영토로 인정한다는 말인가?

그럼에도 불구하고 국제법을 전공한답시고 떠들면서 독도를 연구하고 있는 쯔카모도는 한 장의 지도를 가지고 원래의 크기와 다른, 세 부분으로 나누어 제시를 하였다. 그러면서 '도 2'에 독도가 그려졌다고 하여 그것이 조선의 판도에 속하는 것이 아니란 것을 증명하기 위해, '도 3'에 그려진 일본의 일부가 한국의 영토일 수 없다는 투의 이야기를 하고 있다. 이렇게까지 하면서, 지도에 들어간 것이 나라의 영역과는 관계가 없다고 주장을 하고 있는, 그의 속셈은 어디에 있을까? 이것은 과거 일본의 태정관과 외무성에서조차 조선의 영토로 인정해오던 독도의 강탈을 합리화하기 위한 말장난에 지나지 않는다는 것을 증명하는 것, 그 이상도 이하도 아니란 것을 말해준다고 하겠다.

여기에서 일본의 학자들에게 한 가지 묻고 싶은 것이 있다. 일본에서도 지도를 제작할 때에 자기네 땅에 부속되는 도서를 그리기 위해 다음 지도에서 보는 바와 같이 경도나 위도 바깥의 지역을 별도로 그리면서 그것을 ❶과 ❷에서와 같이 네모로 처리한 것은 무엇을 말하느냐 하는 것이다. 곧 이 지도의 위도와 경도만으로는 일본의 관동지방(關東地方)을 전부 다 표시할 수가 없다. 그렇기 때문에 ❶에서는 이즈 7도(伊豆七島)와 오가사와라 제도(小笠原諸島)를 그려 넣었고 ❷에서는 오가사와라 제도를 확대하여 그려 넣고 있지 않은가? 이런 방법은 관동 지방에 들어가는 도서들을 표현하기 위한 것이 아니겠는가?

아무리 영토란 것이 중요하고 심각한 문제라고 하더라도 제국주의적 영토 팽창의 일환으로 수행된 독도의 침탈을, 상식에 벗어나는 논리로 호도하는 것이 정당화될 수 없다는 것은 너무도 자명하다. 그래

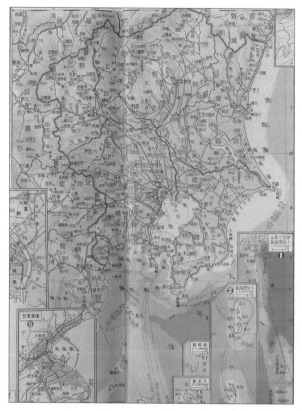

〈도 5〉[27]

서 한 가지 더 쓰카모도에게 질문을 하려고 한다. 그것은 「조선전안」
이란 해도를 제작하면서, 단순한 해로를 나타내기 위해 독도를 그려
넣은 것이지 그것이 나라의 영역과는 관계가 없는 것이라고 한다면,
왜 일본 제국주의자들이 조선을 강점하고 난 다음에 출판된 지도에서
는 하나같이 독도를 울릉도의 부속 도서로 그려 넣지 않고 있는가 하
는 것이다. 당신의 조상들이 식민지 지배를 하면서는 독도에 대한 해
양 정보가 필요하지 않았다는 말인가?

---

27) 三省堂編輯所, 1932, 『新制最近日本地圖』, 三省堂, 10~11쪽(關東地方地圖).

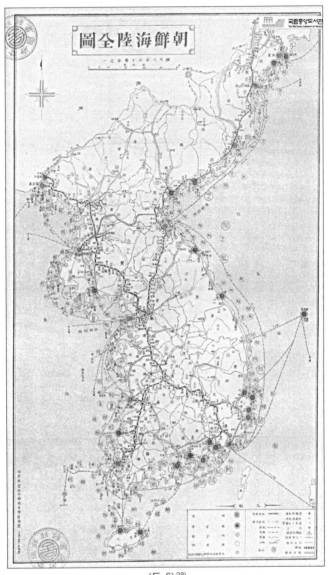

〈도 6〉28)

---

28) 朝鮮總督府內務局土木課港灣係, 1925, 『朝鮮の港灣(附圖別冊)』, 朝鮮總督府 첨부지도(국립중앙도서관 소장본임).

위에 제시한 지도는 조선총독부 내무국 토목과 항만계에서 『조선
의 항만』이란 책을 내면서 첨부한 것이다. 이 지도에는 울릉도까지만
그려져 있고, 독도는 들어가 있지 않다. 실제로 한국을 합병하고 난
다음에 그려진 조선 지도에 울릉도의 속도인 독도가 들어간 것은 아
직까지 발견되지 않고 있다. 그것이 관(官)에서 그린 것이든 민(民)에
서 그린 것이든지를 불문하고 그렇게 되어 있다. 이런 사실들은 무엇
을 말하는가? 지도에 섬을 그려 넣는 것이 단순히 선박의 안전한 운
행에 도움을 주기 위해서 제작되었기 때문에 영토의 범위와는 무관한
것인가를 되묻지 않을 수 없다.

쯔카모도의 논리대로라면 '도 6'의 「조선 해류 전도」에 독도가 그
려져 있지 않은 것은 해로를 표시하지 않아도 되기 때문이 되어 버린
다. 그렇다면 그 전에는 독도에 대한 해양 정보가 필요했는데, 한국을
강점하고 난 다음에는 독도의 그런 해양 정보가 필요하지 않았다는
것인가? 그런데도 자기들의 편의에 따라 이상한 논리를 전개하면서
한국 사람들이 참으로 기억하기조차 싫어하는, 아프고 쓰라렸던 역사
적 경험을 반추하게 만드는, 독도 강탈 당위론자들의 논리는 신뢰성
이 없는 허구의 나열이라는 것을 스스로 입증해주고 있다.

그리고 마지막으로 이 해도가 외국, 특히 영국 해군의 해도를 모방
한 것이어서 그것의 영향을 받은, 서양 기원의 정보이며, 그것 자체가
정치적 법적인 의미에서 영유권의 귀속과는 관계가 없다고 하는 주장
역시 사리에 어긋나는 변명이라고 하지 않을 수 없다. 일본 해군은
메이지 헌법(明治憲法)에 의해서 설치된 헌법 기관의 하나이다. 그렇
기 때문에 해군대신(海軍大臣)은 이 헌법이 공포될 때에 거기에 부서
를 하였다.[29] 그러므로 헌법기관에서 제작한 해도가 설령 영국의 그
것을 모방했다고 하더라도 그에 대한 책임은 국가기관의 하나였던 해

---

29) 古莊定雄 編, 1889, 『大日本帝國憲法, 幷ニ附屬法令』, 海西日報社, 1쪽.

군이 져야 하는 것이지, 그것을 외국 기관에 전가하는 것은 있을 수 없는 일이다. 이런 엄연한 사실을 부정하면서까지 지도에 그려진 것이 영유권의 귀속과는 무관하다고 하는, 그의 주장이야말로 독도 강탈의 정당성을 위한, 쯔카모도 식의 논리가 아니고 무엇인가?

4. 편의에 따른 논리 전개의 허구성

논리라는 것도 사리에 맞아야 상대방을 설득시킬 수 있는 힘을 가진다. 그런데도 쯔카모도는 자기의 편의에 따라 앞뒤가 맞지 않는 논리를 전개하고 있다. 곧 그는 "나카이 씨가 당초 리양코 섬을 조선의 영토라고 생각하고 있었다고 하는 말에 관해서는, 종래 그 정보의 출전인 오쿠하라 헤키운이 저술한 『다케시마 및 울릉도』(1907년)에, 나카이 씨가 메이지(明治) 36년 동 섬에서의 강치 잡이를 계획했을 때 여기에 찬성하여 동 섬에 도항한 오하라 육군 보병 하사가 처음으로 바위 위에 일장기를 펄럭이게 했다는 것과의 모순이 지적되어 왔다."[30]는 것을 지적하였다. 이와 같은 그의 지적은 나카이가 리양코 섬을 조선 땅으로 생각했던 것이 오하라가 그 섬의 바위에 일장기를 꽂았던 것과는 상치된다고 보았음을 나타낸다. 따라서 이러한 그의 표현은 이 섬에 일장기를 꽂은 것은 그것을 자기네 땅으로 생각할 수 있는 것으로 보았음을 의미한다고 하겠다.

그런데 쯔카모도는 이런 지적을 하면서, 나카이 요사부로의 『영토 편입 대여원』의 설명서 가운데에 「본도의 위치 및 유래」에 기록되어 있는, 아래와 같은 기록을 제시하고 있다.

---

30) 塚本孝, 앞의 글, 65쪽.

〈자 료 3〉

종래 우리나라의 어부 등이 울릉도 왕복의 도중에 왕왕 본도(독도를 가리킴: 인용자 주)에 기항하여 머물면서[寄泊], 전복[鮑]을 채취하는 일이 있을 뿐이었으나, 지난 36년(1903년) 5월 나(나카이 요사부를 말함: 인용자 주)는 여기에서 강치 잡이를 계획하여 인부들을 옮기고 고기잡이의 막사[漁舍]를 지으려고 했다. 그리하여 우리 인부들이 상륙하였을 때는 전 섬에는 어떠한 건물들도 발견할 수 없었다. 바꾸어 말하면 본도에 처음으로 건물을 짓고 국기를 세운 자는 실로 현재 출정하여 제4군에 종군하는 예비 하사[軍曹] 오하라 간죠(小原岩藏)로 우리를 위해 인솔하는 인부들의 일행이 되었다.[31]

그런데 이 자료에는 "바위 위에 일장기를 펄럭이게 했다."고 적혀 있는 것이 아니라, "국기를 세운 자는 실로 현재 출정하여 제4군에 종군하는 예비 하사 오하라 간죠로, 우리를 위해 인솔하는 인부들의 일행이 되었다."라는 것이 적혀 있을 뿐이다. 쯔카모도는 오쿠하라의 『다케시마 및 울릉도』에 "바위 위에 일장기를 펄럭이게 했다."는 기록이 있다는 것을 지적하면서, 왜 이 책의 원문을 인용하지 않고 "국기를 세운 자"만 밝히고 있는 위의 자료를 인용하고 있는가 하는 이유는 밝히지 않았다.

이것은 아마도 전자의 기록에 약간의 문학적인 수사(修辭)가 가미되어 있어, 자료로서의 한계가 있음을 의식한 결과가 아닌가 한다. 그것이 아니라면, 나카이 요사부로가 리양코 섬을 조선의 영토로 생각했다는 단정적인 표현이 들어있어, 그것을 자기의 논지 전개에 인용

---

31) "從來本邦ノ漁夫等鬱陵島往復ノ途次往往本島ニ寄泊シ鮑ヲ採取セルコトノミナリシガ昨三十六年五月余ハ爰ニ海驢獵ヲ企テテ人夫ヲ移シシ漁舍を構エタリ而シテ私儀ノ人夫等ガ上陸セシ際全島一ノ何等建設物ヲモ發見セザリキ卽チ本島ニ初メテ建設物ヲ構エ國旗ヲ樹テタルモノハ實ニ現ニ出征第四軍ニ從軍セル豫備軍曹小原岩藏ガ私儀ノ爲メ帥ヒタル人夫ノ一行ナリトス."
   塚本孝, 앞의 글, 65쪽에서 재인용.
   한국북방학회 편집위원회, 2001, 『한국북방학회논집(8)』, 한국북방학회(자료편: 『竹嶋』), 268쪽에도 이 자료가 실려 있음.

하고 싶지 않았을지도 모른다. 그래서 『다케시마와 울릉도』에 적혀있는, 이 부분을 그대로 옮겨 적기로 한다.

〈자 료 4〉

그런데 메이지 36년(1903년) 하쿠슈(伯州: 伯耆國의 다른 이름) 도하쿠군(東伯郡) 고오촌(小鴨村)의 나카이 요사부로 씨(현재 오키국(隱岐國) 사이고정(西鄕町) 거주)가 리양코 섬(新竹島)의 강치 포획업을 기도하자, ㉠ 동향 사람 오하라(小原) 육군 보병 하사(軍曹)가 크게 이것에 찬성하여, 감연히 일어서서(蹶然奮起) 스스로 대장이 되어, 폭 8척(尺) 길이 4간(間)의 고깃배(漁舟)를 타고 일본해(日本海: 동해를 가리킴: 인용자 주)의 거친 파도를 헤치며, 도리다니 겐죠(鳥谷權藏) 이하 장부(壯夫) 7명을 이끌고, 리양코 섬에 상륙하여, 처음으로 일장기(日章旗)를 바위 위에 펄럭이게 한 것은 메이지 36년 5월 어느 날이었다. 이따금 도젠(島前)의 이시하시 마쓰다로(石橋松太郎) 부하의 어부들도 또 도항(渡航)해서 함께 (강치의) 포획에 종사하면서도 준비 부족 때문에 목적을 달성하지 못했다. 어기(漁期)를 기다려 대 발전할 것을 기약하면서 귀항하게 되었다.

이리하여 강치 포획업이 유리한 것을 알고, 37년(1904년)의 어기에는, 각 방면에서 속속 도항하여, 경쟁 포획의 결과, 여러 가지 피해를 인정한 ㉡ 나카이 요사부로 씨는 리양코 섬을 가지고 조선의 영토라고 믿고, 동 국 정부에 대여 신청의 결심을 하여, 37년 어기(漁期)가 끝나자, 곧 상경하여, 오키(隱岐) 출신인 농상무성 수산국 직원 후지다 간타로(藤田勘太郎) 씨의 주선으로, 마키(牧朴眞) 국장을 면회하여 (그 사정을) 진술한 바 있었다. 동 씨 또 이것에 찬성하여, 해군 수로부에 가서 리양코 섬의 소속을 확인하기로 하였다. ㉢ 나카이 씨는 곧 기모쯔키(肝付兼行) 부장을 면회해서, 동 섬의 소속은 명확한 증거가 없고, 특히 일본과 한국 두 나라의 본국으로부터의 거리를 측정하면 일본 쪽이 10해리 가까우며, 그 위에 일본인이면서 동 섬의 경영에 종사하는 자가 있는 이상은, 일본 령으로 편입한다는 것이 당연하다는 말을 듣고, 나카이 씨는 드디어 뜻을 정하고, 리양코 섬 영토 편입 및 대여원을 내무, 외무, 농상무성 3대신에게 제출하였다.[32]

이 자료에는 ㉠에서 보는 것처럼, 오하라가 독도에 일장기를 꽂았다는 것을 얼마간의 분식(扮飾)을 하여 표현하고 있다. 이러한 표현은

---

32) 奧原碧雲, 앞의 책, 27~28쪽.

사실의 객관적인 기록이라고 하기보다는 감성에 호소하는 문학적인 수사가 있다는 것을 그대로 드러내고 있다.

하지만 그렇다고 해서 자신이 전개하는 논지와는 분명하게 구별되는 자료를 원용하고 있는 쯔카모도의 저의는 어디에 있을까? 그것은 아마도 ⓛ에서 보는 바와 같이 "나카이 요사부로 씨는 리양코 섬을 가지고 조선의 영토라고 믿고, 동 국 정부에 대여 신청의 결심을 하여"라는 표현에 있는 것이 아닐까 한다. 바꾸어 말하면 위의 자료에는 『입지전』에 있는 "해도에 의하면 동 섬은 조선의 판도에 속함으로"라는 글귀가 빠져 있다. 그 대신에 독도가 조선의 영토라는 단정적인 표현이 들어있어, 자신의 논지 전개에 방해가 된다고 생각한 것이 아닌가 한다.

그러나 어떤 자료를 원용하였든, 일장기를 독도에 세웠다고 해서 이 섬을 일본의 영토로 볼 수 있다는 것은 말이 되지 않는 논리의 비약이다. 이것이 사실이라면, 등산가가 미답(未踏)의 산 정상에 자기 나라 국기를 꽂는 행위는 그가 속한 나라의 영토를 취득하는 행위라는 어불성설(語不成說)의 논리에 빠지게 된다.

그리고 이런 행위가 있었는데, 어찌하여 나카이가 독도를 조선의 판도로 인식하였다는 말인가? 이와 같은 모순을 잘 알고 있는 쯔카모도는 당시에 독도는 어느 나라에도 소속이 되지 않았던 곳이라고 하여, 다음과 같은 궤변을 늘어놓고 있다.

> 이번에 확인된 오쿠하라 헤케운의 『입지전』은, 이 점에 관해서 새로운 정보를 포함하고 있지 않다. 나카이 씨가 파견한 작업자가 일장기를 세웠던 것이기 때문에 나카이 씨가 이 섬을 일본령이라고 믿고 있었다고까지는 말할 수 없으나, 그러한 일이 행해졌다고 한다면, 나카이 씨가 동 섬을 조선의 영토라고 생각했다는 것도 또 확신을 가진 것은 아니다. 결국 동 섬의 소속이 정해지지 않았다고 하는 것이 나카이 씨를 비롯한 당시의 일반 사람들의 인식이었다고 생각되며, 이것은 사실에 있어서도 그대로였다.[33]

이것은 나카이가 독도를 조선의 영토로 생각하지 않았다는 것을 증명하기 위한 것이다. 그렇지만 앞에서는 깃발을 꽂았기 때문에 일본의 영토로 볼 수 있다고 했다가, 뒤에는 깃발을 꽂았다고 해서 일본령이라고 믿었다고 말할 수 없다고 말하는 것은 앞뒤가 맞지 않은 모순이 아니고 무엇인가?

연구라는 것이 자료의 객관적인 분석을 통해서 새로운 사실을 구명하는 작업이라고 한다면, 쯔카모도의 궤변과 허언(虛言)은 쉽게 말해 그들의 독도 강탈을 정당화하겠다는 저의에서 나온 것이라는 사실을 스스로 말해준다고 하겠다. 이런 의미에서 당시 해군 수로부장이었던 기모쯔키 가네유키(肝付兼行)가 자료 1의 「사업경영개요」에서 독도가 완전히 무소속이라고 한 것 역시 터무니없는 사실의 왜곡이 있었다는 사실을 위의 자료 4의 ⓒ을 통해서 증명할 수 있다. 여기에서는 기모쯔키가 리양코 섬, 곧 독도를 일본의 영토로 편입해야 하는 이유로, 첫째 독도까지 한·일 두나라의 본국으로부터의 거리를 측정하면 일본 쪽이 10해리 더 가깝다는 것과, 둘째 일본인이 동 섬에 종사하는 자가 있기 때문이라는 것이다.

그렇지만 위의 자료에는 일본 쪽에 10해리가 더 가깝다는 하는 것이 한국과 일본의 어디로부터의 거리인지가 명확하지 않고, 독도의 어로 작업에 일본 사람들만 종사한다고 하였지 한국인들의 언급은 없어 객관성이 결여된 담론이었다는 비판을 감내하지 않으면 안 되었다. 그런데 이번에 발견된 『입지전』에는 이 문제를 보다 명확하게 해주는 자료가 포함되어 있어, 쯔카모도의 지적이 거짓말이었다는 사실을 밝힐 수 있어, 여간 다행이 아니다.

---

33) 塚本孝, 앞의 글, 65쪽.

〈자 료 5〉

  씨(나카이를 가리킴: 인용자 주)는 우선 오키(隱岐) 출신인 농상무성 수산국 직원인 후지다 간타로(藤田勘太郞)의 주선으로 마키(牧) 수산국장을 면회하여 진술하였는데, 동 씨도 이 일에 찬성하여 먼저 해군 수로부에 가서, 리양코 섬의 소속을 확인하기로 했다. 씨는 곧 기모쯔키(肝付) 수로부장을 면회하여 가르침을 청하자, 동 섬의 소속은 명확한 징증(徵證)이 없고, 특히 ① 일한 양국으로부터의 거리를 측정하면 일본 쪽이 10해리(海里)의 근거리에 있으며(이즈모국(出雲國) 다코하나(多古鼻)로부터 108해리, 조선국 릿도네루 곳(沖)[34]으로부터 118해리), ② 게다가 조선 사람으로서는 종래 동 섬의 경영에 관한 형적이 없는데 반해, 우리나라 사람으로서는 이미 동 섬의 경영에 종사한 자가 있는 이상은, 당연히 일본 영토에 편입해야만 한다는 말을 듣고, 용약 분기(勇躍奮起)해서, 드디어 뜻을 결정하여, 리양코 섬 영토 편입및 대여원을 내무·외무·농상무 3대신에게 제출하기에 이르렀다.[35]

  이것은 자료 2의 바로 다음에 이어지는 문장으로, 자료 4의 ㉣부분을 더욱 명백하게 해주고 있다.[36] 다시 말해 기모쯔기는 ①에서와 같이 일본의 이즈모국 다코하나에서 독도까지의 거리가 108해리인데 반해, 조선의 릿도네루 곳에서는 118해리이기 때문에 일본 쪽이 10해

---

34) 이 릿도네루 곳이 한국의 어디를 말하는지는 명확하지 않다는 것을 밝혀 둔다.

35) "氏はまづ隱岐出身なる農商務省水産局員藤田勘太郞氏に圖り, 牧水産局長に面會して陳述する處ありきき, 仝氏もこの擧を贊成し, 先づ海軍水路部につきて, リャンコ島の所屬を確かめしむ, 氏は卽ち肝付水路部長に面會してて, 敎を請ふや, 同島の所屬は確乎たる徵證なく, ことに日韓兩國よりの距離を測定すれば, 日本の方十浬近距離にあり(出雲國多古鼻より百0八浬, 朝鮮國リッドネル岬より百十八浬), 加ふるに, 朝鮮人にして從來同島經營に關する形跡なきに反し, 本邦人にして旣に同島經營に從事せるものある以上は, 當然日本領土に編入すべきものなりとの說を聞き, 勇躍奮起, 遂に意を決して, リャンコ島領土編入並に貸下願を內務外務農商務三大臣に提出するに至れり."

奧原碧雲, 앞의 글, 73쪽.

36) 이 문제에 대해서는 이미 그 허구성을 논한 바 있음을 밝혀둔다.

김화경, 2008, 「독도 강탈을 둘러싼 궤변의 허구성」, 『독도연구(4)』, 영남대 독도연구소, 144~146쪽.

리 더 가깝다는 것이고, ②에서와 같이 이미 동 섬의 경영에 한국 사
람은 종사한 자가 없지만, 일본 사람은 종사한 자가 있다는 것이다.

여기에서 관심을 끄는 것은 기모쯔키가 거리의 멀고 가까움을 가
지고 독도 편입의 당위성을 거론하고 있다는 점이다. 이렇게 거리의
원근을 근거로 하여 섬의 귀속을 결정하던 관습은 조선과 일본 사이
에 이미 그 전부터 존재했었다. 이러한 관습은 일본의 『통항일람(通
航一覽)』권 137의 27쪽에 전해지는 로쮸(老中) 아베붕고노카미(阿部
豊後守)의 다음과 같은 언급에 그대로 나타나 있다.

> 지금 그곳(당시 일본에서 죽도라고 부르던 울릉도를 가리킴: 인용자 주)의
> 지리를 헤아려 보니, 이나바(因幡)와의 거리는 160리 정도이고, 조선과의 거리
> 는 40리 정도이다. 이것은 일찍이 그것이 그들의 땅이라는 것을 의심할 바 없
> 는 것 같다.[37]

이와 같은 관습의 기록은 일본의 자료에만 남아있는 것이 아니라,
광해군(光海君) 시대에 통신사로 일본에 건너갔던 이경직(李景稷)의
『부상록(扶桑錄)』에도 비슷한 내용이 남아있는 것으로 보아, 어느 한
쪽의 일반적인 관습이 아니라 한·일 두 나라가 다 같이 인정하던 관
습이었다고 보아야 한다.[38] 그리고 당시 일본의 해군 수로부장이었던
기모쯔키가 이러한 관습의 존재를 모를 리가 없었을 것이다. 그 때문

---

37) 內藤正中, 2000, 『竹島(鬱陵島)をめぐる日朝關係史』, 多賀出版, 86쪽에서 재
인용.
38) 『부상록』에는 집정관인 오아(大炊)가 "쓰시마(對馬島)는 본시 조선이라 …
하는데 그런가?"라고 물었을 때, 이경직이 "도로의 원근으로 말한다면 쓰시
마가 일본과는 멀지마는 조선과는 다만 바다 하나가 끼어있을 뿐으로, 반
나절이면 왔다 갔다 할 수 있습니다."라고 대답하자, 오이가 "너의 섬은 반
드시 조선 지방이니, 마땅히 조선 일에 힘을 써야 할 것이다."라고 했다는
것이 기록되어 있어, 에도 조정에서도 쓰시마를 조선의 영역으로 인식하고
있었다는 것을 알 수 있다.
이경직, 1975, 「부상록」, 『국역 해행총재(Ⅲ)』, 민족문화추진회, 129-130쪽.

에 그는 독도까지의 거리를 말하면서 본토로부터의 거리만을 언급한
것이 분명하다.

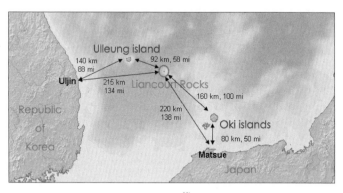

〈도 7〉[39]

  그러나 최근에 일본에서 만들어진 『위키페디아(Wikipedia) 백과사
전』의 지도에 의하면, 한국에서 가장 가까운 울진(蔚珍)에서는
215Km이고 일본의 마쓰에(松江)에서는 220Km로 한국 쪽이 5Km 가
까운 것으로 되어 있다. 또 당시에 한국의 영토로 인정하고 있던 울
릉도로부터 독도까지의 거리는 92Km이고, 일본의 오키 섬(隱岐島)로
부터 독도까지의 거리는 160Km이다. 그러므로 본토로부터 보든지 아
니면 섬으로부터의 본다고 하더라도 독도까지의 거리는 한국 쪽이 더
가까운 것이 사실이다. 그런데도 기모쯔키는 일본에서 10해리가 더
가깝다는 거짓말을 앞세워, 독도를 강탈하여 자기네 땅으로 만드는
데 정당성을 확보하려고 했던 것이이다. 그렇지만 이런 편법적인 선
동이나 사주가 타당성을 가질 수 없다는 것은 너무도 당연하다고 하
겠다.
  다음으로 ②에서 보는 것처럼 독도의 경영에 조선 사람은 종사하

---

39) http://ja.wikipedia.org/wiki에서 인용.

지 않았는데 반해 일본 사람은 관여했다고 하는 주장도, 독도를 강탈하기 위한 거짓말에 불과하다는 것을 지적하지 않을 수 없다. 다시 말해 그들은 나카이로 하여금 강치를 잡게 하기 위해서 독도를 일본 땅으로 편입한다는 명분을 내세웠다. 그러니 독도에서 고기를 잡는 것이 일본 사람들이 주가 되었다고 주장할 수밖에 없었을 것이다.

하지만 『입지전』에서 인용한 자료 2의 밑줄 친 ㉯에서 본 것처럼, "해도에 의하면 동 섬은 조선의 판도에 속함으로 일단 외인(外人)의 내습을 만나면, 이것이 보호를 받을 길이 없음으로"라고 한 것으로부터, 이미 그때에 조선 사람들이 독도에 상당히 많이 출어를 하고 있었다는 사실을 확인할 수 있다. 그런데도 사실을 왜곡하여 일본이 독도를 편입해야 한다는 당위성을 조작했던 당시 관련자들의 증언은 독도를 빼앗기 위한 사실의 날조였다는 것을 부정할 수 없을 것이다.

5. 맺음말

이제까지 일본의 쯔카모도 다카시(塚本孝)가 시마네현의 다케시마 문제 연구회(竹嶋問題研究會)에서 2007년 3월에 출판한 『다케시마 문제에 관한 조사 연구 - 최종보고서』에 발표한 「오쿠하라 헤키운 다케시마 관계 자료(오쿠하라 히데오 소장)을 둘러싸고」란 논고에서 발표된 『다케시마 경영자 나카이 요사부로 씨 입지전』을 중심으로 살펴보았다. 그는 이 원고의 발견으로 나카이가 당시에 독도를 조선의 판도로 생각하게 된 이유를 찾아냈다고 하여, 굉장한 자료를 찾아낸 것처럼 떠들고 있다. 그래서 본고에서는 나카이 요사부로가 직접 기록한 것으로 전해지는 『사업 경영 개요』에 실린 부분부터 살펴본 다음, 쯔카모도의 주장을 검토하는 순서로 연구를 진행하였다. 이렇게 먼저 전자에 대한 고찰을 한 이유는 원래 나카이가 가지고 있던 독도에 대한 인식과 그 인식에 변화를 초래한 기모쯔키 가네유키(肝付兼行)의 언급 및 야마자 엔지로(山座圓二郞)의 편입 권유가 어떤 의미를 지니고 있는가 하는 것을 밝히려고 했기 때문이었다.

첫째로 나카이가 리양코 섬이라고 부른 독도를 조선의 영토로 생각한 것은 당시 일본 사람들의 일반적인 인식일 수도 있고, 그렇지 않으면 그가 1892년에 잠수기를 가지고 전라도와 충청도 연안을 돌아다닌 적이 있으므로 그때에 이런 인식을 가지게 되었을 수도 있다는 추단을 하였다.

둘째로 이런 인식을 가지고 있던 그에게 독도가 한국령에 속하지 않을 수도 있다는 의심을 불러일으키게 한 것은 당시 농상무성의 마키 나오마사(牧朴眞)이었다. 나카이에게 이런 의심을 가지게 한 마키는 이미 그 전에 대만 총독부의 내무국장 대리를 지내다가 당시에 수산국장으로 근무하고 있었던 인물로, 뒤에 일본 수산회의 부총재를 역임한 자이다. 이와 같은 그의 경력으로 보아, 마키가 독도 연근해의 수산자원에 대해 상당한 지식과 관심을 가지고 있었기 때문이 아니었을까 한다.

셋째로 마키의 의심을 더욱 확실하게 해준 당사자는 당시 해군 수로부장이었던 기모쯔키 가네유키였다. 하지만 나카이의 『사업 경영 개요』에는 독도가 어느 나라에도 소속되지 않은 이유가 명확하게 제시되어 있지 않았다. 그러다가 이번에 발견된 『입지전』에 의하면, 한·일 양국으로부터 독도까지의 거리를 측정하면 일본의 다코하나(多古鼻)에서는 108해리이고, 한국의 릿도네루 곶에서는 118해리가 되어 일본 쪽에 10해리 더 가깝기 때문에 일본에 편입해도 된다고 했다는 것이 밝혀졌다. 하지만 기모쯔키의 이런 언급은 독도를 강탈하기 위한 거짓말에 불과하다는 것은 일본 사람들이 만든 지도를 통해서도 확인할 수 있었다.

그리고 기모쯔키가 당시에 조선 사람들은 독도의 경영에 종사하지 않았는데 반해, 일본 사람들은 독도의 경영에 종사했기 때문에 독도를 일본 땅으로 편입해야 한다고 한 기모쯔키의 지적도 허구라는 사실이 『입지전』을 통해서 증명되었다. 곧 『입지전』에서 "해도에 의하면 동 섬은 조선의 판도에 속함으로, 일단 외인의 내습을 만나면 이것을 보호할 길이 없으므로"라고 한 것에서 말하는 외인은 조선 사람을 가리키는 것이 명확하므로, 그 당시에 조선 사람들이 독도에 드나들었던 것을 증명해주고 있다. 그럼에도 불구하고 기모쯔키가 이런 언급들을 한 것은 독도의 전략적 가치를 잘 알고 있던 수로부장으로서, 독도의 강탈이 러일전쟁의 수행에 대단히 중요하다는 것을 인식하고 나카이에게 영토의 편입을 사주했다는 것을 말해주는 것으로 보았다.

넷째로 이번에 발견된 오쿠하라의 『입지전』이 이와 같은 사실을 드러내고 있는데도, 쯔카모도 다카시는 "해도에 의하면 조선의 판도에 속함으로"란 어구만 강조하면서, 여기에서 말하는 해도는 1896년 4월에 일본 해국 수로부에서 제작한 「조선전안」을 가리킨다고 하며, 이 지도를 세 부분으로 나누어 제시하였다. 그러고는 "해도는 선박의 안전한 운행에 도움을 주기 위해서 제작되어, 대상 지역에 있는 도서와 해안선, 수심 등의 정보를 실은 지도로써, 영토의 범위를 표시하는 것은 아니다."라고 하면서, 나카이가 이 지도를 보고 독도를 조선의 판도로 생각한 것은 잘못되었다는 것을 지적하였다. 그러면서 그는 이 지도에 독도가 그려졌다고 해서 그것이 한국의 영토가 아닌 것은 여기에 그려진 일본의 일부가 한국의 영토가 아닌 것과 같다는 식의 비유를 늘어놓고 있다. 그리고 이 해도는 일본의 해군 수로부가 외국 특히 영국의 해도를 모방하여 제작한 것이기 때문에 서양 사람들의 정보에 입각하여 만들어진 것임을 강조하고 있다.

그러나 이 『조선전안』의 원도(原圖)를 보면 독도를 그려 넣기 위해서 경도를 동쪽으로 넓혔고, 제주도를 그려 넣기 위해서 남쪽으로 위도를 넓혔다는 사실을 확인할 수 있었다. 그리고 이 과정에 들어간 간이 일본의 일부라는 것도 쉽게 판명이 되었다. 그러므로 독도를 그려 넣은 것이 조선의 영토를 나타내지 않는 것은 이 지도에 들어간 일본의 일부가 조선의 영토가 아닌 것과 같다는 식의 논리 전개는 삼척동자도 웃을 수밖에 없는 궤변의 나열이라고 하지 않을 수 없다고 보았다. 이렇게 본 근거는 일본에서도 경도나 위도 바깥의 자기네 땅을 표시하기 위해서는 경도와 위도를 넓혀서 그리고 있다는 것을 구명하였다.

다섯째로 만약에 이 해도에 그려진 독도가 조선의 판도를 나타내는 것이 아니고 항해 정보를 제공하기 위한 것이었다면, 일본이 한국을 강점하고 난 다음에 그려진 지도에는 왜 독도를 그리지 않았는가 하는 것이 설명될 수 없다는 것을 지적하였다. 조선을 식민지로 강점하고 난 다음에는 독도에 대한 항해 정보의 필요성이 없어진 것은 아닐 것이다.

여섯째로 일본 해군 수로부에서 제작한 「조선전안」은 영국 해군의 영향을 받은, 서양 기원의 정보여서, 그것 자체는 법적 정치적 의미에서 영유권의 귀속과는 관계가 없다는 주장을 하고 있다. 하지만 일본 해군이 메이지 헌법(明治憲法)에 의해서 설치된 헌법 기관이라는 사실은 해군대신이 이 헌법에 부서를 하고 있다는 것을 통해서도 입증된다. 그러므로 헌법 기관에서 제작한 해도를 정치적 법적인 의미에서 그 책임이 없다고 하는 주장은 스스로 헌법기관의 독립성을 무시하는 것이라고 할 수 있다는 것이다.

마지막으로 쯔카모도는 자기의 편의에 따라 자료를 자기 멋대로 해석하고 있다는 사실을 구명하였다. 이런 예로 그는 오하라가 독도의 바위 위에 일장기를 꽂았던 행위를 이것을 일본 땅으로 보았다는 식으로 표현을 했다가, 나중에는 일본령이라고 믿고 있었다고는 말할 수 없다고 한 것을 들었다. 이와 같은 자료 해석의 자의성은 제국주의적 영토 팽창의 일환으로 독도를 강탈했다는 사실을 호도하기 위한 방법에 지나지 않는다고 하겠다.

이상과 같은 고찰은 독도 강탈의 정당성을 주장하는 일본의 논자들은 역사적인 사실을 무시하고; 자료의 왜곡된 해석을 일삼고 있다는 사실을 증명했다고 할 수 있다. 사실 이번에 발견되었다고 하는 『입지전』의 제대로 된 해석을 위해서는 오쿠하라가 집필한 『다케시마 및 울릉도』란 저서와 나카이가 직접 작성한 『사업 경영 개요』를 서로 대조하면서, 표현의 차이가 있다면 그런 차이가 왜 파생되었는가 하는 문제부터 따져야 한다는 것을 지적해둔다. 그리고 자기네에게 유리한 어느 한 구절만 가지고 침소봉대하는 해석을 할 것이 아니라, 전체적인 문맥 가운데에서 어떤 구절을 해석하는 태도를 취하는 것이 독도 문제의 올바른 해결을 위해서도 바람직한 자세라는 것을 밝혀둔다. 독도에 대한 사실은 분명하게 하나이다. 그렇지만 한국과 일본이 제각기 자기들에게 유리한 논리를 개발하기 위해 사실을 왜곡하고, 자료를 자의적으로 해석하는 자세는 지양되어야 한다는 것도 아울러 첨언해둔다.

참고문헌

김화경, 2008, 「독도 강탈을 둘러싼 궤변의 허구성」, 『독도연구(4)』, 영남대 독도연구소.

농상공부 수산국 편, 1910, 『한국수산지(2)』, 인쇄국.

서종학, 2008, 「'獨島'·'石島'의 地名表記에 관한 硏究」, 『어문연구(139호)』, 한국어문교육연구회.

송병기 편, 2004, 『독도영유권자료선』, 한림대출판부.

신용하, 1996, 『독도의 민족영토사 연구』, 지식산업사.

신용하 편저, 1999, 『독도영유권자료의 탐구(2)』, 독도연구보전협회.

이경직, 1975, 「부상록」, 『국역 해행총재(Ⅲ)』, 민족문화추진회.

이상태, 2007, 『사료가 증명하는 독도는 한국 땅』, 경세원.

이희승 편저, 1982, 『국어대사전』, 민중서림.

최문형, 2005, 「露日 전쟁과 일본의 독도 점취」, 『역사학보(188)』, 역사학회.

한국북방학회 편집위원회, 2001, 『한국북방학회논집(8)』, 한국북방학회(자료편 『竹嶋』)

古莊定雄 編, 1889, 『大日本帝國憲法, 幷ニ附屬法令』, 海西日報社.

金膺龍, 1996, 『外交文書で語る日韓合倂』, 合同出版.

內藤正中, 2000, 『竹島(鬱陵島)をめぐる日朝關係史』, 多賀出版.

三省堂編輯所, 1932, 『新制最近日本地圖』, 三省堂(關東地方地圖).

奧原碧雲, 2005, 『竹島及鬱陵島』, ハーベスト出版.

奧原碧雲, 2007, 「竹島經營者中井養三郎立志傳」, 『竹島問題に關する調査研究-最終報告書』, 竹島問題研究會.

朝鮮總督府內務局土木課港灣係, 1925, 『朝鮮の港灣(附圖別冊)』, 朝鮮總督府.

佐佐木茂, 2007, 「領土編入に關わる諸問題と資史料」, 『竹島問題に關する調査研究. 最終報告書』, 竹島問題研究會.

塚本孝, 2007, 「奧原碧雲竹島關係資料(奧原秀夫所藏)をめぐって」, 『竹島問題に關する調査研究. 最終報告書』, 竹島問題研究會.

下條正男, 2007, 「竹島の日條例から二年」, 『竹島問題に關する調査研究. 最

終報告書』, 竹島問題硏究會.

海軍水路部, 1985,「朝鮮全岸」, 盛京省(日本國會圖書館 所藏).

http://ja.wikipedia.org/wiki

한일회담과 독도 영유권 (2):

과거사 인식과 독도 영유권 문제와의 관련을 중심으로

김 영 수

1. 서론: '인식'으로서의 독도 영유권의 문제

본고는 국교정상화를 위한 한일회담(1951-1964)에서 과거사에 대한 한일 양국의 대립적 인식이 독도 영유권 문제와 어떤 관련을 가지고 있는가를 검토하려는 것이다. 이에 의해 독도 영유권 문제가 순수한 '영토'(territory) 문제일 수도 있지만, 실질적으로는 '역사인식'(perception of history)에 대한 대립의 연속선상에 위치한다는 점을 지적하고자 한다.

한일회담에서는 배상이나 어업권 분쟁 등 구체적인 현안에 대해서도 치열한 논쟁이 전개되었으나 특히 "당시 일본사회의 역사인식이 가장 극명하게 드러난 무대"이다.[1]

한일회담이 14년간 중단과 재개를 반복하면서 난항할 수밖에 없었던 최대의 이유는 과거 36년간의 식민지 시대에 대한 한일 양국의 역사인식의 근본적 차이에 있었다. 한일 과거사 인식의 문제는 비단 한일회담에 그치지 않고 전후 한일관계를 마찰과 대립의 악순환으로 끌어가는 최대 아킬레스건으로 여전히

---

1) 함동주, 2000, 「전후일본의 역사인식과 「한일회담」」, 『일본역사연구』 12, 일본사학회, 130쪽.

남아있다고 해도 과언은 아닐 것이다.[2]

이처럼 역사인식의 문제는 현대 한일관계를 결정짓는 근본적 문제라고 볼 수 있다.

그런데 독도 영유권을 둘러싼 한일간의 대립은 표면상 역사인식보다 역사적 권원(historical title)이나 국제법 같은 순수한 사실(fact)에 기초하고 있다.[3] 그 이유는 양국이 자국의 영유권을 사실로써 인식하고 있을 뿐 아니라, 그런 인식이 자국에 유리하기 때문이다. 그 반면 자신의 주장이 가상적(virtual)이거나 추상적인 것임을 인정하는 것은 그 주장의 진실을 상대화시키는 행위이다.

그런데 사실상 독도 영유권에 대한 양국의 대립은 과거사, 특히 한국에 대한 19세기 이후 일본의 제국주의적 침탈과 식민지배에 대한 인식 차이에 기초하고 있다. 한국의 입장에 따른다면, 1905년 일본에 의한 독도 영토편입은 제국주의 침략 과정에서 발생한 불법적 행위이다. 즉, 독도의 영토편입은 역사적으로나 국제법적으로 1910-1945년까지의 식민지 지배와 동일한 의미를 갖는 것이다. 일본은 독도 영유권 편입과 한일강제병합이 국제법적으로 합법적이고 정당하다고 주장한다. 따라서 한국이 이를 인정하지 않고 강제로 독도를 점유했기 때문에 영유권 분쟁이 발생되었다고 본다. 요컨대, 독도 영유권 분쟁은 근본적으로 과거사 인식을 둘러싼 한일간의 대립에 기초하고 있는

---

2) 이원덕, 2005, 「한일회담에서 나타난 일본의 식민지지배 인식」, 『한국사연구』 131, 100쪽 ; 김영수, 2008, 「한일회담과 독도 영유권 : 샌프란시스코 강화조약과 한일회담 「기본관계조약」을 중심으로」, 『한국정치학보회』, 113~114에서 재인용.

3) 영유권에 관한 논의에 대해서는(신용하, 2002, 「독도 영유권의 역사」, 『독도영유권 연구논집』, 독도협의회 편, 13쪽)를 참조하라. 이는 통상 대략 (1) 역사적 권원(權原, historical title), (2) 국제법적 지위, (3) 실효적 점유라는 측면에서 이루어진다.

것이다.4)

앞선 논문에서는 샌프란시스코 강화조약과 국교정상화를 위한 한일회담의 「기본관계조약」을 중심으로 이 문제를 검토하였다. 그 요지는 첫째, 샌프란시스코 강화조약이 카이로선언과 포츠담선언과 달리 일본제국주의의 침략주의를 희석시켰다는 점이다. 둘째, 이로써 일본의 독도 영토편입이 합법적인 것으로 인정되었다. 전후 한일관계는 샌프란시스코 강화조약의 종속적 하위체계로 기능했다. 셋째, 「기본관계조약」은 국교정상화를 위한 한일간 과거사 인식의 통일하기 위한 시도였으나, 한일 양국의 대립적 인식을 상호해석 가능한 방식으로 모호하게 규정되었다.

본고에서는 한일회담 진행과정을 중심으로 한일간 과거사 인식이 독도 영유권 문제와 어떻게 관련되어 있는지를 살펴보고자 한다.

독도 영유권 문제에 관해 인식의 문제를 검토하려는 것은 크게 세 가지 이유 때문이다.

첫째, 영유권 문제를 지나치게 사실의 문제로만 이해하려는 일면성을 탈피하기 위한 것이다. 사실의 문제로만 보면 독도 영유권 문제가 지닌 다면성을 이해하기 어렵다.

둘째, 일본의 주장을 보다 객관적으로 파악할 뿐만 아니라, 제3자에 대한 한국 입장의 설득력을 강화시키기 위한 것이다. '사실'의 관점에서만 보면 그 사실과 다른 주장은 전적으로 오류이다. 즉, 'A or B'의 인식론이다. 그런 견해는 강력하지만, 반대 주장에 대한 이해를

---

4) 물론 한국은 '분쟁' 사실의 존재 자체를 인정하지 않는다. 독도는 "역사적으로 명백한 한국의 영토"이기 때문이다. 그 반면 일본은 1954년 9월 25일을 기점으로 국제분쟁이 발생했다고 본다. 그 차이는 이 문제의 해결방식이 다르기 때문에 나타난다. 주지하듯이 일본은 이 문제를 국제사법재판소에서 해결하고자 하고, 한국은 반대하고 있다. 이에 대한 일본의 의도에 대해서는 (김영수, 2008, 122쪽 각주 22)를 참고하라.

어렵게 할 뿐 아니라 제3자에게는 비합리적인 것으로 인식된다. 물론 한국은 독도 영유권에 관한 '분쟁상황'을 인정하고 있지 않지만, 국제 사회의 여론을 무시할 수는 없다.

셋째, 독도 영유권 문제를 인류의 보편적 가치와 연관시킴으로써, 한국의 입장을 강화하기 위한 것이다. 사실론적 관점은 그 자체로서 자기완결적이기 때문에 가치론을 필요로 하지 않는다. 그러나 국제사 회의 폭넓은 지지를 받기 위해서는 가치론적 입장이 필요하다. 인식 론적 관점은 상대론적 입장이기 때문에, 사실론적 입장보다 취약하 다. 그러나 적어도 식민지배가 합법적이라는 일본의 주장에 관한 한, 오늘날 인류의 가치관과는 부합되지 않는다.

2. 한일회담에서의 과거사 인식 (1): 구보다 발언을 통해 본 한일간 역사인식의 갭

1951-1964년 사이 국교정상화를 위한 한일회담에서 가장 어려웠던 점은 먼저 무엇을 회담의 아젠다로 설정할 것인가였는데, 당연히 양 국은 국익에 불리한 아젠다를 회피하고자 하였다. 그중 가장 중요한 난제가 과거사 문제와 독도문제5)였다.

---

5) 한국은 독도 영유권 문제의 의제화를 완강히 거부했다. 과거사 문제와 독 도 영유권 문제가 직결된 사안이라면, 한국 정부의 입장은 모순된 것이다. 그 이유는 먼저, 독도 영유권을 둘러싼 국제분쟁의 존재 자체를 한국은 원 칙적으로 인정할 수 없었기 때문이다. 즉, 이론상 독도 문제는 원천적으로 논의될 수 없는 사안이었다. 그러나 현실적 측면에서는, 경제개발 자금이 필요했던 한국이 독도 영유권에 관해 일본에 무엇인가를 양보해야 하는 상 황에 서고 싶지 않았기 때문이었다. 한일회담에서 한국은 일본에게 줄 것 이 아무 것도 없었다. 이 때문에 독도 영유권의 의제화는 감당할 수 없을 정도로 위험한 사안이었다. 그 반면 일본은 이 문제의 의제화를 회담의 최 종적 성립 직전까지 포기하지 않았다. 결국 한국의 입장이 관철되어 독도

일본은 한일회담에서 과거사 문제를 의제화하는 데 극력 반대했다.[6] 그 이유는 19세기말 이래 일본이 한국에 끼친 침략주의의 불법성을 인정해야 하는 상황이 초래될 수 있었기 때문이다. 그것은 지금도 해결되지 못한 문제로서, 당시의 일본 국민이 원하지 않는 방향이었다. 과거사 문제는 또한 동시에 배상 또는 피해보상 문제와 직결된 문제이기도 했다. 그 반면 과거사에 대한 일본의 참회를 얻어내어 국교정상화의 명분을 국민들에게 설득할 필요가 있었던 한국 정부로서는 이 문제를 포기할 수 없었다. 동시에 현실적으로 한국정부는 배상을 통해 경제개발 자금을 확보해야 했다. 즉, 과거사 문제의 의제화 여부와 관련하여, 한일 양국은 명분과 이익이라는 측면 모두에서 자신의 입장을 포기할 수 없었다.

영유권 문제는 정식 의제로 채택되지 않았다. 독도 영유권 문제는 한일회담에서 공식적으로 '의제화되지 않은 의제' 중 가장 심각한 의제였다.

6) 현대 한일관계의 특징은 한국이 '역사'(history)로부터 양국 관계를 인식하려는 반면, 일본은 '법률'(law)이라는 관점에서 인식하려고 한다는 점이다. 한국은 '정당성'(righteousness)을, 일본은 '합법성'(lawfulness)을 강조한다. 한국이 윤리적으로 보려는 반면, 일본은 철저하게 현실적으로 보려한다. 한국은 일본이 '비양심적'이라고 보며, 일본은 한국이 '비이성적'이라고 본다. 이런 인식의 차이로 인해 양국은 여전히 상호불신 상태에 놓여 있다. 원론적으로 말한다면, 일본은 과거에 대한 역사적·윤리적 책임을 법률적·절차적 논리에 의해 부정하려고 한다. 두 입장을 조정할 수 있는 것은 정치뿐이다. 일례로 한일회담에서 문화재 반환을 둘러싼 논리를 살펴보자: "한국-(문화재 반환이) 법적으로 맞지 않는다고 하였으나 법적 근거야말로 이러한 역사 사실이 근본이 되어야 할 것이니, 기교를 피우는 법론을 하지 말고 전체적인 입장에서 진행하는 것이 특히 좋은 효과를 가져 오리라고 믿는다. 일본-우리로서는 개인이 그런 생각을 가지고 자발적으로 반환한다면 좋다. 그러나 이것을 청구권으로서 요구하는 것이라면 이는 전술한 바와 마찬가지이다. 정치적으로 하자면 우리도 협력할 수는 있으되 어떠한 의무가 우리에게 있다면 이는 문제가 다르다."(『한일회담 외교문서: 제6차 한일회담 문화재소위원회 1962-64』, 문서번호 6-48번, 서울: 외교통상부, 51쪽) 선박 반환문제를 둘러싼 법이론 논쟁에 대해서는 유진오, 1993, 『한일회담: 제1차 회담을 회고하면서』, 외무부 외교안보연구원, 111쪽을 참고할 것.

일본은 우선 현안문제를 타결하고, 과거사 문제는 후일의 과제로
남겨두고자 했다. 그러나 과거사 문제를 거론하지 않고 양국의 국교
정상화를 논의한다는 것은 불가능한 일이었다. 왜냐하면 과거사 인식
의 문제가 사실상 모든 현안문제의 뿌리였기 때문이다. 이와 관련하
여 유진오는 다음과 같이 말하고 있다.

> 당장 기본관계위원회에서 협의해야 할 문제를 놓고 양측의 생각이 근본적으
> 로 달랐다. 일본측이 기본관계위원회의 설치 목적에 대해 「양국의 새로운 관
> 계 발생에서 비롯되는 각종 현안문제의 해결」이라는 견해를 주장한 반면, 우
> 리는 「새로운 관계 수립을 위한 과거부터의 현안문제 해결」이어야 한다고 맞
> 선 것이다. … 우리측은 「과거를 보상하라」는 입장인데 일본측은 「과거를 묻
> 지 말라」는 자세였다. 이처럼 양측의 접근방식이 두드러지게 다른 것은 두말
> 할 나위도 없이 이것이 청구권 등 양국의 이해가 걸린 문제와도 상호 연관성
> 을 갖기 때문이다.[7]

실제로 한일회담은 처음부터 과거사 인식을 둘러싼 격렬한 대립으
로 시작되었다. 1953년 10월에 개최된 한일 제3차 회담 재산청구권위
원회 제2회의(1953년 10월 15일)에서 있었던 이른바 '구보다 발언'이
대표적이다.[8] 일본측 회담대표였던 구보다는 개인 의견임을 전제했
지만, 그의 발언은 이후 한일간의 역사인식에 있어 하나의 '전형'을
이룰 정도로, 모든 쟁점을 내포하고 있었다.

> ○구보다 간이치로(久保田貫一郎) : 일본측으로서는 대한청구권이 있다는 태
> 도를 견지하고 있다.[9] 그러나 양보하여 접근하려는 마음도 충분히 갖고

---

7) 유진오, 1993, 143쪽 ; 김영수, 2008, 124쪽에서 재인용.
8) 구보다는 당시 일본 外務省參外로서, 1953년 4월 15일 개최된 한일 제2차
   회담 수석대표였다.
9) 1957년 미국은 "일본의 대한청구권 주장은 근거 없는 것"이라는 유권해석
   을 내렸다.(유진오, 1993, 152쪽) 청구권 문제를 둘러싼 저간의 상황에 대해
   서는 이원덕, 2002, 「한일 과거사 청산의 구조 : '청구권 문제'와 '기본관계'

있다. 당신들에게는 청구권이 있고, 우리에게는 없다는 것은 곤란하다.

○홍진기 : 양보하여 접근하려고 한다지만, 일본이 말하고 있는 청구권과 한국이 말하고 있는 그것과는 법률적으로 의미가 다르다. 한국이 말하는 것은 조선이 일본으로부터 분리되는 데 따르는 청산문제이다. 일본의 주장은 정치적이다. 성질이 다른 만큼 쉽게 접근할 수 있는 것이 아니다. 일본측이 그러한 말을 한다면 우리는 다시 생각을 바꿀 수밖에 없다.

○구보다 : 일본측의 청구권도 법률문제이다.

○홍진기 : 한국의 국회에서는 수원의 학살사건, 한일합병조약 직후의 학살사건, 또는 36년간의 통치동안 치안유지법으로 투옥, 사망한 점 등에 대한 청구권을 내지 않으면 안 된다. 또 조선 쌀을 세계시장보다 부당하게 싼 값으로 일본으로 가져갔다. 그 가격의 반환을 요구하라는 의견도 있다. 일본으로서는 이 정도로 타협하는 것이 좋다는 것은 아닌가. 우리는 일본이 이런 청구권을 내리라고는 생각지 않았다. 우리는 순법률적인 청구권만을 내고, 정치적 색채가 있는 것은 그만두었다.[10] 그런데도 일본측이 36년간의 축적을 돌려달라고 한다면, 한국측으로서도 36년간의 피해를 보상하라고 하는 수밖에 없다.

○구보다 : 한국측에서 국회의 의견이 있다고 해서 그러한 청구권을 낸다면, 일본으로서도 조선의 철도나 항만을 만들고, 농지를 조성하고, 대장성이 당시 많은 해는 2천만 엔도 내놓았다. 이것들을 돌려달라고 주장해서 한국측의 청구권과 상쇄하면 되지 않겠는가.

(한국측 각 위원들 흥분한 표정으로 각자 발언한다.)

○홍진기 : 당신은 일본인이 오지 않았다면 한국인은 잠만 자고 있었을 것이라는 전제에서 말하는 것인가. 일본인이 오지 않았다면 우리는 더 잘 하고 있었을지도 모른다.

○구보다 : 좋아졌을지도 모르지만 나빠졌을지도 모른다. 지금부터 말하는 것은 기록하지 않았으면 하는데 … 사건으로서 말하지만, 내가 외교사 연구를 한 바에 따르면 당시 일본이 가지 않았다면 중국이나 러시아가 들어갔을지도 모른다고 생각한다. [중략]

의 타결과정을 중심으로」, 『대구사학』 69, 대구사학회, 101~104쪽 참조.

10) 한국측의 요구가 순수히 법률적이고 비정치적이라는 한국측의 주장은 교전국으로서의 전쟁배상권을 포기한다는 의미이다. 샌프란시스코 강화회담에서 한국은 일본과 싸운 교전국으로 인정받지 못했고, 평화조약 조인국으로 참여하지 못했기 때문에 이는 불가피한 선택이었다. 따라서 한국의 대일청구권은 "시초부터 영토의 분리 내지 독립에서 비롯한 재정적·민사적 채권채무의 청산 성격만을 띠고 있었다."(유진오, 1993, 152쪽).

○유태하 : 구보다씨, 그런 말을 하면 이야기가 되지 않는다. 일본측에서 옛 날 일은 흘려보내고 미안하다는 마음으로 말을 한다면 다르지만.

○구보다 : 서로 장래의 일을 생각해서 하고 싶다. 법률적인 청구권 문제로 말을 진행하고 싶다.

○홍진기 : 법률적이라고 해도, 당시 일본인의 재산이 한국인과 동등한 입장 에서 축적되었다고 생각하는가.

○구보다 : 자세한 것을 말하려면 한이 없다. 다만 36년간이라는 것은 자본 주의 경제기구하에서 평등하게 취급되었던 것이다. 시대를 생각하기 바 란다.

○홍진기 : 무엇 때문에 카이로선언에 '조선인민의 노예상태'라는 말이 사용 되고 있는 것인가.

○구보다 : 사견이지만 그것은 전쟁중의 흥분한 심리상태에서 작성된 것으 로, 나는 노예라고 생각지 않는다.

○장 : 일본이 재산을 불린 것은 투자나 운영능력이 좋았기 때문이라고 생각 하는가. 일본인이 토지를 산 것은 동양척식주식회사 등이 총독부의 정책 으로 산 것이지 기회균등은 아니었다.

○구보다 : 일본을 위해서만은 아니다. 조선의 경제에도 도움이 되었을 것 이다.

○홍진기 : 구보다씨는 서로 도와주는 정신이라든가 양보하여 접근하려고 한다지만, 우리는 양보할 여지가 없다.[11]

홍진기의 주장에서 알 수 있는 바처럼, 샌프란시스코 강화조약에서 전승국 자격을 획득하지 못한 결과 한국은 전쟁 배상을 포기했다. 피 해 보상은 조선이 일본으로부터 분리되는 데 따르는 청산문제 일본과 의 순수한 경제적 청산만을 목표로 축소되었다. 그래서 한국측의 주 장이 법률적인 반면, 일본측의 주장은 정치적이라고 비판한 것이다.

---

11) 『外務省會議議事錄』. 구보다와 한국측 대표간의 응수(『朝日新聞』, 1953. 10. 22) ; 고려대학교 아세아문제연구소, 1976, 『한일관계자료집』 제1집, 107~ 114쪽. 구보다는 본인의 발언에 대해 10월 27일, 일본참의원 수산위원회에 서 상세하게 해명하고 있다. 이에 대해서는 東京大學東洋文化研究所 田中 明彦研究室, 「データベース『世界と日本』」(日本政治·國際關係データベース), "[文 書名] 日韓會談「久保田發言」に關する參議院水產委員會質" 참고.
(http://www. ioc.u-tokyo.ac.jp/~worldjpn/documents/texts/JPKR/ 19531027. O1J.html)

심지어, "한국이 말하는 것은 조선이 일본으로부터 분리되는 데 따르는 청산문제"라는 주장까지 개진되었다. 한국의 독립을 노예상태로부터의 해방이 아니라 "일본과의 분리"로 인식하는 것은 일본 식민 지배의 정당성을 인정하는 것이며, 1948년 대한민국의 건국을 샌프란시스코 강화조약의 관점에서 이해하는 위험한 주장이었다. 그러나 일본은 이것조차 수용하지 않고, 일본이 한국에 남기고 간 재산에 대한 역청구권을 제기했다.

청구권과 관련된 부분을 제외하고, 여기에서 논의하려는 사항은 카이로선언에 명기된 '조선인민의 노예상태'라는 조항에 관한 일본측의 인식이다. 1943년 11월 연합국에 의해 공포된 카이로선언은 다음과 같다.

> 일본은 또한 폭력 및 탐욕에 의해 일본이 약취한 일체의 다른 지역으로부터 구축되어야 한다. 전기한 3대국(미국, 영국, 소련: 역주)은 조선 인민의 노예상태에 유의하여, 적절한 시기에 한국을 자유롭고 독립케 할 것을 결의한다.[12]

전후의 문장을 함께 읽으면, 한국이 일본의 폭력과 탐욕에 의해 영토를 점령당했으며, 그로 인해 노예상태에 빠진 한국 인민은 자유롭고 독립된 상태로 되어야 한다고 주장하고 있다. 이 원칙은 대서양헌장의 정신과도 부합된다.[13] 즉, 한국의 독립은 강탈된 주권의 회복이

---

12) 원문은 다음과 같다: Japan will also be expelled from all other territories which she has taken by violence and greed. The aforesaid three great powers, mindful of the enslavement of the people of Korea, are determined that in due course Korea shall become free and independent. ("The World and Japan" Database Project, Database of Postwar Japanese Politics and International Relations, Institute of Oriental Culture, University of Tokyo; The Cairo Declaration, Department of State [USA], *The Department of State Bulletin*, No.232, p.393. *Japan's Foreign Relations-Basic Documents*, Vol.1, pp.55~56.

13) 1941년 미국과 영국에 의해 표명된 대서양헌장 제2조는 "관련된 국민들의

지, 일본제국과의 분리에 의한 새로운 주권의 확립이 아니다. 그러나 구보다는 이 조항이 연합국의 비정상적인 인식에서 비롯된 오류이며, 조선 인민은 노예가 아니었다고 주장했다. 요컨대 한일강제병합이 합법적이라는 것이다.

구보다 발언에 대한 한국과 일본측의 진술은 엇갈리지만, 그의 발언은 상기한 진술보다 더 많은 쟁점을 가지고 있었다.[14] 첫째, 포츠담선언을 수락함에 의해 일본은 자신의 침략행위를 인정했는가의 여부이다. 1945년 7월에 공포된 포츠담선언은 일본제국이 세계정복을 기도한 '무책임한 군국주의'(irresponsible militarism)이며, 그 지도자들은 "야집에 사로잡힌 군국주의적 고문관들"(self-willed militaristic advisers)로서, 일본을 멸망에 빠트리고 일본 국민을 기만했다고 선언하고 있다. 일본제국주의의 침략은 대외적인 것만이 아니고, 대내적인 것이기도 한 것이다. 즉, 일본제국은 국외에서뿐만 아니라 국내에서도 부정되어야 할 악이었다.

포츠담선언은 또한 제8조에서 카이로선언의 조항들이 이행되어야 한다고 규정하여, 카이로선언과의 직접적인 연계성을 밝히고 있다.

자유롭고 명시적인 희망에 부합되지 않는 어떠한 영토적 변경도 없기를 희망한다.", 제3조는 "양국은 주권 및 자치를 강탈당한 국가들에게 주권 및 자치가 회복되기를 희망한다."이다. 원문은 다음과 같다 : Second, they desire to see no territorial changes that do not accord with the freely expressed wishes of the peoples concerned; Third, they respect the right of all peoples to choose the form of government under which they will live; and they wish to see sovereign rights and self-government restored to those who have been forcibly deprived of them. (http://www.ioc.u-tokyo.ac.jp/~worldjpn/documents/texts/docs/19410814.D1E.html)

14) 구보다 발언에 대한 상세한 재구성은 이원덕, 1996, 『한일 과거사 처리의 원점 : 일본의 전후처리 외교와 한일회담』, 서울대학교출판부, 65~72쪽 ; 玄大松, 2006, 『領土ナショナリズムの誕生』, ミネルヴァ書房, 94쪽을 참조하라.

(6) 우리는 무책임한 군국주의가 세계로부터 구축될 때까지 평화, 안전 및 정의 신질서가 불가능할 것이라고 생각하기 때문에, 일본국민을 기만하여 세계정복에 나서게 한 자들의 권위와 영향력을 영원히 제거해야 할 것이다. [중략]

(8) 카이로선언의 조항은 이행되어야 하고, 또한 일본의 주권은 혼슈, 홋카이도, 큐슈 및 시코쿠, 그리고 우리가 결정하는 여러 작은 섬에 국한한다.15)

이 때문에 카이로선언이 비정상적인 인식의 결과라는 구보다의 견해에 대해, 한국측은 일본이 포츠담선언을 수락했으므로 카이로선언을 인정한 것이 아닌가라고 반박했다. 이에 대해 구보다는 다음과 같이 주장했다.

일본은 포츠담선언을 수락16)하였고 또 지금껏 충실히 이행하여 왔다고 믿는다. 그러나 본인의 생각에 의하면 동 선언의 문장은 그 문장이 표시하는 법률적 효과를 목적으로 하는 것이므로, 일본이 수락한 것은 그 법률적 효과를 수락한 것이다. 따라서 기타의 문구에 관한 해석에는 다른 해석이 생길 수 있다.

---

15) 원문은 다음과 같다: (6) There must be eliminated for all time the authority and influence of those who have deceived and misled the people of Japan into embarking on world conquest, for we insist that a new order of peace, security and justice will be impossible until irresponsible militarism is driven from the world. ⋯ (8) The terms of the Cairo Declaration shall be carried out and Japanese sovereignty shall be limited to the islands of Honshu, Hokkaido, Kyushu, Shikoku and such minor islands as we determine. (UCLA Asia Institute, http://www.isop.ucla.edu/ eas/ documents/potsdam.htm)

16) 포츠담선언의 이행을 약속한 일본의 항복문서(Japanese Instrument of Surrender)의 조항은 다음과 같다: We hereby undertake for the Emperor, the Japanese Government and their successors to carry out the provisions of the Potsdam Declaration in good faith, and to issue whatever orders and take whatever actions may be required by the Supreme Commander for the Allied Powers or by any other designated representative of the Allied Powers for the purpose of giving effect to that Declaration. (Japan 101, http://www.japan-101. com/history/japanese_ instrument_of_surrender.htm)

그는 법률의 수락을 그 법률이 지닌 '효과'의 수락으로 재해석하고,
그 효과를 달성하기 위한 방법이 무엇인지에 대해서는 해석의 다를
수 있다고 하여, 일본에게 해석의 자유를 부여하고 있다.[17]

이를 통해 그는 연합국의 조치를 인정해야 하는 상황과 조선인민
이 노예상태가 아니라는 인식 사이의 논리적 모순을 회피하려고 했지
만, 다른 한편 "현재와 같은 상태에서 포츠담선언을 작성했다면 그러
한 표현은 사용하지 않았을 것"이라고 주장했다.[18] 즉, 어떤 논리로
도 포츠담선언을 모순 없이 일본측에 유리하게 해석하는 것이 곤란함
을 드러내고 있다.[19]

---

17) 이러한 '해석'의 여지에 대한 주장이 일본의 '무조건 항복'(unconditional
surrender)과 공존할 수 있는지는 의문이다. 원문은 다음과 같다: We hereby
proclaim the unconditional surrender to the Allied Powers of the Japanese
Imperial General Headquarters and of all Japanese forces and all armed forces
under Japanese control wherever situated.

18) 『韓日會談略記』 ; 이원덕, 1996, 69쪽에서 재인용. 그런데 일본이 포츠담선
언을 수락한 것은 구보다의 주장처럼 비이성적인 결정을 불가피하게 수락
한 불합리한 행위가 아니라, 일본이 이성적으로 행동할 것을 촉구한 연합
국의 권유를 따른 이성적 행위라고 볼 수 있다. 이와 관련된 포츠담선언 제
4조는 다음과 같다: (4) The time has come for Japan to decide whether she will
continue to be controlled by those self-willed militaristic advisers whose
unintelligent calculations have brought the Empire of Japan to the threshold of
annihilation, or whether she will follow the path of reason.(UCLA Asia Institute)
그러나 일본을 군국주의로 규정했던 카이로선언, 포츠담선언과 달리 미국
을 중심으로 한 연합국은 샌프란시스코 강화조약의 전문에서, "연합국 및
일본은 양자의 관계가 금후 공통의 복지를 증진하고 또한 국제평화 및 안
전을 유지하기 위해 주권을 갖는 대등한 존재로서 우호적인 연대하에 협력
하는 국가 사이의 관계가 아니면 안 된다"고 결의했던 것도 사실이다.(東京
大學東洋文化研究所 田中明彦研究室, 「データベース『世界と日本』」(日本政
治·國際關係データベース), "[文書名] 日本國との平和條約") 구보다의 주장
대로, 미국은 그 시점에서 입장을 전환했던 것으로 볼 수 있다.

19) "이 발언이야말로 일본측의 논리적 모순이 가장 현저하게 나타나고 있는
부분이라고 생각된다."(이원덕, 2005, 「한일회담에서 나타난 일본의 식민지

법률의 수락과 법률 효과의 수락을 구분하고, 법률 효과만을 수락한다는 것은 법률의 정당성에 대한 부정을 뜻한다. 요컨대, 일본은 일본제국주의에 대한 연합국의 인식이 부당함에도 불구하고, 군사력의 열세로 인해 포츠담선언을 수락했다고 주장하고 있다. 그것은 연합국에 의한 세계질서를 부정하는 태도이다.

둘째, 그러나 구보다는 다시 연합국에 의한 세계질서가 정당하다고 주장한다. 일본측은 한국의 독립 시기와 독립의 국제법적 합법성을 어떻게 인식하고 있는가? 구보다가 "대일 강화조약 체결 전에 한국이 독립한 것은 국제법 위반이다."라고 발언했다는 한국측의 주장에 대해 구보다는 다음과 같이 말하고 있다.

> 본인이 말한 의미는, 한국의 독립에 관하여 최종적으로 종결을 짓는 것은 강화조약에 의하여 행하는 것이 통례이며, 일본으로서는 전쟁의 최종적인 종결은 샌프란시스코 조약으로서 된 것이다. 그 전에 일본이 행한 것은 일종의 예비적 행위인 것이다. 따라서 일본에 관한 한 한국의 독립을 승인한 일자는 샌프란시스코 조약 발효일인 것이다. … 물론 항복문서에서 포츠담선언을 수락한다고 하여 한국의 독립을 인정하기는 하였으나 일본이 연합국에 의하여 점령당하고 있었을 때는 일본은 한국의 독립을 결정적으로 최종적으로는 승인할 수 없었던 것이다. 그러므로 강화조약에 의해 일본은 한국의 독립을 승인한 것이다.[20]

여기에서 구보다는 일본의 포츠담선언의 수락에 의해 수립된 샌프란시스코 강화조약을 이용해 1948년 대한민국의 수립을 부정하고 있다. 1948년 대한민국이 독립주권국가를 수립하고 UN의 승인을 얻은 것은 국제법에 어긋난다는 것이다. 일본의 입장에서 보면, 1952년 연합국과 일본 사이에 체결된 샌프란시스코 강화조약에 의해 일본의 주권이 회복되고, 그 조약의 규정에 의해 대한민국의 독립을 승인[21]할

지배 인식」, 『한국사연구』 131, 한국사연구회, 111쪽).
20) 『韓日會談略記』 ; 이원덕, 1996, 69~70쪽에서 재인용.

때까지 한국은 일본제국의 일부로서 연합국의 점령상태 하에 있었다
고 보기 때문이다. 즉, 대한민국은 일본의 '분할'로 인해 탄생한 것이
지, 불법적인 상황의 종식에 의한 주권의 자연적인 '회복'은 아니다.

요컨대 그는 샌프란시스코 강화조약의 정당성을 주장하고 있다. 그
렇다면 그 조약을 탄생시킨 포츠담선언과 그것을 받아들인 일본의 행
위도 정당하다고 주장하는 것이다.

여기에서도 구보다는 모순된 논리를 공존시키기 위해 노력하고 있
다. 이를 위해 그는 대한민국의 독립과 관련하여 일본의 무조건 항복
과 포츠담선언 수용이 지닌 의미를 '예비적 행위' 또는 '결정적이고
최종적'이지 않은 행위로 재해석하고 있다. 그러나 대서양헌장과 카
이로선언, 포츠담선언은 일본의 탐욕과 강압에 의해 상실된 주권의
즉각적인 회복을 천명하고 있다. 즉, 이 선언을 승인한 이상, 한국의
독립은 일본제국의 승인을 얻을 필요가 없다는 점 역시 수락한 것으
로 보아야 할 것이다.

재일 한국인의 사회적 폭발력에 대한 심각한 우려에도 불구하고,
일본이 강화조약 체결시까지 재일 한국인의 일본 국적 보유를 주장했
던 것도 구보다와 같은 인식 때문이었다.[22] 또한 "연합국이 일본 국

---

21) 샌프란시스코 강화조약(Treaty of Peace with Japan)은 한국의 독립에 관해 제
   2장(CHAPTER Ⅱ TERRITORY) 제2조 a에 다음과 같이 규정하고 있다:
   Article 2. (a) Japan recognizing the independence of Korea, renounces all right,
   title and claim to Korea, including the islands of Quelpart, Port Hamilton and
   Dagelet. (일본은 한국의 영토를 승인하여, 제주도, 거문도 및 울릉도를 포함
   한 조선에 대한 모든 권리, 權原 및 청구권을 포기한다.)
   (http://en.wikisource.org/wiki/Treaty_of_San_Francisco)
22) 1945년 8월 9일, 일본의 포츠담선언 수락에 의해 재일 한국인은 자동적으
   로 한국 국적을 회복한 것으로 보아야 한다. 실제로 일본은 전후의 경제적
   부담과 치안문제를 이유로 재일 한국인들을 귀국시키고자 하였다. 그러나
   일본 정부는 연합국과의 강화조약이 체결되기 전에는 한국의 독립을 인정
   할 수 없다는 입장을 취했기 때문에 재일 한국인의 일본 체류를 인정하는

민을 한국에서 송환한 것은 국제법 위반"이라고 발언했다는 한국측의 주장에 대해, 구보다는 "본인은 그런 말을 한 적이 없다"고 말했다.[23] 그러나 구보다의 논리에서 보면 이런 주장은 자연스러운 것이다.

구보다 발언에 대한 한국측의 항의에 대해 오카자키 카츠오(岡崎勝男) 외상은 "우리들로서는 아무 것도 틀린 것을 말한 것도 없고, 사과할 이유는 하나도 없다."고 주장했다.[24] 이러한 역사인식에서는 독도 영유권 문제가 19세기말 일본의 침략행위로 인해 발생했다는 사실을 인정할 수 없는 것이다.

3. 한일회담에서의 과거사 인식 (2): 한일강제병합에 관한 한일간 역사인식의 갭

한일회담 기본관계 회담에서 또 하나의 가장 중요한 사항은 한일강제병합을 어떻게 보는가의 문제였다.[25] 현대 한일관계의 핵심적 쟁점은 물론이고, 독도 영유권 문제도 이에 대한 역사인식에서 비롯된다고 해도 과언이 아니다.

한편, 정치적 권리를 박탈했다. 일본은 재일 한국인이 "강화조약 발효 때까지는 일본국적을 가지고 있다는 견해를 가지고 있었으나 종전 직후부터 그 선거권·피선거권을 정지하고, 1947년 5월 2일의 외국인등록령 공포 때에 재일 한국인은 「당분간 외국인으로 취급한다」는 것을 적용했다."(유진오, 1993, 48쪽) 즉, 자국에 유리한 명분을 유지하면서도, 재일 한국인의 일반적 권리는 정지시키는 '제3국인'의 논리이다.

23) 『韓日會談略記』 ; 이원덕, 1996, 70쪽.

24) 日本國會(衆議院), 1953, 『第16回國會衆議院外務委員會速記錄』 第32号, 10.28.

25) 또 하나의 중요한 문제는 한반도의 분단으로 인해 야기된 정치적 대표성 (political representativeness) 문제로, 한반도에서 유일한 합법정부가 누구인가의 문제였다. 이는 「기본관계조약」에 "1948년 12월 12일 국제연합 총회에서 채택된 결의 195 III호를 상기하여"로 명문화되었다. 유엔은 결의 195 III호를 통해 대한민국을 한반도 유일의 합법정부로 인정했다.

한일강제병합과 관련된 한일간의 쟁점 사항은 「기본관계조약」에 규정되어 있다. 이 조약은 1965년 6월 22일 가조약이 체결되고, 12월 18일부터 효력이 발생했다. 일본측과 마지막까지 합의하지 못한 조항은 제2, 제3조였다. 제2조는 한일 양국간에 체결된 '구조약의 효력'에 대해 "1910년 8월 22일 또는 그 이전에 대한제국과 일본제국 사이에 체결된 모든 委約 및 협정이 이미 무효임을 확인한다."(『한일회담백서』 1965, 23)고 규정하고 있다. 이로써 양국은 과거사에 대한 인식을 잠정적으로 통일시켰다. 제2조의 내용은 평범하지만, 한일 양국은 조약 문구 하나 하나에 이견을 가지고 있었다. 이견을 조정하는 데는 13년 이상이 걸렸다.

그러나 제2조에는 명시된 것보다 명시되지 않은 내용이 더 많았다. 의견일치를 보지 못한 조항은 명문화되지 않았다. 가장 중요한 사실은 첫째, 이 조항에 한일강제병합의 성격이 규정되어 있지 않다는 점이다. 단지 조약이나 협정의 사실상 종료만 진술하고 있을 뿐이다. 둘째, 따라서 1919년 수립된 대한민국 상해임시정부에 대한 진술도 빠져 있다. 즉, 식민지기에 누가 한국인을 합법적으로 대표하는 국가인지에 대한 규정이 없다. 셋째, 그 결과 1945년 이후 한국의 '독립'이 정치적으로 어떤 의미를 가지고 있는지, 그리고 1948년 성립된 대한민국이라는 국가의 역사적 성격이나 지위가 무엇인지가 확실하지 않다. 또한 '이미'(already)가 의미하는 시점이 정확하게 언제인지 명시되지 않았다.[26] 이런 논점을 차례로 살펴보도록 하자.

---

26) 이에 대해 제7차 한일회담 주무자였던 이동원 전외무부장관은 다음과 같이 회고하고 있다: "내가 내민 카드는 사실 따져보면 별게 아니었다. 아예 한국의 합법성 및 관할권을 한데 묶어 서로의 주장을 희석시켜 각기 달리 해석할 여유 공간을 남겨둔 것뿐이었다. … 구조약 무효화 문제는 언제부터냐는 다소 쓰잘 데 없던 논쟁을 종식, 그냥 「이미 무효」란 단어로 통일키로 했다. 이 또한 우린 우리대로, 일본은 일본대로 서로 유리하게 해석할 수 있는 공간을 남긴 것이다."(이동원, 1992, 『대통령을 그리며』, 고려원, 230쪽).

첫째, 1951년 한일 국교정상화를 위한 회담이 시작되었을 때, 한국 측이 가장 중요하게 생각한 것은 조약의 성격이었다. 한국측은 과거 청산에 따른 「평화조약」 또는 「기본조약」이어야 한다고 주장했다. 그 러나 일본은 「우호조약」이어야 한다고 주장했다.[27] 그 의미에 대해 당시의 일본 외상 오카자키 카츠오(岡崎勝男)는 다음과 같이 말하고 있다.

> 국교의 기본을 수립하는 조약의 문제는 조선의 독립과 더불어 한일 양국이 대등한 주권국으로서 선린우호관계를 맺는 것이 주제였다. 그러나 이 문제의 협의과정에서 한국은 흡사 승전국으로서 우리나라와 평화조약을 체결하는 태 도로 나와, 예를 들면 한국이 일본의 독립을 승인해 준다라든가, 과거의 한일 합방은 무효라는 식으로 주장한 경위가 있었다.[28]

일본의 입장에서 볼 때, 한국측 관점의 문제는 두 가지, 즉 첫째, 한국은 승전국인가, 둘째, 한일강제병합은 무효인가였다. 한국이 선호 했던 '평화조약'은 강화조약을 뜻한다. 즉, 양국이 교전을 중지하고 평화를 수립하기 위한 조약인 것이다. 그 뜻은 첫째, 일본의 한일강제 병합이 강압에 의해 이루어진 침략이며, 그 때문에 양국간에 전쟁이 발생했다는 인식이다. 둘째, 따라서 대한민국은 1910년 이후 대일본 전을 수행해 온 한국 임시정부들의 적법한 계승자이며, 일본 제국주 의를 축출한 전승국인 것이다. 이것이 한국이 생각한 당시 한일 양국 의 기본관계였다.

---

27) 중화민국과 일본 사이의 국교정상화 과정에서도 유사한 대립이 존재했다. 중화민국측은 「평화조약」을 주장한 반면, 일본측은 「전쟁상태를 종결시키 고 정상관계를 회복하기 위한 이국간 조약」을 주장했다. 일본측은 교전상 태임을 인정했으나, 중화민국이 승전국이라는 사실을 인정하지 않으려 했 던 것이다. 이에 대해서는 이원덕, 1996, 60쪽 ; 石井明, 1988 ; 石井明, 1989 를 참조할 것.

28) 日本國會(衆議院), 1952, 『第13會衆議院外務委員會速記録』第24號, 5.14.

요컨대 국교정상화를 위한 한일간 조약이 '평화조약'이 되어야 한다는 주장에는 네 가지 점이 전제되어 있다: (1) 한일강제병합은 불법적 침략행위이다. (2) 침략에 저항해 한국인은 일본과 전쟁을 수행했다. (3) 1910-1945년 사이 대일본 전쟁 주체로서 한국인을 대표하는 정통성 있는 국가가 존재했다. (4) 이 국가는 1948년 이후 대한민국에 의해 계승되었다.

현대 대한민국 헌법은 이 점에 대해 어떻게 인식하고 있는가? 1948년 7월 17일 제정된 대한민국 제헌헌법 전문에는 "우리들 대한국민은 기미 삼일운동으로 대한민국을 건립하여 세계에 선포한 위대한 독립정신을 계승하여 이제 민주독립국가를 재건함"이라고 명기되어 있다. 위 전문의 내용은 세 가지 주장을 담고 있다: (1) 대한민국은 1919년 3.1운동에 의해 건국되었다. (2) 이 국가의 목표는 '독립'과 '국민주권'(민주)의 수립이다. (3) 1948년 수립된 대한민국은 이 국가를 계승, 재건한 국가이다.

대한민국이 1919년에 건국되었다는 의미는 두 가지 뜻을 가지고 있다. 첫째, 정치체제 면에서 대한민국은 황제주권(imperial sovereignty)에 기초한 군주정(monarchy)인 대한제국을 계승하고 있지 않다. 대한민국은 황제주권을 부정하고 국민주권(popular sovereignty)에 기초하여 수립된 새로운 민주공화정(democratic republic)이다. 예컨대 1919년 4월 13일 대한민국 상해임시정부 수립식에서 이동녕 초대 임시의정원 의장은, "지금부터 이 나라는 대한제국이 아니라 민간인이 주도하는 대한민국"이라고 선언했다. 즉, 3.1운동은 대내적으로는 민주주의 혁명이었다.[29] 그런 점에서 대한민국은 대한제국의 정체를 계승하는 국가가 아니며, 다만 그 체제하의 '인민'을 계승한 국가이다.

---

29) 3.1운동은 한국의 근대정치운동에서 공식적으로 '신민(subject)'을 부정하고 '국민'(nation)을 주권자로 선포한 최초의 사건이었다.

둘째, 대외적인 측면에서, 대한민국은 한일강제병합의 불법성을 극복하고 한국인의 독립된 정치체제를 수립하기 위한 반제국주의 운동의 결과로 탄생된 국가이다. 즉, 3.1운동은 내적으로 민주공화정을 지향하고, 외적으로 독립주권국가를 지향30)했다는 점에서 1948년의 대한민국과 동일한 정치적 목표를 추구했다고 본 것이다.31)

그런데 대일본 관계의 측면에서 볼 때, 1948년 헌법 전문에는 난점이 존재한다. 그것은 1910년 이후 한국인을 대표하고 대일본 전쟁을 수행한 유일하고도 합법적인 주체이자 국가로서 대한민국이 명시되어 있지만, 그것을 대표하는 정부가 명기되어 있지 않다는 점이다. 대일 전쟁의 구체적인 주체가 모호한 것이다. 그 이유는 독립운동세력의 분열로 인해 다수의 임시정부가 존재했기 때문이다. 상해임시정부가 1919년 9월 11일 한성임시정부를 계승하고 대한국민회의를 흡수하여 임시헌법을 공표하여 9월 15일 통합정부를 구성했지만, 3.1운동 이후 한성임시정부, 연해주의 대한국민회의, 조선민국임시정부, 신한민국정부, 간도임시정부 등 7개의 임시 정부가 존재했다. 대한민국이

---

30) 3.1운동은 1919년 3-5월간 동안 조선 인구의 1/10인 202만명이 참가하고, 사상자 23,500명, 피체포자가 47,000명에 달할 정도로, 사회 전계층이 참여한 민족적이고 사회적인 운동이었다. 그 성격에 대해서는 김용직, 1994, 「사회운동으로 본 3·1 운동」, 『한국정치학회보』 28 참조.

31) 이에 대해서는 서희경, 2006, 「대한민국 건국헌법의 역사적 기원 (1898~1919) : 만민공동회·3.1운동·대한민국임시정부헌법의 '민주공화' 정체 인식을 중심으로」, 『한국정치학회보』 제40집 제5호 참조. 이 논문에 의하면, 1948년 수립된 대한민국의 민주공화제의 기원은 1898년 독립협회의 만민공동회로부터 비롯되었으며, 3.1운동과 상해 임시정부에 의해 구체적인 정치체제로 수립되었다. 참고로 1919년 제정된 대한민국 상해임시정부의 「임시헌장」은 다음과 같다: 제1조 대한민국은 민주공화제로 함. 제2조 대한민국은 임시정부가 임시의정원의 결의에 의하여 이를 통치함. 제3조 대한민국의 인민은 남녀 귀천 및 빈부의 계급이 무(無)하고 일체 평등임. 제4조 대한민국의 인민은 신교·언론·저작·출판·결사·집회·신서·주소·이전·신체 및 소유의 자유를 향유함. (…)(『대한민국임시정부의정원문서』 1974)

상해임시정부를 계승한다는 것은 1987년 헌법 전문에서 채택되었다.[32]

상해임시정부는 27년이라는 장구한 세월 동안 존속했다. 1940년 9월에는 광복군을 창설하였고, 11월에는 건국강령을 공포했으며, 12월 8일 태평양전쟁이 발발하자 12월 9일 대일선전포고를 발포하였다.(김혁동 1990) 해방후 광복군 총사령부가 발표한 선언에 따르면, "구한말 국군 해산 이래 독립군 및 광복군이 치른 투쟁은 대소 전역(大小戰役) 6백 40여차에 이르며, 적에게 희생된 의열사(義烈士)는 만여 명을 헤아린다." 이처럼 상해임시정부는 확실히 일본제국과 전쟁을 수행했다.

그러나 상해임시정부가 1910년 한일강제병합 이후 역사적이고 정치적으로 한국민을 유일하게 대표할 수 있는 자격을 가지고 있으며, 일본제국과 전쟁을 수행한 국가라고 보는 데는 세 가지 난점이 존재한다.

첫째, 상해임시정부가 국제적 승인을 얻지 못했다는 사실이다. 한국 독립운동세력은 1942년 2월 27일 워싱턴에서 해외독립운동단체를 망라한 한족대회를 개최하고, 미·영·중·소 등 각국에 대한민국 임시정부 승인을 요청하는 결의문을 파송했지만, 승인을 얻지는 못하였다.[33] 즉, 국제법적으로 1910-1945년 사이에 한국인의 일반의사

32) "유구한 역사와 전통에 빛나는 우리 대한민국은 3.1운동으로 건립된 대한민국 임시정부의 법통(法統)과 불의에 항거한 4.19민주이념을 계승"한다.
33) 이승만이 주도하고 있던 구미위원부의 한미친선협의회 미국측 회장 크롬웰(Cromwell)은 1942년 미국무장관 헐(Hull)에게 임시정부의 승인을 요청하는 서한을 보냈다. 이에 대해 헐은 "2. 미정부는 어느 단체 혹은 어느 인물이 정말 한국 국민을 대표하는지 판단하기 어려운 입장이다. 3. 해외에 거주하는 독립운동가나 애국자들은 한국을 떠난 지 이미 수십 년씩 되었을 것이며(3, 40년) 그런 사람들이 어떻게 한국에 있는 2천여만 한국인을 대표한다고 할 수 있겠는가?"라는 답장을 보냈다.(배의환, 1991, 『보릿고개는 넘었지만』, 코리아헤럴드·내외경제신문, 참조)미국에서 활동하던 배의환에 의하

(general will)를 대표하는 국가는 존재하지 않는다.

둘째, 상해임시정부는 식민지기의 유일무이한 정부가 아니었다는 점이다. 주지하듯이 3.1운동 이후 7개의 임시정부가 탄생했다. 그중 상해 임시정부는 한성임시정부와 대한국민의회정부를 통합했고, 1945년 해방될 때까지 27년 동안이나 지속되었다. 그러나 1920년대 이후 여러 임시정부들은 민족주의 계열과 공산주의 계열로 분열되어 끝까지 통합되지 못했다.[34] 1948년 헌법 전문에 구체적인 정부 이름이 명시되지 않은 것은 이러한 까닭 때문이었다.

셋째, 한국 임시정부들은 자력에 의해 최종적으로 일본제국을 축출할 수 없었다. 최종적인 해방은 연합국에 의해 이루어졌다. 이 때문에 일본은 한국민을 대표하여 일본제국과 유효한 전쟁을 수행한 국가가 존재했다는 사실을 인정하지 않는다.

이런 이유로 인해, 일본은 한일강제병합과 식민지배가 합법적이고 정당하다고 주장한다.[35] 따라서 일본은 강제, 불법, 전쟁, 계승자, 전

면, 중경의 임시정부(김구)와 미국의 구미위원회(이승만) 모두에 대해 미국은 회의적이었다고 한다: "미영이 합의 서명한 대서양헌장(Atlantic Charter, 1941.8)도 소수민족의 자주독립을 지원한다는 것이었지만, 미국이 보는 한국은 그들의 방침이 제시한 자립한 능력과 준비라는 전제조건을 충분히 갖추지 못하고 있었던 것이다. 그러나 종전은 가까워오고 한국은 해방을 눈앞에 두게 되었지만 미국이 한국의 독립을 어떻게 도울 것인가 하는 방침은 오리무중에 있었다."(배의환, 1991, 60쪽)

34) 이러한 내부 분열로 인해 미국이나 연합국은 특정 독립단체를 유일한 정부로 승인할 수 없었다.(배의환, 1991, 참조) 나아가 1945년 이후의 전후처리에서 한국민이 독립을 지킬 수 있는 독자적인 정치적 능력을 가지고 있는지에 대해 회의적이었다. 신탁통치는 어떤 의미에서 그러한 인식의 산물이었다.

35) 한일강제병합이 불법적인 이유는 무력에 의해 강제되었기 때문으로 주장된다. 그런데 근대 국제법에서는 조약이 강제에 의해 체결되었다 해도 구체적인 조약체결자인 '국가대표자'를 협박한 사실이 없으면 합법적으로 인정된다. 즉, 대표자가 아니라 '국가'에 대한 강제는 용인된다. 왜냐하면 강화조약도 일반적으로 강제의 의해 체결되기 때문에, 강제에 의한 조약체결을

승국과 같은 대한민국의 역사적 개념을 받아들일 수 없었다. 대한민국을 한국 민족의 역사적이고 정통성 있는 계승자로 인정하지 않는 것이다.36) 이 문제에 대해 제 2차회담에서 구보다 간이치로((久保田貫一郎)는 "일본과 한국측의 사고방식에 매우 근본적인 차가 있는데, 한국측은 아직 여전히 일본은 패전국이고 한국은 승전국이라는 착각에 빠져 있는 바가 있다"고 말했다.37)

1951년 기본관계위원회에 제출한 일본의 「한일우호조약초안」 전문은 양국 국교정상화의 목적이 "강화조약의 규정에 따라 한국의 독립을 승인하고 양국의 정치적 독립과 영토보전을 존중하며 양국의 우호와 경제관계를 유지하는 것"이라고 서술하고 있다.(「日本國と大韓民國との間の友好條約草案」,『韓日會談略記』) 일본은 과거사 문제에 관한 인식을 취급하지 않고, 단지 샌프란시스코 강화조약의 규정에 따라 현안문제를 다루기 위해 현재 사실상의 독립국인 한국과 국교를 수립한다는 입장이었다. 이 때문에 한국측이 과거사의 내용 규정을 강력히 주장했던 반면, 일본측은 "그러한 조약 및 협정들이 '이미' 효력이 없음이 분명하므로 일부러 명문으로 규정할 필요가 없다."고 주장했다.

요약하면, 대한민국의 역사적 대표성에 대한 일본측의 입장은 한일

─────────

부인할 경우 모든 국제조약이 무효화되고, 국제관계의 고정적인 안정이 유지되기 곤란하기 때문이다. 이것은 일본측의 입장이다. 이에 대해서는 坂元茂樹, 2005, 참고.(http://www.mofat.go.kr/ek/kor_paper.html.

36) 특정한 인간집단이 '민족'이라는 관념에 의해 시간과 무관하게 역사적으로 지속되는 실체라는 의식은 확실히 상상적이다. 또한 그 민족이 창조한 다른 형태와 성격의 국가가 과거의 국가를 계승한다는 인식도 상상적이다. 앤더슨에 의하면, 민족국가는 상상적 공동체(Imagined communities)이다. 그러나 정치적 인간에게 그런 인식이 존재하고 그에 의해 행동하는 한, 그 인식의 상상적 성격은 현실적(real)이다. 이에 대해서는 베네딕트 앤더슨, 2002 참고.

37) 日本國會(參議院), 1953,『第16回國會參議院水産委員會速記錄』第10号, 10.27.

강제병합이 국제법적으로 합법적이기 때문에 1910-1945년까지 한반
도에는 한국인들을 대표하는 정치체가 존재하지 않는다는 것이었다.
이 시기에 일본 '국민'(nationality)이 된 한국 '민족'(nation)이 존재할
뿐이며, 한국 민족의 국가는 일본제국이었다고 보는 것이다.

　나아가 앞서 살펴보았던 것처럼, 1945-1952년 사이, 즉 해방 이후
샌프란시스코 강화조약이 발표되기 전까지 한국인의 독립적인 주권
국가는 존재하지 않는다고 보았다. 한국의 독립은 '강탈'된 주권의
'회복'이 아니라, 일본으로부터 '분리'됨으로써 비로소 새로운 주권을
'획득'한 것이다. 그런 의미에서 대한민국은 한일회담에서 과거사 청
산을 요구할 수 없으며, 당연히 독도 영유권의 역사적 성격을 거론할
자격이 없다. 일본이 식민지기의 피해보상 문제에 대해 전쟁피해에
대한 '배상'이나 '청구권'이 아니라 '독립축하금'이라는 이름을 쓰고
싶어 했던 것도 그 때문이었다.[38]

---

38) 1962년 10월, 김종필 전 중앙정보부장과 오히라 마사요시(大平正芳) 외상의
　　제1차회담에서 오히라는 "또 하나의 문제는 명분이다. 우리로서는 국민과
　　의회의 태도 때문에 독립축하금 또는 경제원조 등으로 표현하면 좋겠다."
　　고 말했다. 이에 대해 김종필은 "일본 사정만 그런가. 우리는 청구권이란
　　명목을 사용하더라도 역적 소리를 들을 형편이다."라고 대답했다.(배의환,
　　1991, 209쪽) 두 사람의 대담은 비공개로 이루어졌고 기록을 남기지 않았
　　다. 이 대화는 당시 제6차 한일회담 수석대표였던 배의환에 의해 재구성된
　　것이다. 두 사람은 증거로서 메모를 남겼으나, 이 메모의 해석을 놓고 한일
　　양국 사이에 의견 차이가 있었다. 이 때문에 양국 대표단은 서로의 기록을
　　대조하였다. 청구권 명목에 대해 일본측은 "오히라는 '한국의 독립을 축하
　　하는 명목' 또는 '경제자립을 위한 원조금의 명목'을 제안, 김부장은 구체
　　적인 표현문제는 추후 협의하자고 함"이라고 하여, 구체적인 반대의사가
　　없었다고 이해하였다. 한국측은 이에 대해 그것은 화제가 다른 이야기로
　　넘어갔기 때문이라고 해명했다.(배의환, 1991, 209~210쪽) 명목 문제에 대
　　해, 1962년 11월 12일로 예정된 제2차 김·오히라 회담에 앞서 박정희 국가
　　재건회의최고회의 의장은 김종필에게 "청구권 명목을 독립축하금 또는 경
　　제협력으로 한다는 것은 도저히 불가하며, 우리 국민이 청구권에 대한 변
　　제 내지는 보상으로 지불되었음을 납득할 수 있는 표현이라야 함을 강조할

4. 결론: 독도 영유권과 '이미'(already)의 수사학, 그리고 인류의 보편적 가치

1962년 「기본관계조약」의 체결을 기점으로 한일 양국간의 '역사인식' 문제는 종료된 것일까? 한국의 입장에서는 어느 정도 정리가 된 것으로 생각되었지만, 일본으로서는 전혀 변한 것이 없다는 입장을 취하고 있다. 2006년 6월 9일, 스즈키 무네오(鈴木宗男) 중의원의원이 내각에 제출한 「일한병합에 관한 질문주의서」(日韓併合に關する質問主意書)와 고이즈미(小泉純一郎) 전 수상의 답변을 보자.

〈질의〉

1. 일본은 1910년 일한병합을 국제법에 기초하여 행했다고 정부는 인식하고 있는가?

2. 1965년 6월 22일 서명 조인된 「일본국과 대한민국 사이의 기본관계에 관한 조약」 제2조에, "1910년 8월 22일 이전에 대일본제국과 대한제국 사이에 체결된 모든 조약 및 협정은, 이미 무효인 것을 확인한다."라고 쓰여 있지만, 1910년 8월 22일 이전에 대일본제국과 대한제국 사이에 체결된 모든 조약 및 협정이 서기 몇 년 몇 월의 시점부터 무효가 되었는지 정부의 인식을 분명히 하기 바란다.

것"이라는 추가 지시를 내렸다.(배의환, 1991, 211쪽) 최종 조약문안에는 아무 명목도 달지 않았다. 이에 대해 배의환은 "명목을 어떻게 할 것인가 하는 문제도 퍽 어려운 문제였으나, 김부장은 어떤 명목도 명문화하지 않고, 단지 무상, 유상이라고만 썼다. 정치가다운 센스다."라고 평가했다.(배의환, 1991, 216쪽) 이에 의해 "한국측과 일본측은 다 같이 대내적으로 발표를 달리할 여지를 갖게 된 셈이었다. 우리는 청구권으로, 일본은 경제협력으로 각기 국회와 국민 앞에 전달할 수 있었고, 어느 쪽도 명목에서 후퇴하지 않았다고 말할 수가 있었다." 청구권 문제도 구조약 무효와 관할권 문제처럼, 모호한 상태로 남겨 두었던 것이다.

〈답변〉

1에 대해, 「한국병합에 관한 조약」(明治 43年 조약 제4호)는, 국제법상 유효하게 체결되었다고 인식하고 있다. 어쨌든 동조약은 「일본국과 대한민국 사이의 기본관계에 관한 조약」(昭和 40年 조약 제25호) 제2조에 있어서, 이미 무효인 것이 확인된다.

2에 대해, 「한국병합에 관한 조약」은 대한민국이 독립한 시기에 실효하였고, 그 외에 1910년 8월 22일 이전에 대일본제국과 대한제국 사이에 체결된 모든 조약 및 협정은, 각조약 및 협정에 규정된 조항의 성취 등에 의해, 또는 「한국병합에 관한 조약」의 발효(1910년 8월 29일)에 의해 실효했다고 이해하고 있다.[39]

「기본관계조약」 제2조는 1951년 제1차 회담에서 한국측이 제안한 초안의 제3조 "대한민국과 일본국은 1910년 8월 22일 이전에 구대한민국과 일본국 간에 체결된 모든 조약이 무효임을 확인한다"와 대동소이하다. '이미'(already)라는 문구가 첨가된 정도이다. 이 조항이 무엇을 의미하는가에 대해 고이즈미 총리는 첫째, 한일합방조약은 합법적이지만 1965년의 한일 「기본관계조약」에 의해서 무효화되었고, 둘째, 한일강제병합 이전의 여러 조약은 한일강제병합에 의해 대한제국이 소멸하고 일본이라는 하나의 국가로 통합되었으므로, "「한국병합에 관한 조약」의 발효(1910년 8월 29일)에 의해 실효(失效)했다."고 주장하고 있다. 즉, 일본측의 입장에서 볼 때 「기본관계조약」의 제2조의 의미는, 사실상 1910년 8월 29일 한일강제병합의 발효에 의해 이미 무의미해지고 무효화된 1910년 8월 22일 이전 조약의 법률적 상태를 다시 한 번 '재확인'한 것에 불과하다 제2조의 "확인한다"는 의미는 그런 것이다.

'이미'의 의미를 한국측은 '당연히', '원천적으로', '처음부터'란 의

---

39) 日本國會(衆議院), 「質問答辯情報: 日韓併合に關する質問主意書(2006.6.9); 衆議院議員鈴木宗男君提出日韓併合に關する質問に對する答弁書(2006.6.20)」, (http://www.shugiin.go.jp/itdb_shitsumon.nsf/html/shitsumon/a164324.htm)

미로 해석하고 있으나(null and void), 일본측은 "대한민국이 독립한 시기"로 인식하고 있다.(have become null and void) 대한민국이 주권을 회복한 시기도 1948년인지, 구보다의 주장대로 1952년 샌프란시스강화조약 발효일인지도 명기하지 않았다. 이는 일본의 역사인식이 처음과 비교하여 전혀 바뀌지 않았음을 보여주는 것이다. 이러한 인식의 차이가 오늘날까지 역사문제를 둘러싼 한일간의 분쟁이 부단히, 주기적으로 재생산되는 이유이다.

결론적으로 과거사에 대해 일본의 이러한 인식이 계속되는 한 일본은 독도 영유권 문제가 발생한 역사적 원인에 대해서도 긍정할 수 없을 것이다. 그런 의미에서 '역사인식'의 문제는 독도 영유권 문제에서 가장 본질적이고 핵심적인 사항이다. 그렇다면 독도 영유권에 관련하여 한국은 '역사인식'의 문제를 가장 강조해야 하는 것은 아닐까? 한 논자는 다음과 같이 주장하고 있다.

> 분쟁 당사국인 한국과 일본 자신은 물론이고 이 분쟁을 보고 있을 국제사회 전반의 여론이 한일간의 역사적인 관계에 대한 종합적인 인식이 결여되어 있는 한, 한국과 일본간의 도서 영유권 분쟁을 합리적이고 평화적으로 해결하는 것은 어렵게 될 것이다. 한국과 일본간에는 현실적으로 도서 영유권의 분쟁이 존재하고 있다. 한국은 이 점을 부인할 필요가 있을까? 이 분쟁은 결국 일본의 역사적인 과오들과 직결되고 있는 것이다. 오히려 한국은 분쟁의 존재를 애써서 부인할 것이 아니라, 특히 이 한국과 일본간의 영유권 분쟁이야말로 과거 일본의 침략적인 과오와 직결되어 있는 것이며, 일본이라는 국가가 국제사회에서 그 기대되는 새로운 역할을 맡기 위해서, 유엔 헌장에 아직도 남아 있는 적국(敵國) 조항처럼 청산하고 극복해야 할 윤리적인 책무의 하나임을 설득하고 강조해야 하는 것이 아닐까?[40]

적국 조항이란 1945년 6월 26일 샌프란시스코에서 서명된 유엔헌

---

40) 김영구, 1998, 「한일간 독도 영유권 문제의 평화적 해결 방안」, 『독도영유권과 영해의 해양주권』, 독도연구보존협회, 208~209쪽.

장 제107조(Charter of the United Nations, Article 107)를 말한다. 107조
는 "이 헌장의 어떠한 규정도, 제2차 세계대전중 이 헌장 서명국의
적이었던 국가에 관한 조치로서, 그러한 조치에 대하여 책임을 지는
정부가 그 전쟁의 결과로서 취하였거나 허가한 것을 무효로 하거나
배제하지 아니한다."[41]고 규정하고 있다. 이에 따르면, 일본은 카이로
선언과 포츠담선언에 의해 취해진 조치를 부인할 수 없다. 나아가 한
일회담 '기본관계조약' 제4조는 한일관계의 현재와 장래를 국제연합
헌장의 원칙에 의거할 것임을 명문화하고 있다.[42] 다만, 국제분쟁을
국제사법재판소에 제소하는 것은 양 당사국의 동의가 있을 때만 가능
하고, 또한 독도를 실효적으로 지배하고 있기 때문에, 한국이 분쟁 상
황을 인정하는 것은 더 깊은 논의가 필요한 것으로 생각된다.

분쟁상황을 인정하는 것은 아니지만, 근년 독도 영유권에 대한 한
국정부의 인식도 기본적으로 이러한 입장을 지지하고 있는 것으로 생
각된다. 2005년 2월 23일, 일본 시마네(島根)현 의회가 '다케시마(竹
島)의 날'을 제정하는 조례를 발표하자, 3월 17일, 한국 국가안전보장
회의 상임위원회는 '대일 신독트린'으로 4대 기조를 발표했다. 그 중
제 2기조로 "정부는 최근 일본 내 일각에서 일어나고 있는 독도 및
과거사 관련 일련의 행태를 과거 식민지 침탈을 정당화하려는 의식이
내재해 있는 엄중한 사안으로 보고 단호하게 대처해 나갈 것"이라는

---

41) 원문은 다음과 같다: Nothing in the present Charter shall invalidate or preclude
action, in relation to any state which during the Second World War has been an
enemy of any signatory to the present Charter, taken or authorized as a result
of that war by the Governments having responsibility for such action. (http://
www.un.org/aboutun/charter/ index.html)

42) 제4조 가. 兩 締約 당사국은 양국의 상호관계에 있어서 국제연합헌장의 원
칙을 지침으로 한다. 나. 양 체약 당사국은 양국의 공통의 보기 및 공동의
이익을 증진함에 있어서 국제연합헌장의 원칙에 합당하게 협력한다.(『한일
회담 합의사항: 기조인 내용 해설』 1965, 91) 단, '원칙'에 따르는 것일 뿐,
구체적인 조항에 따르는 것을 의미하지는 않는 것으로 생각된다.

원칙을 천명했다. 즉, 독도 영유권 문제를 '국제법'이나 '역사적 권원'
의 문제만이 아니라, 일차적으로 '역사인식' 즉, 침략의 문제로 간주
하고 있다.

아울러 제 1기조에서 "정부는 향후 인류 보편적인 가치와 상식에
기초한 한일관계를 구축해 나갈 것이다. 이러한 차원에서 철저한 진
실규명, 진정한 사과와 반성, 그리고 용서와 화해라는 세계사의 보편
적 방식에 입각하여 과거사 문제를 풀어갈 것이다"라고 천명하고 있
다. 여기에서 "인류 보편적인 가치와 상식에 기초한 한일관계"란 "국
제법의 논리에 의해 한일관계"를 규정함으로써 '침략'을 정당화하려
는 일본의 입장을 '역사'에 의해 비판하는 태도를 취하고 있다.[43]

그리고 5대 대응방향 제 3항에서 "일본은 이웃나라의 신뢰를 먼저
얻는 것이 유엔 등 국제사회에서 지도적 국가로서 존경받는 첫걸음임
을 인식해야 할 것이다"라고 주장함에 의해, 국제사회의 일원으로서

---

43) 이 원칙은 유엔헌장 前文의 정신과도 부합되는 것으로 생각된다: WE THE
PEOPLES OF THE UNITED NATIONS DETERMINED to save succeeding
generations from the scourge of war, which twice in our lifetime has brought
untold sorrow to mankind, and to reaffirm faith in fundamental human rights, in
the dignity and worth of the human person, in the equal rights of men and
women and of nations large and small, and to establish conditions under which
justice and respect for the obligations arising from treaties and other sources of
international law can be maintained, and to promote social progress and better
standards of life in larger freedom, AND FOR THESE ENDS to practice
tolerance and live together in peace with one another as good neighbours, and
to unite our strength to maintain international peace and security, and to ensure,
by the acceptance of principles and the institution of methods, that armed force
shall not be used, save in the common interest, and to employ international
machinery for the promotion of the economic and social advancement of all
peoples, HAVE RESOLED TO COMBINE OUR EFFORTS TO ACCOMPLISH
THESE AIMS.)
(http://www.un.org/aboutun/charter/index.html) 한국어 전문은 다음 사이트 참
조. (http://www.unesco.or.kr/kor/ency/annex_1.html)

일본이 존중받기 위해서는 이러한 한국의 입장을 수용하는 것이 핵심적임을 강조하고 있다. 이런 문제가 해결될 때, 한국과 일본은 "미래 동북아 평화와 안정을 함께 구현해 나갈 동반자이자 공동운명체"(5대 대응방향 제5항)가 될 수 있다는 것이다.

아울러, 한국정부는 "국제사회 및 일본의 양심 세력과 연대하여 시대착오적인 역사 왜곡을 바로잡고, 이와 동시에 역사에 대한 올바른 공동인식이 형성될 수 있도록 모든 가능한 수단을 활용하여 대처해 나갈 것"(5대 대응방향 제 2항)라는 입장을 천명했다.

국제사회 역시 비슷한 방향으로 나아가고 있다. 2007년 7월, 미국 의회는 제2차 세계대전 당시 일본군 위안부 강제 동원에 대해 일본 정부의 공식적인 사과를 촉구하는 결의안 제121호를 만장일치로 채택했다.[44] 정신대 피해자로서, 이 문제를 한일관계만이 아니라 인류의 보편적 양심의 문제로 제기해 온 이용수(79세)씨는 "나의 인생은

---

44) 미국 하원의 위안부 결의안 전문은 다음과 같다: 일본 정부는 1930년대부터 제2차 세계대전 기간 '위안부'로 알려진 젊은 여성들을 제국군에 대한 성적 서비스 목적으로 동원하는 것을 공식 위임했다. 일본 정부의 강제 군부대 매춘 제도인 위안부는 집단 강간, 강제 유산, 수치, 신체 절단, 사망, 자살을 초래한 성적 폭행 등 잔학성과 규모면에서 전례가 없는 20세기 최대 규모의 인신매매 가운데 하나다. [중략] 다음은 미 하원의 공통된 의견이다. 1. 일본 정부는 1930년대부터 2차 대전 종전에 이르기까지 아시아 국가들과 태평양 제도를 식민지화하거나 전시에 점령하는 과정에서 일본 제국주의 군대가 강제로 젊은 여성들을 위안부로 알려진 성의 노예로 만든 사실을 확실하고 분명한 태도로 공식 인정하면서 사과하고 이에 대해 역사적인 책임을 져야 한다. 2. 일본 총리가 공식성명을 통해 사과를 한다면 종전에 발표한 성명의 진실성이 반복해서 의심받는 사정을 해소하는 데 도움이 될 것이다. 3. 일본 정부는 일본군이 위안부를 성의 노예로 삼고 인신매매를 한 사실이 결코 없었다는 어떠한 주장에 대해서도 분명하게 공개적으로 반박해야 한다. 4. 일본 정부는 국제사회가 제시한 위안부 권고에 따라 현 세대와 미래 세대를 대상으로 이 끔찍한 범죄에 대해 교육해야 한다. (『연합뉴스』, 2007.7.31)

고통으로 가득했지만 나는 평생을 진실과 정의만을 추구해 왔다. 이번 결의안 채택은 진실과 정의가 승리한다는 증거"라고 말했다.(동아일보, 2007.08.01.)

국제정치는 여전히 힘에 의해 정의가 결정되는 자연상태로부터 완전히 벗어나지 못했다. 그러나 다른 한편 공공연한 폭력과 침략행위가 완전히 정당화될 수도 없는 상태로 변화하고 있다. 일본의 최대 우방국인 미국 의회가 군위안부 강제 동원을 역사적 사실로 공식 인정하고 사과를 촉구한 것은 일본 정부의 '국제법적 역사인식'이 국제사회에서 한계에 도달했음을 입증하고 있다. 일본이 국제연합 상임이사국이 되지 못하는 이유도 과거 역사에 대한 윤리적 책무를 완전히 청산하지 못했기 때문이다.[45] 그렇기 때문에, 독도 영유권 문제에 대한 일본의 솔직한 태도는 일본의 미래를 위해서도 바람직한 것으로 생각된다.

『민족문화논총』 44, 2010.4.

---

[45] 유엔이 상임이사국을 5개국에서 11개국으로 확대하려는 계획에 따라 일본은 아시아 지역을 대표하는 상임이사국으로 유력시되었다. 그러나 잘 알려진 바처럼, 고이즈미 준이치로(小泉純一郞) 전 수상의 야스쿠니(靖國)신사 참배나 교과서 문제로 나타난 일본의 잘못된 역사인식은 일본이 국제사회에서 지도적 위치를 점할 수 있는 자격이 있는지에 대해 회의를 갖게 했다. 이에 대해 한국정부는 "상임이사국은 지역내 국가의 신뢰와 지지를 받는 게 중요하다"는 원칙을 강조했다. 여론조사기관인 글로브스캔과 미국 메릴랜드대 '국제정책태도 프로그램'(PIPA)이 2004년 11월부터 2005년 1월에 걸쳐 23개국 23,518명을 대상으로 조사한 바에 따르면, 새로운 상임이사국 후보 국가로 독일에 대한 지지가 21개국(찬성률 56%)으로 가장 높았고, 일본이 20개국(54%)으로 그 뒤를 이었다. 독일의 경우 영국(79%), 프랑스(86%), 이탈리아(79%) 등 주변국들이 압도적 다수로 독일의 상임위 진출을 찬성했다. 이에 반해 일본은 독일 다음으로 높은 지지를 받았으나, 중국, 한국, 러시아 등 주변국의 반대가 높게 나타났다. 특히 중국은 76%가, 한국은 54%가 반대했다.

참고문헌

『韓日會談略記』(외무부정무국, 1955)

『한일회담백서』(대한민국정부, 1965)

『한일회담 합의사항: 기조인 내용 해설』(대한민국정부, 1965)

『대한민국임시정부의정원문서』(국회도서관, 1974)

『한일회담 외교문서』(대한민국 외교통상부, 2005)

『한일관계자료집』제1집 (고려대학교 아세아문제연구소, 1976)

『제1차한일회담 본회의회의록(1952.2.15-4.21), 1-5차』(대한민국 외교통상부, 1952). 2005년 공개.(http://www.donga.com/news/d_story/politics/K_J_agreement65/ data.html)

『日本國會速記錄』(日本衆議院, 參議院)

UCLA Asia Institute (http://www.isop.ucla.edu/eas/documents/potsdam.htm)

Japan 101. (http://www.japan-101.com/history/japanese_instrument_of_surrender.htm)

Wikipedia. (http://en.wikisource.org/wiki/Treaty_of_San_Francisco)

U. N. Commission on Global Governance
　　　(http://web.archive.org/web/20020119151837/http://www.cgg.ch/)

United Nations (http://www.un.org/aboutun/charter/index.html)

유네스코 한국위원회 (http://www.unesco.or.kr/kor/ency/annex_1.html)

"The World and Japan" Database Project, Database of Postwar Japanese Politics and International Relations, Institute of Oriental Culture, University of Tokyo;　데―タベ―ス『世界と日本』　戰後日本政治・國際關係デ―タベ―ス, 東京大學東洋文化硏究所　田中明彦硏究室
　　　http://www.ioc.u-tokyo.ac.jp/~worldjpn/documents/texts/docs

구선희, 2007, 「한일 양국의 독도 연구 현황과 과제: 해방 후 연합국의 독도 영토 처리에 관한 한일 독도연구 쟁점과 향후 전」, 『한국사학보』 Vol. 28, 고려사학회.

국회도서관편, 1974, 『대한민국임시정부의정원문서』.

김동조, 1986, 『回想30年 韓日會談』, 中央日報社.

김명기, 1998, 「독도와 대일강화조약 제2조」, 『독도연구』, 법률출판사.

김명기, 1999, 「독도에 대한 일본정부의 주장과 국제사법재판소의 관할권에 관한 연구」, 『사회과학논총』 제15집, 명지대학교 사회과학연구소.

김영구, 1998, 「한일간 독도 영유권 문제의 평화적 해결 방안」, 『독도영유권과 영해의 해양주권』, 독도연구보존협회.

김용직, 1994, 「사회운동으로 본 3·1운동」, 『한국정치학회보』 Vol. 28, No. 1.

김혁동, 1990, 「대한민국 임시정부의 정치사적 정통성에 대한 연구」, 『社會科學硏究』 4, 培材大學校附設社會科學硏究所.

니시오 간지(西尾幹二)·新しい歷史敎科書をつくる會, 1999, 『國民の歷史』, 東京: 産經新聞ニュースサービス.

다카사키 소지(高崎宗司), 1996, 『檢證日韓會談』. 東京: 岩波書店.

도노무라 마사루(外村大), 2005, 「한일회담과 재일조선인: 법적지위와 처우 문제를 중심으로」, 『역사문제연구』 제14호, 역사문제연구소.

박진희, 2005, 「전후(戰後) 한일관계와 샌프란시스코 평화조약」, 『한국사연구』 Vol.131, 한국사연구회.

박진희, 2006, 「국제관계의 변동과 한국의 진로: 한국의 대일(對日)정책과 제1차~제3차 한일회담」, 『사림』(성대사림) Vol.25. 수선사학회.

박태균, 2005, 「한일회담 시기 청구권 문제의 기원과 미국의 역할」, 『한국사연구』 Vol.131, 한국사연구회.

배의환, 1991, 『보릿고개는 넘었지만』, 코리아헤럴드·내외경제신문.

베네딕트 앤더슨, 2002, 『상상의 공동체: 민족주의의 기원과 전파에 대한 성찰』, 나남출판.

사카모토 시게키(坂元茂樹), 2005, 「일한간 제조약의 문제: 국제법학의 관점에서」, 한일역사공동연구위원회, 『한일역사공동연구보고서: 제3분과보고서』 제1권, 외교통상부 홈페이지(http://www.mofat.go.kr/ek/kor_paper.html)

서희경, 2006, 「대한민국 건국헌법의 역사적 기원 (1898-1919): 만민공동회·3.1운동·대한민국임시정부헌법의 '민주공화'정체 인식을 중심으로」, 『한국정치학회보』 제40집 제5호.

신용하 편저, 2001, 『독도영유권 자료의 탐구』, 독도연구보전협회.

신용하, 2002, 「독도 영유권의 역사」, 『독도영유권 연구논집』, 독도연구보
　　전협회.

오오타 오사무(太田修), 1995, 「한일회담과 청구권」, 『근현대사강좌』 제6
　　호, 한국현대사연구회.

오재희, 2008, 「인터뷰: 격동의 시대, 한국 외교 한복판에 서서」, 『일본공간』
　　vol. 3, 저주일대사.

외교통상부, 2005, 『한일회담 외교문서: 제6차 한일회담 문화재소위원회
　　1962-64』, 문서번호 6-48번, 외교통상부.

요시오카 요시노리(吉岡吉典), 1996, 「日韓條約をめぐる日本の思想」, 『朝鮮
　　史研究會論文集』 2호.

요코다 키사부로(横田喜三朗), 2005, 「센가쿠제도와 다케시마 문제의 올바
　　른 해결」, 『독도논문번역선I』, 바른역사정립기획단.

우에다 카츠오(植田捷雄), 1995, 「竹島の歸屬をめぐる日韓紛爭」, 『一橋論叢』
　　54-1.

유진오, 1993, 『한일회담: 제1차 회담을 회고하면서』, 외무부 외교안보연
　　구원.

이동원, 1992, 『대통령을 그리며』, 고려원.

이시이 아키라(石井明), 1988, 「日華平和條約の交涉過程-日本側"第一次草
　　案を中心に」, 『中國社會と文化』 第3号.

이시이 아키라, 1989, 「日華平和條約締結交涉をめぐる若干の問題」, 『東京大
　　學敎養學部敎養學科紀要』, 第21号.

이원덕, 1996, 「한일회담과 일본의 전후처리 외교」, 『한국과국제정치』
　　Vol.12, 경남대학교 극동문제연구소.

이원덕, 1996, 『한일 과거사 처리의 원점: 일본의 전후처리 외교와 한일회
　　담』, 서울대학교출판부.

이원덕, 2002, 「한일 과거사 청산의 구조: '청구권 문제'와 '기본관계'의 타
　　결과정을 중심으로」, 『대구사학』 Vol. 69, 대구사학회.

이원덕, 2005, 「한일회담에서 나타난 일본의 식민지지배 인식」, 『한국사연
　　구』 Vol.131, 한국사연구회.

이한기, 1960, 『한국의 영토: 영토 취득에 관한 국제법적 연구』, 서울대학
　　교 출판부.

임혁백, 1996, 「세계화와 시민사회」, 『세계화와 민주주의』, 세종연구소.

정대성, 2000, 「제2공화국 정부, 국회의 일본관과 대일논조: 한일관계, 한일
　　통상, 한일회담, 재일교포를 둘러싼 담론」, 『한국사학보』 Vol.8, 고
　　려사학회.

정병준, 2006, 「한일 독도영유권 논쟁과 미국의 역할」, 『역사와 현실』 60호.

최영호, 2005, 「한국정부의 대일 민간청구권 보상 과정」, 『한일민족문제연
　　구』 Vol.8, 한일민족문제학회.

한일관계사논집 편찬위원회 편, 2005, 『해방후 한일관계의 쟁점과 전망』,
　　경인문화사.

함동주, 2000, 「전후일본의 역사인식과 「한일회담」」, 『일본역사연구』
　　Vol.12, 일본사학회.

玄大松, 2006, 『領土ナショナリズムの誕生』, ミネルヴァ書房.

홍인숙, 1995, 「새로운 한일관계 위한 한일협정 재검토 한일회담에 대한
　　미·일의 구도와 대응」, 『역사비평』 봄호, 역사문제연구소.

히로세 데이죠(廣瀨貞三), 1995, 「한일회담에 임했던 일본의 한국관」, 『근
　　현대사강좌』 제6호, 한국현대사연구회.

히로세 데이죠, 2000, 「教科書に眞實と自由を」 連絡會編, 徹底批判 『國民の
　　歷史』.

Present Status of Japan-Korea Relations, June 16, 1954, Van Fleet Report Files,
　　Defense-Special Assistant 1954, Box 11/ Record Group 330, National
　　Archives

The Cairo Declaration, Department of State [USA], The Department of State
　　Bulletin, No.232, Japan's Foreign Relations-Basic Documents Vol.1.

The Japanese Ministry of Foreign Affairs, Note Verbale of Sep. 25, 1954,
　　para. 2.

"Dean Rusk to You Chan Yang", 1951.8.10. RG 59, Lot File 53D423, box. 8

독도 산봉우리를 표시한 우산도가 그려진 조선지도

호사카유지(保坂祐二)

1. 서론

일본 시마네현 다케시마문제연구회는 2007년 3월에 '다케시마문제에 관한 조사연구-최종보고서(이하, 최종보고서)'를 펴냈다. 현재까지 한국 내에서 이 최종보고서에 대한 비판적 연구가 많이 진척되어 '최종보고서'의 많은 부분이 문제가 있다는 결과가 나와 있다.[1]

이 논문은 그러한 '최종보고서' 비판의 일환으로 한국의 고지도인 '해좌전도'와 '대조선국전도'에 대한 일본 측 논리를 비판하는데 목적을 두었다. 현재까지 상기 두 지도에 대한 연구나 보고는 있었으나[2] 두 지도에 대한 일본 측 주장을 비판한 선행논문은 없다. 아울러 이 논문은, 전술한 두 지도와 유사한 지도에 대해서도 고찰한다.

---

1) 2008년에 한국해양수산개발원이 '최종보고서'에 관한 연구를 실시했다.
2) 김기혁 외, 2007, 『울릉도 독도 고지도첩 발간을 위한 기초 연구』, 해양수산개발원.

2. '소위 우산도'가 그려진 조선지도

한국 측은 독도의 역사적 이름은 우산도였다고 주장한다.[3] 그러므로 조선에서 제작된 지도에 나오는 우산도는 독도를 그린 것이라고 주장한다.[4] 그러나 일본학자들은 조선지도에 나오는 우산도는 독도가 아니라 울릉도 동쪽 2km거리에 있는 죽도(竹島 : 일본 측은 '죽서도'라고도 한다)라고 주장하는 경우가 많다.[5] 환언하면 조선지도에 나오는 우산도가 죽도가 아니라면 그 섬은 독도이므로 일본 측은 그들의 독도에 대한 영토주장을 관철시키기 위해 우산도를 죽도라고 주장할 수밖에 없는 것이다. 일본 측이 우산도가 독도라고 인정한다면 한국이 역사적으로 독도를 계속 영유해 왔다는 한국 측 주장을 인정하는 셈이 되므로 일본학자들은 우산도가 독도라고는 인정하지 않는 것이다.

예를 들면 1711년에 울릉도를 수토한 박석창(朴錫昌)이 제작한 '울릉도 도형'에는 울릉도의 동쪽에 '소위 우산도'로 기재된 섬이 하나 그려져 있다. 일본 학자들은 이 '소위 우산도'는 죽도라고 주장하고 있고 한국 측 학자도 비판적이지만 일본 측 주장에 동의한다.[6] 이런 결과는 일본 측 주장에 한국 측이 설득당한 결과라 할 수 있다. 이 지도에서 '소위 우산도'라는 섬 위에는 해장죽전(海長竹田)이라는 글자가 적혀 있다. 이 섬을 그린 박석창은 숙종 때 무관이었고 1710년에는 삼척영장(三陟營將)으로 임명된 인물이다.[7]

---

3) 외교통상부 공식사이트(2009.8.17.검색)
   http://www.mofat.go.kr/press/hotissue/dokdo/20090312/1_7946.jsp#go02
4) 이상태, 2007, 『사료가 증명하는 독도는 한국땅』, 경세원,
5) 竹島問題研究會編, 2007, 『竹島問題に關する調査研究、最終報告書』, 竹島問題研究會, 110쪽.
6) 김기혁 기타, 2007, 전게서, 50쪽.

일본의 다케시마문제연구회(竹島問題硏究會)는 '최종보고서' 속에서 Gerry Brevers라는 미국인 학자의 말을 인용하면서 '울릉도 도형' 속에 그려진 '소위 우산도'는 독도가 아니라 울릉도 동쪽 약 2km 거리에 있는 죽도(竹島)라고 주장한다. 그 근거로 그들은 독도에는 대나무 숲 같은 것은 없고 그것이 있는 울릉도 주변의 섬은 죽도라는 점을 내세운다. 그리고 그들은 해장죽(海長竹)이란 해장죽(海藏竹)을 의미한다고 하여 해장죽(海藏竹)이란 높이 6m가 되는 대나무의 한 종류라고 밝히고 있다.[8]

현재까지 위와 같은 일본 측 주장에 대해 한국 측에서 반박이 이루어지지 않았다는 것은 아니다. 그러나 현재는 대체로 일본 측 주장을 수용하는 추세이다. 한국 측 연구는, '소위 우산도'가 독도가 아니라 죽도라는 일본 측 주장을 수용하면서도 '소위'라는 말이 붙어있는 점에 주목하면서 1711년경에 울릉도를 수토한 박석창이 이 섬(죽도)을 우산도라고 단정하지 않았다고 반박한다.[9] 즉 박석창이 우산도는 따로 있을 수 있다는 뜻으로 '소위 우산도'라고 했다고 판단된다.

1694년에 울릉도를 수토한 무관 장한상[10]이 『울릉도 사적』 속에 '동쪽으로 5리쯤에 작은 섬이 있는데 아주 높고 크지 않으며, 한 쪽으로 해장죽이 일면에 나 있다'라고 적었기 때문에 '소위 우산도'는 바로 장한상이 말한 섬(=현재의 죽도)으로 보는 것이 타당하다고 한국 측 연구도 주장하고 있다.[11]

삼척영장 박석창이 울릉도를 수토했을 때, 1694년에 울릉도를 수토하러 간 삼척첨사 장한상의 기록인 『울릉도 사적』을 읽고 갔을 것으

---

7) 『承政院日記』, 숙종36년 9월 27일(무오), 원본456책/탈초본24책(1710)
8) 竹島問題硏究會編(2007), 전게서, p.110.
9) 오상학, 2008, 『'다케시마문제연구회' 최종보고서에 대한 비판적 검토』해양수산개발원, 20쪽.
10) 『숙종실록』제27권, 숙종20년(1694, 갑술, 8월 14일).
11) 오상학, 2008, 전게서, 20쪽.

로 추정된다. 왜냐하면 둘 다 수토관 역할을 조선조로부터 임명받은 사람들이었고 울릉도로 가는 길이 험해서 항해가 쉽지 않았기 때문에 임명자는 전임자의 기록을 참고로 삼았을 것이기 때문이다.

박석창이 장한상의 『울릉도 사적』을 읽었다면 그는 장한상이 독도에 대해서 기록한 부분도 읽었을 것이다. 장한상은 독도에 대해 다음과 같이 기록했다.

> 동쪽을 바라보면 바다 속에 한 섬이 보이는데, 아득하게 진(辰) 방향에 위치하여 그 크기는 울도(=울릉도)의 3분의 1미만이고 (거리는) 300여리에 불과하다.[12]

위의 기록은 장한상이 울릉도 한가운데 있는 성인봉으로 올라가서 동쪽을 봤을 때를 기록한 내용이다. 동쪽에 크기가 울릉도의 3분의 1 미만의 섬이 있고 거리는 300여리정도라고 기록했는데 그 거리를 km로 환산하면 약 120km정도가 된다. 울릉도와 독도 사이의 실제거리가 약 87.4km이므로 장한상은 대략적인 거리를 기록했던 것이다. 그가 성인봉에서 목산으로 독도까지의 거리를 정했기 때문에 실제거리보다 긴 거리를 기록에 남겼다고 여겨진다.

박석창이 이 기록을 읽었다면 죽도가 아닌 섬이 동쪽에 또 하나 있다고 알고 있었을 것이다. 그러나 장한상은 죽도나 우산도라는 명칭을 적지 않았다. 그러므로 박석창이 우산도라는 이름을 확인한 문헌은 『울릉도 사적』이 아니다. 그가 우산도라는 명칭을 확인한 가능성이 있는 문헌은 『고려사지리지』(1451년 성립), 『세종실록지리지』(1454년 성립), 그리고 『동국여지승람』(1481년 성립, 일실)이나 『신증동국여지승람』(1531년 성립)등으로 할 수 있다.

그리고 박석창은 안용복의 활약에 대해서는 아직 자세히 몰랐다.

---

12) 장한상, 1694, 『울릉도 사적』.

안용복은 울릉도 옆에 자산도, 즉 우산도가 있고 그것이 조선 땅이라고 일본에서 주장한 바 있다. 그러나 안용복에 대한 기록이 포함된 『숙종실록』이 1728년에 간행되었으므로[13] 1711년에 그려진 '울릉도 도형'에 안용복의 활약으로 부각된 우산도(독도)라는 명칭이 영향을 미치지는 못했다. 이렇게 『숙종실록』의 성립 연대를 생각할 때, 박석창이 울릉도를 수토한 연대가 안용복이 2차로 도일한 1696년보다 뒤였다고 하더라도 그가 안용복사건의 영향을 받았다[14]고 단락적인 결론을 내릴 수는 없다.

이렇게 볼 때, 박석창이 '울릉도 도형'의 울릉도 동쪽에 위치한 섬에 '소위 우산도'라고 애매하게 쓴 것은 『고려사지리지』나 『세종실록지리지』에는 '우산도와 울릉도는 날씨가 맑으면 (서로) 바라볼 수 있다'고 나와 있어 울릉도에서 항상 보이는 현재의 죽도를 '우산도'로 단정할 수 없었기 때문에 '소위'라는 말을 붙였다고 봐야 한다. 그리고 '소위 우산도'에는 울릉도 주변에 그려진 기타 암초들과는 달리 '해장죽전'이라는 글자 외에는 어떤 지형적 정보도 기재되지 않았다. 그것은 박석창이 죽도를 '우산도'로 단정하는 것을 거렸다는 증거이기도 하다. 그는 후에 우산도가 정확히 그려질 수 있다고 생각해 애매하게 '소위 우산도'라고 기재했다고 판단된다.

박석창의 '울릉도 도형' 계열의 지도는 상당수 존재한다.[15] 그러므로 그런 지도들은 모두 '소위 우산도'라는 섬을 그렸고 제작연대는 18세기 초부터 19세기 초정도까지이다.[16] 즉 '소위 우산도'란 정확한 우산도가 그려질 것을 전제로 한 섬이며 그런 면에서 죽도가 아니라 죽도와 독도의 정보가 혼합되어서 그려진 섬이라 볼 수 있다. 그러나

---

13) naver 백과사전 : 숙종실록, 2009.7.26. 검색.
14) 오상학, 2008, 전게서, 21쪽.
15) 김기혁 기타, 2007, 전게서, 42~48쪽.
16) 상계서, 42쪽.

이처럼 18세기 초부터 19세기 초까지 그려진 '소위 우산도'를 포함한 조선지도들을 해석하면서 일본 측은 우산도란 독도가 아니라 죽도라고 주장하고 있는 것이다.

3. 일본이 왜곡하는 조선전도 속의 우산도

제1장에서는 일본 측이 조선지도에 나타나는 '소위 우산도'를 독도가 아니라 죽도라고 주장하고 있고 한국 측도 이를 수용하는 추세라고 썼다. 그러나 일본 측은 조선지도에서 울릉도 동쪽에 그려진 모든 우산도가 독도가 아니라고 정확한 분석을 왜곡시키면서까지 주장, 혹은 암시하는 경향이 있다. 예를 들면 일본의 다케시마문제연구회가 낸 '다케시마문제에 관한 조사연구 최종보고서(이하, 최종보고서)'(2007.3) 속에는 조선시대 조선에서 제작된 '해좌전도'와 '대조선국전도'에 대한 언급이 다음과 같이 나와 있다('다케시마'는 독도의 일본명).

1) 해좌전도

'최종보고서' 속에는 '해좌전도'에 대해 다음과 같이 기술되었다.

⑨ 해좌전도
　19세기 초에 제작된 조선지도. '조선팔도도'처럼 울릉도 동부에 인접한 우산도(宇山島)를 그렸다. 섬의 형상(形狀)은 울릉도, 우산도 둘 다 만두형으로 그려져 있다. 이 형태는 19세기 후기에 제작된 것으로 여겨지는 '대조선국전도'(윤병두씨 소장)와 거의 같다. 단, '대조선국전도' 소장도에는 우산도 위쪽에 '동양중 일본제도(東洋中日本諸島)'라고 기재되어 있다.(후략)[17]

---

17) 竹島問題硏究會, 2007, 전게서, 93쪽.

위의 문장은 시마네현(島根縣)에 있는 시마네현립 고대이즈모박물관(古代出雲博物館) 전문학예원인 오카 코조(岡宏三)가 집필한 글 속에 나온다. 먼저 이 글 속에 나오는 우산도에 대해 분석하기로 한다.

오카는 이 지도에 나오는 우산도가 독도가 아니라 죽도라고는 쓰지 않았다. 그러나 여기서 그는 이 지도에 그려진 우산도가 독도인 사실을 숨기는데 글자 왜곡이라는 수법을 썼다. 그는 우산도의 한자 표기를 宇山島로 썼다. 그러나 한국의 기록으로는 우산도가 宇山島로 표기된 적은 없다. 우산도의 한자표기는 원래 于山島이며, 고종과 이규원의 대화 속에서 한번만 芋山島로 표기 된 적이 있다.[18] 그러나 宇山島라는 표기는 문헌적으로 존재하지 않는다. 우산도의 '우(于)'자를 잘못 표기한 자산도(子山島)나 천산도(千山島)는 있지만 宇山島라는 표기는 없는 전혀 찾아볼 수 없다. 그럼에도 불구하고 오카는 왜 여기서 역사적으로 존재하지 않는 宇山島라는 표기를 우산도의 표기로 사용했을까?

그런데 '해좌전도'에 나오는 우산도의 한자표기를 잘 살펴보면 거기에는 '于山'으로 기재되어 있지 어디에도 '宇山'이라는 한자 표기를 발견할 수 없다. 아래 <그림-1>은 일본의 '국립공문서과'에 소장되어 있는 '해좌전도'이고 한국의 '해좌전도'를 일본인이 필사하고 만든 지도이다. 울진에서 울릉도까지의 항해로가 점선으로 그려져 있고 우산도는 울릉도 동남쪽에 울릉도에 가깝게 그려져 있다.

그런데 오카는 일부러 '于山'을 '宇山'으로 왜곡시켰다. 그 주된 이유는 '于山'이라는 표기 위에 산봉우리가 두 개 그려져 있기 때문으로 판단된다. 오카는 산봉우리의 형태를 억지로 한자 '宇'자의 '宀'변으로 왜곡시킨 것이다. 일본인 학자들에게는 우산도의 산봉우리를 숨기고 왜곡시켜야 하는 이유가 있는 것이다.

---

18) 『고종실록』 고종 19년 4월 7일 임술.

전술한 바와 같이 일본 학자들은 줄곧 조선지도에 나타난 우산도
란 독도가 아니라 울릉도 동쪽 약 2km거리에 있는 죽도라고 주장해
왔다. 그런데 죽도는 납작한 섬이므로 산봉우리가 없다. 한편 독도에
는 산봉우리가 분명히 존재한다. 그러므로 산봉우리가 그려진 우산도
는 확실히 독도를 나타내고 있는 것이다. 그러므로 조선지도 속에서
독도가 우산도라는 이름으로 확실히 조선영토로 나타나 있어 일본 측
에 매우 불리한 사실이 되기 때문에, 그들은 우산도의 산봉우리를 산
봉우리가 아니라 한자의 변처럼 왜곡시키고 있는 것이다. 학술적 진
실을 허위로 왜곡시키는 수법이라 하지 않을 수 없다.

<그림-2>는 한국의 서울대 규장각에 소장되어 있는 '해좌전도' 원
본의 울릉도, 우산도 부분 확대도이다. '해좌전도'의 한국 측 원본에
는 일본 측 필사본에 없는 지도설명이 기재되어 있다. 이 지도를 봐
도 우산도에는 분명히 산봉우리가 그려져 있다. 산봉우리의 존재여부
는 죽도와 독도를 구별시키는 가장 두렷한 표시라 할 수 있다.

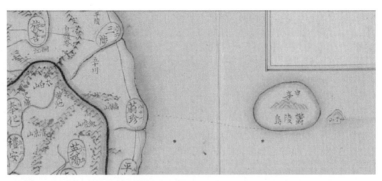

〈그림-1〉 해좌전도 : 「'원판 조선전도(해좌전도)」를 1876년에 필사한 지도'라는 설명이
붙어 있다. '해좌전도'를 일본인들이 필사한 지도인 것이다. 우산도에는 산봉우리가
그려져 있다.(일본 국립공문서관 소장)[19]

---

19) Web 竹島問題研究所、調査研究成果·報告.

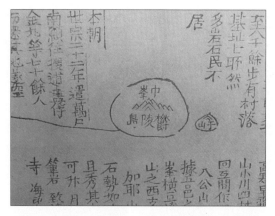

〈그림-2〉해좌전도 : 울릉도, 우산도 확대도. 19세기 초 제작.
우산도에 산봉우리가 분명히 그려져 있어 독도임을 나타내고
있다.(서울대 규장각 소장)

2) 대조선국전도

그리고 오카는 19세기 중반쯤에 조선에서 제작된 '대조선국전도'에
나오는 우산도의 한자표기도 '宇山島'라고 했으나 이것도 마찬가지로
오카의 조작이다. '대조선국전도'에 나오는 우산도의 한자표기도 '해
좌전도'와 마찬가지로 확실히 '于山'으로 표기되어 있음에도 불구하
고 그는 고의적으로 그것을 왜곡시켰다. 이유는 '해좌전도'와 마찬가
지이다. 즉 '대조선국전도'의 우산도에도 산봉우리가 그려져 있어서
우산도가 독도임을 확실히 나타내고 있기 때문에 그 산봉우리를 한자
의 부수 '⺍'로 왜곡시키고 있는 것이다.

그리고 오카는 '대조선국전도'의 우산도 위에 '동양중 일본제도(東
洋中日本諸島)'라는 글자가 쓰여 있다고 지적한다. 그 사실에 대해 그

http://www.pref.shimane.lg.jp/soumu/web-takeshima/takeshima04/takeshima04_01/
takeshima04d.data/5-1-1-7-03.pdf

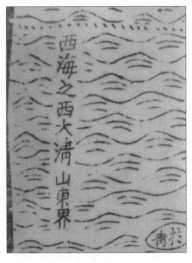

〈그림-3〉 대조선국정도
울릉도, 우산도 부분 확대도. 우산(于山)도에
는 뚜렷이 산봉우리가 쓰여 있고 독도임을
나타내고 있다.

〈그림-4〉 '대조선국전도' 지도 서쪽
글자부분 확대도.
서쪽에는 '서해지서대청산통계(西海之西大淸
山東界)'라 쓰여 있다. 이것은 '서해의 서쪽
은 청나라의 산동이 경계로 되어 있다'는 뜻
이다.

〈그림-5〉 '대조선국전도'의 지도 남단에 있는 글자 확대도
지도 남쪽에는 '一서남양중 유 유구고도 오천사백삼십리(西南
洋中有琉球古島五千四百三十里)'라 쓰여있다. 이 문장은 '서
남쪽 바다 5,430리에 유구의 고도가 있다'는 뜻이다.

는 보다 상세한 설명을 하지 않았지만 문맥으로 볼 때 우산도가 마치 일본의 섬이라는 뜻으로 '동양중 일본제도(東洋中日本諸島)'라는 문장이 쓰인 것처럼 오해를 줄 수 있다.

그러면 우산도 북쪽에 쓰인 '동양중 일본제도(東洋中日本諸島)'라는 문장은 무슨 뜻일까? '대조선국전도' 전체를 보면 서쪽과 남쪽 해상에도 비슷한 문장을 발견할 수 있다.

이런 지도 서쪽과 남쪽에 쓰인 문장내용은 타국의 반도(산동반도)나 섬이 지도에 제시되지는 않았으나 지도의 범위 밖에 존재한다는 것을 알리는 문장으로 되어 있다. 그러므로 지도 서쪽과 남쪽에 쓰인 내용과 마찬가지로 지도 동쪽에 쓰인 '동양중 일본제도(東洋中日本諸島)'라는 문장의 뜻은 '동쪽 바다에 일본 섬들이 있다'는 뜻이지 우산도가 일본 섬이라는 뜻이 아니다.

오카는 지도 전체를 설명하지 않고 우산도 위에 쓰인 문장만을 고의적으로 해석해 마치 우산도가 일본 섬이라는 해석이 가능한 것처럼 기술했다. 일본식 왜곡방법의 하나로 전체를 해석하지 않고 극히 일부분만 제시하면서 독자들을 현혹시키는 방법이 종종 쓰이지만 오카의 '대조선국전도'에 대한 해석도 그런 종류의 해석이라고 하지 않을 수 없다.

3) 죽도와 독도의 지형

죽도는 울릉도 동쪽 약 2km거리에 위치하는 섬이다. 전술한 바와 같이 독도와 달리 산봉우리가 없다. 납작한 지형을 갖고 있다. 언제 죽도라는 이름이 붙었는지에 대해서는 『조산왕조실록』등에 기록이 없다. 다만 이규원이 1882년에 울릉도검찰사가 되어 울릉도를 조사했을 때 죽도를 기록했다. 그는 죽도를 '울릉도외도(鬱陵島外圖)'에 그렸

다. '울릉도외도'는 이규원 일행이 울릉도를 배로 돌면서 그린 지도이
다. 아래는 울릉도에서 본 죽도의 모습이다.

울릉도 동쪽 약 2km 거리에 있는 죽도

죽도는 울릉도에서 항상 보인다. 그러므로『세종실록 지리지』에 실
린 우산도, 즉 '우산과 무릉 두 섬은 (중략) 서로 거리가 멀지 아니하
여 날씨가 맑으면 가히 바라볼 수 있다'[20]고 기술되어 있는 우산도는
죽도일 수 없다. 울릉도에서 맑은 날씨에만 보이는 섬은 독도밖에 없
는 것이다.

한편 독도는 두 개의 산봉우리가 있다. 작은 암초까지 포함시키면
삼봉이 있어 별명 삼봉도라고도 불렸지만 큰 산봉우리는 두 개다. 그
것이 죽도와 독도의 지형상의 큰 차이라 할 수 있다.

---

20)『세종실록』권153, 지리지, 강원도, 삼척도호부, 울진현(1454). 원문 : 于山武
陵二島 在縣正東海中 二島相去不遠 風日淸明則可望見 新羅時 稱于山國 一
云鬱陵島 地方百里

4) 기타 조선지도 속에 나타나는 산봉우리를 갖는 우산도

그러면 다른 조선지도 중 산봉우리가 있는 우산도를 그린 지도는 얼마나 있을까? 현재까지 발견된 지도는 위에서 소개한 '대조선국전도'와 '해좌전도' 외에 더 서너 장이 있다. 여기서는 그런 지도들에 대해 분석하기로 한다.

(1) 해동여지도 채색필사본

하나는 19세기 초에 제작된 '해동여지도 채색필사본'이다.(그림-3) 이 지도는 서울의 국립중앙도서관에 소장되어 있다. 이 지도의 울릉도 동쪽에 우산도가 그려져 있고 우산도에는 산봉우리가 두렷이 그려져 있다. 이 지도의 존재는 오래전부터 알려져 있으나, 죽도에는 산봉우리가 없기 때문에 산봉우리가 있는 우산도는 확실히 독도를 뜻한다는 지적은 현재까지 이루어지지 않았다.

일본학자들은 울릉도와 우산도의 거리가 가깝기 때문에 조선지도에 나타나는 우산도는 독도일 수 없다는 논리를 펴기도 하지만 19세기까지의 조선 고지도는 그림 회도(繪圖)이므로 거리는 정확하지 않다. 그러므로 울릉도 가까이에 그려졌으니 독도가 아니라 죽도라는 논리는 그림 회도에 대한 근본적인 무지에 유래되는 말이라고 하지 않을 수 없다.

이 지도는 2009년 2월 23일부 중앙일보에 보도된 바 있고 중앙일보는 그 기사를 일본어로 번역해 디지털 중앙일보 일본어판으로 내보내기도 했다.[21] 이 보도에 대한 일본 네티즌들의 반응은 상당히 당황한 상황으로 나타나 있다. 그들은 댓글로 주로 '이 지도는 날조된 지

---

21) http://japanese.joins.com/article/article.php?aid=111727&servcode=400&sectcode
=400. 중앙일보 일본어판, 2009. 2. 23.(2009. 8. 17. 검색)

〈그림-6〉 해동여지도 채색필사본
(19세기 초. 울릉도, 독도 부분 확대도, 국립중앙도서관 소장)

도이다', '독도가 울릉도 옆에 이렇게 가까이 그려질 리가 없다'[22] 등의 의견을 내놓았으나 전술한 바와 같이 모두 그림 회도에 대한 무지에서 나온 견해일 뿐이다.

(2) 강원도 지도

'강원도 지도'는 19세기 중반에 작성된 '강원도 지도'의 울릉도, 독도 부분의 확대도이다. 경희대 혜정박물관에 소장되어 있다. 이 지도에는 우산도에 산봉우리가 두 개 짙게 그려져 있다. 이런 우산도를 죽도라고 하기는 상당히 어렵다고 할 수 있다.

그러므로 '다케시마문제 연구회'의 '최종보고서'에서는 '해동여지도 채색필사본'이나 '강원도 지도'에 대해서는 일제 말을 하지 않고 있다. 일본학자들은 왜곡하기 쉬운 '해좌전도'나 '대조선국전도'의 우산도에 대해서는 언급을 했으나 우산도에 그려진 산봉우리를 한자의 '亠' 등으로 왜곡하기 어려운 그림 회도인 '강원도 지도'나 '해동여지

---

22) 상게 사이트.

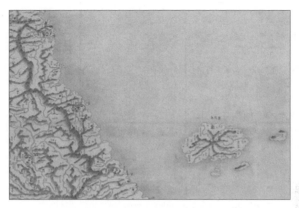

〈그림-7〉 강원도 지도
(울릉도, 우산도 부분 확대도. 19세기 중반, 경희대 혜정박물관 소장)

도 채색필사본'에 대해서는 언급을 못했던 것으로 판단된다.

(3) 김정호의 '대동여지도'

한국에 있는 김정호의 '대동여지도'는 우산도 부분이 잘려 나가 우산도를 확인할 수 없지만 일본의 국회도서관에 소장되어 있는 그의 '대동여지도'에는 두 개의 산봉우리가 그려진 우산도가 잘리지 않고 그대로 남아 있다. 여기에 그려진 우산도가 독도임이 분명하다. 김정호의 '대동여지도'의 울릉도는 '강원도 지도'의 지형유형과 비슷하다.

이 김정호의 '대동여지도'에 대해 '최종보고서'는 다음과 같이 언급한 바 있다.

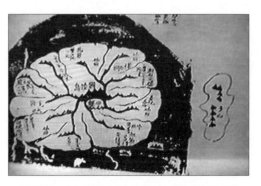

〈그림-8〉 대동여지도(19세기 후반, 일본 국회도서관)

이 지도에는 울릉도 동쪽에 '우산'이라 쓰인 섬이 그려져 있다. ⑧과 마찬가지로 형태는 남북으로 길게 그려져 있고 섬의 남북에 걸쳐 산의 그림이 적혀 있다. 이 섬은 죽서(한국명 죽도)로 보인다. (중략) 19세기 후기에 있어도 우산도는 죽서(한국명 죽도)로 인식되어 있었던 것을 알 수 있다.[23)

위 인용문에서는 우산도에 '산의 그림'이 그려져 있다고 인정하면서도 아무 이유도 없이 '이 섬은 죽서(한국명 죽도)로 보인다. (중략) 19세기 후기에 있어도 우산도는 죽서(한국명 죽도)로 인식되어 있었던 것을 알 수 있다'라는 결론을 기재했다. 산이 있으면 왜 죽도가 되는지 설명이 필요하지만 보고자는 일부러 그 작업을 생략한 것이다. 다케시마문제 연구회의 '최종보고서'는 전문가의 눈으로 볼 때 상당히 문제가 있다고 하지 않을 수 없다. 일본 측은 산봉우리가 있는 우산도에 대해 명확한 분석을 피하고 있는 것으로 판단된다.

4. 결론

다케시마문제 연구회가 발표한 '최종보고서'에서 연구 활동에 참여한 일본학자들이 우산도를 독도가 아니라 울릉도 동쪽 약 2km 거리에 있는 죽도라고 주장하고 있다. 그것은 우산도가 독도라는 한국 측 주장을 비판하기 위해서이다.

그러나 그들의 '최종보고서'는 산봉우리가 그려진 우산도에 대해서는 산봉우리를 한자의 변인 '⺮'이라고 왜곡시키거나 해당되는 지도를 생략하거나 심지어는 산이 그려져 있다고 하더라도 어떤 이유도 없이 '우산도는 죽도'라는 결론을 억지로 내고 있다.

죽도에는 산이 없기 때문에 울릉도 동쪽에 산봉우리가 그려진 우

---

23) 竹島問題研究會編, 2007, 전게서, 118쪽.

산도는 분명히 독도를 나타내고 있다. 이렇게 조선지도에 산봉우리가 있는 우산도, 즉 독도가 그려졌다는 사실은 일본이 강제적으로 독도를 시마네현에 편입시킨 1905년 이전에 조선이 독도를 조선영토로 확실히 지도상에도 그렸다는 유력한 증거가 된다.

즉 '딘 러스크의 편지는 독도가 시마네현 관할에 놓인 1905년 이전에 한국의 일부분으로 취급되었다는 사실을 한국이 증명하도록 하는 여지를 남겨 두었다. 한국이 이런 사실을 증명할 수 있다면 독도가 한국에 포함된다는 점을 법적으로 확립할 수 있다'라고 1954년의 미국무성 비밀보고서가 밝힌 것처럼[24] 1905년 이전에 독도가 한국땅이었다는 증거가 또 발견된 셈이다. 그것을 미리 안 일본 측은 은폐와 왜곡이라는 수단으로 한국의 독도영유권 강화를 방해하고 있는 것이다.

『일본문화연구』 32, 2009.10.

---

24) 호사카유지, 2009,『우리역사 독도』책문, 29~30쪽.

참고문헌

김기혁 기타, 2007,『울릉도 독도 고지도첩 발간을 위한 기초 연구』, 해양
    수산개발원.

이상태, 2007,『사료가 증명하는 독도는 한국땅』, 경세원.

竹島問題研究會編, 2007,『竹島問題に關する調査研究、最終報告書』, 竹島
    問題研究會.

『承政院日記』, 숙종36년 9월 27일(무오), 원본456책/탈초본24책.

오상학, 2008,『'다케시마문제연구회' 최종보고서에 대한 비판적 검토』, 해
    양수산개발원.

『숙종실록』제27권, 숙종20년, 갑술, 8월 14일.

장한상, 1694,『울릉도 사적』.

『고종실록』고종 19년 4월 7일 임술.

『세종실록』권153, 지리지, 강원도, 삼척도호부, 울진현.

호사카유지, 2009,『우리역사 독도』책문.

외교통상부 공식사이트 : http://www.mofat.go.kr/press/hotissue/dokdo/

Web 竹島問題研究所、調査研究成果·報告 : http://www.pref.shimane.lg.jp/
    soumu/web-takeshima/

중앙일보 일본어판, 2009. 2. 23. : http://japanese.joins.com/article/article.php?aid
    =111727&servcode=400&sectcode=400.

제4부

일본 교과서 독도 기술 분석 및 독도관련 용어 사용 검토

일본 교과서의 독도 기술 실태에 관한 연구
-중학교 사회 과목 교과서의 독도 기술을 중심으로 한 고찰-

김화경 · 노상래

1. 머리말

일본의 문부과학성은 2008년 7월 14일에 중학교 학습지도 요령 해설서에 북방 영토와 함께 다케시마(竹島)[1]를 중학교 교과서에 기술할 것을 공포했다.[2] 이와 같은 결정과 함께 우리는 일본에서의 교과서 제작에서 이 학습지도 요령 해설서가 어떠한 역할을 하고 있으며, 또 그들의 교과서 검정제도는 어떻게 되어 있는가 하는 문제를 고찰할 필요성을 절감하게 되었다. 하지만 이러한 필요성에도 불구하고 한국에서는 이와 같은 근원적인 문제들보다는 왜 문부과학성이 왜 명백한 한국의 영토인 독도를 자기들의 중학교 교과서에 일본의 영토라고 기술하도록 결정하였는가 하는 외양적인 현상에만 관심을 기울였을 뿐

---

1) 일본은 숙종 시대에 울릉도를 다케시마(竹島)라고 하면서 자기네 영토라고 주장하다가 결국은 조선의 땅임을 인정한 <울릉도 쟁계(鬱陵島爭界: 일본에서는 다케시마 일건(竹島一件)이라고 부르고 있다.)>를 일으켰던 적이 있었다. 그 후 근대 제국주의의 영토 팽창 전략에 따라 1905년 독도를 강탈하면서 그 전에 마쓰시마(松島)라고 부르던 이 섬에 다케시마라는 이름을 붙여 자기네 땅으로 편입했다고 주장하고 있으나, 이것은 명백한 대한제국의 영토를 빼앗은 국제법적 범죄라고 볼 수 있다.
2) 文部科學省, 2008, 『中學校學習指導要領解說(社會編)』, 文部科學省, 49쪽.

이었다.

실제로 지금까지 많은 연구자들이 일본의 역사 교과서에 대해서
관심을 가져왔다 특히 2004년 일본의 "새로운 역사 교과서를 만드는
모임"에서 제작한 중학교 역사 교과서가 문부과학성의 검정을 통과
하자, 이것이 양측의 외교문제로까지 비화되면서 후소사(扶桑社)에서
출판된 이 교과서에 대해 많은 연구가 이루어졌는데,[3] 한국사 연구회
에서는 2005년 『한국사연구』에 "일본 중학교 교과서의 역사서술과
역사인식"이란 특집을 마련하고 5편의 논문을 실어, 이 교과서를 집
중적으로 분석하였다.[4] 그 후에도 일본의 역사교과서에 대한 연구는
계속되고 있으나,[5] 가장 근원적 문제인 일본 역사 교과서 속에 독도

---

3) 이계황, 2003, 「"새로운 역사교과서를 만드는 모임"의 역사교육 전략」, 『일
  본역사연구I(17)』, 일본사학회, 5~21쪽.
  정상균, 2003, 「근대 이전의 "정한(征韓)" - 새 역사 교과서를 중심으로」, 『일
  본어교육(26)』, 한국일본어교육학회, 259~274쪽.
  권현주, 2003, 「일본의 역사교과서 왜곡문제에 대한 고찰」, 『인문과학연구
  (9)』, 전주대 인문과학종합연구소, 153~186쪽.
  정효은, 2003, 「"새 역사교과서"와 "일본서기"」, 『일본학보(57-2)』, 한국일
  본학회, 669~684쪽.
  한철호, 2004, 「일본 중학교 역사교과서의 한국 근대 관련 내용분석」, 『동
  국사학(40)』, 동국사학회, 465~490쪽.
  조희승, 2004, 「일본의 력사교과서 왜곡책동과 군국주의 부활」, 『퇴계학과
  한국문화(35-2)』, 경북대 퇴계학연구소, 127~140쪽.
4) 허동현, 2005, 「일본 중학교 역사교과서(후소사판) 문제의 배경과 특징 - 역
  사 기억의 왜곡과 성찰」, 『한국사연구(129)』, 한국사연구회, 147~171쪽.
  연민수, 2005, 「일본 중학교 역사교과서의 고대사 서술과 역사인식」, 『한국
  사연구(129)』, 한국사연구회, 173~210쪽.
  박수철, 2005, 「일본 중학교 역사교과서의 중·근세사 서술과 역사인식」, 『한
  국사연구(129)』, 한국사연구회, 211~241쪽.
  한철호, 2005, 「일본 중학교 역사교과서의 한국 근대사 서술과 역사인식」,
  『한국사연구(129)』, 한국사연구회, 243~273쪽.
  박찬승, 2005, 「일본 중학교 역사교과서 한국 근현대사(1910년 이후) 서술
  과 역사인식」, 『한국사연구(129)』, 한국사연구회, 275~310쪽.

문제 불언급은 지적조차 되지 않고 있다.

단지 2005년 3월 시마네현(島根縣) 의회가 일본이 독도를 강점한 1905년 2월 22일을 기념하기 위하여 이 날을 "다케시마의 날"로 정하는 조례안을 통과시키고 동 현의 지사(知事)가 이것을 공표하자, 한국의 학자들도 일본의 교과서 내에서 독도가 어떻게 기술되고 있는가 하는 문제에 관심을 가지기 시작했다. 그리하여 김찬수의 「학생들에게 "일본"을 어떻게 가르칠 것인가? - 일본의 독도 영유권 주장과 역사교과서 왜곡 문제」[6]를 비롯하여, 손용택의 「일본 교과서에 나타난 '독도(다케시마)' 표기 실태와 대응」[7] 및 손주백의 「교과서와 독도문제」[8] 등의 논고가 발표되기에 이르렀다.

특히 김찬수는 "1904년경의 일본은 독도를 탈취해야 할 필요성을 느끼게 된다. 러일전쟁을 시작한 일본은 일본 본토와 한반도, 그리고

---

5) 嶺井正也, 2005, 「日本の歷史敎育の基本的問題」, 『일본학(24)』, 동국대일본학연구소, 85~100쪽.
　　김인화·김명섭, 2007, 「기억의 국제정치학: 일본 역사교과서 문제와 동북아시아」, 『사회과학논집(38-1)』, 연세대 사회과학연구소, 66~89쪽.
　　권오현, 2008, 「일본 중학교 역사교과서의 구성 틀과 구성 요소」, 『역사교육논집(41)』, 역사교육학회, 121~163쪽.
　　박삼현, 2008, 「일본 중학교 후소사(扶桑社)판 역사교과서의 삽화분석」, 『일본역사연구(27)』, 일본사학회, 155~177쪽.
　　大森直樹, 2008, 「일본의 교육현장과 역사교과서 문제 - "전쟁을 지지하는 의식의 형성」, 『일본역사연구(27)』, 일본사학회, 51~88쪽.
　　방수영, 2009, 「"일본의 왜곡역사교과서 검정통과(2009.4.9)"와 우리의 대처방안」, 『한국논단(236)』, 한국논단, 178~187쪽.
6) 김찬수, 2005, 「학생들에게 '일본'을 어떻게 가르칠 것인가? 일본의 독도 영유권 주장과 역사교과서 왜곡 문제」, 『수원문화사연구(7)』, 수원문화사연구회, 175~208쪽.
7) 손용택, 「일본 교과서에 나타난 '독도(다케시마)' 표기 실태와 대응」, 『한국지리환경교육학회지(13-3)』, 한국지리환경교육학회, 363~373쪽.
8) 손주백, 2006, 「교과서와 독도문제」, 『독도연구(2)』, 영남대 독도연구소, 87~108쪽.

만주를 연결하는 보급로를 안정적으로 확보하는 것이 무엇보다도 중요했다. 러시아는 극동함대를 남하시켜 일본과 조선을 연결하는 일본 해군의 수송선을 격침시켰다. 일본은 러시아 함대의 움직임을 감시해야 할 필요가 절실해졌고, 독도는 조선과 일본 사이 바다 가운데 떠 있는 천연의 망루와 같은 존재였다."9)라는 지적을 하여, 일본의 독도 강탈이 전략상의 필요에 의해서 이루어졌다는 것을 지적하였다.

그리고 손용택은 일본의 교과서 및 지도에 보이는 '독도' 표기의 현황을 분석한 다음에, 아래와 같은 네 가지 대응방안을 제시하고 있어 주목을 끌었다.

> 첫째 그들의 주장이 억지가 되었던, 약간은 설득력을 지녔던 간에 일본의 교과서와 지리부도(地理附圖) 상에 현재 양측에서 쟁점화되고 있는 지역이라는 사실을 게재하도록 압력을 가해야 한다.
> 둘째 외교적으로 부단히 노력하여 독도가 한국 영토임을 국제사회에 확인시키는 홍보작업과 일본의 양심 있는 학자들의 목소리가 나오도록 유도해야 한다.
> 셋째 국내의 학자들은 독도가 우리의 영토임을 학문적으로 연구하여 연구물을 축적하고, 논리적으로 무장할 수 있도록 꾸준히 노력하고, 발표하여야 한다.
> 넷째 정부 측에서도 취해야 할 태도가 분명히 있다. 즉 잘못된 신한일 어업 협정에 대한 보완협상을 재개해야 한다. 나아가 독도를 기점으로 한 배타적 경제수역을 선포하고, 우리 국민이 우리 영토에 자유롭게 드나들 수 있도록 입도 허가제(入島許可制)를 폐지해야 하며, 어업 전진기지로 개발하는 것은 당연하다.10)

또 손주백은 "독도 문제의 해결 접근법은 2국 간 대화와 더불어 다자간 협력 시스템을 구축하는 방향에서 이루어져야 한다. 장기 지속의 대화법을 터득하고 추진할 수 있는 의지와 전문성을 갖추어야 한다. 그리고 통일문제를 해결할 수 있는 디딤돌이어야 한다. 이를 위해서는 분쟁을 유도하지 않고 동아시아의 안정과 협력에 기여하는 국가

---

9) 김찬수, 앞의 글, 180쪽.
10) 손용택, 앞의 글, 369~370쪽.

로서의 한국 이미지를 획득해야 하며, 분단을 극복해도 이러한 특징이 계속 유지될 것이라는 신뢰감을 국제사회에 심어주어야 한다."[11]는 구체적인 방안을 제시하기도 하였다.

그러나 일본의 문부과학성이 중학교 사회 교과서의 학습지도요령 해설서에 독도를 러시아와 분쟁을 벌이고 있는 북방 영토와 같이 기술해야 한다는 것을 공표한 2008년 7월 이후에 이런 조처에 대해 각 단체들의 일본 규탄과 주일본 한국대사의 소환, 일본과의 교류 단절[12] 등과 같은 일련의 사건들이 연이어 벌어졌다. 그렇지만 이 문제에 대한 학술적인 검토와 분석은 행해지지 않고 있다.

그런데 이 학습지도요령 해설서는 2012년부터 전면적으로 실시되게끔 되어 있다. 그래서 이것에 대한 검토에 앞서, 본 연구에서는 이런 학습지도요령 해설서가 나오기 이전인, 현재 사용되고 있는 일본 중학교의 사회 교과서에서 독도가 어떻게 기술되고 있는가 하는 문제를 살펴보기로 한다. 그리고 이 연구를 위해서 그들의 학습지도요령이 일본의 교과서 검증제도에서 어떤 기능을 하고 있는가 하는 것도 아울러 고찰하기로 한다. 다시 말해 일본의 학교 교과서 검정제도에서 요체가 되는 학습지도요령과 여기에 따라 집필을 한 사회과목 교과서에 기술된 독도에 대한 실태를 고찰하는 것을 본 연구의 목적으로 한다는 것이다.

---

11) 손주백, 앞의 글, 108쪽.
12) 각 단체의 일본 규탄이 이어졌을 뿐만 아니라, 한·일간에 존속되어 오던 교류도 102건이나 중단되는 사태가 발생하였다고 한다.
한국일보, 2008년 7월 28일 보도

2. 일본의 교과서 검정제도

일본에서 초등학교와 중·고등학교 교육에서 교과서[13]의 검정제도
가 확립된 것은 1947년이었다. 당시에 일본을 통치하고 있던 미국 군
정청은 제2차 세계대전 이전에 획일화되었던 일본 군국주의의 교육
제도를 개선하기 위하여 "학교 교육법"을 제정하면서, 이전의 교과서
국정제도를 모두 검정제도로 바꾸었다.[14] 말하자면 획일화를 지향
해왔던 군국주의 교육을 다원화하여 학생들에게 다양화한 교과서가
사용되도록 하여야 한다는 취지에서 교과서 검정제도를 도입했던
것이다.

이렇게 확립된 교과서 검정제도에 있어서는 일본의 문부과학성은
발행자[15]들로부터 제출된 책들을 교과서로서 사용 가부만을 판정해

---

13) 1948년 7월 10일 법률 제32호로 제정된 「교과서의 발행에 관한 임시조치법」
　　에서는 교과서를, "소학교, 중학교, 고등학교 및 이것들에 준하는 학교에
　　있어서, 교과과정의 구성에 응하여 조직 배열된 교과의 주된 교재로, 교수
　　용(敎授用)으로 제공되는 아동 또는 생도용 도서이며, 문부대신의 검정을
　　거친 것 또는 문부대신에게 있어서 저작권을 가진 것을 말한다."고 규정하
　　고 있다.
　　文部省大臣官房總務課 編, 1962, 『文部法令要領』, 帝國地方行政學會, 141쪽.
　　이 규정은 2007년 법률 제90호로 개정되어 마지막 부분에 "문부대신에게
　　있어서 저작권을 가진 것"이란 표현을. "문부과학성이 저작의 명의(名義)를
　　가진 것"으로 바뀌었다.
　　解說敎育六法編修委員會 編, 2008, 『解說敎育六法』, 三省堂, 316쪽.
14) '학교교육법' 제21조에서 "소학교에 있어서는, 문부대신의 검정을 거친 교
　　과서용 도서 또는 문부대신에 있어서 저작권을 가진 교과서용 도서를 사용
　　하지 않으면 안 된다."라고 규정한 다음, 동법 40조에서는 중학교에서도 이
　　규정을 준용하며, 동법 51조에서는 고등학교에서도 이 규정을 다 같이 준
　　용한다고 규정하고 있다.
　　文部省大臣官房總務課 編, 위의 책, 17·18·20쪽.
15) 「교과서의 발행에 관한 임시조치법」 제2조 2항에 의하면, "본 법률에 있어

주는, 지극히 민주적인 제도인 것처럼 보인다. 그리하여 외양상으로
는 일본의 교과서 검정제도는 주관부서인 문부과학성이 '도서 검정
조사위원회'의 심사를 거친 내용을 중심으로 교과서로서의 적정성 여
부만을 결정하는 대단히 합리적인 형태를 취하고 있다. 게다가 교과
서를 제작하고 배포하는 주체가 모두 민간이기 때문에 국가에서는 거
의 개입이 거의 불가능한 것 같이 되어 있는 것도 사실이다.

　그러나 실제는 정반대이다. 발행자는 문부과학성에서 만든 '학습지
도요령'16)과 '교과서용 도서 검정규칙'에 의거하여 교과서를 제작하
여야만 한다. 이렇게 하여 제작한 교과서의 검정을 신청하면, 문부과
학성의 교과서 조사관이 문부과학대신(文部科學大臣)의 자문기관인
'교과서용 도서 검정 위원회'의 이에 대한 심의 결과를 통보받아 그
검정 통과 여부를 알려준다.17) 그리고 교과서의 선정은 이와 같은 절
차를 거친 검정 교과서와 문부과학성 저작 교과서 중에서 채택하게
되는데, 공립학교에서의 경우는 담당 교육위원회에서 그것을 결정하

서 '발행'이란, 교과서를 제작 공급하는 것을 말하며, '발행자'란 발행을 담
당하는 자를 말한다."고 규정하고 있다.
　文部省大臣官房總務課 編, 앞의 책, 141쪽.
16) 1947년 5월 23일 문부성령(文部省令) 제11호로 제정된 『학교교육법 시행규
칙』 제25조에서 "소학교의 교육과정에 관해서는, 이 절(이 규칙의 제2장 소
학교 제2절 교과를 가리킨다. - 인용자 주)에서 정하는 것 이외, 교육과정의
기준으로서 문부대신이 별도로 고시하는 소학교 학습지도요령에 의한 것
으로 한다."고 규정하고 난 다음 중학교의 경우는 동 규칙 제54조의 2에서,
고등학교의 경우는 동 규칙 제57조의 2에서 이와 같은 규정을 하고 있다.
　文部省大臣官房總務課 編, 앞의 책, 42~45쪽.
17) 1948년 4월 30일 문부성령 제4호로 제정된 『교과서용 도서 검정규칙』의 제
1조에서는 "교과용 도서의 검정은 그 도서가 교육기본법 및 학교 교육법의
위지에 부합하고, 교과용으로 합당한 것을 인정하는 것으로 한다."고 규정
하고 있으며, 제2조에 의하면, "도서의 검정은, 교과서용 도서 검정위원회
의 답신에 바탕에 두고, 문부대신이 이것을 행한다."고 규정하고 있어, 문
부과학성이 직접 개입할 수 있는 여지를 마련하고 있다.
　文部省大臣官房總務課 編, 앞의 책, 150쪽.

게 되어 있다.

그렇지만 문제는 바로 검정과정에 있다. 초·중·고등학교의 '학습지도요령'을 제정하는 주체가 문부과학성이라는 점에 유의해야 한다. 교과서의 검정은 대개 교과서 별로 4년을 주기로 실시되고 있으며, 문부과학대신은 검정 실시시기의 전년도에 검정 선정과목 및 시기 등을 고시하여야 하는 것으로 되어 있다. 그리고 '교과서용 도서 검정위원회'의 심사가 이 학습지도요령에 따라 실시된다. 그러니 쉽게 말한다면 문부과학성의 입맛에 맞는 교과서를 만들어야 한다는 뜻이 된다. 여기에 일본 교과서의 검정제도에 정부의 입김이 작용할 수 있는 여지가 있다고 볼 수밖에 없게 된다.

이처럼 겉으로는 대단히 민주적인 형태를 취하면서도 실질적으로는 정부의 구미에 맞는 교과서 검정 제도를 갖춘 일본에 있어서 저자나 발행자들이 문부과학성에서 규정한 학습지도요령에 따라 제작한 중학교 사회과목 교과서에 독도와 관련된 내용이 어떻게 기술되어 있는가 하는 문제를 살펴보는 것은 일본 정부의 독도에 대한 인식을 파악하는데 매우 중요한 작업이 될 수 있을 것이다.

3. 「학습지도요령」과 중학교의 사회과목 교과서

1) 지리 교과서에서의 독도 기술 실태

일본의 중학교 교과서에서 독도에 관한 문제를 다루는 곳은 사회과목이다. 현재 사용되고 있는 사회과목 학습지도요령의 목표는 "넓은 시야에 서서, 사회에 대한 관심을 높이어, 제 자료에 기초를 두고 다면적·다각적으로 고찰하여, 우리나라의 국토와 역사에 대한 애정을 심화하고, 공민(公民)으로서의 기초적 교양을 배양하여, 국제사회에 살아가는 민주적·평화적인 국가·사회의 구성원으로서 필요한 자질의 기초를 기른다."[18]고 규정하고 있어, 이른 바 "애국교육"의 강화를 노골화하고 있다.[19]

그러면서 사화과목에 속하는 지리와 역사, 공민으로 나누어 각각의 목표와 그 내용을 기술하고 있다. 본 연구에서는 학습지도요령에서 기술하고 있는 지리 분야의 교육목표부터 살펴보기로 한다. 여기에서는 4항목의 목표를 제시하고 있는데, 그들의 국토와 관련을 가지는 1항에서, "일본과 세계의 지리적 사실과 사상(事象)에 대한 관심을 높이어, 넓은 시야에 서서 우리나라 국토의 지역적 특색을 고찰하여 이해시키고, 지리적인 관심과 사고방식의 기초를 함양하여, 우리나라에 대한 인식을 기른다."[20]고 하고 있다. 이와 같은 교육목표 아래에서 기술되는 '일본의 지역 구성' 항에서의 내용은 아래와 같다.

> 지구의(地球儀)와 지도를 활용하여, 우리나라 국토의 위치, 영역의 특색, 지역 구분 등을 다루어, 일본의 지역 구성을 대관(大觀)하게 한다.
> ㉮ 일본의 위치와 영역
> 우리나라 국토의 위치 및 영역의 특색과 변화를 넓은 시야로부터 고찰하여, 일본의 현상을 위치와 영역으로 면에서 대관하게 한다.
> ㉯ 도도부현(都道府縣)의 구성과 지역 구분
> 현대의 일본은 도도부현을 기본으로 하여 대소(大小) 여러 가지로 지

---

18) 文部科學省, 2009, 「中學校學習指導要領」(第2節 社會編), 文部科學省ホ-ムペ-ジ.
19) 1989년에 제정된 구 「중학교 학습지도요령」의 사회과목의 목표는 "넓은 시야에 서서, 우리나라의 국토와 역사에 대한 이해를 심화하고, 공민으로서의 기초적 교양을 배양하여, 국제사회에 살아가는 민주적, 평화적인 국가·사회의 형성자로서 필요한 공민적 자질의 기초를 배양한다."고 규정하여, "애국교육"에 대한 부분이 없었음을 확인할 수 있다.
文部科學省, 2009, 「舊中學校學習指導要領」, 文部科學省ホ-ムペ-ジ, 1쪽.
20) 文部科學省, 2009, 「中學校學習指導要領」, 文部科學省ホ-ムペ-ジ, 1쪽.

역 구분을 할 수 있다는 것 등을 이해시키고, 일본의 지역 구성을 지도상에서 대관하게 하는 것과 함께, 지명과 지도에의 관심을 고양한다.21)

그리고 실제적인 내용의 취급에 있어서는

㉠ 지리적인 관점과 사고방식 및 지도의 독도(讀圖)와 작도(作圖), 경관 사진의 이해 등 지리적인 기능을 익히는 것이 가능하도록 계통성에 유의하여 계획적으로 지도할 것.
또 지역에 관한 정보의 수집, 처리에 대해서는, 컴퓨터와 정보통신 네트워크 등을 적극적으로 활용하는 등의 궁리할 것.
㉡ 지역의 특색과 변화를 파악함에 대해서는, 역사적 분야와의 제휴를 근거로 하고, 역사적인 배경에 유의하여 지역적 특색을 추구하도록 생각하는 것과 함께, 공민적 분야와의 관련에도 배려할 것.22)

등과 같이 구체적으로 집필의 원칙을 명시하고 있다.

이상과 같은 기술해야 할 내용과 그 구체적 지시를 보면, 지리적인 현상을 역사 및 공민과 관련시켜 교육하려고 한다는 것을 알 수 있다. 그렇지만 실제로 중학교 교과서에 기술된 독도에 관한 부분을 보면 이러한 원론적인 규정과 지시들이 역으로 이용되고 있는 것 같은 인상을 받는다.

일본의 중학교 지리 교과서는 6종이 있는데, 이들 가운데에서 2종은 독도를 "다케시마"라고 하여 자기네 영역에 넣고 있으나, 나머지 4종은 "다케시마"라는 지명은 넣지 않고, 일본의 배타적 경제수역만을 그려 넣고 있다.

---

21) 文部科學省, 2009, 「中學校學習指導要領」, 文部科學省ホ-ムペ-ジ, 2쪽.
22) 文部科學省, 2009, 「中學校學習指導要領」, 文部科學省ホ-ムペ-ジ, 3쪽.

(1) 『사회과 중학생의 지리(세계 속의 일본)』

　1부 우리들의 세계 그리고 일본

　2장 일본의 모습을 이해하자

　「일본의 범위는 어디까지?」

라는 항목을 설정하고, 지
도를 삽입하여 독도를 넣
은 일본의 배타적 경제수
역을 표시하고 있다. 그러
면서 주(注) 2로 "선의 일
부에 관해서는 대한민국·
중국과 교섭중이다."라고
기술하고 있으며, '스텝 업
(step up)'에서 "동서남북의

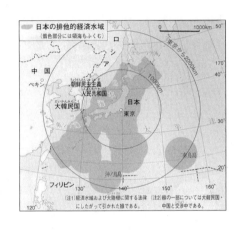

끝 이외에도, 일본에는 다케시마(竹島)와 센가쿠 제도(尖閣諸島) 등의
이도(離島)가 있습니다. 지도책에서 위치를 조사해봅시다."23)라고 하
면서, 위와 같은 지도를 싣고 있다.

(2) 『우리들의 중학사회(지리분야)』

　제2장 일본의 국토와 각지의 모습

　제1절 일본의 국토는 어떠한 특색을 가지고 있는 것일까?

　「바다에 둘러싸인 일본」의 200해리 시대의 일본의 해역

이란 항목을 마련하여, "일본의 영역은, 육지인 영토와 주변의 영해,

---

23) 谷內達 共著, 2008, 『社會科中學生の地理(世界なかの日本(新改版)』(2005年檢
　定畢), 帝國書院, 30쪽.

그것들의 상공 부분의 영공(領空)으로 된다. 그 가운데 영해는, 해안
선으로부터 12해리(약 22Km)까지의 범위를 말하지만, 해양자원의 관
리와 이용을 국제적으로 이전하고 있는 연안 200해리(약 370Km)까지
의 수역(배타적 경제수역)을 포함하면, 광대한 면적이 된다. 단지 200
해리 수역을 설정할 때에, 이웃 나라와의 사이에 영토문제가 있으면,
양국 사이에 문제가 일어난다. 일본과 한국의 사이에는, 일본해(日本
海: 한국 이름은 동해(東海)임)의 다케시마를 둘러싼 문제가 있다. 일
본 정부는 한국 정부와 교섭하여, 다케시마 주변의 수역은, 우선 양국
에서 공동 관리하는 잠정어업수역으로 한 새로운 어업협정을 맺었다.
또 일본과 중국과의 사이에도, 동지나해에 잠정어업수역을 설정하고
있다. 역시 러시아와의 사이의 북방영토의 해역은, 북방영토가 일본
고유의 영토이기 때문에, 이전부터 200해리의 선을 긋고 있으나, 실
제로는 러시아의 지배 아래 있다."[24]라고 기술하고 있어, 독도를 잠
정어업수역에 넣음으로써 교섭 중이기는 하지만 마치 자기 나라의 영
토인 것처럼 인식하도록 하고 있다. 그러면서 이 교과서에는 아래와
같은 지도를 삽입하고 있다.

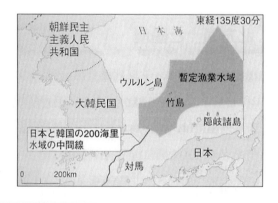

---

24) 海津正倫 共著, 2008, 『わたしたちの中學社會(地理的分野)』(2005年檢定畢), 日
本書籍新社, 43쪽.

(3) 『중학사회 지리의 분야』
  제1편 여러 지역의 성립
    제3장 일본의 지역의 구분
    「일본의 모습」

이란 항에서 일본의 영역에 관해서는 북방영토의 문제만 언급하고 있으나, 지도 「일본의 영역과 경제수역」에서는 독도를 표시하지 않은 채 자기네 경제수역에 넣으면서, "일본의 경제수역의 범위는 유엔 해양법 조약에 바탕을 두고 있는데, 범위의 일부에 관해서는, 현재 관계국과 교섭중입니다."[25]라고 기술하고 있다.

(4) 『중학생의 사회과 지리(세계와 일본의 국토)』
  제2장 일본의 지역 구성
    1. 일본의 위치와 영역
    「일본의 경계를 조사해봅시다.」

라는 항목을 마련하여 북방영토는 언급하고 있지만, 독도에 대한 것은 언급하지 않고 있다. 단지 「일본 국토의 범위」란 지도에서 독도를 표시하지 않은 채 자기네 200해리 수역 안에 넣고, "일본해의 중앙부로부터, 동지나해, 남서 제도 남서부에 걸쳐서는, 외국과의 사이에 200해리의 범위는 협의 중"[26]이라고 적고 있어, 비교적 중립적인 기술태도를 보이고 있는 것 같다.

---

25) 金田章裕 共著, 2008, 『中學社會地理的分野』(2005年檢定畢), 大阪書籍, 28쪽.
26) 山本正三 共著, 2008, 『中學生の社會科地理(世界と日本の國土』(2005年檢定畢), 日本文敎出版, 40쪽.

(5) 『신편 새로운 사회 지리』
　　 제1편 세계와 일본의 지역 구성
　　 제3장 일본의 모습과 여러 지역
　　 「일본의 넓이를 조사하자.」

라는 항목의 '영역을 둘러싼 문제'에서 북방영토는 언급하고 있으나, 독도문제에 대해서는 아무런 언급도 하지 않고 있다. 그렇지만 「일본의 영역과 경제수역」이란 지도에서 "경제수역의 경계선은 일본의 법령에 근거한다. 경계선의 일부는 관계국과 협의 중"27)이라고 기술하고 있다.(34쪽)

(6) 『중학사회 지리』
　"화보 의복"란에 한국의 정월에 윷놀이하는 모습과 서울의 번화가와 같은 거리의 모습을 사진으로 소개하면서, 전통적인 의상과 현대의 일상적인 의상이라는 설명을 붙이고 있다.

---

27) 荒井正剛 共著, 2008, 『新編新しい地理』(2005年檢定畢), 東京書籍, 34쪽.

제1편 지구, 세계 그리고 일본
　3. 일본의 구성은…
　　2) 일본의 국토의 넓이는?
　　「북방영토의 문제」

란 항에서 북방영토에 대해서는 자세히 언급하고 있으나, 독도문제는
언급하지 않고 있다. 다만 「일본의 경제수역」이란 지도에 독도를 표
시하지 않은 채 자기네 영역 안에 넣고, "수역의 일부는 관계국과 교
섭하고 있습니다."[28]라고 적고 있다.

그런데 지리 교과에는 그에 따른 지도책이 있다. 일본의 중학교 지
도책으로는 데이고쿠 서원(帝國書院)에서 발행한 2종류와 도쿄 서적
(東京書籍)에서 발행한 1종이 있다. 그렇지만 데이고쿠서원의 2종은
거의 비슷하기 때문에 본고에서는 그 중의 하나만을 살펴보는데 그치
기로 한다.

　(7)『신편 중학교 사회과 지도』
　이 지도책에서는 17쪽에 '아시아·오스트레일리아·북극'의 지도를
싣고, 18쪽에서 20쪽에 걸쳐 '동아시아'의 지도를 싣고 있다. 여기에
서는 중국과 한국, 일본의 지도를 그리면서 타이완(臺灣)을 확대하여
싣고 있는 것이 특이하다고 하겠다. 그리고 23쪽에 '조선반도'라고 하
여 남북으로 분단된 한국의 지도를 싣고 있으나, 한국과 일본 사이의
바다 국경의 문제는 20쪽에 실으면서, 독도를 자기들 영토로 표시하
고 있으므로, 그 부분을 소개한다면 다음과 같다.[29]

---

28) 竹內啓一 共著, 2008, 『中學社會地理(地域にまなぶ)』(2005年檢定畢), 敎育出
　　版, 32~33쪽.
29) 帝國書院編輯部編, 2008, 『新編中學校社會科地圖』(2005年檢定畢), 帝國書院,
　　20쪽.

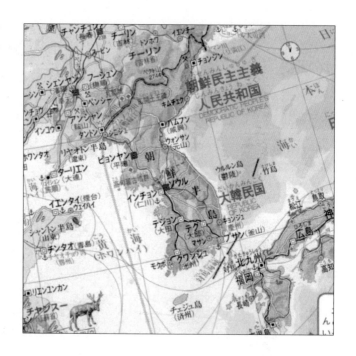

(8)『신편 새로운 사회과 지도』(東京, 2008, 東京書籍) 2005년 3월 검정

이 지도책은 11쪽과 12쪽에 유라시아에 대한 지도를 싣고, 13쪽과 14쪽에 걸쳐 동아시아와 서아시아를 실으면서, 한국과 일본 간의 바다 국경을 표시하면서 독도를 자기들의 영토로 다루고 있다.30)

그런데 이 지도를 통해서 일본 사람들의 영토 팽창의 야욕이 어느 정도인가 하는 것을 엿볼 수 있다. 현재 엄연히 러시아 영토로 되어 있는 사하린(樺太)의 일부까지도 일본의 영토로 표시하고 있는 것이 그런 야욕을 증명하는 것이 아닐까 한다.

---

30) 小泉武榮 共編, 2008,『新編新しい社會科地圖』(2005年檢定畢), 東京書籍, 14쪽.

이상과 같은 중학교 사회과목의 지리 교과서에 기술된 독도에 대한 부분을 보면, 정부의 음성적인 작용이 교과서의 저자들이나 발행자들에게 어느 정도의 영향을 미치고 있는가 하는 것을 짐작할 수 있게 한다. 다시 말해 학습지도요령의 교육목표나 그 내용, 혹은 내용의 취급 그 어디에도 독도에 대한 언급이 없었다. 그럼에도 불구하고 지리 교과서나 지도책에서 직접적으로 다케시마(竹島)는 자기네 영토라거나 아니면 독도를 자기들의 배타적 경제수역 안에 그려 넣고 한국과 협의 중이라는 표현을 사용함으로써, 학생들로 하여금 은연중에 독도를 일본의 영토라고 가르치고 있다는 것이다.

그러나 표현의 수준으로 보아 아직은 그렇게 우려할 만한 상태에 있는 것 같지는 않다. 하지만 신 학습지도요령 해설서에 입각한 교과서의 검정이 이루어져, 이에 따른 교과서들이 사용되는 2012년부터는 매우 적극적으로 독도 문제를 언급할 가능이 있어, 상당한 우려를 자아내게 한다. 그러므로 이 문제에 대해서는 매우 치밀한 관찰과 철저한 분석에 입각한 연구자들의 연구와 정부 당국의 종합적인 대책이 필요하다는 것을 지적해둔다.

2) 역사 교과서에서의 한국 침략 문제

일본 중학교의 사회과목 역사교과서의 경우는 전혀 독도에 대한 기술을 하지 않고 있다. 그러나 그들의 교육목표와 그 내용의 개관(槪觀)을 고찰하는 것은 일본의 중학교 역사 교육이 무엇을 지향하고 있는가 하는 것을 아는데 적지 않은 도움이 될 것 같아, 학습지도요령의 순서에 따라 간단하게 살펴보기로 한다.

일본 중학교의 학습지도요령에 명시된 역사교육의 목표는 아래와 같다.

> (1) 역사적인 사상(事象)에 대한 관심을 높이고, 우리나라 역사의 커다란 흐름과 각 시대의 특색을 세계의 역사를 통해 이해시키어, 그것을 통해서 우리나라의 문화와 전통의 특색을 넓은 시야에 서서 생각하게 하는 것과 함께, 우리나라의 역사에 대한 애정을 심화시키어, 국민으로서의 자각을 키운다.
>
> (2) 국가·사회 및 문화의 발전과 사람들의 생활 향상에 진력한 역사상의 인물과 현재에 전해지는 문화유산을, 그 시대랑 지역과의 관련에 있어서 이해하게 하고, 존중하는 태도를 기른다.
>
> (3) 역사에 보이는 국제관계와 문화교류의 개략을 이해시키고, 우리나라와 제 외국의 역사와 문화가 상호 깊이 관련되어 있다는 것을 생각하게 하는 것과 함께, 다른 민족의 문화, 생활 등에 관심을 가지게 하여, 국제협력의 정신을 기른다.
>
> (4) 가까운 지역의 역사와 구체적인 사상(事象)의 학습을 통해서 역사에 대한 흥미와 관심을 고양하고, 여러 가지 자료를 활용하여 역사적 사상(事

象)을 다면적·다각적으로 고찰하여 공정하게 판단하는 것과 함께 적절
하게 표현하는 능력과 태도를 기른다.[31]

그러나 1998년 일부 개정된 중학교 학습지도요령의 사회과목에서
앞에서 살펴본 지리 분야에서와 마찬가지로, (1)항에서 보는 것처럼
애국주의적인 국사 교육을 권장함으로써 일본의 보수화 내지는 우경
화의 흐름을 엿볼 수 있다.

이에 비해 1989년에 만들어졌던 학습지도요령의 역사 교육의 목표
(1)항에서는, "우리나라의 역사를, 세계의 역사를 배경으로 이해시키
고, 그것을 통해서 우리나라의 문화와 전통의 특색을 넓은 시야에 서
서 생각하게 하는 것과 함께, 국민으로서의 자각을 키운다."[32]라고
되어 있었다. 이와 같은 기술은 현재의 그것이 지향하는 애국교육보
다는 역사를 비교적 객관적으로 가르치려고 했었다는 것을 알 수 있
게 한다.

어쨌든 개정된 애국교육의 학습지도요령에서 다루려고 하는 내용
들 가운데에서 독도 문제의 발생과 밀접한 관련을 가지는 「근현대의
일본과 세계」란 항목에서 가르쳐야 할 내용들이 아래와 같이 나열되
어 있다.

    ㉠ 시민혁명과 산업혁명을 거친 구미 제국(歐美諸國)의 아시아에의 진출을
배경으로 하여, 개국과 그 영향에 관해서 이해하게 한다.
    ㉡ 명치유신 경위의 대강을 이해하게 하고, 신정부의 제 개혁에 의해 근대
국가의 기초가 정비되었다는 것을 알게 하는 것과 함께, 사람들의 커다란 변화
에 관해서 생각하게 한다.
    ㉢ 급속하게 근대화를 추진한 우리나라의 국제적 지위의 향상과 대륙과의
관계의 대강을, 자유민권운동과 대제국헌법의 제정, 청일·러일전쟁, 조약 개
정을 통해서 이해하게 한다.

---

31) 文部科學省, 2009, 「中學校學習指導要領」, 文部科學省ホ-ムペ-ジ, 5쪽.
32) 文部科學省, 2009, 「舊中學校學習指導要領」, 文部科學省ホ-ムペ-ジ, 12쪽.

ⓔ 정부의 부국강병·식산흥업 정책 아래서 진전한 우리나라의 근대산업이 산업혁명을 거쳐 발전했다는 것과, 그 중에서의 국민생활의 변화에 관해서 이해하게 한다. 또 이 시기에 근대문화가 형성되고, 도시를 중심으로 문화의 대중화가 진행되었다는 것을 알게 한다.[33]

이와 같은 교육 내용들 가운데에서 실제로 독도 문제가 언급되어야 하는 곳은 러일전쟁이나 조선의 식민지화 과정이다. 하지만 그 어떤 교과서도 이 부분에서 독도 문제를 기술하지 않고 있다. 특히 러일전쟁이 개전되기 이전에 대한제국 정부가 영세중립(永世中立)을 선포했음에도 불구하고 일본의 군대가 임의로 한국의 국토를 전쟁터로 삼았다는 사실은 전혀 찾아볼 수 없었다. 그렇지만 일단 이 부분에 대한 기술의 실태를 파악하는 것이 앞으로의 대응에 도움이 된다고 판단되기 때문에, 8종의 역사 교과서들 중에서 특색을 가지는 4종을 살펴보기로 한다.

(1)『중학생의 사회과 역사(일본의 변천과 세계)』
　제5장 근대 일본과 국제관계
　　1. 청일(清淸)·러일(露日) 전쟁과 동아시아

「러일전쟁」의 아래에, '식민지 획득의 경쟁' 항목을 마련하고, "19세기의 말이 되자, 자본주의에 의해 경제력을 강화한 구미(歐美)의 나라들은, 제품의 시장과 자원을 확보하기 위해, 아프리카와 아시아 등의 경제발전이 뒤떨어진 지역에 자금을 투자하고, 무력을 배경으로, 식민지로서 지배하려고 했다. 이러한 움직임을 제국주의(帝國主義)라고 한다."[34]라고 하여, 그들의 러일전쟁을 통한 한국 침략이 제국주

---

33) 文部科學省, 2009,「中學校學習指導要領」, 文部科學省ホ-ムペ-ジ, 6쪽.
34) 大濱徹也 共著, 2008,『中學生の社會科 歷史(日本の步みと世界)』(2005年檢定畢), 日本文教出版, 138쪽.

의의 산물이었음을 은연중에 들어내고 있다.

그런 다음에 "러일전쟁" 항에서 "1904년 2월, 일본은 러시아에 선전포고하여, 러일전쟁이 시작하였다. 일본군은, 만주에서 고전을 거듭하면서 승리하고, 일본해(日本海: 동해를 지칭함, 인용자 주)의 해전에서는 러시아의 함대를 무찔렀다."라고 서술하고, 이어서 "포츠머스조약(Treaty of Portsmouth)"에서 "한국에 있어서 일본의 지배권을, 러시아에게 인정하게 했다."라고 서술하였다.

(2)『우리들의 중학사회 - 역사적 분야』
　　제4장 근대국가의 성립과 아시아
　　　4. 조선 침략과 산업혁명
　　　　「일본과 러시아가 전쟁을 하다.」

에서 '제국주의 세계' 항을 설정하고, 위의 일본 문교출판에서 만든『중학생의 사회과 역사』에서와 비슷한 내용의 제국주의를 설명하고 있다. 그렇게 한 다음에, '러일전쟁'에서 "1904년, 드디어 일본은 러시아에게 선전을 포고하고, 러일전쟁을 시작하였다. 일본군은 여순

(旅順)을 점령하고, 봉천(奉天) 교외의 전투에서 승리했다. 해군은 일본해에서 러시아 함대를 전멸시켰다."[35]고 기술하면서, 러일전쟁에서

의 일본군의 진로를 위와 같은 지도로 표시하였다.

그리고 「일본이 대륙 침략을 진척시키다.」의 '포츠머스 조약' 항에서, "1905년, 아메리카의 포츠머스에서 일본과 러시아의 강화회의(講和會議)가 열려, 포츠머스 조약이 체결되었다. 이 조약에서, 러시아는 한국에 대한 일본의 지배권을 인정하고"[36]라고 하여, 러일전쟁에서 승리함으로써 한국의 지베권을 확립했다는 사실을 밝혔다. 그리고 뒤이어 '한국 병합'이란 항을 설정하여 한국의 완전한 식민지화를 서술하고 있다.

(3) 『신중학교 역사 개정판 일본의 역사와 세계』
　제4장 근대화로 나아가는 세계와 일본
　　4. 일본의 움직임과 국제관계
　　　「청일·러일전쟁」의 '청일전쟁'

항목에서, "19세기로부터 20세기로 변할 무렵, 일본은, 정치·경제·교육 등 여러 가지 면에서 국력이 눈부시게 발전했다. 또한 같은 무렵에 러시아도 시베리아 철도를 착공하여, 동아시아에의 관심을 깊게 하였다. 그 결과 일본에게 있어서 조선 문제가 중요하게 되었다."[37]라고 하여, 한국의 중요성을 부각하였다.

그리고 '러일전쟁'의 항에서, "일본은, 일영동맹(1902년)을 맺어 러시아를 견제하는 한편, 러시아에 대하여 만주를 러시아, 한국을 일본의 세력권으로 하려고 제안하였다. 러시아가 이것을 거부하자, 1904

---

35) 峯岸賢太郎 共著, 2008, 『わたしたちの中學社會-歷史的分野』(2005年1檢定畢), 日本書籍新社, 161쪽.
36) 峯岸賢太郎 共著, 앞의 책, 162쪽.
37) 大口勇太郎 共著, 2008, 『新中學校歷史 改訂版 日本の歷史と世界』(2005年檢定畢), 淸水書院, 166쪽.

년, 일본은 개전을 단행했다. … 러일전쟁은, 일본의 한국 지배를 확보하게 하고, 중국·러시아로부터도 영토를 빼앗았다."[38]라고 하여, 다른 교과서들에 비해, 러일전쟁 중에 벌어졌던 동해의 해전에 대한 언급을 하지 않고 있다.

  (4)『새로운 역사 교과서』
    제4장 근대 일본의 건설
      제3절 입헌국가의 출발
        「러일전쟁」

에서 '일로 개전과 전투의 행방' 항을 마련하고, "일본의 10배의 국가 예산과 군사력을 가지고 있던 러시아는, 만주의 병력을 증가하고, 조선 북부에 군사기지를 건설했다. 이대로 묵시한다면, 러시아의 극동에 있어서 군사력이 일본이 맞겨룰 수 없을 만큼 증강되는 것은 분명했다. 정부는 때를 놓치게 될 것을 두려워하여, 러시아와의 전쟁을 시작할 결의를 굳혔다. 1904년 2월, 일본은 러시아에 국교 단절을 통고하고, 러일전쟁을 시작하였다. 전쟁터가 되었던 것은 조선과 만주였다. 1905년, 일본 육군은 고전 끝에, 여순을 점령하고, 봉천 회전(會戰)에서 승리했다. 러시아는 열세를 만회하기 위해, 본국으로부터 발틱 함대를 파견하였다. 함대는 인도양을 횡단하여, 동지나해를 거쳐, 1905년 5월, 일본해에 도착했다. 이것을 맞이하여 싸운 일본의 연합 함대는, 도고 헤이하치로(東鄕平八郎)) 사령 장관의 지휘 아래, 군인들의 높은 사기와 교묘한 전술로 발틱 함대를 전멸시키고, 세계의 해전사에 남는 경이적인 승리를 거두었다."[39]라고 하여, 일본의 승리에

---

38) 大口勇太郎 共著, 앞의 책, 167쪽.
39) 九里幾久雄 共著, 2008,『改訂版 新しい歷史敎科書』(2005年 檢定畢), 扶桑社, 166~167쪽.

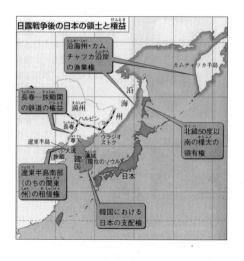

자부심을 느끼도록 표현하고 있다.

그런 다음에 '러일전쟁 후의 일본의 영토와 권익'이라는 옆과 같은 지도를 싣고 있다.

그리고 역사의 명장면으로 「일본해 해전」이란 항을 별도로 설정하고, '발틱 함대가 다가오다.'에서, "(1905년) 5월 27일 미명, 적 발견의 무전을 받은 도고 헤이하치로 사령 장관은, 도쿄의 대본영(大本營)에 '적함이 보인다는 경보를 접하고, 연합함대는 즉각 출동, 이것을 격멸시키려고 한다. 오늘 날씨는 청명하지만 파고(波高)는 높다.'고 하는 전보를 쳤다. 작전 참모인 아키야마 마네유키(秋山眞之)가 기초한 이 전문은, 그 후에도 오래도록 국민의 기억에 새겨져 역사적 문장으로 되었다."라고 하여, 전범(戰犯)으로 사형된 도고(東鄕)의 작전 능력을 과대 포장하고 있다.

또 '일본의 대승리'에서는 "승부는 40분에 결정되었다. 기함(旗艦) 스와로프는 다수의 명중탄을 받아, 대화재를 일으켰다. 이어서, 4척의 전함이 격침되었다. 러시아의 사령 장관은 부상하여, 뒤에 항복했던 것이다."[40]라고 하여, 동해에서의 승리를 자랑스럽게 기술하고 있다. 이러한 후소사(扶桑社)의 역사 교과서는 "새로운 역사 교과서를 만드는 모임"이란 것을 결성하여 제작된 것으로, 일본의 보수화 내지는 우경화를 잘 반영하고 있어 많은 비판을 받고 있다.

---

40) 九里幾久雄 共著, 앞의 책, 169쪽.

이제까지 살펴본 것처럼, 정작 독도 문제를 다루어야 할 역사교과서에는 이것에 대한 언급이 전혀 없다는 것을 확인하였다. 그러므로 일본 문부과학성의 역사 교과서에 대한 학습지도요령은, 그들의 근대화 과정에 있어서 한국과 대만을 희생으로 하여 자본주의가 발전되었다는 사실은 숨기고 일본 민족의 독자적인 산업화에 대한 것들만을 가르치겠다는 속내가 들어있다는 것을 알 수 있다. 특히 독도의 강탈이 러일전쟁의 과정에 전략상의 필요에 의해 불법적으로 이루어졌다는 사실을 인정하지 않고 있으며, 또 이런 사실을 기술한 교과서도 없었다. 그리고 이러한 그들의 역사 인식은 주변국가에 대한 배려나 식민지 지배에 대한 반성과 사죄보다는 자국 역사의 미화에 치중하려고 하고 있다는 사실도 아울러 엿볼 수 있다고 하겠다.

따라서 일본의 교과서에서 굳이 독도 문제를 다루어야 하는 경우, 한국으로서는 당연히 역사 교과서 안에서 이 문제가 기술되어야 한다는 것을 요구하지 않으면 안 된다. 왜냐하면 일본의 독도 강탈은 러일전쟁의 승리를 위한 수단의 하나였고, 이 전쟁의 승리로 말미암아 한국을 그들의 완전 식민지로 만들었기 때문이다. 따라서 이 사실은 한국의 역사교과서 속에서도 상당히 심도 깊게 다루어져야 할 뿐만 아니라, 일본의 역사교과서 속에서도 다루어지지 않을 수 없게끔 하는데 많은 노력을 기울여야 할 것이다. 이런 의미에서 다와라 요시후미(俵義文)의 다음과 같은 지적은 귀를 기울여야 한다는 것을 지적해 둔다.

아무리해도 교과서에 쓰는 것이라면, 현재와 같이, '지리' '공민' (중학교), '지리' '현대사회' '정치·경제'(고등학교, 인용자 주)에서가 아니라, 다음과 같은 내용을 역사교과서의 일본에 의한 한국 병합 = 식민지화라는 곳에 써야만 할 것이다.

일본 정부는, 1876년에 다케시마(竹島: 당시는 마쓰시마(松島)라고 호칭)은 일본의 영토가 아니라고 인정하고 있었다가, 1905년 1월에 일본의 영토로 시마네현에 편입하였다. 일본 정부는 1904년 2월에 개전한 러일전쟁에서 일본해(동해를 가리킴: 인용자 주) 해전(1905년 5월)을 예상하고, 해전의 군사적 요소로서 다케시마를 일본 영토로 하였다. 일본 정부는 1904년 러일전쟁(2월) 개전 직후, 한국 정부의 중립 선언을 무시하고, 한일협정서(韓日協定書)를 강요하여, 전쟁 수행에 필요한 토지를 접수하고, 일본군의 주둔 등 군사행동의 자유를 획득했다. 더욱이 무력을 배경으로 하여, 같은 해에 불평등조약인 제1차 한일협약, 1905년 제2차 한일협약을 한국에 강압해서, 한국의 외교권과 내정권(內政權)을 사실상 빼앗아, 한국 통감부(초대 통감은 이토 히로부미(伊藤博文)를 한성(漢城, 지금의 서울)에 설치하고, 보호국으로 만들었다.[41]

3) 공민 교과서에서의 독도 기술 실태

일본 중학교의 공민 교과서는 8종이 있다. 이 가운데에서 독도를 "다케시마(竹島)"라고 하여 자기네 영토로 기술하고 있는 것은 3종에 불과하다. 하지만 공민 교과의 목표가 무엇이고 그 내용이 어떤 것이었기에 이들 교과서에서 독도 문제를 다루고 있는가 하는 것을 알아보기 위해 우선 그 목표의 일단부터 소개하기로 한다.

(1) 국제적인 상호 의존관계가 깊어가는 가운데, 세계 평화의 실현과 인류 복지의 증대를 위해, 각국이 서로 주권을 존중하고, 각 국민이 서로 협력하는 것이 중요하다는 것을 인식하게 함과 동시에, 자기 나라를 사랑하고, 그 평화와 번영을 기하는 것이 대단히 중요하다는 것을 자각하게 한다.

(2) 현대 사회의 사상(事象)에 대한 관심을 높이고, 여러 가지 자료를 적절하게 수집, 선택하여 다면적·다각적으로 고찰하여, 사실을 정확하게 파악하고, 공정하게 판단함과 동시에 적절하게 표현하는 능력과 태도를 기른다.[42]

---

41) 俵義文, 2008, 「竹島/獨島は日本の教科書にどう書かれているか」, 『戰爭責任硏究 (64)』, 戰爭責任硏究, 81~82쪽.

42) 文部科學省, 2009, 「中學校學習指導要領」, 文部科學省ホ-ムペ-ジ, 9~10쪽.

제4부 일본 교과서 독도 기술 분석 및 독도관련 용어 사용 검토 · 431

이 공민 교과의 교육 목표 역시 "자기 나라를 사랑하고, 그 평화와 번영을 기하는 것을 자각"하게 하겠다는 표현으로 미루어 보아, 1998년에 개정된 학습지도요령이 애국교육을 지향하고 있다는 것을 확인할 수 있다. 그러나 이와 같은 공민 교과에 있어서의 애국교육 지향은 1989년에 만들어진 구 학습지도요령에도 이미 포함되어 있었다는 데 주목하지 않으면 안 된다.[43] 곧 공민 교과서에서는 지리교과서나 역사교과서에 애국교육이 명시되기 이전부터 그것을 지향해왔다고 할 수 있다.

여하간 이러한 교육 목표 아래에서 일본의 문부과학성이 공민 교과서에서 가르치려고 한 내용은 「현대의 민주정치와 지금으로부터의 과제」에 '세계 평화와 인류의 복지 증대' 항목에서, "세계 평화의 실현과 인류 복지의 증대를 위해서는, 국가 간의 상호 주권의 존중과 협력, 각 국민의 상호 이해와 협력이 대단히 중요하다는 것을 이해하게 한다. 그 때에 일본국 헌법의 평화주의에 관한 이해를 심화하고, 우리나라의 안전과 방위의 문제에도 생각하게 하는 것과 함께, 핵무기의 위협에 착안하여, 전쟁을 방지하고, 세계 평화를 확립하기 위해서의 열의와 협력의 태도를 기른다. 또 인류 복지의 증대를 도모하고, 보다 나은 사회를 만들어가기 위해서 해결해야만 하는 과제로서, 지구 환경, 자원, 에너지 문제 등에 대해서도 생각하게 한다."[44]고 규정하고 있다.

이와 같은 공민 교과서의 기술 내용 지도에 있어서, 특별히 우리의 관심을 끄는 것은 "핵무기의 위협에 착안하여, 전쟁을 방지하고, 세계 평화를 확립하기 위해서의 열의와 협력의 태도를 기른다."라고 하는 부분이다. 이것은 북한의 핵무기 개발을 의식한 것으로, 일본의 자위

---

43) 文部科學省, 2009, 「舊中學校學習指導要領」, 文部科學省ホ-ムペ-ジ, 16쪽.
44) 文部科學省, 2009, 「中學校學習指導要領」, 文部科學省ホ-ムペ-ジ, 11쪽.

대를 해외에 파견하여 전쟁의 억제력을 키운다는 것을 의미하는 것 같다. 만약에 이런 추정이 사실이라고 한다면, 일본의 재무장(再武裝)이 당연하다는 것을 중학생들에 교육하겠다는 것을 말해주고 있다고 하겠다.

그리고 이와 같은 내용을 구체적으로 어떻게 기술할 것인가에 대해서는 아래와 같이 서술하고 있다.

> ㉠ '세계 평화의 실현'에 관해서는, 영토(영해, 영공을 포함한다.), 국가 주권, 주권의 상호존중, 국제연합의 역할 등 기본적인 사항을 기초로 하여 이해하게 하도록 유의할 것. 또한 국제연합 등을 다룰 때에는, 주요한 조직과 그 역할 등의 기본적인 이해에 머물게 할 것.
> ㉡ '국제간의 상호 주권의 존중과 협력'과의 관련에서, 국기(國旗) 및 국가(國歌)의 의의와 병행하여 그것들을 상호 존중하는 것이 국제적인 의례인 것을 이해시키고, 그것들을 존중하는 태도를 기르도록 배려할 것.[45)]

이상과 같은 구체적인 내용의 서술은 일본이 중학교에서 다른 나라의 영토와 주권을 존중하는 교육을 지향할 뿐만 아니라, 국기와 국가의 의의 및 다른 나라의 그것들을 상호 존중하는 교육을 하겠다고 표방하고 있는 것처럼 보인다. 하지만 그 속내를 들여다보면, 제2차 세계대전에서 패한 후 국기와 국가에 대한 군국주의적인 교육을 지양해왔었다. 그러던 것을 다시 국제적인 의례라는 구실을 앞세워 '일장기(日章旗)'와 '기미가요(君が代)'에 대한 교육을 하겠다는 저의를 공공연하게 드러낸 것이라고 볼 수 있다.

이 문제는 어찌되었든 이와 같은 교육목적과 내용에 따라, 실제로 공민 교과서에서는 독도를 어떻게 기술하고 있는가 하는 문제를 고찰하기로 하겠다. 그런데 일본 중학교의 공민 교과서는 8종이 있다. 이 가운데에서 독도를 "다케시마(竹島)"라고 하여 자기네 영토로 기술하

---

45) 文部科學省, 2009, 「中學校學習指導要領」, 文部科學省ホ-ムページ, 12쪽.

고 있는 것은 3종이므로, 이들 교과서의 기술 내용을 살펴본다면 다음과 같다.

(1) 『중학사회 공민적 분야』
　　제4편 현대의 국제사회
　　제1장 국제사회와 인류의 과제
　　　1. 국가와 국제사회
　　　　「정해지지 않은 영토와 국경」

에서, "주위가 바다로 둘러싸인 섬나라인 일본에는, 국경을 둘러싼 문제가 있습니다. 홋카이도(北海道) 네무로 앞바다(根實冲)의 하보마이제도(齒舞諸島)·시코단시마(色丹島)·구나시리시마(國後島)·에토로후시마(擇捉島)는, 북방 영토라고 불리는데, 역사적으로 일본의 영토였습니다. 제2차 세계대전 후, 구소련(러시아)에게 점령되어, 지금에도 반환 교섭이 계속되고 있습니다. 시마네현 앞 바다의 다케시마(竹島)는,

한국도 그 영유를 주장하고 있습니다. 오키나와현(沖繩縣) 서쪽의 센가쿠 제도(尖閣諸島)는, 제2차 세계대전 후, 아메리카의 통치 아래 놓여 있었습니다만, 오키나와 반환과 함께 일본의 영토로 되돌아왔습니다. 그러나 중국도 그 영유를 주장하고 있습니다. 국경선은 인접하는 나라들

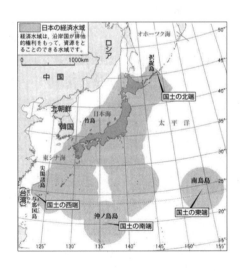

의 커다란 관심사이며, 실제의 이익도 연루됩니다. 특히, 경제수역의 설정으로, 조그마한 섬 하나의 영유도 중요하게 되었습니다. 북방영토, 다케시마, 센가쿠 제도 주변도, 수산자원과 광업자원이 풍부하여, 주목되고 있습니다."라고 기술하고 있다.46)라고 하면서, 아래와 같은 일본의 경제수역, 국경을 표시하고 있다.

 (2) 『신편 새로운 사회 공민』
  제5장 지구 사회와 우리들
   2. 국제사회와 세계평화

에서, "시마네현(島根縣) 오키 제도(隱岐諸島)의 서북에 위치하는 다케시마(竹島), 오키나와현(沖繩縣) 사키시마 제도(先島諸島)의 북방에 위치하는 센가쿠 제도(尖閣諸島)는, 모두 일본 고유의 영토입니다."라고 기술하고 있다.47)

 (3) 『신개정 새로운 공민 교과서』 (東京, 2008, 扶桑社)
 권두 화보(畵報)에 우리나라 주변의 문제라는 항목을 설정하여, 북한의 일본인 납치 문제에 얽힌 사진과 함께, 영토 문제가 제기되고 있는 북방영토와 센가쿠 제도, 독도의 사진을 싣고 있다. 그 설명은 "우리나라 고유의 영토이지만, 중국이 영유를 주장하고 있는 센가쿠 제도(尖閣諸島), 및 한국이 불법점거하고 있는 다케시마"라는 설명을 붙이고 있다.48)

46) 佐藤幸治 共著, 2008, 中學社會公民的分野』(2005年檢定畢), 大阪書籍, 159쪽.
47) 荒井正剛 共著, 2008, 『新編新しい社會公民』(2005年檢定畢), 東京書籍, 155쪽.
48) 遠藤浩一 共著, 2008, 『新改定新しい公民敎科書』(2005年檢定畢), 扶桑社, 화보.

제4장 세계평화와 인류복지의 증대
44. 주권국가(국기(國旗)와 국가(國歌))

에서, "영역은 제각기의 나라의 역사의 산물이며, 영역의 획정은 영토를 둘러싼 주권의 대립을 불러일으켜, 국제분쟁의 원인이 되는 것이 많다. 우리나라도 근린 제국과의 사이에서 영토문제를 안고 있다. 구나시리시마(國後島), 에토로후시마(擇捉島), 시코단시마(色丹島), 하보마이 제도(齒舞諸島)의 북방영토, 일본해(日本海) 상의 다케시마(竹島), 동지나해상의 센가쿠 제도(尖閣諸島)에 관해서는, 제각기 러시아, 한국, 중국이 그 영유를 주장하면서, 일부를 지배하고 있지만, 이들 영토는 역사적으로도 국제법상으로도 우리나라의 고유의 영토이다."라고 기술하고 있다.[49]

이렇게 독도 문제를 다루고 있는 3종의 공민 교과서들을 내용을 보면, 후소사(扶桑社)의 교과서를 제외한 도쿄서적(東京書籍)과 오사카서적(大阪書籍)의 교과서는 이것을 적극적으로 다루지 않고, 검증을 통

---

49) 遠藤浩一 共著, 앞의 책, 128쪽.

과하기 위해 간단하게 기술하고 있는 듯한 인상을 준다. 이에 반해, 후소사의 교과서는 독도에 대한 기술을 하면서, 앞의 화보에서 일본인 납치와 연루된 사진을 싣고 있다는 것은, 혐한의식(嫌韓意識)을 조장하려는 의도가 아닌가 하여, 상당한 주의가 요망된다고 하겠다.

4. 맺음말

본 연구는 현재 일본의 중학교에서 사용되고 있는 사회과목 교과서가 문부과학성의 학습지도요령에 입각해서 독도 문제를 어떻게 기술하고 있는가 하는 것을 살펴보기 위해서 마련되었다. 2008년 7월에 확정된 「학습지도요령 해설서」에 의거한 검정이 이루어져, 이 교과서들이 전면적으로 사용되는 것은 2012년부터이다. 그러므로 현재로서는 이 해설서에 따라 어떤 교과서들이 제작될 것인가 하는 문제에 관심을 가지지 않을 수 없다. 그런데도 한국에서는 이 문제에 대한 연구가 거의 이루어지지 않고 있다는 점에 착안하여 본 연구를 수행하게 되었다.

그래서 우선 일본의 교과서 검정제도가 어떻게 되어 있는가 하는 것부터 살펴보았다. 일본의 교과서 검정제도는 학생들에게 다양한 교과서의 선택권을 부여하는, 상당히 민주적인 것 같은 겉모습을 지니고 있다. 그렇지만 관보에 고시하여 법률적 구속력을 지니는 학습지도요령을 통해서 일본의 문부과학성은 교과서의 저술과 제작에 음성적인 간섭을 계속하고 있어, 실제로는 전근대적인 형태를 벗어나지 못하고 있는 비민주적인 제도라는 사실을 확인하였다.

이러한 사실은 현재 사용되고 있는 교과서들을 통해서도 증명되었다. 이들 교과서는 1998년에 만든 중학교 학습지도요령에 바탕을 둔 것들이다. 그런데 중학교 학습지도요령 그 어디에도 독도에 대한 기술은 없었다. 그럼에도 불구하고 지리나 공민 교과서에서 독도 문제를 언급한 교과서들이 상당히 존재한다는 사실은, 실제로 문부과학성이 교과서 문제에 깊이 개입을 하고 있음을 드러내는 증거이다.

이런 의미에서 일본의 중학생들에게 독도 문제를 가르쳐야 한다면, 그것은 바로 역사교과서이지 않으면 안 된다는 것이다. 왜냐하면 주인이 없는 땅을 먼저 점령한 것이 아니라, 영토 팽창의 일환으로 한국을 식민지로 만들기에 앞서 강탈한 것이 독도였다. 특히 독도는 일본의 해군이 러시아의 발틱 함대를 궤멸시키는데 중요한 역할을 한 전략적 요충지였기 때문에 일본이 강제로 빼앗은 것이다. 하지만 그들이 말하는 일본해, 곧 동해에서 발틱 함대를 격파한 해전에 대해서는 서술을 하면서도, 이를 위해서 그들이 독도를 강제로 점령했다는 사실은 어떤 역사 교과서에서도 찾아볼 수가 없었다.

그러나 그 가운데에는 제국주의에 대한 기술을 함으로써 일본의 한국 침략이 제국주의적인 영토 침략이었다는 것을 솔직하게 인정한 것들도 있어, 사실을 가르치려고 노력하는 저자들과 교과서 제작자들이 존재한다는 사실을 알 수 있었다. 이에 반해 '새로운 역사 교과서를 만드는 모임'에서 저술한 『새로운 역사 교과서』의 경우는 매우 우려할 정도로 극우·보수화되어 있어, 앞으로 이것의 채택 여부에 상당한 신경을 써야할 것으로 생각되었다.

다음으로 지리교과서에서의 독도 기술 실태에 있어서는 6종의 교과서들 가운데에서 데이고쿠 서원(帝國書院)과 니혼쇼세키신사(日本書籍新社)에서 출판된 2종만 독도 문제를 언급하고 있었다. 그렇지만 나머지 4종의 교과서에서도 일본의 지도를 삽입하면서, "외국과의 사이에 200해리의 범위는 협의 중"이라거나, "경제수역의 경계선은 일본의 법령에 근거한다. 경계선의 일부는 관계국과 협의 중" 등의 표현을 사용하여, 독도를 그들의 경제 수역 안에 표시하고 있었다.

그리고 지도책에서는 2종의 교과서들이 다 독도를 일본의 영토로 표시하고 있었다. 특히 데이고쿠 서원의 『신편 사회과 지도』에서는 독도는 말할 것도 없이 사하린(樺太)의 일부까지도 자기들의 국경 안에 넣고 있어, 과거 군국주의 시절에 자기들이 차지했던 영역에 대한 짙은 향수를 가지고 있다는 것도 알아냈다.

또 일본 중학교의 공민 교과서 8종 가운데에서, 독도 문제를 언급하고 있는 것은 3종이었다. 후소샤(扶桑社)의 교과서가 한국이 독도를 점유하고 있으나, "이들 영토는 역사적으로도 국제법상으로도 우리나라의 고유한 영토이다;"라고 기술하고 있어, 다소 우려는 되지만, 다른 2종의 교과서 기술은 그렇게 우려할 정도는 아니었다.

이상과 같이 지금까지 고찰한 중학교 사회과목 교과서들의 분석을 통해, 문부과학성의 사회과 학습지도요령에 독도에 대한 언급이 없음에도 불구하고 저자와 제작자들이 검정을 위해 독도에 대해 어떤 형태로든 기술을 하고 있다는 사실을 확인하였다. 그리고 그 가운데에는 과거 군국주의에의 향수에 의해, 상당히 보수적이고 우익적인 기술을 하고 있는 것들도 있어, 앞으로 체계적으로 대응하여야 한다는 것을 절감하게 되었다. 하지만 최근에 들어선 민주당 정부는 자민당 정부보다는 진보적인 성격을 지니고 있어, 한국의 외교적 역량 여하에 따라 이와 같은 보수화를 어느 정도 완화시킬 수도 있지 않을까 한다. 그러므로 연구자들은 보다 철저한 연구로 일본의 논리를 극복하여야 하고, 정부 당국은 철저한 대책을 세워 대응하는 것이, 2008년 7월에 만들어진 중학교 학습지도요령 해설서에 명기된 독도에 대한 기술의 대비책이 된다는 것을 거듭 지적해둔다.

『한국사상과 문화』50, 2009.12.

참고문헌

김인화·김명섭, 2007, 「기억의 국제정치학: 일본 역사교과서 문제와 동북아
시아」, 『사회과학논집(38-1)』, 연세대 사회과학연구소.

김찬수, 2005, 「학생들에게 "일본"을 어떻게 가르칠 것인가? 일본의 독도
영유권 주장과 역사교과서 왜곡 문제」, 『수원문화사연구(7)』, 수원
문화사연구회.

권오현, 2008, 「일본 중학교 역사교과서의 구성 틀과 구성 요소」, 『역사교
육논집(41)』, 역사교육학회.

권현주, 2003, 「일본의 역사교과서 왜곡문제에 대한 고찰」, 『인문과학연구
(9)』, 전주대 인문과학종합연구소.

박삼헌, 2008, 「일본 중학교 후소샤(扶桑社)판 역사교과서의 삽화분석」, 『일
본역사연구(27)』, 일본사학회.

박수철, 2005, 「일본 중학교 역사교과서의 중·근세사 서술과 역사인식」, 『한
국사연구(129)』, 한국사연구회.

박찬승, 2005, 「일본 중학교 역사교과서 한국 근현대사(1910년 이후) 서술
과 역사인식」, 『한국사연구(129)』, 한국사연구회.

방수영, 2009, 「"일본의 왜곡 역사교과서 검정통과(2009.4.9)"와 우리의 대처
방안」, 『한국논단(236)』, 한국논단.

손용택, 2005, 「일본 교과서에 나타난 '독도(다케시마)' 표기 실태와 대응」,
『한국지리환경교육학회지(13-3)』, 한국지리환경교육학회.

손주백, 2006, 「교과서와 독도문제」, 『독도연구(2)』, 영남대 독도연구소.

연민수, 2005, 「일본 중학교 역사교과서의 고대사 서술과 역사인식」, 『한국
사연구(129)』, 한국사연구회.

이계황, 2003, 「"새로운 역사교과서를 만드는 모임"의 역사교육 전략」, 『일
본역사연구(17)』, 일본사학회.

조희승, 2004, 「일본의 력사교과서 왜곡책동과 군국주의 부활」, 『퇴계학과
한국문화(35-2)』, 경북대 퇴계학연구소.

전상균, 2003, 「근대 이전의 "정한(征韓)" - 새 역사 교과서를 중심으로」,
『일본어교육(26)』, 한국일본어교육학회.

정효은, 2003, 「"새 역사교과서"와 "일본서기"」, 『일본학보(57-2)』, 한국일
　　본학회.

한철호, 2004, 「일본 중학교 역사교과서의 한국 근대 관련 내용」, 『동국사
　　학(40)』, 동국사학회.

한철호, 2005, 「일본 중학교 역사교과서의 한국 근대사 서술과 역사인식」,
　　『한국사연구(129)』, 한국사연구회.

허동현, 2005, 「일본 중학교 역사교과서(후소사판) 문제의 배경과 특징 - 역
　　사 기억의 왜곡과 성찰」, 『한국사연구(129)』, 한국사연구회.

大森直樹, 2008, 「일본의 교육현장과 역사교과서 문제 - 전쟁을 지지하는
　　의식의 형성」, 『일본역사연구(27)』, 일본사학회.

嶺井正也, 2005, 「日本の歷史敎育の基本的問題」, 『일본학(24)』, 동국대일본
　　학연구소.

谷內達 共著, 2008, 『社會科中學生の地理(世界なかの日本)』, 帝國書院.

九里幾久雄 共著, 2008, 『改訂版 新しい歷史敎科書』(2005年檢定畢), 扶桑
　　社.

金田章裕 共著, 2008, 『中學社會地理的分野』(2005年檢定畢), 大阪書籍.

大口勇太郎 共著, 2008, 『新中學校歷史 改訂版(日本の歷史と世界)』(2005年
　　檢定畢), 淸水書院.

大濱徹也 共著, 2008, 『中學生の社會科 歷史(日本の步みと世界)』(2005年檢
　　定畢), 日本文敎出版.

文部省大臣官房總務課 編, 1962, 『文部法令要領』, 帝國地方行政學會.

文部科學省, 2008, 『中學校學習指導要領解說(社會編)』, 文部科學省.

文部科學省, 2009, 「舊中學校學習指導要領」, 文部科學省ホ-ムペ-ジ.

文部科學省, 2009, 「中學校學習指導要領」, 文部科學省ホ-ムペ-ジ.

峯岸賢太郎 共著, 2008, 『わたしたちの中學社會-歷史的分野』(2005年1檢定
　　畢), 日本書籍新社.

山本正三 共著, 2008, 『中學生の社會科地理(世界と日本の國土)』(2005年檢
　　定畢), 日本文敎出版.

小泉武榮 共編, 2008, 『新編新しい社會科地圖』(2005年檢定畢), 東京書籍.

遠藤浩一 共著, 2008, 『新改定新しい公民敎科書』(2005年檢定畢), 扶桑社.

佐藤幸治 共著, 2008, 中學社會公民的分野』(2005年檢定畢), 大阪書籍.

帝國書院編輯部編, 2008, 『新編中學校社會科地圖』(2005年檢定畢), 帝國書院.

俵義文, 2008, 「竹島/獨島は日本の敎科書にどう書かれているか」, 『戰爭責任硏究(64)』, 戰爭責任硏究.

海津正倫 共著, 2008, 『わたしたちの中學社會(地理的分野)』(2005年檢定畢), 日本書籍新社.

解說敎育六法編修委員會 編, 2008, 『解說敎育六法』, 三省堂.

荒井正剛 共著, 2008, 『新編新しい社會地理』(2005年檢定畢), 東京書籍.

荒井正剛 共著, 2008, 『新編新しい社會公民』(2005年檢定畢), 東京書籍.

독도 영유권 공고화와 관련된 용어 사용에 대한 검토

김 호 동

1. 머리말

독도에 대해 한국과 일본은 각기 역사적, 국제법적으로 고유영토라고 주장한다. 현재 국제적으로 '독도'는 영토분쟁지역으로 많이 알려져 있다. 그러나 한국의 경우 독도에 관한한 '영토분쟁'은 존재하지 않는다고 하면서 '독도문제'라는 용어를 사용하기도 한다. 일각에서는 '문제'라는 단어조차 사용하지 말아야 한다고 한다. 또 한국의 경우 '실효적 지배'란 단어를 사용하는데 이 용어에 대해서도 비판을 가한다. 그만큼 독도에 관한한 용어 사용도 조심하지 않으면 안된다는 점을 인식할 필요가 있다. 그런 인식의 바탕 위에 역사적 관점에서 독도와 관련된 용어에 대한 몇 가지 용례에 대해 주의를 환기하고자 한다.

본 논문에서 제기하고자 하는 용어는 첫째, 안용복과 관련하여 안용복을 장군으로 부르는 문제, 그리고 1693년에 피랍된 사건과 1696년에 일본에 건너간 것을 '1차 渡日', 2차 도일'이라고 부르는 용어문제이다. 둘째, 조선시대 독도 울릉도를 포함한 섬에 대한 정책을 '空島政策'으로 부르는 것에 대한 용어문제이다. '공도정책'에 대한 비판

은 필자가 몇 차례 제기한 바가 있고, '공도정책' 대신에 刷出 내지는
刷還措置, 搜討政策이라는 용어를 사용하기도 하면서, 보다 적극적으
로 '巡審政策'이란 용어를 제시한 바도 있다. 필자의 견해에 동조한
견해도 있지만 대개가 시큰둥한 입장을 표명하였고, '공도정책'이란
용어가 별 문제가 없다는 의견을 적극 제시하기도 하면서 관행적으로
'공도정책'이란 용어를 비판 없이 사용하고 있는 실정이다.

2009년에 영남대학교 독도연구소에서 국제학술대회를 개최한 바가
있다(2009.5.13~14). 그때 이케우찌 사토시가 「일본 에도시대(江戶時
代) 다케시마(竹島)-마츠시마(松島) 인식」이란 글을 발표하였다. 이케
우찌는 발표문의 '元祿竹島渡海禁令'이란 장에서 "15세기 이후 다케
시마(울릉도)에 대해 조선 왕조 정부에 의해서 공도화 정책이 실시되
어 조선인의 도항·거주가 엄금되었기 때문에, 이 섬은 오랫동안 무인
도와 같은 상태가 되어 있었다. 그곳에 일본인의 모습이 나타난 것은
1590년대부터이다"라고 하였고, "조선왕조는 울릉도 공도화정책을
내실을 동반한 것으로 추진하였다"고 하고, "수토사를 엄격하게 운영
하여 조선인으로 울릉도에 도항하는 사람은 물론, 더 멀리 있는 다케
시마=독도까지 도항한다는 것은 생각할 수 없다"고 하였다. 이에 필
자는 토론문에서 다음과 같은 토론을 한 바 있다.

> '공도화정책'이란 용어의 경우 北澤正誠이 『竹島考證』에서 "鬱島가 조선의 섬
> 이라는 것에 대해서는 두말할 필요가 없다. 그러나 文祿以來(1592~1614) 버려
> 두고 거두지 않았다. 우리나라 사람들이 그 빈 땅[空地]에 가서 살았다. 즉 우
> 리 땅인 것이다. 그 옛날에 두 나라의 경계가 항상 그대로였겠는가. 그 땅을
> 내가 취하면 내 땅이 되고, 버리면 다른 사람의 땅이 된다"는 논리를 드러내기
> 위해 '空島制'란 용어를 부각시킨 것에서 비롯된다고 봅니다. 그런 용어를 한국
> 학자들마저 비판 없이 사용합니다만 이른바 공도정책이라고도 하는 刷出·刷
> 還정책 혹은 搜討政策이라고 부르는 것이 마땅하다고 생각합니다.

필자의 지적에 대한 그의 답변은 다음과 같았다.

「공도화」정책이란 용어를 사용한 것은 한국인 연구자의 용어법에 따랐습니다. 김호동 선생님은, 그것을 쇄출·쇄환정책 또는 수토정책이라고 불러야 한다고 주장하고 있습니다. 특히, 울릉도가 조선령이라는 점을 일본인에게 알리는 목적으로 수행된 정책이니까, 이것을 「공도화」정책이라고 부르는 것은 적당하지 않다는 생각 같네요. 그렇지만, 「일본인에게 알리는 목적으로 수행되었다」는 점의 논거로서 김호동 선생님께서 제시해 보이신 사료는 안용복 사건 이후의 것이며, 겐로쿠 다케시마 일건이 결착한 이후의 것입니다. 그러한 시기에 「울릉도를 조선령이라고 일본인에 알리는 목적으로 수행되었다」는 것은 당연한 일이지요. 15세기 이래로 수행되어 온 정책이 그러한 의미를 계속 가져왔다는 것을, 어떻게 하여 논증 할 수 있을까요? 오오야·무라카와는 울릉도=다케시마를 무인도라고 착각한 것은, 무엇보다도 「공도」였기 때문이 아니겠습니까?

이케우찌의 이 답변은 '공도정책'이란 용어를 계속 사용한다면 일본과 국제사회에서 독도는 물론 울릉도가 역사적으로 '한국의 땅'임을 입증하는데 문제가 있다는 것은 잘 보여준다.[1] 그래서 '공도정책'이 갖고 있는 용어에 대한 문제를 다시 제기하고자 한다.

2. 안용복과 관련된 용어 사용의 문제

안용복의 업적을 기리는 기념관 및 기념공원 건립이 경상북도 울릉도와 부산에서 각기 추진되고 있고, 안용복 재단이 만들어지기도 하였다. 최근 일본은 1905년의 무주지 선점론 대신에 17세기 고유영토설을 적극 내세우면서 안용복을 폄하하고 있는 점을 감안한다면 경상북도와 부산시가 경쟁적으로 안용복장군기념관의 건립에 나서는 점을 이해는 할 수 있다. 전자는 울릉도와 독도를 행정적으로 관할하고 있는 곳이라는 점에서, 후자는 안용복이 살았던 지역이 동래였다

---

1) 이케우찌의 발표문과 필자의 토론문은 『독도연구』 6(2009.6, 영남대학교 독도연구소, 181~250쪽)에 실려 있다.

는 점에서 서로 안용복을 내세우는 것을 탓할 수 없다. 그렇지만 안
용복 장군 기념관 및 기념공원의 건립을 하면서 한정된 자료 속에서
얼마만큼 특성화할 수 있는지 의문이다. 그럴 경우 예산의 낭비가 아
닐지 모른다. 그런 점을 불식하기 위해서는 양자 간의 부단한 협의
속에 상생하면서 특성화할 수 있는 방안이 강구되어야 할 것 같다.

또 안용복을 '장군'으로 호칭하고 있는데, 언제부터 어떻게 하여
그렇게 부르게 되었는가를 알리려고 한 노력을 보였는지 궁금하다.
그런 설명 없이 장군으로 부르다보니 일본으로부터 노비인 안용복을
영웅화하고 있다면서 공박당하고 있는 실정이다. 이제 안용복을 '장
군'으로 칭할 것인지, '장군'으로 칭한다면 왜 그런 칭호를 부쳐야하
는가에 대한 논리를 개발할 필요가 있다. 일본 측의 『竹島考』 등에 실
려 있는 安龍福의 호패에 의하면 그는 '서울에 사는 오충추의 私奴'
'用卜'으로 되어 있다. 안용복을 '장군'으로 익히 들었던 일반 국민과
어린 학생들이 만약 일본인과 대화하게 되었을 때 일본인들이 안용복
이 노비라고 된 자료를 거론한다면 얼마만큼 대응할 수 있을 것인지?
그리고 국제사회에서 일본이 이 자료를 거론하면서 한국 측의 이야기
가 허황하다고 한다면 한국 측의 다른 주장도 믿을 바 못된다고 하지
않을까?

1954년 부산의 애국단체인 大東文敎會에서 '독전왕 안용복 장군'으
로 추존식을 거행한 것이 안용복을 장군으로 칭하게 된 계기이다. 그
후 1957년 안용복장군 기념회가 발족하였고, 1966년 사단법인 안용
복장군기념사업회가 만들어지게 되었다. 동 기념사업회는 1960년 3
월 『안용복 장군 약전』(500부), 『安龍福將軍-附鬱陵島·獨島의 來歷』(김
의환 편집, 안용복장군기념사업회간)를 발간하였고, 1967년 부산 수
영공원 내에 '안용복장군 충혼탑'을, 1971년에 울릉도에 '안용복장군
충혼비'를 건립하였다. 동 기념사업회는 수영공원에 안용복 장군의

사당인 '守疆祠'를 건립하고, 충혼탑을 이건 건립함과 동시에 '安龍福
將軍像'을 세웠다.[2] 그 동상이 다음 사진과 같다.

긴 칼 차고 있는 장군의 모습인 '안용복장군상'은 한일 양국의 사료
에 나타나는 안용복과는 너무도 거리가 멀다. 다음 자료에 보다시피,

> 드디어 이튿날 새벽에 배를 몰아 자산도에 갔는데, 왜인들이 막 가마솥을 벌
> 여 놓고 고기 기름을 다리고 있었습니다. 제가 막대기로 쳐서 깨뜨리고 큰 소
> 리로 꾸짖었더니, 왜인들이 거두어 배에 싣고서 돛을 올리고 돌아가므로, 제가
> 곧 배를 타고 뒤쫓았습니다.(『숙종실록』 22년 9월 27일〈경진〉)

1696년에 자산도, 즉 독도에 간 안용복은 막대기를 사용한 적은 있
다. 그런 안용복을 동상에서 형상화시켰다면 더 좋은 교육의 자료가
되지 않았을까 한다. 국왕이나 장군 등이 나라를 지키는데 큰 역할을
하였다는 것보다는 하찮고 별 볼일 없는 민초들의 삶의 투쟁이 울릉
도·독도 수호에 일익을 담당하였다고 할 때 보다 설득력이 있을 것
같다.

여기서, 한 가지 명확히 해야 할 것
은 안용복이 살았던 조선후기에 이미
그를 영웅으로 간주되었다는 점을 간
과해서는 안 된다. 성호 이익은 다음
자료에서 보다시피

> 나는 생각건대, 안용복은 곧 영웅호걸
> 인 것이다. 미천한 일개 군졸로서 만 번
> 죽음을 무릅쓰고 국가를 위하여 강적과
> 겨루어 간사한 마음을 꺾어버리고 여러
> 대를 끌어온 분쟁을 그치게 했으며, 한

---

2) 안용복장군기념사업회, 2004, 『守疆祠志』.

고을의 토지를 회복했으니 傅介子3)와 陳湯4)에 비하여 그 일이 더욱 어려운 것
이니 영특한 자가 아니면 할 수 없는 일이다. (중략) 용복은 한 세대의 공적을
세운 것뿐이 아니었다. 고금에 張循王의 花園老卒을 호걸이라고 칭송하나, 그가
이룩한 일은 大商巨富에 지나지 않았으며, 국가의 큰 계책에는 도움이 없었던
것이다. 용복과 같은 자는 국가의 위급한 때를 당하여 항오에서 발탁하여 장수
급으로 등용하고 그 뜻을 행하게 했다면, 그 이룩한 바가 어찌 이에 그쳤겠는
가? (『星湖僿說』 제3권, 〈天地門〉, '鬱陵島')

안용복을 영웅호걸이라고 하면서 장수로 등용하여 그 뜻을 행하게
했어야 한다고 하였다. 성호 이익의 경우 안용복이 일개 미천한 군졸
에서 나라를 지킨 공적을 높게 평가하여 영웅으로 추앙하고 있는데
반해 현재의 우리는 안용복을 장군으로 부르면서 마냥 치켜세우기만
몰두하고 있는 셈이다. 성호 이익의 아들 李孟休가 『春官志』에서 '안
용복전'을 두었고, 元重擧의 『和國志』 '안용복전' 尹行恁의 『海東外史』
의 '安龍福' 등이 안용복을 영웅호걸로 추앙한 것은 성호의 뜻을 파악
하였기 때문임을 잊어서는 안 된다.

안용복은 1693년(숙종 19)과 1696년(숙종 22)년 두 차례 일본에 갔
었다. 흔히들 첫 번째 안용복이 박어둔과 함께 울릉도에서 일본 어부
들에게 붙잡혀 일본에 간 사건을 '1차 渡日'사건이라고 하고, 두 번째
울릉도에 갔다가 독도를 거쳐 일본에 간 사건을 '2차 도일'사건이라
고 한다. 필자는 1693년의 일본행을 '1차 도일'이라고 한 용어에 대해
부정적 시각을 갖고 '被拉'이라는 단어를 사용한 바 있다.5)

---

3) 傅介子 : 漢 昭帝 때 사람으로, 駿馬監이 되어 일찍이 大宛國에 사신으로
   다녀왔었고, 뒤에는 漢 나라가 대완국과의 사신을 통하는 데 있어 자주 한
   나라 사신을 공격해 오던 樓蘭國(서역에 있는 나라 이름)의 왕을 베어죽이
   고 돌아와서 義陽侯에 봉해졌다.(『前漢書』 권70)
4) 陳湯 : 漢 元帝 때의 무신. 西域副校尉로서 외국에 사신을 가서 조칙을 가
   칭하고 군사를 동원하여 郅支單于의 목을 베니, 공적을 포장하여 關內侯를
   봉하였다.
5) 김호동, 2009, 「조선 숙종조 영토분쟁의 배경과 대응에 관한 검토-안용복

안용복 사건을 1, 2차 도일사건으로 부르는 것에 대해 이케우찌 사
토시는 「일본 에도시대(江戶時代) 다케시마(竹島)-마츠시마(松島) 인식」
에서 "한국에서는 1693년의 사건을 안용복의 제1차 도일사건, 1696
년의 것을 제2차 도일사건으로 부르고 있다. 그러나 본인의 의지와는
무관하게 돗토리번령에 연행된 1693년의 사건과 본인의 의지로 돗토
리번령을 가기 위해 도항한 1696년의 두 사건을 제1차, 제2차로 분류
하는 것은 타당하지 않다고 생각한다"고 하면서 1696년 사건을 '협의
의 안용복 사건', 1693년의 사건까지를 포함하여 '광의의 안용복 사
건'이라고 할 수 있다고 하였다.[6] 이에 대해 필자는 돗토리번령에 연
행된 1693년과 본인의 의지로 돗토리번령으로 가기 위해 도항한
1696년의 두 사건을 제1차, 제2차로 분류하는 것은 타당하지 않다고
한 이케우찌의 견해에 전적으로 동의한다. 그렇지만 필자는 1693년의
경우를 '안용복 피랍 사건'으로 규정하여 사용한다고 하면서 이케우
찌 사토시가 1696년의 안용복의 도일행위를 '협의의 안용복 사건'으
로 규정하고, 1693년의 사건까지를 포함하여 '광의의 안용복 사건'이
라고 한 것도 적절하지 않다는 견해를 밝힌 바가 있다. 그 이유에 대
해 1693년의 안용복 사건은 국제적인 피랍사건이기 때문이다. 필자로
서는 당시 조선정부가 '울릉도쟁계(竹島一件)'의 문제 때 이 문제를
부각시키지 못한 점은 문제가 있다고 보기 때문이며, 그런 점에서
1693년까지의 사건을 포함하여 '광의의 안용복사건'이라고 한 것은
'피랍'이라는 문제가 희석되지 않은가 한다는 의견을 낸 바 있다.[7] 이
케우찌 사토시의 경우 1693년, 1696년의 사건을 한국에서 1, 2차 도

　　활동의 새로운 검토를 위해-」,『대구사학』94, 83쪽.
6) 이케우치 사토시(池內敏), 2009, 「일본 에도시대(江戶時代) 다케시마(竹島)-
　　마츠시마(松島) 인식」,『독도연구』6, 영남대학교 독도연구소, 205쪽.
7) 김호동, 2009, 「이케우치의 '일본 에도시대 다케시마·마츠시마 인식'에 대
　　한 문제 제기」,『독도연구』6, 231쪽.

일사건이라고 부르고 있다고 표현한 견해에는 한국에서 안용복의 울릉도와 독도 영토 주장이라는 적극적 의지를 내포한 의미로서 사용하기 위한 의도를 갖고 있었다고 해석하고 있다. 안용복 사건을 1차 도일, 2차 도일로 표현하는 학자들은 최근 권오엽, 호사카유지, 박병섭, 김병렬 등 대부분 독도연구자들이다. 그렇지만 이 용어를 사용하는 것은 문제가 있다. 1, 2차 도일이라고 부를 경우 1693년의 안용복 사건이 납치사건이라는 것이 초점이 흐려진다. 그런 점에서 1, 2차 도일 사건이라고 부르는데 대해서는 반대의 의견을 다시 한 번 드러내고자 한다.

3. '공도정책'이란 용어의 문제점과
대체용어 사용 문제

1) 공도정책 논의에 대한 학계의 논란

필자가 독도와 울릉도에 관해 관심을 갖고 글을 쓰게 된 것은 1997년부터이다. 당시 영남대학교 민족문화연구소에서 1997년부터 경상북도의 지원을 받아 『울릉도·독도의 종합적 연구』(영남대학교 민족문화연구소 편, 영남대출판부, 1998)란 책을 1998년에 내놓았다. 그때 민족문화연구소 간사로 있었던 필자는 그 책의 '총론'과 「군현제의 시각에서 바라다 본 울릉도·독도」란 제목의 글을 쓴 바 있다. 그때만 하더라도 필자는 아무 생각 없이 '공도제'란 용어를 사용하였다. 그후 이 용어에 대한 비판적 시각을 갖고 「조선 초기 울릉도, 독도에 대한 '공도정책' 재검토」(『민족문화논총』 32, 영남대학교 민족문화연구소, 2004.6)란 글과 『독도·울릉도의 역사』(영남대학교 독도연구총서1,

경인문화사, 2007.6)란 책을 집필하면서 「폐기해야 할 '공도정책' 용
어」란 글을 삽입하였다. 후자의 경우 필자는 공도정책이란 용어를 처
음 사용한 예가 北澤正誠의 『竹島考證』에 있었음을 밝힌 바가 있다.

필자와 함께 신명호가 '공도정책'이란 용어에 대해 비판적 견해를
다음의 글에서 밝힌 바 있다.

> ① 「조선초기 해양정책과 어장개장」『조선전기 해양개척과 대마도』(2007,
> 국학자료원)
> ② 「조선 초기 중앙정부의 경상도 海島政策을 통한 空島政策 재검토」『역사
> 와 경계』66, (2008, 부산경남사학회).

신명호는 위 ①의 논문에서, 조선시대 중앙정부의 도서정책 또는
해양정책을 '공도정책'이라고 규정한 최초의 연구자는 일본인 津田左
右吉이었다고 하였다. 일제강점기의 대표적인 식민사학자인 津田左右
吉은 1913년에 <倭寇地圖에 대하여>라는 논문을 발표했다.[8] 그는
이 논문에서 "고려와 조선정부는 왜구 때문에 도서지역과 연해지역
의 거주민들을 내륙으로 소개시키는 정책, 즉 '無人化政策' 또는 '空
島政策'을 시행했다"고 주장했다. 이후 일본학자들은 '공도정책'이라
는 용어를 조선정부 해양정책의 특징으로 단정하게 되었다. 한 예를
들면, 저명한 한일관계사의 연구자인 長節子도 "고려말부터 조선시대
의 해도정책을 살펴볼 필요가 있다. 고려말기에 왜구의 노략질을 피
해, 도서 및 연해지방의 주민을 내륙부로 疏開한 사실은 잘 알려져 있
으므로 여기에서 상술하지 않는다. 하지만 조선시대에 들어와서의 도
서·연해대책에서도 無人化政策이 보인다. … 예전부터 고려시대까지
사람들이 거주하고 있었던 섬들이 李朝 정부의 공도정책에 의해서 무
인도가 된 것은 지극히 당연한 것이었다."고 했다.[9] 신명호의 경우

---

8) 津田左右吉, 1913, 「倭寇地圖に就いて」『朝鮮歷史地理』2, 南滿洲鐵道株式會社.

②의 논문에서 필자의 글을 인용하면서 공도제를 처음 제기한 사람으로서 北澤正誠이라고 한 바 있다.

이로써 보건대, 北澤正誠의 『竹島考證』에서 '공도제'에 관한 논리가 처음 개진된 후, 津田左右吉이 그것을 고려와 조선정부가 왜구 때문에 도서지역과 연해지역의 거주민들을 내륙으로 소개시키는 정책, 즉 "'無人化政策' 또는 '空島政策'을 시행했다"고 하여 학문적으로 가다듬었다고 볼 수 있다. 그럼에도 불구하고 한국사학계에서 이것을 무비판적으로 받아들여 하나의 역사용어로 별다른 의심 없이 사용하고 있다.[10] 최근 공도정책 대신에 쇄환정책, 혹은 수토정책이라는 용어를 사용하는 경우가 늘어나고, 중등학교 교과서에 공도정책 대신에 '쇄환정책'이 사용되는 등 변화가 일어나고 있지만 해양사를 전공하는 고대사 연구자들의 대부분, 그리고 신용하를 위시하여 송병기의 『재정판 울릉도와 독도』(단국대학교출판부, 2007), 에 이르기까지 '공도정책'이란 용어가 아직도 많이 사용되고 있는 실정이다. 필자는 2009년 8월 13일, 동북아역사재단 독도연구소의 2009 국제법사연구회 8차 발표회에서 본 제목으로 발표를 가진 바 있다. 그때 김용환이 토론을 하면서 국제법적으로 '공도정책'이란 용어를 사용하면 그것은 절대적으로 불리하다고 하였다. 그리고 주변에서 역사학자들이 '공도정책'이란 용어를 통설로 사용하고 있기 때문에 그 용어를 사용하고 있다는 연구자들의 말을 전하면서, 왜 역사학자들이 '공도정책'이란 용어를 사용하는지 모르겠다고 하였다. 그러므로 국제법이나 정치학

---

9) 신명호, 2007, 「조선초기 해양정책과 어장개장」, 『조선전기 해양개척과 대마도』, 국학자료원, 11~13쪽.

10) 2009년 8월 7일, 삼척이사부문화축전 기념학술대회에서 손승철의 경우도 「조선시대 울릉도 '空島政策'과 '搜討制'의 분석」의 발표에서도 공도정책을 비판한 바 있다. 그때의 발표내용은 『고대 해양활동과 異斯夫 그리고 사자 이야기』(이사부연구총서 Ⅱ)(강원도민일보·강원도·삼척시, 2009.12)에 실려 발간되었다.

연구자들이 '공도정책'이란 용어를 역사학자들이 통설로 사용하고 있다는 인식을 하고 있으므로 '공도정책'이란 용어가 갖는 문제점을 공개적으로 비판할 필요가 있다.

흔히들 공도정책은 고려 말에서 시작되어 조선시대에 걸쳐 시행되었다고 한다. 공도조치란 섬 주민들을 육지로 모두 이주시켜 섬을 비워버리는 극단적인 조치를 의미한다. 조선시대에 섬은 원칙적으로 국왕의 지배와 보호가 미치는 통치의 대상이 아니었고, 행정 편제의 대상에서도 배제되었다. 다만 왕권 내에 있는 조선의 영토라는 관념만이 막연하게 미치고 있을 뿐이었다. 따라서 만약 백성들이 섬에 흘러들어간다면, 그것은 곧 국왕의 통치권에서 벗어남을 의미하는 것이었다. 그들에게 국가 탈출죄, 혹은 반역죄에 상응하는 형벌이 가해졌던 것은 이 때문이었다. 이러한 조선의 공도정책은 고려 말에 취한 공도의 조치를 계승한 측면도 있지만, 더 본질적으로는 명의 海禁政策을 追隨한 결과였다고 본다.[11]

그간 공도정책이란 용어를 사용한 강봉룡의 경우 「해양인식의 확대와 해양사」(『역사학보』 200, 역사학회, 2008)란 글에서 공도정책에 대한 비판의 글을 소개하면서 "공도와 해금을 '정책'이라고 칭한 것은 조금 과도했을 수도 있다는 생각이 들기도 한다. 그러나 조선의 국가 운영에서 반해양적 성격이 강하게 드러난다는 것만을 부인하기 어려운 것 같다"고 하고 "조선 초기에 동해안의 무릉도·요도·삼봉도를 둘러싼 조정의 논의에서 이를 경영하자는 주장도 일부 제기되기도 했지만 공도론이 지배적이었고, 심지어는 몰래 입도한 자에 대해여는

---

11) 강봉룡, 2002, 「한국 해양사의 전환-'해양의 시대'에서 '해금의 시대'로-」, 『도서문화』 20 ; 2005, 『바다에 새겨진 한국사』, 한얼미디어. 단, 강봉룡의 경우 공도정책의 시작을 고려말 조선초 왜구와 관련시켜 설명하는 것에 한 걸음 더 나아가 삼별초와 관련시켜 1차적으로는 서남해의 저항 해양세력에 대한 대대적 탄압을 위해 '공도정책'이 실시되기도 하였다고 한다.

반란자에 준하는 극형에 처해야 한다는 주장이 제기되기도 하였으며, 또 실제 극형에 처한 사례도 있었다. 도서 경영론자의 입장 중에는 섬을 비워두면 왜구의 근거지가 될 우려가 예상된다는 극히 타당한 논리가 포함되어 있음에도 불구하고 끝내 王化가 미치지 않는 곳이라는 관념적 논리에 밀려 냉혹한 공도의 조치로 결론나곤 했던 것을 어떻게 판단해야할까?"라고 하였다. 또 "섬에 대한 왜구의 침탈 위험이 가중되어 가기까지 하자, 공도론자에게 힘이 실려 결국 성종대에 이르러 하삼도 관찰사에게 '도서거주금지'와 '추쇄'를 내용으로 하는 「사목」이 내려지기에 이르렀으니, 이러한 조선왕조의 섬에 대한 일련의 논의와 조치들을 어떻게 평가해야 할까? '공도정책'이 과도하다면 '공도조치' 혹은 '공도론'이라 칭하면 적당할까? 그 용어에 강약의 차이는 있겠지만 조선왕조가 확실히 섬을 경시했다는 성향 자체를 부정하지는 못할 것이다"라는 등의 견해를 표한 바 있다.[12]

위 언급에서 성종대에 이르러 '도서거주금지'와 '추쇄'를 내용으로 하는 「사목」이 내려졌다는 주장은 잘못된 견해이다. 그 근거사료를 검토해보기로 한다.

> 경상도 · 전라도 · 충청도의 관찰사에게 下書하기를, "들으니, 육지의 居民들이 海外의 여러 섬에 도망해 숨은 자가 많다고 하는데, 이는 다만 군역에서 탈루될 뿐만 아니라, 만일 賊變이 있게 되면 구원할 수가 없다. 지금 사람을 보내어 모두 돌아오게 하고자 하는데, 그들이 소요될까 염려되니, 즉시 事目을 살펴서 수군절도사와 상의하여 곧 데려오게 하되, 놀라고 동요됨이 없게 하라." 하였다. 그 사목에 이르기를, "1. 여러 섬에 숨은 사람은, 수령과 만호 중에서 택정하여 추쇄하되, 만일 그전처럼 다른 섬으로 가서 숨기를 꾀하는 자는 여러 鎭이나 여러 浦의 군인을 알맞게 동원하여 道別로 나누어 체포한다. 1. 수령 · 만호 등과 監考 · 色掌人 등이 나라의 법을 두려워하지 않고 숨은 사람을 색출하는데 마음을 쓰지 않았다가 뒤에 나타나게 되면, 수령과 만호는 制書有違律

로 논단하고 감고·색장은 全家徙邊한다. 1. 順從人은 良人과 賤人을 구분하여 조처하고, 만일 전에 도피한 자나 항거한 자, 그리고 우두머리는 斬한다. 1. 모든 섬에서 잡은 사람은 각각 본고장으로 돌려보내되, 그 중에 魁首들은 여러 고을에 나누어 가두고 啓聞해서 區處한다. 1. 쇄환한 뒤에 수령과 만호가 糾檢하지 못하여 도로 숨게 한 자는 赦宥 전을 막론하고 본인은 罷黜시키며, 全家徙邊한다." 하였다.(『성종실록』권72, 성종 7년 10월 9일〈기묘〉)

위 사목은 육지에서 섬으로 도망해 들어간 사람들이 군역에서 탈루된 것이기 때문에 이들을 쇄환하여 군역을 부과하겠다는 취지의 글이지 '도서거주 금지'를 행하겠다는 뜻은 결코 아니다.

강봉룡의 견해처럼 조선왕조가 섬을 경시했다는 성향 자체를 부정하지는 않는다. 그러나 北澤正誠이 처음 '공도제'란 용어를 사용한 것은 '빈 섬(空島)'임을 부각시켜 그 땅을 먹겠다는 논리로 사용하였다는 점을 올바르게 인식하지 못하고 있다는 점이고, 이 용어를 사용한다면 이케우찌 사토시처럼 "17세기말부터 그때까지의 울릉도 공도화정책을 내실을 동반하여 추진하였다. (중략) 조선인으로 울릉도에 도항하는 사람은 물론, 더 멀리 있는 다케시마=독도까지 도항한다는 것은 생각할 수 없다"[13]라는 인식을 낳게 된다는 문제점을 갖고 있다. 더욱이 이케우찌 사토시는 '공도정책'이라는 용어를 한국인 학자들로부터 인용하였다고 한다.[14] 이제 '공도제'를 처음 제기한 北澤正誠의 견해를 한번 살펴봄으로써 그 용어가 갖고 있는 문제점을 논해보고자 한다.

---

13) 이케우찌 사토시(池內 敏), 2009, 「일본 에도시대(江戸時代) 다케시마(竹島)-마츠시마(松島) 인식」, 『독도연구』6, 216쪽.
14) 김호동, 2009, 「이케우치의 '일본 에도시대 다케시마-마츠시마 인식'에 대한 문제 제기」, 『독도연구』6, 231쪽.

2) '공도제'란 용어가 갖고 있는 의미

北澤正誠이 『竹島考證』(上)에서 처음 '공도제'란 용어를 사용한 것은 다음의 인용문에서이다.

> ① 또 『磯竹島覺書』는 『東國輿地勝覽』 및 『芝峯類設』을 인용하여 "조선 태종 때 그 섬으로 도망하는 유민이 심히 많다고 듣고, 다시 명령하여 삼척 사람 김인우를 안무사로 삼아 그 땅에서 사람을 나오게 하고 땅을 비웠다(刷出空其地). … 그 전 왕조에서는 空島制를 행하지 않았기 때문에 바닷가에 살던 사람이 때때로 그 섬으로 이주하기도 하였다.

北澤正誠은 "『磯竹島覺書』는 『東國輿地勝覽』 및 『芝峯類設』을 인용하여 조선 태종 때 '김인우를 안무사로 삼아 그 땅에서 사람을 나오게 하고 땅을 비웠다(刷出空其地)'는 것을 부각시키고, '그 전 왕조에서는 空島制를 행하지 않았기 때문에 바닷가에 살던 사람이 때때로 그 섬으로 이주하기도 하였다'고 하였다. 그는 여기에서 처음으로 '空島制'란 용어를 사용하면서 짐짓 그 전 왕조, 즉 고려에서 공도제가 시행되지 않았다고 하였다. 그러면서 앞에서 의종대에 울릉도를 텅비우게 했다는 것을 부각시키고 조선 태종조에 김인우로 하여금 '刷出空其地' 하였음을 부각시켜 조선조에서 '공도제'가 시행되었다고 하였지만 그전에도 빈섬이었음을 넌지시 강조하였다. 그렇다면 태종대 '공도제'가 실시되어 울릉도는 '빈 섬(空島)'이었는가? 태종조의 기록을 살펴보기로 한다.

> ② 金麟雨를 武陵等處安撫使로 삼았다. 호조참판 朴習이 아뢰기를, "신이 일찍이 江原道都觀察使로 있을 때에 들었는데, 武陵島의 周回가 7息이고, 곁에 작은 섬(小島)이 있고, 저지가 50여 結이 되는데, 들이기는 길이 겨우 한 사람이 통행하고 나란히 가지는 못한다고 합니다. 옛날에 方之用이란 자가 있어 15家를 거느리고 入居하여 혹은 때로는 假倭로서 도둑질을 하였다고 합니다. 그 섬

을 아는 자가 三陟에 있으니, 청컨대, 그 사람을 시켜서 가서 보게 하소서."하니, 임금이 옳다고 여겨 삼척 사람 前 萬戶 김인우를 불러 무릉도 일을 물었다. 김인우가 말하기를, "삼척 사람 李萬이 일찍이 무릉에 갔다가 돌아와서 그 섬의 일을 자세히 압니다."하니, 곧 이만을 불렀다. <u>김인우가 또 아뢰기를, "무릉도가 멀리 바다 가운데에 있어 사람이 서로 통하지 못하기 때문에 軍役을 피하는 자가 혹 도망하여 들어갑니다. 만일 이 섬에 住接하는 사람이 많으면 왜적이 끝내는 반드시 들어와 도둑질하여, 이로 인하여 강원도를 침노할 것입니다."하였다.</u> 임금이 옳게 여기어 김인우를 무릉등처안무사로 삼고 이만을 伴人으로 삼아 兵船 2척, 抄工 2명, 引海 2명, 火通・火藥과 양식을 주어 <u>그 섬에 가서 그 頭目에게 일러서 오게 하였다.</u> 김인우와 이만에게 옷과 갓・신발을 주었다.(『太宗實錄』 태종16년 9월 경인)

사료 ②에서 보다시피 태종 16년(1416) 9월에 무릉등처안무사를 파견할 때 "무릉도가 멀리 바다 가운데에 있어 사람이 서로 통하지 못하기 때문에 군역을 피하는 자가 혹 도망하여 들어갑니다"라고 한 이야기를 듣고, 김인우를 안무사로 삼아 울릉도로 파견하여 실태조사를 하고자 한 것이다. 따라서 이때의 정책을 공도정책, 혹은 쇄출정책으로 보고자하는 것은 문제가 있다. 태종 16년 9월의 논의에서 왜구문제와 군역도피자 문제가 거론되었지만 김인우로 하여금 울릉도거민을 적극적으로 쇄출하라는 명은 없었다. 태종이 김인우를 파견하면서 '그 섬에 가서 그 頭目에게 일러서 오게 하였다'고 한 것이나 김인우가 울릉도에 살고 있는 15 口, 86명 가운데 겨우 3명만을 데리고 나왔다는 것을 통해 그것을 짐작할 수 있다.[15] 그런 점에서 이때의 김인우의 울릉도 파견을 쇄출정책을 위해 파견되었다고 보는 기존의 시각은 문제가 있다. 김인우가 돌아온 사흘 후에 '于山・武陵島의 居民을

---

15) 『태종실록』 태종17년 2월 5일(임술). "按撫使 金麟雨가 于山島에서 돌아와 토산물인 大竹・水牛皮・生苧・綿子・檢樸木 등을 바쳤다. 또 그곳의 거주민 3명을 거느리고 왔는데, 그 섬의 戶는 15 口요, 남녀를 합치면 86명이었다. 김인우가 갔다가 돌아올 때에, 두 번이나 태풍을 만나서 겨우 살아날 수 있었다고 했다."

刷出하는 것의 편의 여부'를 논의케 한 것도 그것을 뒷받침해준다. 태
종은 김인우가 태풍을 두 번이나 만나 어려움을 겪고 15구 86명 가운
데 겨우 3명만이 따라왔기 때문에 쇄출 조치가 과연 합당한 것인가라
는 생각을 가진 듯하다. '우산·무릉도의 居民을 쇄출하는 것의 편의
여부'를 논하게 한 것은 바로 그 때문이다. 그러한 분위기 속에서 개
최된 논의이기 때문에 당시의 중론은 첫째, 주민을 쇄출하지 말고, 오
곡과 농기를 주어 그 생업을 안정케 하고, 둘째, 主帥를 보내어 그들
을 위무하고 또 土貢을 정하자는 것이었다. 오직 공조판서 黃喜가 반
대하고 빨리 쇄출하자는 주장을 펼쳤다. 그럼에도 불구하고 태종이
"쇄출하는 계책이 옳다. 저 사람들은 일찍이 徭役을 피하여 편안히
살아왔다. 만약 土貢을 정하고 주수를 둔다면 저들은 반드시 싫어할
것이니, 그들을 오래 머물러 있게 할 수 없다"고 함으로써 울릉도에
대한 치읍은 무산되고 말았고, 쇄출조치가 단행되었다.[16]

태종 17년에 울릉도에 대한 치읍논의가 있었지만 김인우로 하여금
쇄출시키도록 하는 조치가 단행되었다. 그러나 울릉도에 대한 쇄출조
치는 별다른 실효를 거두지 못하였음을 다음의 자료는 보여준다.

③ 前 判長鬐縣事 김인우를 于山武陵等處按撫使로 삼았다. 당초에 강원도 平
海 고을 사람 金乙之 · 李萬 · 金亏乙金 등이 무릉도에 도망가 살던 것을, 병신년
에 국가에서 인우를 보내어 다 데리고 나왔다. 계묘년에 을지 등 남녀 28명이
다시 본디 섬에 도망가서 살면서 금년 5월에 을지 등 7인이 아내와 자식은 섬
에 두고 작은 배를 타고 몰래 평해군 仇彌浦에 왔다가 발각되었다. 감사가 잡
아 가두고 本郡에서 急報하여 곧 도로 데려 내오기로 하고서, 인우가 군인 50
명을 거느리고 군기와 3개월 양식을 갖춘 다음 배를 타고 나섰다. 섬은 동해
가운데 있고, 인우는 三陟 사람이었다.(『세종실록』 세종 7년 8월 갑술)

---

16)『태종실록』 태종 17년 2월 8일.

위 사료 ③에서 "당초에 강원도 平海 고을 사람 金乙之·李萬·金亐
乙金 등이 무릉도에 도망가 살던 것을, 병신년에 국가에서 인우를 보
내어 다 데리고 나왔다"[17] 고 하였지만 '계묘년', 즉 세종 5년(1423)
에 다시 을지 등 남녀 28명이 가족을 이끌고 울릉도에 들어가 살고
있다는 사실이다. 그리고 그들의 존재가 알려진 것은 안무사의 파견
등에 의해서가 아니라 을지 등이 평해의 구미포에 왔다가 적발되었기
때문이다. 그것은 그간 쇄출조처가 지속적으로 시행되지 못하였음을
말해준다.

울릉도로 도망간 피역인들의 쇄출을 위해 김인우가 于山武陵等處
按撫使가 되어 남녀 20인을 수색해 잡아왔다. 이때 세종은 "섬에는
별로 다른 산물도 없으니, 도망해 들어간 이유는 단순히 賦役을 모면
하려 한 것이로구나" 하였다.[18] 이때 배 한 척이 표류하여 일본에 떠
내려갔다가 간신히 돌아왔는데, 이들이 익사한줄 알고 초혼제를 지내
기까지 하였다.[19] 울릉도에 별다른 산물이 나지 않고, 피역해 울릉도
에 들어간 사람들을 쇄출을 위해 안무사 등을 파견하기에는 풍랑 등
으로 인해 피해가 크다고 생각하였는지 모르지만 한동안 울릉도에 대
한 조치는 사료에 보이지 않는다.

北澤正誠은 사료 ①에서 보다시피, "삼척 사람 김인우를 안무사로
삼아 그 땅에서 사람을 나오게 하고 땅을 비웠다(刷出空其地)"고 하였
지만 태종대의 사료에 보이는 것은 설읍하자는 논의와 본토의 백성으
로서 섬에 들어간 도망자를 쇄출하자는 논의가 첨예하게 대립되었지,

---

17) 사료 ③에서 울릉도민을 '다 데리고 나온' 것은 '병신년'이라고 하였는데,
　　'병신년'은 태종 16년(1416)이다. 그 해의 경우 김인우와 이만을 따라 나온
　　사람은 단 세 사람에 불과하다(주 15 사료 참조). 따라서 이때의 병신년은
　　잘못된 것이고 그 이듬해인 '정유년(1417)', 즉 태종 17년이라고 할 수 있다.
18) 『세종실록』 세종 7년 10월 을유
19) 『세종실록』 세종 7년 11월 을묘 및 계사일.

'空島'를 만들자는 논의는 없었다. 논의의 과정에서 '본토에서 피역을 위해' 울릉도로 들어간 사람들을 '刷出', '刷還'하는 조처가 있었지만 그 섬은 '빈 섬(空島)'이 아니었다. 쇄출, 쇄환조치는 일시적이고 단발적인 조치에 불과한 것이고, 그것이 하나의 정책으로서 일관성을 갖고 있었던 것은 아니었다. 그럼에도 불구하고 '피역인'을 육지로 '쇄환', '쇄출'하는 조치를 비판없이 공도정책이라고 불러 울릉도가 빈 땅, 버려진 땅이란 그릇된 인식을 낳아 우리의 영토가 아니라는 주장을 가져오게끔 하는 빌미를 제공하였다.

北澤正誠은 조선 태종조와 세종조에는 울릉도로 사람들이 끊임없이 들어가 설읍의 논의가 제기된 사실은 숨긴 채『竹島考證』에서 세종 20년으로 기록으로 뛰어 넘어가 "縣 사람인 만호 南顥가 수백 명을 이끌고 가서 도망간 백성을 모두 잡아 金丸 등 70여 명을 데리고 돌아왔고, 그 땅은 결국 비워졌다(其地遂空)"고 하였다. 그러나 아래의 사료 ⑥~⑦에서 보다시피, 남호, 실은 남회가 포획한 남녀 모두 66명은 육지에서 도망해온 사람들이었기에 쇄환한 것이다. 그럼에도 불구하고 그는 '其地遂空'만을 부각시키고 있다. 남회를 파견하게 된 동기가 사료 ④~⑤에서 보다시피 세종 18년과 19년에 강원감사 유계문이 거듭 울릉도에 설읍하자는 주장에 의해 나온 것임을 언급하지 않고 있다.

④ 강원도 감사 柳季聞이 아뢰기를, "무릉도와 우산은 토지가 비옥하고 산물도 많사오며, 동·서·남·북으로 각각 50여 리 연해의 사면에 석벽이 둘러 있고, 또 선척이 정박할 만한 곳도 있사오니, 청컨대, 인민을 모집하여 이를 채우고, 인하여 만호와 수령을 두게 되면 실로 장구지책이 될 것입니다" 하였으나, 윤허하지 아니하였다.(『세종실록』세종 18년 윤6월 갑신)

⑤ 강원도 감사 유계문에게 전지하기를, "지난 병진년 가을에 경이 아뢰기를, '무릉도는 토지가 기름져서 곡식의 소출이 육지보다 10배나 되고, 또 산물

이 많으니 마땅히 縣을 설치하여 수령을 두어서 영동의 울타리를 삼아야 한다'
고 하였으므로, 곧 대신으로 하여금 여러 사람과 의논하게 하였더니, 모두 말
하기를, '이 섬은 육지에서 멀고 바람과 파도가 매우 심하여 헤아릴 수 없는
환난을 겪을 것이니, 군현을 설치하지 않는 것이 마땅하다' 하였다. 그러므로
그 일을 정지하였더니 경이 이제 또 아뢰기를, '古老들에게 들으니 옛날에 왜노
들이 와서 거주하면서 여러 해를 두고 침략하여, 嶺東이 빈 것 같았다'고 하였
다. 내가 또한 생각하건대, 옛날에 왜노들이 날뛰어 대마도에 살면서도 오히려
영동을 침략하여 함길도에까지 이르렀었는데, 무릉도에 사람이 없는 지가 오
래니, 이제 만일 왜노들이 먼저 점거한다면 장래의 근심을 또한 알 수 없다.
현을 신설하고 수령을 두어 백성을 옮겨 채우는 것은 사세로 보아 어려우니,
매년 사람을 보내어 섬 안을 탐색하거나, 혹은 토산물을 채취하고, 혹은 말의
목장을 만들면, 왜노들도 대국의 땅이라고 생각하여 반드시 몰래 점거할 생각
을 내지 않을 것이다. 옛날에 왜노들이 와서 산 때는 어느 시대이며, 소위 고
로라고 하는 사람은 몇 사람이나 되며, 만일 사람을 보내려고 하면 바람과 파
도가 순조로운 때가 어느 달이며, 들어갈 때에 장비할 물건과 배의 수효를 자
세히 조사하여 아뢰라" 하였다.(『세종실록』 세종19년 2월 무진)

⑥ 前 護軍 南薈와 前 副司直 曹敏을 茂陵島巡審敬差官으로 삼았다. 두 사람은
강원도 해변에 거주하는 사람이다. 이때 국가에서는 무릉도가 海中에 있는데,
이상한 물건이 많이 나고 토지도 비옥하여 살기에 좋다고 하므로, 사람을 보
내 찾아보려 해도 사람을 얻기가 어려웠던 것이다. 이에 해변에서 이를 모집
하니, 이 두 사람이 응모하므로 멀리서 경차관의 임명을 주어 보내고, 이에 도
망해 숨은 인구도 탐문하여 조사하도록 한 것이었다.(『세종실록』 세종 20년
4월 갑술)

⑦ 호군 남회와 사직 조민이 무릉도로부터 돌아와 복명하고, 포획한 남녀 모
두 66명과 거기서 산출되는 沙鐵·石鍾乳·生鮑·大竹 등의 산물을 바치고, 인
하여 아뢰기를, "發船한 지 하루 낮과 하루 밤 만에 비로소 도착하여 날이 밝기
전에 인가를 몰래 습격하온즉, 항거하는 자가 없었고, 모두가 본군 사람이었으
며, 스스로 말하기를, '이곳 토지가 비옥 풍요하다는 말을 듣고 몇 년 전 봄에
몰래 도망해 왔다'고 합니다.… (『세종실록』 20년 7월 무술)

세종 18년과 19년의 연이은 설읍 주장에 대한 최종 결론을 세종은
'현을 신설하고 수령을 두어 백성을 옮겨 채우는 것은 사세로 보아
어려우니, 매년 사람을 보내어 섬 안을 탐색하거나, 혹은 토산물을 채

취하고, 혹은 말의 목장을 만들면, 왜노들도 대국의 땅이라고 생각하여 반드시 몰래 점거할 생각을 내지 않을 것이다.'라고 하였다. 비록 세종이 치읍을 허용하지 않았지만 일본으로 하여금 우리의 땅임을 인식시키겠다는 뜻을 밝혔다는 점이 주목된다. 이듬해인 세종 20년 (1438) 4월에 남회를 '茂陵島巡審敬差官'으로 파견한 것은 그에 따른 후속조처였다.[20]

北澤正誠은 태종·세종 연간에 중앙정부로부터 '안무사', '순심경차관'이 파견된 사실이나 일본으로 하여금 울릉도가 대국의 땅임을 인식시키겠다는데 대한 언급은 애써 눈을 감고 있다. 그에 반해 사료 ①에서 '空島制'를 처음 제기하고, 그것을 입증하기 위해 고려와 조선시대에 울릉도가 텅비었다는 것을 부각시키고 있다. 그렇지만 조선측 사료를 검토해보면 울릉도에 들어간 사람들이 본토로부터 조세 포탈과 피역을 위해 들어간 사람들이기 때문에 그들을 원래의 지역으로 끄집어내어 그들에게 조세 수취와 역역동원을 부과하자는 의도에서 나온 '쇄환' 혹은 '쇄출' 조치에 따른 결과로서 울릉도가 '刷出空其地', '其地遂空'한 것이지 결코 '공도제'란 정책이 시행된 것은 아니다.[21]

'공도제'를 제기한 北澤正誠은 이후의 조선 측 자료에서도 竹島, 즉 울릉도가 사람이 살지 않는 텅 빈 섬이었다는 사료 만을 발췌하여 부각시키고 있다.[22]

---

20) 김호동, 2008, 「조선 초기 울릉도·독도 관리정책」, 『동북아역사논총』 20호, 342~346쪽.
21) 김호동, 2005, 「조선초기 울릉도·독도에 대한 공도정책의 재검토」, 『민족문화논총』 3, 영남대학교 민족문화연구소 ; 2007, 『독도·울릉도의 역사』, 경인문화사 ; 「조선 초기 울릉도·독도 관리정책」, 『동북아역사논총』 20호 참조.
22) 김호동, 2009, 「『竹島考證』의 사료 왜곡-'한국 측 인용서'를 중심으로-」, 『일본문화학보, 40, 한국일본문화학회, ; 2009, 『독도 영유권 확립을 위한 연구』 영남대학교 독도연구소 독도연구총서3, 경인문화사 재수록.

北澤正誠은『竹島考證』中卷에서 원록 6년(1693) 조선인 두 명, 즉 안용복 등을 잡아 나카사키에 보낸 것을 기화로 對馬守 宗氏가 동래 부윤과 20여 차례 서신을 주고받은 것을 기록한 후 다음과 같이 언급하고 있다.

⑧ 죽도는 元和 이래(1615~1623) 80년 동안 우리 국민이 漁獵을 하던 섬이었기 때문에 우리 영역이라는 것을 믿으며, 저 나라 사람들이 와서 어렵하는 것을 금하고자 하였다. 저들이 처음에는 竹島와 鬱島가 같은 섬임을 몰랐다고 답해 왔으나 그에 대한 논의가 점점 열기를 띠게 되자 죽도와 울도가 같은 섬에 대한 다른 이름이라고 말하고 오히려 우리가 국경을 침범했다고 책망했다. 古史를 보자면 울도가 조선의 섬이라는 것에 대해서는 두 말할 필요가 없다. 그러나 文祿以來(1592~1614) 버려두고 거두지 않았다. 우리나라 사람들이 그 빈 땅[空地]에 가서 살았다. 즉 우리 땅인 것이다. 그 옛날에 두 나라의 경계가 항상 그대로였겠는가. 그 땅을 내가 취하면 내 땅이 되고, 버리면 다른 사람의 땅이 된다. 우리 동양 제국의 3백년간의 예를 들어 논해 보자. 대만은 예로부터 명나라의 땅이었다. 그러나 명나라 사람이 거두어들이지 않고 하루아침에 그 섬을 버리자 네덜란드가 갑자기 점거하여 네덜란드의 땅이 되었다. 그리고 鄭氏가 무력으로 그것을 빼앗았으니 또 鄭氏의 땅이 되었던 것이다. 興安嶺 남쪽은 예로부터 청나라 땅이었다. 청나라 사람들이 거두어들이지 않고 하루아침에 그 섬을 버리자 러시아족이 즉시 그곳을 점거하게 되었다. 영국과 인도, 프랑스와 베트남, 네덜란드와 아시아 남양군도에 있어서도 그렇지 않은 것이 하나도 없다. 그런데 조선만이 홀로 80년간 버려두고 거두지 않던 땅을 가지고 오히려 우리가 국경을 침범했다고 책망하고 있다. 아무런 논리도 없이 옛날 땅을 회복하고자 한 것이 아니었던가. 당시 정부는 80년 동안 우리나라 사람들이 漁獵을 해올 수 있었던 그 이익을 포기하고 하루아침에 그 청을 받아들였으니 竹島에 鬱島란 옛날 이름을 부여해 준 것은 당시의 정부인 것이다. 실로 당시는 항해를 금하는 정책을 썼다. 외국과의 관계를 끊기 위해서였다. 동시에 그로 인해 오가사와라섬을 개척하자는 말이 나왔으나 실행되지 않았던 점에 비추어 보면 왜 죽도를 돌려주었는지 충분히 알 수 있다. 당시의 정책은 편한 것만을 추구하였을 뿐 개혁하여 강성해지고자 하는 것이 아니었기 때문이다. 만약 외국에 대한 이야기를 하고 외국의 종교를 받드는 자가 있으면 그를 나라의 적으로 보아 엄한 형벌을 가했다. 각 나라에서 내항하는 것을 금하고, 중국, 조선, 네덜란드 이외에는 항구로 들어오는 것을 허락하지 않았다. 사면이 바다로 둘러싸여 천혜의 항구를 가지고 있었는데도 쇄국정책을 취하고 이용하지

않았다. 혹 큰 계획을 세우고 외국으로 나가고자 하는 지사가 있어도 자기 집 봉당에서 허무하게 늙어 죽을 수밖에 없었다. 어찌 통탄하지 않을 수 있겠는 가. 무릇 죽도는 매우 협소한 땅으로 아직 우리에게 있어도 되고 없어도 되는 땅이나 당시의 일을 생각하면 홀로 큰 한숨이 나온다.

北澤正誠은 위 자료에서 보다시피 "鬱島가 조선의 섬이라는 것에 대해서는 두말할 필요가 없다. 그러나 文祿以來(1592~1614) 버려두고 거두지 않았다. 우리나라 사람들이 그 빈 땅[空地]에 가서 살았다. 즉 우리 땅인 것이다. 그 옛날에 두 나라의 경계가 항상 그대로였겠는가. 그 땅을 내가 취하면 내 땅이 되고, 버리면 다른 사람의 땅이 된다"고 하였다. 따라서 울릉도를 조선이 80년간 버려두고 거두지 않아서 일본의 땅이 되었다고 하였다.

北澤正誠은 조선의 수토정책을 '空島制'라 명명하고 빈 섬, 버려진 섬임을 『竹島考證』의 곳곳에서 부각하여 '버려진 땅을 내가 취하면 내 땅이 된다'는 것을 외무성 등에 주지시키고자 하였을 것이다.[23]

이런 시각에서 볼 때 『竹島考證』下卷의 말미에 실린 公信局長 田邊太一의 주장은 주목이 된다.

⑩ 듣기에 '松島'는 우리나라 사람들이 붙인 이름이며 사실은 조선의 울릉도에 속하는 우산이라고 합니다. 울릉도가 조선에 속한다는 것은 구정부 때에 한 차례 갈등을 일으켜 문서가 오고간 끝에 울릉도가 영구히 조선의 땅이라고 인정하며 우리 것이 아니라고 약속한 기록이 두 나라의 역사서에 실려 있습니다. 지금 아무 이유없이 사람을 보내어 조사하게 하는 것은 다른 사람의 보물을 넘보는 것과 같습니다. 이제 겨우 우리와 한국과의 교류가 시작되었지만 아직도 우리를 싫어하고 의심하고 있는데 이처럼 일거에 다시 틈을 만드는 것을 외교관들은 꺼릴 것입니다. 지금 송도를 개척하고자 하나 송도를 개척해서는 절대 안됩니다. 또 송도가 아직 무인도인체 있는지도 분명하지 않고 그 소속이 애매하므로 우리가 조선에 사신을 파견할 때 해군성이 배 한 척을 그곳으로

---

23) 김호동, 2009, 「『竹島考證』의 사료 왜곡-'한국 측 인용서'를 중심으로- 」, 『일본문화학보』 40, 한국일본문화학회.

보내서 측량 제도하는 사람, 생산과 개발에 대해 잘 아는 사람을 시켜, 주인 없는 땅[無主地]임을 밝혀내고 이익이 있을 것인지 없을 것인지도 고려해 본 후, 돌아와서 점차 기회를 보아 비록 하나의 작은 섬이라도 우리나라 북쪽 관문이 되는 곳을 그대로 방치해서는 안됨을 보고한 후 그곳을 개척해도 되므로 瀨脇씨의 건의안은 채택할 수 없습니다.

田邊太一이 울릉도에 속하는 우산이라고 하는 松島가 無主地임을 밝혀내고 기회를 보아 개발을 하자고 한 주장은 '버려진 땅[空地]을 내가 취하면 내 땅이 된다'는 北澤正誠의 논리와 그대로 연결된다. 결국 이들의 논리가 1905년 독도를 '無主地'라고 하여 시마네현 의회 고시를 통해 자국의 영토로 편입시킨 논리로 구체화되었다고 볼 수 있다.

『竹島考證』은 1881년 일본 외무성에 제출되었다. 거기에 실린 北澤正誠과 田邊太一의 '空島制'와 '無主地' 이론을 접한 일본 외무성 관리들은 1905년 독도침탈의 '無主地先占論'을 개발하였다고 보아야 할 것이며, '공도제'는 울릉도와 독도에 대한 조선 정책으로 규정되기에 이르렀다. 이후 일본의 독도·울릉도 연구는 일제의 식민지 침략과 함께 시작된 한국학 연구의 성과를 토대로 하여, 한국 자료의 문제점을 지적하면서 자기들의 영유권 주장이 타당하다는 것을 강조하기 위해 '공도정책'을 부각시켜 나갔다. 일제식민지를 경험한 한국의 경우 근대 역사학 등의 학문분야는 일본을 통해 이론을 습득하여 성립된 면이 적지 않다. 그 결과 조선시대의 독도·울릉도 정책을 '공도정책'이란 용어로 받아들여 비판 없이 사용함은 물론 이것을 조선의 해양정책 전반으로까지 확대하여 적용하였다고 볼 수 있다.

3) '공도정책'에 대한 대체용어 제기

'공도제', 혹은 '공도정책', 그리고 '공도조치', '공도론'이라는 용어는 일본 학계에서 '빈 섬(空島)' 임을 부각시켜 '버려진 땅[空地]을 내가 취하면 내 땅이 된다'는 제국주의의 발상을 담은 논리로서, 1905년의 '無主地先占論'에 의해 독도를 강탈하려는 의도에 이용된 논리이다.

필자는 이러한 시각을 갖고 울릉도·독도에 대한 공도정책이 시행되었다는 그간 학계의 주장에 대해, 조선 태종 16~17년, 그리고 세종 18~19년 사이에 거론된 치읍 논의를 주목하고, 그러한 논의의 과정에서 울릉도에 들어간 사람들이 '피역의 무리'라는 인식 하에서 본토로의 쇄환, 혹은 쇄출조치를 위한 안무사, 혹은 순심경차관의 파견에 의미를 부여하였다. 특히 세종 19년에 치읍논의 때, "현을 신설하고 수령을 두어 백성을 옮겨 채우는 것은 사세로 보아 어려우니, 매년 사람을 보내어 섬 안을 탐색하거나, 혹은 토산물을 채취하고, 혹은 말의 목장을 만들면, 왜노들도 대국의 땅이라고 생각하여 반드시 몰래 점거할 생각을 내지 않을 것이다"라고 한 세종의 견해를 부각시키고, 이에 의거해 이듬해 '巡審敬差官'을 파견하였다고 한 것에 주목하여 '空島政策' 이란 용어 대신에 조선왕조의 통치력의 구현이 잘 드러나는 '巡審政策'이라는 용어를 사용한 바 있다.[24] 그때 심사자 가운데에서 "울릉도·독도연구에서 이른바 '공도정책'은 출발점이나 다름없다. 세종실록지리지(또는 동국여지승람)의 '刷出空其地'와 증보문헌비고의 '其地遂空'이 그 빌미였다. 공도정책이란 용어가 마땅치는 않으나 遂空其島를 어떻게 해석하느냐의 문제로 남는다"는 지적을 받았다. 그 의견에 대해 필자는 "피역인에 대한 쇄출, 쇄환조치, 혹은 순심정책의 결과에 의해 '그 땅이 비었다'고 보면 되는 것이지, 그것을 빈 섬으로 두고자 하는 지향성을 가진 하나의 '정책'으로 볼 수 없다"는

---

24) 김호동, 2008, 『조선 초기 울릉도·독도 관리정책』, 『동북아역사논총』 20, 동북아역사재단.

견해를 밝힌 바가 있다.

'공도제'란 용어는 한국의 어떤 자료에도 없다. 그것은 일본의 北澤正誠이 제일 처음 제기한 것이고, 식민지 사학자인 津田左右吉 등에 의해 보다 더 정교하게 다듬어진 가공의 용어이다. 그런 점에서 한국에서 이 용어를 과감하게 폐기하고, 다른 용어를 사용하는 것이 마땅하다. 그런 점에서 대안으로 떠오를 수 있는 용어가 '刷出政策', '刷還政策'의 용어가 될 수 있고, 조선 후기에 주로 사용된 '搜討政策'이란 용어를 사용할 수도 있다. 조선 전기의 경우 '공도정책'이란 용어 대신에 '刷出政策', '刷還政策'이란 용어가 현재 사용되기도 한다. 본토에서 도망간 사람들을 다시 끄집어내온다는 의미에서 '쇄출', 혹은 '쇄환'이란 용어는 그럴 듯하다. 그렇지만 이 용어의 경우 태종, 세종 연간에 이루어진 쇄출, 쇄환조치 때 그것과 함께 設邑정책이 강구되었다는 점이 부각되지 않는다는 점에서 미흡하다. 그리고 앞에서 언급한 바와 같이 태종, 세종 연간에 행해진 쇄출의 조치에도 불구하고 섬에는 사람들이 살기 위해 끊임없이 들어갔다. 그런 점에서 그것을 일관된 하나의 '정책' 내지 '제도'라고 할 수 있을지 의문이다. 그냥 일시적이고 미봉책인 '조처'에 불과하다. 그리고 조선 후기 안용복 사건이후 확립된 수토제도의 경우 본토에서 피역해 들어간 사람들을 수색, 토벌해 육지로 끄집어내온다는 의미가 강하게 내포되어 있다. 그렇게 할 경우 태종, 세종 연간의 設邑 논의, 그리고 안용복 사건 전후의 設邑(鎭) 논의를 담아내는데 부족한 감이 없지 않다. 그리고 '刷出'·'刷還'·'搜討'란 용어 속에는 사료 ⑤에서 보다시피, 세종이 "매년 사람을 보내어 섬 안을 탐색하거나, 혹은 토산물을 채취하고, 혹은 말의 목장을 만들면, 왜노들도 대국의 땅이라고 생각하여 반드시 몰래 점거할 생각을 내지 않을 것이다"라고 한 내용과 "당초 갑술년에 무신 장한상을 파견하여 울릉도의 지세를 살펴보게 하고, 왜인으로 하여금 그곳이 우리나라의 땅임을 알도록 하였다"[25]고 한 의미가 거의 포함되지 않는다.

일본으로 하여금 울릉도가 대국의 땅, 즉 우리나라 땅임을 인식시켜주고, 설읍을 할 것이냐, 아니면 쇄출·쇄환·수토를 할 것인가를 결정하기 위해 섬 안을 탐색하고, 혹은 토산물을 채취하고, 일본 사람들의 자취를 찾고, 古老라는 사람을 조사하는 등의 일을 포괄하는 용어로 적당한 게 '巡審'이란 용어가 아닌가 한다. 사료 ④~⑦에서 보다시피 세종 18년과 19년의 연이은 설읍 주장에 대해 이듬 해 남회 등을 '巡審敬差官'으로 파견한 실례가 있는 것을 감안하면 위 고려사항을 충족시키는 용어가 '巡審政策'이 아닌가 한다. 그 외 이규원 검찰사의 파견이나 우용정을 심찰사로 파견한 예에서 '檢察', '審察'이라는 용어도 적당할 것 같지만 '검찰사' 파견은 이미 개척의 방향이 결정된 것이라는 점, 그리고 '심찰사'의 파견은 이미 개척된 이후의 실태 조사이기 때문에 '巡審'이라는 용어가 적당한 게 아닌가 한다.

한 가지 분명한 것은 '쇄출', '쇄환', '순심', '수토'란 용어를 사용하는 것은 상관없지만 '공도'란 용어를 사용하여 '공도제', '공도정책', '공도조치', '공도론' 등의 용어는 폐기해야 한다는 것만은 분명하다.

공도정책이란 용어를 폐기한다면 고려말 조선초 왜구의 침입으로 인해 남해도·거제도·진도·압해도·장산도·흑산도 등의 주민을 소개하고 읍의 치소를 내륙으로 옮긴 조치를 어떻게 불러야 할 것인가? 그 조처에 대해 '淸島戰術'이란 용어가 적당하지 않을까 한다. 몽고의 침입 등 외적의 침입 때 山城이나 海島 立保에 의한 淸野戰術을 구사하여 왔다.[26] 청야전술은 들판을 텅 비우고, 외적의 군량미 등이 될 만

---

25) 『숙종실록』 숙종 24년 4월 갑자.

26) 윤용혁, 1991, 『고려대몽항쟁사연구』 일지사, 183~190쪽.

한 것을 불태워버리는 대신에 산성이나 해도에 입보하여 대항하는 전술이었다. 이러한 전통적인 청야전술에 입각하여 고려말 조선초 바다로부터 쳐들어오는 왜적에 효과적으로 대응하기 위해 섬을 비워버리는 정책을 택하였다고 보아야 한다. 그런 전술을 '淸島戰術'이라 할수 있을 것이다.

4. 맺음말

본고는 독도영유권 공고화를 강화하기 위한 방안의 하나로서 독도와 관련된 용어 사용에 관한 검토를 한 것이다. 그것을 요약하면 다음과 같다.

안용복과 관련하여 현재 안용복을 '장군'으로 기리지만 그것의 시작은 1954년 부산의 애국단체인 大東文敎會에서 '독전왕 안용복 장군'으로 추존식을 거행한 것에서 비롯되었다. 그렇지만 안용복은 이미 성호 이익이 영웅호걸로 부르면서, 그를 장수로 등용하여 그 뜻을 행하게 했어야 한다고 하였다. 그의 아들 李孟休의 『春官志』 '안용복전', 元重擧의 『和國志』 '안용복전' 尹行恁의 『海東外史』의 '安龍福' 등에서 보다시피 조선후기에 이미 안용복을 영웅호걸로 불렀다.

안용복은 1693년(숙종 19)과 1696년(숙종 22)년 두 차례 일본에 갔었다. 최근 연구자들 사이에 첫 번째 안용복과 박어둔이 울릉도에서 일본 어부들에게 붙잡혀 일본에 간 사건을 '1차 渡日'사건이라고 하고, 두 번째 울릉도에 갔다가 독도를 거쳐 일본에 간 사건을 '2차 도일'사건이라고 한다. 그러나 1693년의 일본행을 '도일'이 아니라 '被拉事件'이다. '도일'이란 용어를 사용한다면 안용복 사건이 국제적 납치사건임이 흐려진다는 사실을 인식하여야만 한다.

흔히들 한일 양국에서 울릉도, 독도에 대해 공도정책이 실시되어서 15세기 이후 조선인의 도항·거주가 엄금되었기 때문에, 이 섬은 오랫동안 무인도와 같은 상태가 되어 있었다고 한다. 그런데 '공도제', 혹은 '공도정책', 그리고 '공도조치', '공도론'이라는 용어는 일본 학계에서 '빈 섬(空島)' 임을 부각시켜 '버려진 땅[空地]을 내가 취하면 내 땅이 된다'는 제국주의의 발상을 담은 논리로서, 1905년의 '無主地先占論'에 의해 독도를 강탈하려는 의도에 이용된 논리이다.

'공도제'란 용어는 일본의 北澤正誠이 제일 처음 제기한 것이고, 식민지 사학자인 津田左右吉 등에 의해 보다 더 정교하게 다듬어진 가공의 용어이다. 그런 점에서 한국에서 이 용어를 과감하게 폐기하고, 다른 용어를 사용하는 것이 마땅하다. 그 대안으로 떠오를 수 있는 용어가 '刷出政策', '刷還政策'의 용어가 될 수 있고, 조선 후기에 주로 사용된 '搜討政策'이란 용어를 사용할 수도 있다. 본토에서 도망간 사람들을 다시 끄집어내온다는 의미에서 '쇄출', 혹은 '쇄환'이란 용어는 그럴 듯하다. 그렇지만 이 용어의 경우 태종, 세종 연간에 이루어진 쇄출, 쇄환조치 때 그것과 함께 設邑정책이 강구되었다는 점이 부각되지 않는다는 점에서 미흡하다. 그리고 태종, 세종 연간에 행해진 쇄출의 조치에도 불구하고 섬에는 사람들이 살고 있다는 점에서 그것을 하나의 일관된 '정책' 내지 '제도'라고 할 수 있을지 의문이다. 그냥 일시적인 '조처'에 불과하다. 또 조선 후기 안용복 사건이후 확립된 수토제도의 경우 본토에서 피역해 들어간 사람들을 수색, 토벌해 육지로 끄집어내온다는 의미가 강하게 내포되어 있다. 그렇게 할 경우 태종, 세종 연간의 設邑 논의, 그리고 안용복 사건 전후의 設邑(鎭) 논의를 담아내는데 부족한 감이 없지 않다. 그리고 '刷出'·'刷還'·'搜討'란 용어 속에는 일본으로 하여금 섬이 우리나라 땅임을 인식시켜주겠다는 내용을 별반 담아내지 못한다.

일본으로 하여금 울릉도가 대국의 땅, 즉 우리나라 땅임을 인식시켜주고, 설읍을 할 것이냐, 아니면 쇄출·쇄환·수토를 할 것인가를 결정하기 위해 섬 안을 탐색하고, 혹은 토산물을 채취하고, 일본 사람들의 자취를 찾고, 古老라는 사람을 조사하는 등의 일을 포괄하는 용어로 적당한 게 '巡審'이란 용어가 아닌가 한다. 세종 18년과 19년의 연이은 설읍 논의의 결과 남회 등을 '巡審敬差官'으로 파견한 실례가 있는 것을 감안하면 '巡審政策'이 적당하지 않은가 한다.

한 가지 분명한 것은 '쇄출', '쇄환', '순심', '수토'란 용어를 사용하는 것은 상관없지만 '공도'란 용어를 사용하여 '공도제', '공도정책', '공도조치', '공도론' 등의 용어는 폐기해야 한다는 것만은 분명하다.

공도정책이란 용어를 폐기한다면 고려말 조선초 왜구의 침입으로 섬을 비워버리는 전술을 인해 남해도·거제도·진도·압해도·장산도·흑산도 등의 주민을 소개하고 읍의 치소를 내륙으로 옮긴 조치를 '淸島戰術'이라고 부를 수 있을 것이다.

『대구사학』98, 2010.2.

필 자 약 력

■ 김화경

영남대학교 국어국문학과 교수
영남대학교 독도연구소 소장

저 서

『한국 설화의 연구』, 『북한설화의 연구』, 『한국의 설화』, 『일본의 신화』, 『한국 신화의 원류』, 『신화에 그려진 여신들』, 『애들아 한국 신화 찾아가자』 등

논 문

「안용복의 2차 도일 활동에 관한 연구」, 「일본측 독도영유권 주장의 허구성에 관한 연구」, 「한국의 고지도에 나타난 독도 인식에 관한 연구」, 「독도 강탈을 둘러싼 궤변의 허구성」 외 다수

■ 김호동

영남대학교 독도연구소 연구교수

저 서

『독도·울릉도의 역사』, 『고려 무신정권시대 文人 知識層의 현실대응』, 『한국 고·중세 불교와 유교의 역할』, 『한국사 6』(공저), 『울릉도·독도의 종합적 연구』(공저), 『독도를 보는 한 눈금 차이』(공저), 『울릉군지』(공저) 등

논 문

「조선 숙종조 영토분쟁의 배경과 대응에 관한 검토」, 「조선초기 울릉도·독도에 관한 '공도정책'의 재검토」, 「개항기 울릉도 개척정책과 이주실태」 외 다수

■ 송휘영

영남대학교 독도연구소 연구교수

논 문

「일본의 독도에 대한 '17세기 영유권 확립설'의 허구성」

■ 이용호

영남대학교 법학전문대학원 교수

저 서

『정보사회의 시민생활과 법』, 『법학개론』, 『생활법률』

논 문

「독도문제의 ICJ에 의한 해결 주장과 그 대응방안」

■ 이환규

영남대학교 법학전문대학원 교수

저 서

『WTO 세이프 가드 제도 연구』, 『WTO 보조금 협정 연구』, 『법학개론』, 『조직범죄와 형사법』

논 문

「독도영유권에 대한 국제법적 쟁점」

■ 최장근

대구대학교 일본어일본학과 교수

저 서

『간도영토의 운명 -일본제국주의와 중국 중화주의의 틈새에서-』, 『일본의 영토분쟁 -일본제국주의의 흔적과 일본내셔널리즘-』, 『일본정치와 사회 그리고 영토』, 『왜곡의 역사와 한일관계』, 『근현대일본사』, 『독도의 영토학』, 『독도문제의 본질과 일본의 영토분쟁 정치학』 등

논 문

「일본의 중앙-지방정부의 독도 사료조작」, 「일본의 독도영유권 주장에 대한 '북한'의 대응양상」, 「영토정책의 관점에서 본 '일한병합'의 재고찰」, 「전후 일본의 독도 역사성 왜곡에 관한 고찰」, 「'竹島經營者中井養三郎氏立志傳'의 해석오류에 대한 고찰」 외 다수

■ 김영수

영남대학교 정치외교학과 교수

저 서

『세종리더십의 형성과 전개』(공저), 『변용하는 일본형 시스템』(공저), 『건국의 정치』

논 문

「조선 건국의 정신적 기원」, 「세종대의 정치적 의사소통과 그 기제」, 「한일회담과 독도영유권」

■ 노상래

영남대학교 국문과 교수

저 서

『반도작가 단편집』, 『신반도문학선집1』, 『신반도문학선집2』, 『전환기의 조선문학』

논 문

「이광수의 자서전적 글쓰기에 대한 일고찰」, 「죽음의 미적 근대성에 대한 일고찰」

■ 호사카유지(保坂祐二)

세종대학교 인문과학대학 교양학부 부교수

저 서

『일본 우익사상의 기저연구』, 『7000만의 독도의 꿈』(공저), 『일본 古지도에도 독도 없다』, 『독도/다케시마 한국의 논리』, 『독도는 한국땅인가』(공저), 『일본제국주의의 민족동화정책 분석』, 『일본에게 절대 당하지 마라』 등

논 문

「林子平圖와 독도」, 「야스쿠니 신사의 부활을 둘러싼 제 문제고찰」, 「일본학 연구」, 「일본의 관인 고지도와 '울릉도외도'가 증명하는 한국의 독도영유권」, 「독도영유권에 대한 본질적 내용-국제법상의 논쟁을 중심으로」, 「'三國通覽輿地路程全図'와 '伊能図' 안의 독도」 외 다수

독도 영유권 확립을 위한 연구 Ⅱ

초판 인쇄 : 2010년 6월 15일
초판 발행 : 2010년 6월 30일

엮은이 : 영남대학교 독도연구소
펴낸이 : 한정희
편　집 : 신학태, 문영주, 정연규, 안상준, 김지선
영　업 : 이화표
관　리 : 하재일, 양현주
펴낸곳 : 경인문화사

주　소 : 서울특별시 마포구 마포동 324-3
전　화 : 02-718-4831~2
팩　스 : 02-703-9711
이메일 : kyunginp@chol.com
홈페이지 : 한국학서적.kr
　　　　　http://www.kyunginp.co.kr

값 33,000원
ISBN : 978-89-499-0729-1　94910
ⓒ 2010, Kyung-in Publishing Co, Printed in Korea